글쓰기 치료

Gillie Bolton, Stephanie Howlett
Colin Lago, Jeannie K. Wright 공편
김춘경 · 이정희 공역

학지사

Writing Cures

: An Introductory Handbook of Writing in Counselling and Therapy which is
authored/edited by Gillie Bolton, Stephanie Howlett, Colin Lago and Jeannie K. Wright

역자 서문

이 책은 Bolton, Howlett, Lago, Wright 등이 집필, 편집한 *Writing Cures: An introductory handbook of writing in counselling and therapy*(2008)를 번역한 것이다. 이 책을 번역하고 있을 때, 미국으로 유학 간 제자가 방학 때 들러서 아주 좋은 책이라고 하면서 C. Peter Bankart가 집필한 *Talking Cures: A History of Western and Eastern Psychotherapies*를 선물하였다. 책의 부제가 말하듯 지금까지의 심리상담 및 심리치료에서는 말하기(talking)를 통한 치료가 주를 이루었다. Freud, Adler, Jung, Rogers, Glasser 등 우리가 알고 있는 과거 또는 현재의 주요 상담 및 심리치료 전문가들은 거의가 다 말하기를 주요 치료기법으로 사용하였다. 글쓰기는 그림 그리기, 노래하기, 동작 무용 등의 활동이 보조적인 기법으로 활용되었던 것과 같이 단지 보조적인 방법으로 활용되어 왔다.

그러나 최근 들어 '치료적 글쓰기'라는 말이 대중화될 정도로 글쓰기를 통한 치료에 관심이 높아지고 있고, 관련 저술도 늘어나고 있다. 이는 누구나 접근하기 쉽고 전문가의 도움 없이 혼자서도 할 수 있는 자기주도적 방법이라는 글쓰기치료의 장점 때문일지 모른다. 사실 글쓰기는 여러 가지 장점을 지닌 잠재적으로 영향력 있는 심리치료 방법이다. 여러 연구를 통해 글쓰기치료는 사회적 구속이나 개인적 금기 등으로 인하여 자신의 고통스러운 경험에 대해 타인과 이야기할 수 없는 사람들에게 유용하게 적용할 수 있고, 기질적으로 내향적인 사람에게도 효과적인 것으로 드러났다. 최근에는 인터넷 채팅을 통한 실시간 온라인 상담이나 이메일을 통한 비실시간 온라인 상담 등이 급속히 발전하면서 글쓰기를 기반으로 한 상담의 비중이 점차 늘어나고 있다. 특히 온라인 글쓰기치료는 시공간의 제약으로부터 자유롭기 때문에 이동이 불편한 장애인이나 신체 질환자들이 심리치료나 상담 서비스에 쉽게 접근하는 것을 가능하게 해 준다.

역자가 글쓰기의 치료적 효력을 경험한 것은 1998년 경북대학교 사이버상담실을 운영하고 있을 때였다. 비밀상담코너에 상담을 의뢰한 내담자들 중 일부는 5, 6시간 또는 그 이상의 시간을 들여 가면서, 밤을 꼬박 새우며 자신의 문제를 기술하였다. 자신의 삶을 정리하고 싶었는지, 아니면 삶의 문제가 어디서부터 유래된 것인지를 찾고 싶어서였는지, 그들은 초기 어린 시절에 있었던 이야기부터 지금까지의 삶에서 경험한 다양한 이야기를 글로 표현했다. 컴퓨터 모니터로는 읽기 어려워 출력을 해 보면 글자 크기 8포인트 또는 9포인트로 다섯 장에서 여덟 장에 이르는 방대한 분량의 이야기였다. 그 양뿐 아니라 한 번 더 크게 놀랐던 것은 그들이 거의 모두 글의 마지막 부분에 "감사합니다." "정말 많은 도움이 되었습니다."라는 표현을 썼다는 것이다. "이들을 어떻게 도울 것인가?"를 고민하면서 글을 읽었지만 나는 치료사로서 아무것도 해 준 것이 없는데, 도움이 되어서 고맙다는 인사를 들은 것이다. '글을 쓰면서 자기 내면에 있던 혼란스럽고 버거웠던 삶이 자리를 잡고 정리가 되었나?' '고통 속에서 밤새 문제와 씨름하면서 문제로 인한 고통을 해소할 수 있었고, 나름대로 문제 해결의 방향을 잡았나?' '이 사람이 이렇게 긴 이야기를 상담실에 찾아와서 했었더라면 얼마나 많은 시간이 필요했을 것인가?' '치료자와 대화하면서도 이렇게까지 자기의 이야기를 끝까지 정리할 수 있었겠나?' 등 여러 가지 생각이 들었다.

내담자는 스스로 자신의 삶의 이야기를 글로 쓰고 나서 많은 도움이 되었다며 고맙다고 하였다. 실제 그에게 도움을 준 것은 치료사가 아니라 글쓰기였다. 글을 쓸 수 있었던 경험이 그를 치료한 것이었다. 그리고 내담자들의 글 속에서 여러 가지 치료적 단서를 찾아볼 수 있었다. 사이버 상담실을 운영하면서 얻은 이러한 경험이 글쓰기치료의 힘과 치료적 가능성을 인식하게 해 주었다. 그 이후 글쓰기치료에 대해 좀 더 연구하고 싶어졌고, 이 분야를 좀 더 많이 개발해 보고 싶다는 생각을 했다. 그러나 마음뿐 글쓰기치료에 관해 본격적인 연구는 미루어 왔다. 그런데 이미 외국에서는 글쓰기치료에 관한 연구가 오랫동안 이루어져 왔고, 효과적이고 다양한 치료기법도 많이 개발되어 있었다. 국내에도 최근 수 년 동안 글쓰기치료에 관한 역서와 저서들이 소개되고 있다.

역자가 이 책을 번역하게 된 동기는 글쓰기치료에 대한 관심이 높아지면서 글쓰기나 치료기법에 대해 소개하는 책들은 있으나 이 책처럼 글쓰기치료의 전체적인 지형을 보여 주면서 깊이 있는 이해를 도와주는 책은 없었기 때문이다. 역자가 글쓰기치료에 관심을 갖고 공부를 하면서 느낀 점은 많은 이들이 글쓰기치료를 예술(창작)과 과학 중 어느 한쪽에 치우쳐 생각하는 경향이 있다는 것이다. 이 책은 글쓰기치료가 실험연구에서 보여 주는 '과학적' 접근과 시치료와 같이 창작을 수반하는 '인문학적' 접근의 연속선상에 있다고 말한다. 그렇기 때문에 이 책은 우리로 하여금 글쓰기치료에 대한 다양한 접근과 학제 간 발달의 가능성을 모색해 볼 수 있게 한다.

이 책 1부는 인문학과 과학의 연속선상에 있는 글쓰기치료의 다양한 이론적 배경과 관련 연구들, 2부는 인지분석치료 · 저널치료 · 시치료의 소개와 신체화 환자 · 유학생 · 중독자 등을 위한 글쓰기치료의 실제, 3부는 최근 부각되고 있는 온라인 글쓰기치료의 이론 및 실제, 4부는 내담자뿐만 아니라 치료사들을 위한 글쓰기 사례를 다루고 있다. 이처럼 『글쓰기치료』는 표현적이고 성찰적인 글쓰기의 치료적 잠재력과 글쓰기가 상담 및 심리치료의 실제에서 이용되고 있는 광범위한 방법을 보여 준다.

이 책의 공저자이자 편집자인 Bolton이 지적하듯이 심리치료에서 말하기와 경청하기를 신중하게 사용하고 훈련할 필요가 있는 것처럼, 글쓰기를 사용할 때도 적절하게 판단하고 훈련할 필요가 있다. 이 책은 이처럼 글쓰기의 과정과 결과물이 가진 힘을 가장 효과적이면서 안전하게 이용할 수 있는 안내서 역할을 한다. 이 책은 단순히 글쓰기치료 방법을 알려 주는 안내서라기보다는 글쓰기치료의 다양한 이론적 배경과 현재 상황에 대한 이해, 그리고 글쓰기치료의 실제 사례 및 예시들을 수록하고 있어 이론과 실천을 발전시킬 수 있는 좋은 입문서다. 독자의 한 사람으로서 이 책이 글쓰기치료에 대한 독자들의 정확한 이해와 관심의 깊이를 더하는 데 실질적인 도움을 주리라 믿는다.

끝으로 이 책이 출판될 수 있도록 지원해 주신 학지사 김진환 사장님과 편집과 교정에 애써 주신 이하나님, 관계자 여러분께 깊이 감사드린다.

2012년
역자들

편저자 서문: 글쓰기치료

글쓰기는 우리의 문화 매체다. 컴퓨터 및 가상 공간의 활용이 늘어나고, 책, 저널, 신문, 잡지, 시각적 그래픽, 옷가지 등에 인쇄 문자가 급격히 늘어나면서 더욱 그렇다. 글은 서구 세계 도처에 존재한다. 페이지로 옮겨 생각하는 것은 일상생활의 일부가 되어 버렸다. 그렇기 때문에 내담자나 환자들과 함께 작업하는 치료사, 상담사, 임상심리학자들에게 글쓰기가 필수 요소가 아니라면 그게 더 이상해 보일 것이다. Freud가 '말하기치료'를 발전시켰을 당시, 글쓰기는 특별한 사람들이 특별한 때에 하는 그 무엇이었다. 거의 150년이 지난 후에야 그러한 사정이 바뀌었다.

그러나 근본적인 측면에서 보면, 사정이 바뀐 것이 아니다. 아폴로가 시와 치유의 신이었던 이래로, 글쓰기는 심리적으로 유익한 것으로 알려져 왔다. 최초로 글쓰기를 시작한 사람들 가운데 하나인 고대 이집트인들은 글쓰기가 굉장한 힘을 가지고 있다는 것을 알고 있었다. 즉, 그들은 신과 직접적으로 접촉할 수 있는 것은 문자로 쓴 언어를 통해서라고 생각했고, 글을 통해서 어떤 이를 영원히 저주할 수도 있고, 글을 삭제함으로써 사람들의 기억을 지워 버릴 수도 있다고 생각했다.

글쓰기는 말하기와는 다르다. 즉, 글쓰기는 그 자체로 모든 힘을 가지고 있다. 이 책에서는 그것을 충분히 보여 주고 있다. 글쓰기는 글쓰기를 통해서가 아니라면 불가능할 수 있는 인지적 · 정서적 · 영적 영역의 탐구를 가능하게 하고, 글쓰기를 통해서가 아니라면 표현할 수 없는 요소들을 표현할 수 있게 해준다. 이전에 존재하지 않았던 무언가를 페이지 위에 만들어 놓는 창조라는 바로 그 행위는, 자신감, 자기가치, 삶에 대한 동기부여 등을 증가시키는 경향이 있다.

또한 글쓰기는 최상의 의사소통—우선은 자신과의 의사소통, 그다음으로는 치료사와 같은 다른 이와의 의사소통—형태일 수 있다. 치료 회기는 간단하다. 종이와 연필이 곁에 있다면 한밤중이라도, 필요하다면 매시간이라도 글쓰기치료가 가능하다. 이는 더 큰 독립성과 자기의존(self-reliance)을 가져올 수 있다. 내담자들이 자신의 말을 경청해 줄 누군가를 항상 필요로 하는 것은 아니다. 즉, 그들은 어느 정도 스스로에게 귀 기울일 수 있고, 스스로에 대한 자기 자신의 이해에 영향을 미칠 수 있다. 글쓰기는 (카타르시스의 한 방법으로 찢어 버리지만 않는다면) 내담자와 치료사 모두에게 잠재적으로 귀중한 기록(함께 만들거나 따로 만든)을 만들어 낼 수도 있다. 또 글쓰기는 온라인 의사소통을 가능하게도 하는데, 이는 온라인을 통하지 않으면 지리적으로나 개인적인 이유로 인해 소통하기 불가능한 상황일 때 내담자와 치료사를 맺어 주는 하나의 수단이 될 수 있다.

이 책은 심리치료에서 이미 사용되고 있는 방법과 이론적 토대를 보여 주고 도식화한 것이고, 이 영역에서 효과적으로 따라갈 수 있는 여러 앞선 방법 중 일부를 보여 준 것이다. 글쓰기를 심리치료의 한 사례로 만들 필요는 없다. 글쓰기는 웃음만큼이나 자연스러운 치료적 요소다. 하지만 말하기와 경청하기를 신중하게 사용하고 훈련할 필요가 있는 것처럼, 글쓰기를 사용할 때도 심사숙고하고, 고려하며, 적절하게 판단해서 사용할 필요가 있다. 이 책은 이러한 관심사를 충족시켜 주면서 글쓰기의 과정과 결과물이 가진 힘을 가장 효과적이고, 이로우며, 안전하게 이용할 수 있다는 것을 보증할 것이다.

이 책은 글쓰기치료 방법을 알려 주는 안내서라기보다는 글쓰기치료의 이론적 입장과 배경, 현재 상황에 대한 진술이다. 그러나 이것은 지식을 바탕으로 한 기술적인 실천으로부터 나온 실제적인 경험과 함께 채워져 있다. 독자들은 이 예시들을 확신을 가지고 따르면서, 이론적 입장을 확실히 파악할 뿐만 아니라 자신의 실천을 발전시키고 확장시킬 수 있다.

미술치료, 음악치료, 드라마치료 등과 같은 예술치료는 수년간 효과적으로 사용되어 왔다. 그런데 왜 글쓰기치료는 없는가? 그 이유는, 글은 특별한 기술이나 장비를 필요로 하지 않아서 아무런 전문성도 필요 없는, 우리 인간의 일상적인 의사소통 수단이기 때문일지도 모른다. 모든 치료사, 상담사, 임상심리학자나 예술치료사들은 아주 간단하게 자신의 작업에 글쓰기를 포함시킬 수 있다.

과정과 결과: 글쓰기와 예술

이 책은 글쓰기에 관한 책이다. 심리치료에서 사용되는 글쓰기가 반드시 예술의 형태를 띠는 것은 아니다. 글쓰기는 (타인뿐만 아니라 자신과의) 의사소통의 아주 특별한 형태, 그리고 예술이라기보다는 사고를 발전시키고 경험을 인식하는 하나의 방식으로 간주되는 것이 어쩌면 치료사와 내담자 모두에게 더 도움이 될 것이다. 가령 시에 대한 언급은 내담자를 당황스럽게 할 수 있다. '오, 안 돼요. 나는 시를 쓸 수 없어요!' 라고 말이다. 하지만 이런 사람은 목록 적기나 편지 쓰기 또는 몇 편의 일기 쓰기 등을 하자는 의견에는 아주 효과적으로 응답할 수도 있다. 물론 글쓰기는 하나의 연속체다. 즉, 한쪽 끝에는 쇼핑 목록이 있을 수 있고, 나머지 한쪽 끝에는 완성되어 발표된 시가 있을 수 있다. 어쨌든 사람들은 자신이 쓴 시나 다른 예술적인 글을 볼 때, 흔히 향상된 자존감과 자연스러운 자부심을 갖게 되고, 이로 인해 심리적으로 이로움을 얻게 된다.

치료적 글쓰기는 결과물보다는 글쓰기 과정에 초점을 맞춘다. 글쓰기의 결과물에 초점을 맞춘다면 내담자는 글쓰기의 특별한 힘을 발견하지도, 그것을 이용하지도 못할 것이다. 글쓰기의 초기 단계에서는 치료에 도움이 되기 위해 비평으로부터 자유롭고, 문법, 문장, 형식에 구애받지 않고, 글쓴이를 제외한 어떠한 청중도, 어쩌면 치료사나 또 다른 독자도 신경 쓰지 않으면서 사적이 되고, 사생활이 보호받을 수 있도록 글을 쓰는 이를 격려할 필요가 있다. 예술의 한 형태로서의 글쓰기는 어떤 단계에 이르면 필연적으로 이러한 모든 것들을 인식하게 된다. 그러나 치료적 글쓰기는 이런 압력에 전혀 반응할 필요가 없다.

지역사회, 병원, 호스피스 병동, 교도소, 일반 보건센터 등에 재직하는 작가들이 많은 환자들과 내담자들에게 글쓰기를 소개하고 있다. 이러한 사람들은 환자들에게 자신의 특별한 예술 형태가 가지고 있는 치유적이고 영적인 이로움을 제공하기 위해 단기간 환자들과 함께 일하는 작가들(시인, 극작가, 소설가들)이다. 이들은 유사한 방식으로 일하는 화가, 음악가, 조각가들과 함께 정신보건 임상심리사들을 위해 일하는 예술가들이다. 다시 말해서, 이들은 환자들과 자신의 예술 행위를 공유하는 예술가들이지 치료사들은 아니다. 많은 예술가들은 예술치료의 개념과 실천을 몹시 비판하면서 예술은 예술이고, 순수한 형식이며, 어떠한 기능을 위해 사용되어서는 안 된다고 주장한다. 반면에 예술치료사들은 이따금 예술가들이 치료에 대한 아무런 지식도 없으면서 취미로 환자들과 함께 작업해서는 안 된다고 생각한다. 이 책은 재직하는 작가들을 이용하라고 건의하는 것도 아니고 치료 효과를 위해 문학작품을 읽으라고 건의

하는 것도 아니다. 시, 문학이나 희곡—글쓰기의 결과물—을 읽는 것은 치료에 매우 큰 도움이 되는 활동일 수 있고, 내담자와 환자들에게 유용할 수 있다. 하지만 이 책은 글쓰기의 과정에 관한 책이다.

내담자뿐만 아니라 임상심리사도 치유하는 글쓰기

내담자만이 글쓰기로부터 혜택을 받는 것은 아니다. 임상심리사들은 전문성 계발을 위하여, 자신의 실천에 대해서 자신이 효과적으로 성찰할 수 있도록 하기 위해 똑같은 글쓰기 과정을 매우 생산적으로 이용할 수 있다. 그러한 글은 슈퍼비전을 위한 중요한 기초가 될 수 있다.

또한 글쓰기는 성찰적으로, 또는 반응적이고 치료적으로 훈련 과정 내에서 자연스럽게 이용될 수 있다. 훈련생들은 글쓰기를 훈련요법으로서도 자신의 전문성을 발전시키기 위해서도 활용할 수 있다. 치료사들이 글쓰기를 좀 더 잘, 그리고 좀 더 분명히 이해한다면, 의뢰 편지, 내담자에게 쓰는 편지, 치료 과정을 종료하는 편지를 좀 더 명쾌하고 도움이 되도록 쓸 수 있다.

이 책은 앞에서 언급한 모든 영역을 포괄할 뿐만 아니라, 활발한 논쟁 중에 있는 이론적 이슈들도 조사하고 검토한다. 글쓰기의 치료적 이점에 대한 연구들을 조사하고 최근의 문헌들에 대해 정보를 제공하면서 깊이 있게 고찰하고 있다. 언어는 그 자체로 상징이고 이미지다. 즉, 언어를 사용할 때, 특히 문자화된 형태로 사용할 때 힘과 마법이 나타난다. 이러한 기본적인 사실에 대한 이해와 관심은 치료사들의 기술과 지식을 향상시킬 수 있다.

이메일을 사용하는 문서기반 상담은 최근 들어 급속히 발전하고 있고 상세히 논의되고 있다. 윤리적 문제들, 즉 문서기반 작업이 가진 신체적 의사소통의 결여와 같은 잠재적인 위험성을 다루기 위한 전략과 실천 규약이 유익하고도 매력적으로 논의되고 있다.

더 많은 주류(전통적인) 심리치료들 가운데 어떤 치료(예를 들면, 인지분석치료)에서는 글쓰기가 필수적이고 관습적인 요소다. 이 책에서는 글쓰기가 치료적 만남을 확장하고 고양시키는 데 활용될 수 있는 치료 형태(예를 들면, 저널쓰기나 보내지 않는 편지)의 역동적인 발전 가능성을 다룰 뿐만 아니라, 이러한(인지분석치료와 같은) 치료들에 대해서도 다루고 있다.

이 책은 아직까지 대부분 해도에도 없는 물길을 헤치고 들어가는 모험과 같다. 그러나 이 분야는 매일매일 발전하고 있다. 우리는 독자 여러분이 이 책으로부터 진심과 지식, 확신을 얻고, 우리와 함께 치료적 글쓰기라는 활기찬 물길을 가르리라 믿고 또 희망한다.

Gillie Bolton

차 례

제3부 온라인 글쓰기

제 1 부

이론과 연구

제1장

열정적인 과학, 정밀한 시[1]

치료적 글쓰기에 관한 문헌 비평

Jeannie K. Wright

도입

글을 쓰는 이에게 '힘을 북돋아 주는' 글쓰기란 어떤 것일까? '글쓰기치료writing therapy'가 어떻게 치료 효과를 내는가 하는 질문을 한다면 그는 어느 정도까지 대답할 수 있을까? 최근 인지행동적 관점(Lepore & Smyth, 2002)에서 대규모 연구들이 나오고 있는 추세지만 이러한 연구들이 개인 상담 및 심리치료

---

1 제목의 이 부분은 시인 Diana Syder에게 따온 것이다. 그녀에 의하면 이 말은 V. Nabokov로부터 유래했는데, 불행히도 우리 중 아무도 참고문헌을 찾을 수 없었다.
역주: Vladimir Nabokov(1899~1977)는 러시아 출신의 미국 소설가 · 시인 · 평론가 · 곤충학자다. 미국으로 이주한 뒤로는 영어로 작품을 발표하였는데, 한 중년 남자의 10대 소녀에 대한 성적 집착을 묘사한 『롤리타』(1955)로 유명하고, 그 밖의 주요 저서로는 『아다』(1963), 『선물』(1963), 『절망』(1966) 등의 소설과 평전 『고골』(1944), 『시집』(1959) 등이 있다.

와 집단 작업에서 치료적 글쓰기를 연구하는 유일한 지향orientation은 아니다. '글쓰기치료'가 이야기치료적 접근(White & Epston, 1990; McLeod, 1997; Pennebaker & Seagal, 1999)으로 인해, 그리고 컴퓨터 자판과 사이버 공간이 펜과 종이를 대신하는 컴퓨터 중재 방법computer-mediated methods의 발달로 인해 다시 고조됐다고 주장할 수도 있다. 이 장은 최근 30년간 영어권 내 글쓰기의 치료적 사용에서 주요한 학제 간 발달의 지형을 그려 보는 데 목적이 있다. 인지분석치료와 저널쓰기에서 글쓰기를 사용하는 것은 이후 장에서 논의하고 여기에서는 초점을 맞추지 않을 것이다.

치료적 글쓰기에 관한 문헌들은 증가 추세에 있는데, 거기에는 '과학적' 접근과 '인문학적' 접근, 또는 '전문적 기술'과 '신비에 싸인 영역'(Bakan, 1969; McLeod, 1994에서 재인용)이라는 양극단 사이의 연속체가 존재한다. 국제적인 기준에서 볼 때, 기본적으로 문학예술 또는 창의적인 글쓰기 배경을 가진 임상심리사들이나 연구자들은 치료적 글쓰기에 대해서 말할 때 '시의 위로하고 치유하는 힘'(Bolton, 1999b)이라고 말하는 경향이 있다. 이들은 자신의 임상경험(Fuchel, 1985; Gilbert, 1995; Moskowitz, 1998)이나 창의적 글쓰기 집단에 도움을 주었던 경험(Bolton, 1995, 1999b, 2000; Hunt & Sampson, 1998; Hunt, 2000)을 이용해 글쓰기의 치료적 이점에 대해 복음을 전파하려는 전도사 같은 열정을 가지고 탐구하고 있다. 즉, 이들은 "창의성은 도구가 아니다. 그것은 바로 당신이 신비함 속으로 들어가는 것이다. 즉, 펼치고 열어 가는 과정이다(Rogers, 1993: 105)."라고 말한다.

면역학이나 건강, 사회심리학을 포함하는 지식 분야의 과학적 패러다임을 더 많이 따르는 사람들은 무선 통제 실험의 결과를 측정, 설명, 예측, 분석함으로써 현상에 대해 '정통'하고자 한다. Pennebaker의 패러다임(Pennebaker & Beall, 1986)은 북미, 유럽과 다른 많은 나라에서 비판받고, 대체되고, 확장되어 왔다(Pennebaker, 1990, 1995, 2002). 이러한 실험들은 육체적 · 정신적 건강을 개선하고, 억제를 줄이는 데 '글쓰기치료'의 이점을 확실히 보여 주고 있다(예: Francis

& Pennebaker, 1992). 나는 과학적/인문학적 연속체에 대한 검토를 구조화함으로써 글쓰기치료에 관한 문헌의 실체를 지나치게 단순화하려는 게 아니라는 점을 강조하고 싶다. 오히려 나는 글쓰기치료의 연구 기반과 전문가적인 실천을 발전시키기 위해 양쪽의 접근이 필요하다는 Mazza(1999)의 말에 동의한다.

잠재적 이용자들과 상담 및 심리치료사들, 특히 단시간이나 시간 제약의 압력에서 작업하는 사람들이 갖는 관심의 중심에는 어떻게 내담자 글쓰기가 심리치료적 과정을 고양시킬 수 있을까 하는 의문이 있다. 다른 표현적 치료와 마찬가지로, 글쓰기는 그 과정에서 내담자의 적극적인 참여와 내담자의 통제력을 증가시킨다. 다시 말해서, "내담자가 자신의 개인적인 치료 작업의 속도, 깊이, 강도에 관해 그렇게 많은 통제력을 가지는 심리치료 체계는 아마 없을 것이다(Rasmussen & Tomm, 1992: 3)."

또한 글쓰기는 내담자로 하여금 자기 나름의 속도로 학습한 것을 완전히 소화하는 방법을 선택하도록 하는데, 이것은 '말로 하는 치료' 보다 부담이 덜할 수 있다(Lange, 1994).

심리적 외상 경험에 대한 감정을 말로 표현하는 것과 글로 표현하는 것을 비교·분석하는 연구들(Murray & Segal, 1994)이 나오고 있고, 감정에 대한 말하기 표현과 글쓰기 표현에 의해 비슷한 정서 처리 과정이 일어난다는 연구들이 제시되고 있다. 글쓰기에서는 일단 생각과 감정을 표현하면 좀 더 영구적이 되고 철저한 조사를 받기 쉽다는 사실에 대해 주의할 필요가 있는데, 이는 글쓰기치료의 중요한 한계라 할 수 있으며 이후의 장에서 검토할 것이다.

'글쓰기치료' 의 정의

'글쓰기치료'를 정의하기란 어렵다. Riordan(1996: 263)은 개요에서 글쓰기치료가 "유용하지만 모호하고 불분명한 기술"이라고 설명하고 있다. 치료적 글쓰기의 사용을 안내하기 위해 하나의 정돈된 이론적 모델이나 실험적 결과들이 있는 게 아니다. 다른 표현적 · 창의적 치료, 가령 미술치료, 동작치료, 드라마치료, 음악치료에 필적하는 참고문헌은 분명히 있지만, 왜 글쓰기치료가 다른 것과 같은 정도로 발전하지 않았는지에 대한 체계적인 설명은 거의 없다. 이 장의 목적을 위해, 나는 글쓰기치료를 '자발적이든, 치료사/연구자에 의해 제안된 것이든 관계없이 내담자의 표현적 · 성찰적 글쓰기'에 한정할 것이다. 그러므로 사례 정리 노트나 치료 종료 편지처럼 내담자에 대해 치료사가 글쓰기를 사용하는 것은 포함하지 않는다.

'인문학적' 패러다임

미국시치료협회The National Association for Poetry Therapy는 글쓰기치료 가운데 가장 발전된 치료의 표본이 되고 있는데, 그들은 창의적 글쓰기를 사용하고 있다(Longo, 1996 참조). 미국에는 공인 시치료사들과 회원으로 등록된 시치료사들을 위한 자격기준과 윤리지침이 마련되어 있다(Mazza, 1993: 51). Mazza는 시치료를 위한 초기 연구 의제를 확장시키고 있으며, 양적 연구방법과 질적 연구방법 모두 예술과 심리학의 접점에서 필요하다고 제안한다.

영국에서는 Hunt와 Sampson(1998)이 영국의 교육과 건강관리의 광범위한 영역에서 현재 글쓰기 실천에 대한 자세한 설명을 책으로 펴냈다. 이론적으로는 정신분석 이론, 언어학, 상징적 상호주의, 철학, 그리고 고대와 현대에서 개념들을 시험적으로 모아 놓았다. 이는 글쓰기치료 분야에서 종합화와 학제 간 연구의 필요성을 분명히 보여 주고 있다.

Hunt(2000: 3)는 최근 저서에서 '자서전과 상상력'이라는 자신의 창의적 글쓰기 과정에 참여한 '고학력이면서 자아성찰적인' 네 명의 여성들에 대한 사례연구를 소개하고 있는데, 이 사례 연구에서 'Hornay[2] 학파의 문학–정신분석적 접근'을 채택하고 있다. Hunt는 예술로서의 글쓰기와 치료로서의 글쓰기 간의 긴장에 대한 중요한 질문을 던지면서, 자신이 선택한 이론적 모델의 복잡성을 아주 집요하게 탐구한다. 그럼에도 그녀는 자신의 접근법의 한계를 지적하는데, 우선 계급, 성별, 인종과 같은 보다 넓은 문화적 · 사회학적 문제에 초점을 두지 않았다는 것이다. 확실히 그녀의 연구에는 사회 정의와 (글쓰기) 이용자의 선호에 대해 질문하는 그 분야의 몇몇 논문(예: Bacigalupe, 1996)에서 발견할 수 있는 구성주의적 접근의 정치적 인식이 없다.

윤리적 경계도 덜 분명하다. 즉, "치료적 관계에서 정상적으로 만들어지는 안전장치 없이 함께 작업하는 사람들의 글과 말로 표현된 언어에 정신역동 이론을 적용시키는 것과 관련해서는 상당한 위험성이 있다(Hunt, 2000: 191)." '과정'과 '결과물' 모두를 체현할 수 있는 자전적 글쓰기에서 누가 글쓰기의 의미를 이해하는 데 가장 적합한 위치에 있는가? Hunt의 이해는 바로 이러한 위험을 내포하고 있다.

Gillie Bolton도 창조적 글쓰기를 가르쳤던 배경을 가지고 있다. 그는 자신의 이론적 모델을 '절충주의적'이라고 말하는데, 인문학적 전통이 지배적이고, 특히 Rogers와 Perls를 인용하고 있다. Bolton의 작업은 자기주도적인 치료적 글쓰기가 아무런 위험이 없다는 것을 의미함으로써 일부로부터 비판받고 있다. 반대로 그것은 앞에서 설명한 바와 같이 그리고 글쓰기 집단에 참여한 사람들의 자기보고와 같이 자조성, 예방성, 자기주도성이 치료 장면에 들어가든 들어가지 않든, 글쓰기를 선택한 사람들에게 글쓰기를 실행 가능한 대안으로 만들어 줄 수 있기 때문에 바로 치료적 글쓰기의 가능성을 역설하는 것이기도 하다.

일반 의료 현장에서는 글쓰기치료가 어떤 사람에게, 어떤 상황에 가장 효과

---

2 역주: Karen Horney(1885~1952)는 독일 출신의 미국 정신분석학자다. 인격의 형성에 사회적 · 환경적 요인의 중요성을 강조해 Freud의 생물학적인 범성욕설을 비판하면서, 신경증 발생의 주요 원인을 자본주의 사회 메커니즘에 두고 여성의 역사적 · 사회적 종속적 지위에 대해 연구했다.

적인가라는 질문을 받는다. 글쓰기치료를 제안했던 것이 적절했던 환자들로는, 예를 들어 만성 우울증보다는 생활환경 문제로 어려움을 겪는 사람들이 포함되었다. 글쓰기치료가 유용하지 않았던 사람들로는 생각했던 대로 일반 임상심리사가 할 수 있는 것보다 더 많은 관리감독이 필요한 '정신장애나 정신질환자들'이 포함되었다. Bolton은 "시와 의술은 아폴로가 이 두 가지 모두의 신이었던 이래로 함께 병행되어 왔다."라고 지적한다(Bolton, 1999a: 119).

Bolton은 여성 소집단들과 함께했던 워크숍에서 얻은 다방면의 경험(Bolton, 1999b)과 Sylvia Plath와 Anne Sexton을 포함한 여성들이 쓴 현대시들을 인용하면서, 여성들 안에 있는 잔인한 내면의 비평가라는 독특한 속성을 탐구한다. 그녀는 치료로서의 글쓰기를 다른 표현적 치료들과 비교하고 있다.

Bolton의 방법론과 Pennebaker식 패러다임의 방법론이 내담자 및 집단에게 '사고하지 않고 글을 쓰도록' 지시한다는 점에서 유사성이 있지만, 분명한 차이점은 다음에서 드러난다. 즉, 연속체의 한 끝에 있는 인지행동적/과학적 접근을 하는 임상심리사들과 연구자들에게 내담자의 창의성과 상상력은 줄일 수 있는 변수이기 때문에, 그들은 이처럼 글쓰기치료의 가장 중요한 측면을 낮게 평가한다는 것이다.

Bolton은 중립적인 관찰자가 아니다. 그녀의 입장은 일반적으로 인간의 창의성을 치료적으로 이용하는 오랜 전통(특히 글쓰기)을 살린 것이다(Abbs, 1998). 즉, "시는 우리 마음의 핫라인이다. 그런데 우리는 위기에서 이러한 정서적 힘을 잊어버린다(Motion, 2000: 6)."

가족체계치료에서 이야기치료적 접근과 글쓰기

가족체계치료는 특히 내담자로 하여금 자신의 이야기를 재저작re-author[3]하도록 격려하는 이야기치료적 접근을 사용함으로써 치료적 글쓰기에서 결실을 맺은 분야다(White & Epston, 1990; McLeod, 1997). Etherington(2000)은 조부로부터 성적 학대를 받은 두 형제들과 일기 형식, 그리고 시와 산문으로 자신의 회복을 위한 이야기를 구성하면서 공동 글쓰기를 하고 상담을 한다. 만들어진 이야기는 내담자와 상담사, 참여자와 연구자 간의 많은 관습적 권력 역동을 시험하고 전복시킨다.

Bacigalupe(1996)는 Bolton과 마찬가지로 내담자에 **대해서**나 내담자**에게** 글을 쓰기보다는 내담자와 **함께**, 내담자에 **의해** 글쓰기를 하는 내담자 중심성을 더 강조한다. 다문화적으로 작업할 때는 내담자의 글이 함의하는 바와 관련성을 찾아내는 것도 강조한다. 또한 Bacigalupe는 어떠한 조력관계에서든 권력 불균형과 글쓰기치료의 참여 원리를 연결시킨다. 내담자는 특별한 문제 영역에 관해 글쓰기를 함으로써 자기 자신의 문제에 전문가가 되고, 그럼으로써 White와 Epston(1990)이 말한 소위 '전문가적 지식expert knowledge'과 '지엽적인 지식local knowledge' 사이의 경계에 도전하게 된다. 이는 내담자의 사회적 지위가 생득적으로 차별과 억압을 받기 쉬울 때일수록 특히 중요하다. 즉, "치료에서 글쓰기의 문제는 치료적 맥락에서 사회 정의의 문제에 관해 논의하는 것과도 관련이 있다(가령, 치료사들이 소수민족의 가족과 함께 작업할 경우). 지역 보건소에서 일하게 되면, 치료사는 민족과 문화적 가치, 계급주의를 서서히 발전시키면서 성불평등, 제도화된 인종차별에 관한 문제에 도전할 수 있다(Bacigalupe, 1996: 362)." 이러한 맥락에서 글쓰기는 (성별, 인종, 계급 등에 대해) 힘을 불어넣어 주고, 포괄적인 속성을 가진다. 호주와 미국에서의 가족치료 사례들을 예로 들어보면, 청소년과 아동들로 하여금 자신이 양육받은 경험에 대해 글을 쓰도록 하고, 자신의 삶을 결정하는 권한을 가지고 있는 전문가 집단에 속한 '전문가들'

---

3 역주: 이야기치료에서 재저작이란 내담자가 가지고 있었던 지금까지의 지배적 이야기, 즉 문제적 이야기에서 벗어나 새로운 이야기, 대안적 이야기를 만드는 작업을 말한다. 여기서 내담자는 새로운 이야기의 저자이면서 최종 권위자가 된다.

에게 그 글을 제출하게 한다.

미국에서 활동하는 가족치료사인 L'Abate(1991, 1992)는 글쓰기 사용에 관한 문헌, 특히 예방적으로 사용되거나 컴퓨터 훈련 프로그램에서 사용할 수 있는 원거리 프로그램화된 글쓰기 자료에 중요한 기여를 했다. L'Abate는 상담사들이 자신의 내담자에게 "만약 1. 상담사를 많이 좋아하지 않는다면, 2. 많은 돈을 갖고 있지 않다면, 3. 아주 좋은 보험에 가입해 있지 않다면, 4. 죽을 때까지 치료받고 싶지 않다면" 글쓰기를 해야만 한다고 말해 주어야 한다는 유머러스한 이야기로 유명하다. 그는 가족심리치료의 전통 양식에 질문을 던지고, 치료사-환자 간의 대화에 의존하지 않는, 글쓰기를 포함한 새로운 기술이 필요하다고 주장한다. Rasmussen과 Tomm(1992)은 "내담자의 자기주도성에 대한 존중"이 "오래된 단기치료"의 핵심이라고 요약해서 말한다(p. 18).

실용주의, 그리고 약물처방을 선호해서 심리치료에 대한 자신의 관심을 포기하라는 압력에 굴하고 싶지 않았던 것, 이것이 비정신질환 환자들과 함께 글쓰기를 사용하게 된 Rasmussen의 본래 동기였다. Rasmussen은 덴마크 건강관리제도로 인한 시간 압박 때문에, 그리고 도시와 시골을 오가며 일하느라 기차 여행을 오래 할 수밖에 없었기 때문에 결과적으로 유도된 편지 쓰기에 접근하게 되었다. 환자로부터 온 편지들은 기차 위에서 읽을 수 있었으니 말이다! 시간제약 모델에서 Rasmussen은 내담자가 가진 자원들(그들의 자율성과 창의성을 포함)을 지지하고 격려한다. 즉, "이러한 방식으로, 내담자들은 자신이 가장 필요로 하는 것을 찾아내고 발견하도록 지도받을 것이고, 치료사가 너무 많이 개입하지만 않는다면 그들은 그렇게 할 것이다(p. 18)." Tomm은 Rasmussen의 접근법을 캐나다의 정신과에서 적용했고, 자신의 임상 결과를 요약했다. 하지만 체계적인 평가라는 증거는 없다.

과학적 패러다임

만약 과학이 해답을 줄 수 있는 예술이라고 한다면, Pennebaker와 다른 경험주의자들은 실패했다. 네 명의 미국인 수석 연구원들(Esterling et al., 1999: 84)은 "글쓰기의 유익한 효과들에도 불구하고, 글쓰기가 왜 그렇게 눈에 띄는 육체적 건강과 행동 변화를 낳는 데 효과적인지 그 이유에 대해선 분명하지 않다." 고 인정한다. 그럼에도 글로 정서적 표현을 하는 것의 유익한 효과들은 확실히 그리고 정확히 기록되고 있고 메타 분석되어 왔다(Smyth, 1998). 글을 통한 정서적 표현과 건강에 관한 핵심적인 연구(Pennebaker, 1997; Esterling et al., 1999; Lepore & Smyth, 2002)를 검토해 보면 다양한 효과들을 암시한다(좀 더 자세한 것은 Lowe, 제2장 참조). "펜은 약보다 더 강하다(Bower, 1999)." 와 같은 표제는 글쓰기의 효과에 대한 대중적 관심을 끌어 왔다. 그러나 이러한 학술적, 대중적 노출에도 불구하고 글쓰기는 영국과 미국 어느 쪽에서도 "주류 심리치료의 필수항목" (Esterling et al., 1999: 94)이 아니다.

Lange, Schoutrop과 암스테르담 글쓰기 그룹the Amsterdam Writing Group의 동료들은 Pennebaker의 심리적 외상 경험 글쓰기에 관한 초기 연구를 비판하고 이를 발전시키면서, 심리적 외상에 관한 글쓰기의 효과적인 방식과 비효과적인 방식을 두드러지게 하기 위해 양적 · 질적 연구를 모두 이용했다(Van Zuuren et al., 1999 참조). 그들의 방법은 직접적이고, 치료사가 환자들에게 '주제, 글쓰기 방식, 빈도, 소요시간, 장소' 에 관한 '정확한 지침' 을 제공하는 것을 포함한다 (Lange, 1996: 376). Lange는 사례 연구를 통해 "강력하면서도 다정한 기술"(1996: 381)인 글쓰기가 어떻게 인지적 재검토를 이끌어 내면서 자기직면을 낳는지 보여 주고 있다.

뒤이은 연구(Schoutrop et al., 1997a, 1997b; Van Zuuren et al., 1999)에서 심리학자 및 연구자들은 좀 더 개방적이고 성찰적인 방식의 글쓰기를 검증한다. 이들은

"글쓰기치료와 결과 측정 사이의 직접적인 관계를 찾기" (Van Zuuren et al., 1999: 364)보다는, 효과적이거나 비효과적인 글쓰기를 나타내는 글쓰기의 요소들을 확인하기 위해 문장의 긍정적 · 부정적 특징을 검토하는 연구를 하려고 한다. 또한 그들은 덜 지시적인 스타일의 모범이 되고 있다. 즉, "어떤 참여자들이 자신의 과제에서 성공적으로 일탈한 경우를 발견하고, 그 참여자가 이것이 유용하다고 생각한다면, 그러한 일탈을 인정하고 그것을 지시문으로 바꾼다. 내담자들은 어떤 형태가 그들에게 가장 효과적인지를 선택할 수 있도록, 심지어 여러 형태의 지시문을 받을 수도 있다(Van Zuuren et al., 1999: 377)." 이는 훨씬 강한 내담자의 자기주도성을 의미한다.

실천을 위한 함의

글쓰기치료가 작동하는 방식의 단순함을, 만약 정확한 메커니즘이 없다면, 무선 통제 실험에 대한 치밀한 분석 뒤에 다음과 같이 겸손하게 표현할 수 있다. 즉, "많은 사람들, 아마도 대부분은 자기 자신의 치료를 안내할 수 있다. 글쓰기 자체가 강력한 치료 기술이다(Esterling et al., 1999: 94)."

글쓰기가 주요한 치료 매체인 온라인 치료를 위해서 이러한 발견들이 시사하는 바는 복잡하고, 그렇기 때문에 이 책의 3부에서 고찰할 것이다. 부정적 정서의 표출과 관련해 타자로 치는 것과 손으로 쓰는 것을 비교 · 분석한 것은(예: Brewin & Lennard, 1999), 온라인상 치료적 관계의 존재와 이것의 생존 가능성을 둘러싼 논쟁과 비교하면 사소해 보일 수도 있다. 하지만 치료를 위해 함의하는 바들은 좀 더 체계적인 적용이 긴급히 필요하다.

마찬가지로, 학생들이 대부분의 무선 통제 실험에서 참여자가 되는 Pennebaker의 연구와 다른 연구자들의 연구(예: Cameron & Nicholls, 1998; Esterling et al., 1994; Bastien & Jacobs, 1974)는, 좀 더 다원적 방법론을 사용하고 심리학뿐만 아니라 다른 학문 분야로 확장될 필요가 있다. 대학 진학 경험과 같은 중요한 변화에 관해 글쓰기를 하는 것은 학업성취 향상을 포함해 건강과 다른 효과를 낳는다(Pennebaker & Francis, 1996)는 근거는 분명하다. 우리가 효과를 낳는 메커니즘을 설명할 수 있든 없든 말이다. 글쓰기치료는 비용 면에서 효과적이고 학생들에게 자조적 매체를 제공한다. 그러한 자조적 매체는 이미 인터넷을 통해 발견되고 있다(3부 참조).

그러나 이미 언급한 것 이외에 글쓰기치료가 항상 적절하거나 효과가 있는 것은 아니라는 여러 징후가 있다. 예를 들면, 내담자의 경험이 언어 이전 단계일 때 다른 표현적 치료를 선호할 수 있다. 그리고 글쓰기가 강한 부정적 경험과 연관이 있을 때, 가령 학교 영어 수업에서 내담자들은 글쓰기치료를 시도하고 싶지 않을 것이다. 내가 '썩은 생선' (Lange, 1996) 편지 쓰기를 제안했던 한 내담자는 "나는 내 경험에 관한 글을 읽거나 글을 쓰고 싶지 않아요."라고 말했다. 초기의 부정적 분위기와 심리적 외상 경험에 대한 글쓰기에서 초래된 단기적인 심리적 고통(Esterling et al., 1999)은 지지 없이 글을 쓰는 일부 사람들(예: 온라인상에서)에게는 견딜 수 없는 것일 수도 있다.

〈표 1-1〉은 글쓰기치료가 효과적이라고 발견한 일부 상황들과 지지하는 근거의 몇몇 예를 개괄하고 있다. 표에서 인용된 일부 연구는 협력을 필요로 하는 연구에서 시작했다. 예를 들면, 글쓰기는 전통적으로 면대면 상담 서비스 이용에 대한 통계적 분석에서 적은 비율을 보인 남성들에게 더 효과적(Smyth, 1998)일 수 있는 것으로 나타났다.

〈표 1-1〉 글쓰기치료가 효과적인 상황과 이를 지지하는 근거

내담자 상황	지지하는 연구
시간 제한적, 집중, 단기 치료-세부적인 부분들이 치료실 밖에서, 지면에서, 그리고 사적으로 다뤄질 수 있다.	'경제성과 복잡성'의 장점(예: Ryle, 1983: 365; Rasmussen & Tomm, 1992)
저널, 일기, 편지 등 자기주도적인 경향을 가지고 글을 쓰는 사람들, 그리고 카타르시스적이고 명료한 글쓰기(특히 자전적 글쓰기)의 과정을 발견한 사람들	문헌의 예(예: Adams, 1990, 1996; Brewer, 1994; Gilbert, 1995; De Salvo, 1999)
무력하거나 자신이 무력한 사람임을 알게 된 사람들	Bacigalupe(1996), Wright(2000)에서의 사례
면대면 치료에서 자신의 모국어를 사용할 수 없는 사람들-자신의 모국어 또는 모국어와 현지 언어(host language)를 섞어서 사용할 수 있다.	Lago(9장 참조), Wright(1999)
문화 또는 다른 이유 때문에 수치심으로 침묵하고 말할 수 없다고 생각하는 사람들	Bass & Davis(1988), Bolton(1999b), Etherington (2000)
내면의 혼란으로 '마음의 짐을 풀어 놓고', 자신의 생각과 감정을 외재화하고 정리할 필요가 있는 사람들	L' Abate(1992), Riordan(1996)
스트레스나 심리적 외상 경험으로 인한 특별한 기억을 털어놓고 떨쳐 버릴 필요가 있는 사람들	Smyth(1998), Amsterdam Writing Group; Bolton(1999a, b), Lepore & Smyth(2002)에서 검토한 Pennebaker 패러다임
인생의 특별한 단계에서 강렬한 감정을 경험한 사람들(예를 들면, 사춘기 또는 임종을 앞둔 사람과 호스피스의 돌봄을 받고 있는 사람들)	Sosin(1983), Atlas et al. (1992), Longo(1996), Bolton(1998), Lepore & Smyth (2002)

결론

무선 통제 실험(예: Pennebaker et al., 1988 참조), 단일 사례 연구(예, Bolton et al., 2000 참조)와 같은 다양한 탐구 과정과 결과를 연구하다 보면 커다란 공통점이

있다. 특정 상황에 처한 어떤 사람들에게는 치료적 관계라는 부가적인 가치와 함께 하든 함께 하지 않든, 표현적 글쓰기가 효과적이다. Bolton(1999a: 27)은 "시를 짓거나 이야기를 만드는 것은 몸과 영혼 모두를 위한 치료다."라고 말한다. 그리고 글쓰기치료가 '과학적' 접근을 필요로 하는 이유 가운데 하나는, 인문학 연구에서 옹호하는 '창조적 예감'이 연속체의 다른 끝에서부터 나온 확증적인 근거에 의해 강화되기 때문이다. "그러므로 과학적 방법론은 나와 내 요소 사이의 관계로부터 발전한 나의 충만한 창조적 예감에 대해 내가 내 자신을 기만하는 것을 방지하는 진정한 방법이라고 여겨진다(Rogers, 1955: 275)."

협의적이고 배타적으로 정의된 과학은 심리학과 심리치료에서 지배적인 모델이 되어 왔다. 반면에 Mair(1989: 68)는 사람들이 시적이면서 상상력이 풍부하고, 예측할 수 없고 설명할 수 없는 신비함을 가지고 있음을 보여 주는 열정적인 사례를 제시한다. 즉, "우리가 과학적 방법을 너무 강조함으로써 심리치료에 대해 적절하게 민감할 수 있는 심리학이 시험적으로 발전하는 데 방해를 해 왔다. 내 생각으로는 심리학은 방법과 무미건조하고 외적인 것에 대한 강조로 인해 망가져 왔다." 이 비평은 함께 글을 쓰는 것이 이점을 가지고 있다는 '근거'를 찾는 데 목적을 두고 있다. 이를테면, 전일제 근무를 하고 자녀와 나이 든 부모를 돌보면서 글쓰기에 '탐닉'한 한 내담자의 글 속에서 글쓰기의 이점을

나는 앉아서 내 생각으로는 A4 용지 두 쪽의 글을 썼고—내가 기대했던 것 이상이다—그저 앉아서 글을 쓰고, 그런 다음 갑자기 자연스러운 결말에 이르렀고, 기분이 아주 훨씬 나아졌다. 그러고 나서 나는…… 내가 정말 우울했던 그날의 처음으로 돌아갈 수 있었고, 그런 종류의 일들을 극복할 수 있었다. 그것은 매우 치료적이었고, 나는 갑자기 오후에 흐린 날씨가 개는 것처럼 보였고, 또 다른 느낌이 들었다. 나는 훨씬 더 함께한다는 느낌을 받았고, 모든 것에 훨씬 더 잘 대처할 수 있다고 느꼈다.

찾을 수 있는 것처럼 말이다.

Elaine Feinstein은 그녀의 시 〈뮤즈: ET를 위하여〉에서 글쓰기는 우리의 강렬하고 완고한 중심을 강화한다고 말한다(Feinstein, 1993). 글쓰기가 작동하는 방식을 이해하려고 노력할 때, 시는 과학만큼 정확할 수도 있고 과학은 시만큼 열정적일 수도 있다.

알림

이 장의 초고는 *British Journal of Guidance and Counselling*, 29(3): 277–291에 실린 바 있다. http://www.tandf.co.uk.

참고문헌

Abbs, P. (1998). The creative word and the created life: the cultural context for deep autobiography. In C. Hunt & F. Sampson (Eds.), *The Self on the Page Theory and Practice of Creative Writing in Personal Development*. London: Jessica Kingsley.

Adams, K. (1990). *Journal to the Self: Twenty–Two Paths to Personal Growth*. New York: Warner Books.

Adams, K. (1996). Journal writing as a powerful adjunct to therapy. *Journal of Poetry Therapy, 10*(1): 31–37.

Atlas, J. A., Smith, P., & Sessoms, L. (1992). Art and poetry in brief therapy of hospitalized adolescents. *The Arts in Psychotherapy, 19*: 279–283.

Bacigalupe, G. (1996). Writing in therapy: a participatory approach. *Journal of Family Therapy, 18*: 361–373.

Bass, E., & Davis, L. (1998). *The Courage to Heal: a Guide for Women Survivors of Child Sexual Abuse*. New York: Harper & Row.

Bastien S., & Jacobs, A. (1974). Dear Shirley: an experimental study of the effectiveness of written communication as a form of psychotherapy. *Journal of Consulting and*

Clinical Psychology, 42: 151.

Bolton, G. (1995). Taking the thinking out of it: writing, a therapeutic space. *The Journal of the British Association for Counselling, 6*(3): 15–218.

Bolton, G. (1998). Writing or pills: therapeutic writing in primary care. In C. Hunt & F. Sampson (Eds.), *The Self on the Page: Theory and Practice of Creative Writing in Personal Development*. London: Jessica Kingsley.

Bolton, G. (1999a). *The Therapeutic Potential of Creative Writing–Writing Myself*. London: Jessica Kingsley.

Bolton, G. (1999b). 'Every poem breaks a silence that had to be overcome': The therapeutic power of poetry writing. *Feminist Review, 62*: 118–132.

Bolton, G. (2000). *Reflective Practice: Writing and Professional Development*. London: Paul Chapman/Sage.

Bolton, G., Gelipter, D., & Nelson, P. (2000). 'Keep taking the words': therapeutic writing in general practice. *British Journal of General Practice, 50*: 80–81.

Bower, H. (1999). The pen is mightier than the pill. *Guardian, 13*: April.

Brewer, W. D. (1994). Mary Shelley on the therapeutic value of language. *Papers on Language and Literature, 30*(4): 387–407.

Brewin, C. R., & Lennard, H. (1999). Effects of mode of writing on emotional narratives. *Journal of Traumatic Stress, 12*(2): 355–361.

Cameron, L. D., & Nicholls, G. (1998). Expression of stressful experiences through writing: effects of a self–regulatory manipulation for pessimists and optimists. *Health Psychology, 17*(1): 84–92.

De Salvo, L. (1999). *Writing as a Way of Healing*. London: The Women's Press.

Esterling, B. A., Antoni, M., Fletcher, M., Margulies, S., & Schneiderman, N. (1994). Emotional disclosure through writing or speaking modulates latent Epstein–Barr virus reactivation. *Journal of Consulting and Clinical Psychology, 62*: 130–140.

Esterling, B. A., L'Abate, L., Murray, E. J., & Pennebaker, J. W. (1999). Empirical foundations for writing in prevention and psychotherapy: mental and physical health outcomes. *Clinical Psychology Review, 19*(1): 79–96.

Etherington, K. (2000). *Narrative Approaches to Working with Adult Male Survivors of*

Child Sexual Abuse: The Client's, the Counsellor's and the Researcher's Story. London: Jessica Kingsley.

Feinstein, E. (1993). Muse: For E. T. In *Sixty Women Poets*. Newcastle upon Tyne: Bloodaxe Books Ltd.

Francis, M. E., & Pennebaker, J. W. (1992). Putting stress into words: the impact of writing on physiological, absentee, and self-reported emotional well-being measures. *American Journal of Health Promotion, 6*(4): 280-287.

Fuchel, J. C. (1985). Writing poetry can enhance the psychotherapeutic process: observations and examples. *The Arts in Psychotherapy, 12*: 89-93.

Gilbert, J. (1995). Clients as poets: reflections on personal writing in the process of psychological change. *Clinical Psychology Forum, 75*, 3-5.

Hunt, C. (2000). *Therapeutic Dimensions of Autobiography in Creative Writing*. London: Jessica Kingsley.

Hunt, C., & Sampson, F. (Eds.). (1998). *The Self on the page: Theory and Practice of Creative Writing in Personal Development*. London: Jessica Kingsley.

L'Abate, L. (1991). The use of writing in psychotherapy. *American Journal of Psychotherapy, 45*(1): 87-98.

L'Abate, L. (1992). *Programmed Writing: A Paratherapeutic Approach for Intervention with Individuals, Couples and Families*. Pacific Grove, CA: Books/Cole.

Lange, A. (1994). Writing assignments in the treatment of grief and traumas from the past. In J. Zweig (Ed.), *Eriksonian Approaches, the Essence of the Story*. New York: Brunner/Mazel.

Lange, A. (1996). Using writing assignments with families managing legacies of extreme traumas. *Journal of Family Therapy, 18*: 375-388.

Lepore, S. J., & Smyth, J. M. (Eds.). (2002). *The Writing Cure: How Expressive Writing Promotes Health and Emotional Well-Being*. Washington, DC: American Psychological Association.

Longo, P. J. (1996). If I had my life to live over - Stephanie's story: a case study in poetry therapy. *Journal of Poetry Therapy, 10*: 55-67.

McLeod, J. (1994). *Doing Counselling Research*. London: Sage.

MCLeod, J. (1997). *Narrative and Psychotherapy*. London: Sage.

Mair, M. (1989). *Between Psychology and Psychotherapy: A Poetics of Experience*. London: Routledge.

Mazza, N. (1993). Poetry therapy: toward a research agenda for the 1990s. *The Arts in Psychotherapy, 20*: 51–59.

Mazza, N. (1999). *Poetry Therapy: Interface of the Arts and Psychology*. Boca Raton: CRC Press.

Milner, M. (1971). *On Not Being Able to Paint*. London: Heinemann Educational Books.

Moskowitz, Z. C. (1998). The self as source: creative writing generated from personal reflection. In C. Hunt & F. Sampson (Eds.), *The Self on the Page: Theory and Practice of Creative Writing in Personal Development*. London: Jessica Kingsley.

Motion, A. (2000). Hotlines to the nation's heart, *Guardian*, 11 March.

Murray, E. J., & Segal, D. L. (1994). Emotional processing in vocal and written expression of feelings about traumatic experiences. *Journal of Traumatic Stress, 7*(3): 391–405.

Pennebaker, J. W. (2002). Writing about emotional events: from past to future. In S. J. Lepore & J. M. Smyth (Eds.), *The Writing Cure: How Expressive Writing Promotes Health and Emotional Well–Being*. Washington, DC: American Psychological Association.

Pennebaker, J. W. (1990). *Opening Up: The Healing Power of Confiding in Others*. New York: Avon Books.

Pennebaker, J. W. (Ed.). (1995). *Emotion, Disclosure and Health*. Washington, DC: American Psychological Association.

Pennebaker, J. W. (1997). Writing about emotional experiences as a therapeutic process. *Psychological Science, 8*(3): 162–166.

Pennebaker, J. W., & Beall, S. K. (1986). Confronting a traumatic event: toward an understanding of inhibition and disease. *Journal of Abnormal Psychology, 93*(3): 274–281.

Pennebaker, J. W., & Francis, M. (1996). Cognitive emotional and language processes in disclosure. *Cognition and Emotion, 10*: 601–626.

Pennebaker, J. W., Kiecolt−Glaser, J., & Glaser, R. (1988). Disclosure of traumas and immune function: health implications for psychotherapy. *Journal of Consulting and Clinical Psychology, 56*: 239−245.

Pennebaker, J. W., & Seagal, J. D. (1999). Forming a story: the health benefits of narrative. *Journal of Clinical Psychology, 55*(10): 1243−1254.

Rasmussen, P. T., & Tomm, K. (1992). Guided letter writing: a long brief therapy method whereby clients carry out their own treatment. *Journal of Strategic and Systemic Therapie, 7*(4): 1−18.

Riodan, R. J. (1996). Scriptotherapy: therapeutic writing as a counseling adjunct. *Journal of Counseling and Development, 74*: 263−269.

Rogers, C. R. (1955). Persons or science? A philosophical question. *American Psychologist, 10*: 267−278.

Rogers, N. (1993). *The Creative Connection−Expressive Arts as Healing*. Palo Alto: Science & Behavior Books (reprinted Ross−on−Wye: PCCS Books 2000).

Ryle, A. (1983). The value of written communication in dynamic psychotherapy, *British Journal of Medical Psychology, 56*: 361−366.

Schoutrop, M. J. A., Lange, A., Hanewald, G., Duurland, C., & Bermond, B. (1997a). The effects of structured writing assignments on overcoming major stressful events: an uncontrolled study. *Clinical Psychology and Psychotherapy, 4*: 179−185.

Schoutrop, M. J. A., Lange, A., Brosschot, J. F., & Everaerd, W. (1997b). Reprocessing traumatic events in writing assignments: mechanisms, modes of processing and psychological physiological effects (abstract). *Psychosomatic Medicine, 59*: 83.

Smyth, J. M. (1998). Written emotional expression: effect size, outcome types, and moderating variables. *Journal of Consulting and Clinical Psychology, 66*(1): 174−184.

Sosin, D. A. (1983). The diary as a transitional object in female adolescent development. *Adolescent Psychiatry, 11*: 92−103.

Van Zuuren, F. J., Schoutrop, M. J. A., Lange, A., Louis, C. M., & Slegers, J. E. M. (1999). Effective and ineffective ways of writing about traumatic experiences: a qualitative study. *Psychotherapy Research, 9*(3): 363–380.

White, M., & Epston, D. (1990). *Narrative Means to Therapeutic Ends*. New York: Norton.

Wright, J. K. (1999). Uses of writing to counter the silence of oppression: counselling women at the University of the South Pacific. *Pacific Health Dialog, 6*(2): 305–310.

Wright, J. K. (2000). Using writing in counselling women at work. *Changes, 18*(4): 264–273.

제2장

글쓰기치료의 인지심리학 및 생의학적 기초

Geoff Lowe

많은 연구를 통해, 깊은 심리적 외상의 기억에 관해 글쓰기를 하고 난 뒤 사람들이 더 행복하고 더 건강함을 느낀다는 것을 알 수 있다. 글쓰기나 말하기를 통해 혼란스러운 경험에 적극적으로 직면하는 것은, 장기적인 스트레스와 질병을 낳을 수 있는 '억누름'의 부정적인 결과를 감소시킨다. 하지만 심리적 외상 사건에 직면하는 것과 장기적인 건강 사이에 무슨 연관이 있을까? 미국 심리학자 James W. Pennebaker가 이끄는 생의학적 연구팀은 '말로 다 드러내는 것'이 우리의 면역체계가 감염을 퇴치하는 데 어떻게 도움을 주는지 밝혀냈다.

Pennebaker는 정부의 거짓말탐지기 조작자들과 대화하면서 글쓰기치료의 잠재력에 관심을 갖기 시작했다(Pennebaker et al., 1987). 범죄자의 심장박동과 호흡은 고백하기 전보다 그 직후에 훨씬 느리다. 그 이후로 Pennebaker는 우리 모두가 글쓰기를 통해 과거를 직면한 이후 훨씬 기분이 나아질 수 있다는 자신의 믿음을 열심히 연구해 왔다.

Pennebaker와 다른 연구자들에 따르면, 그 효과는 단지 정서적인 것만이 아니다. 그의 초기 연구 가운데 하나에서(Pennebaker et al., 1988), 그들은 대학생들이 스트레스를 받은 사건들에 대해 글쓰기를 하고 난 6주 뒤, 면역체계 기능을 나타내는 활성화된 T 림프구 세포를 더 많이 갖게 됐다는 것을 발견했다. 우선, 연구자들은 건강한 대학생들에게 4일 연속해서 개인적인 심리적 외상 경험이나 사소한 주제에 관해 글을 쓰게 했다. 몇 달 뒤, 자신의 특별한 생각과 감정들을 드러냈던 학생들은 나머지 학생들보다 질병 때문에 학생건강센터를 방문한 횟수가 훨씬 더 적었다.

그다음 단계는 심리적 외상 사건에 직면하는 것과 장기적인 건강 사이의 신체적인 연관성을 조사하는 것이었다. 후속 연구에서 또 다른 건강한 쉰 명의 참여자들이 자신의 기분상태와 육체적 증상에 관해 질문을 받았다. 연구자들은 4일간의 글쓰기 실험 직전과 직후에 참여자들의 혈액 샘플을 채취했다. 일부 참여자들은 매우 개인적이고 심리적으로 혼란스러운 경험(외로움, 성적인 갈등, 죽음, 성적 학대 등)에 대한 글쓰기를 선택했다. 그러한 글쓰기를 통해 그들은 기분이 나아졌을까? 고통 수준에 대한 주관적인 평가에 따르면, 즉각적으로는 그들의 기분이 나아지지 않았다. 그러나 4일째 글쓰기 직후 채취한 그들의 혈액 샘플은 면역 반응 향상의 증거를 보여 주었다. 그들의 림프구(박테리아와 바이러스를 퇴치하는 백혈구)도 사소한 일(신발이나 그날의 계획, 최근 사회 사건과 같은)에 대해 글쓰기를 했던 다른 참여자들의 것보다 더 많이 '침입자들'에 대한 반응과 민감성을 증가시켰다.

이러한 경향은 혈액 샘플을 다시 한 번 분석한 6주 뒤에도 계속됐다. 건강이 가장 크게 개선된 사람들은 다른 이들에게 말하는 것을 강하게 억제했던 주제에 관해 글쓰기를 했던 사람들이었다. 글쓰기 첫날부터 마지막 날까지 좀 더 자기성찰적이고 허물없는 사고를 한 사람들의 경우에 증상 보고율이 더 낮고 의사 방문 횟수가 더 적었다는 점에서 건강이 더 많이 향상되었다는 것을 알 수 있다.

다른 연구들에서는 사람들이 이러한 글쓰기 '연습' 후(특히 긍정적 측면을 더 많이 드러낸다면) 일상적 임무에서 더 나은 기능을 발휘하고, 심리적 안녕에 대한 검사에서 더 높은 점수를 나타낸다는 것을 발견했다. 예를 들면, Cameron과 Nicholls(1998)는 3주에 걸친 짧은 글쓰기 회기를 위해 학생들을 모집했다. 통제집단과 표출집단 말고도 세 번째 집단을 만들었는데, 이 집단에서는 자신이 표출한 문제를 다루기 위해 가능한 대처 단계를 목록으로 적는 것을 포함하는 '자기규제적' 글쓰기를 하였다. 이러한 '자기규제적' 글쓰기를 한 사람들은 그 후 통제집단보다 병원 방문 횟수가 더 적었다고 보고했다. '표출만' 했던 참가자들 가운데서는 '낙관적' 특징을 보였던 학생들만이 더 적은 병원 방문 횟수를 보고했다. 자기규제적 글쓰기 집단에 참여했던 낙관주의자들과 비관주의자들 모두는 글쓰기 기간 이후에 증가된 심리적 효과와 더 나은 기분상태를 보고했다.

1990년대 말에 Smyth(1998)는 지금까지 정서적 표현을 글로 쓰는 것과 관련한 가장 훌륭한 연구에 대해 때맞춰 재검토하고 종합했다. 대부분의 연구에서는 (육체적으로나 심리적으로) 건강한 지원자들을 참가시켰다. 측정에는 전형적으로 생리적 지표(예: 피부 전도성, 심장박동, 혈압, 면역지표), 심리적 지표(예: 안녕감, 적응 수준, 기분상태), 자기보고식 건강 지표(예: 병원 방문 빈도, 감기, 증상들), 그리고 일반적 지표(예: 학교 성적, 결석, 인지기능)를 포함시켰다.

Smyth는 자신의 비평에서 총 열세 개의 기본 무선 통제 연구를 확인했는데, 여기서 정서적 표출 글쓰기 과제가 긍정적인 영향을 미치는 것으로 나타났다. 평균 효과 크기는 d=0.47이었는데, 이는 통제집단과 비교했을 때 표출집단에서 23% 향상된 것을 의미한다(이는 다른 심리치료에서 발견한 것과 대략 비슷하고, 임상적으로 유의미하다고 할 수 있다.). 그럼에도 효과 크기에서는 0.22부터 2.1에 이르기까지 많은 가변성variability이 있었다. 이는 중첩 요인confounding factors이 몇몇 연구에서 변수로 작용했을지도 모른다는 것을 암시한다. Smyth는 전체적으로 효과 크기가 글쓰기 회기 간 간격이 좀 더 길 때, 그리고 남성이 더 높은 비율을 차지하는 연구에서 증가한다는 것을 발견했다. 남성 참여자들 때문에 효과 크기가 증가했다는 것은 이런 유형의 글쓰기가 남성들에게 더 효과가 있을 수 있다는 사실을 시사한다. 아마도 남성들이 정서적 표현을 할 때 더 낮은 사전 글쓰기pre-writing[1] 수준을 가지고 있고, 글을 쓸 때 심리적 외상에 더 초점을 맞출 수도 있기 때문일 것이다.

심리적 안녕은 참여 학생들이 열중했을 때, 그리고 (과거의 경험보다는) 현재의 심리적 외상에 대해 구체적으로 글을 쓰라는 지침을 주었던 연구에서 더 향상됐다. 재검토한 모든 연구는 단기적 고통에서 증가를 나타냈다고 보고했다. 그러나 상대적으로 더 많은 단기적 고통이 더 큰 효과를 낳는 것처럼 보이지 않았다. Smyth는 심리적 건강을 향상시키기 위해서 '심리적 외상과 연관된 두려움의 연결망'을 활성화시켜야만 한다고 말한다.

심리적 외상의 기억을 말로 표현함으로써 심리적 혼란을 진정시키고 위험을 약화시키는 데 도움을 줄 수 있다. Smyth에 따르면 글쓰기를 통해 사람들은 통제감과 이해력을 얻는다. 스트레스를 주는 사건에 대해 글을 쓰기 위해서 사람들은 그것을 잘게 부숴야만 하는데, 그러면 불현듯 그것은 좀 더 처리하기 쉬운 것처럼 보일 것이다.

글쓰기 과제가 건강한 참여자들 사이에서는 건강 효과를 낳았음에도 불구하고, 다른 건강하지 못한 집단에서나 다른 치료와는 부정적인 상호작용을 일으킬 수 있다. 예를 들면, Gidron과 동료 연구자들(1996)은 외상 후 스트레스 장애PTSD를 가진 심리적 외상의 생존자들에 대한 연구를 수행했다. 표출집단의 생존자들은 자신의 가장 심한 심리적 외상 경험에 대해 글을 썼고, 통제집단의 생존자들은 정서적 내용 없이 일상적 사항에 대해 글을 썼다. 표출 실험대상자들

---

1 역주: 실제 글쓰기를 시작하기 전에 초안을 만들거나 계획을 세우는 것을 말한다(http://en.wiktionary.org/wiki/prewriting).

은 글쓰기 직후 더 높은 부정적 감정들을 보고했고(그들은 심리적으로 더 혼란스러워했다.), 추후 검사에서는 더 자주 건강관리센터를 방문했으며, 회피 증상을 보였다. 이는 외상 후 스트레스 장애 환자들에게는 대처기술의 훈련 없이 글로 표출하는 것을 권해서는 안 된다는 경고다.

그럼에도 불구하고, 치료를 받고 싶어 하지 않는 개인들에게는 소중한 예방적 치료의 한 대안 형태를 글쓰기가 제공할 수 있다. 그리고 일부 육체적 질병에 대해 의사들이 처방전을 쓰는 것과 동시에 글쓰기를 처방하는 것이 현명할 수도 있다.

이러한 근거는 미국의 Joshua Smyth가 이끈 주목할 만한 연구에서 나왔다(Smyth et al., 1999). 천식을 앓고 있는 사람들과 관절염을 앓고 있는 사람들에게 자신의 삶에서 가장 스트레스를 많이 받았던 경험에 관해 3일 연속해서 20분간 글쓰기를 하도록 했다. 동시에 천식과 관절염 환자 중 통제집단에게는 단지 그날의 계획에 관해 쓰도록 했다. 모든 환자들은 규칙적인 약물치료를 병행했다.

4개월 뒤 연구자들은 스트레스를 받는 사건에 대해 글쓰기를 한 사람들 중 거의 절반 가량이 그들의 증상에서 임상적 개선을 보였다는 것을 발견했다. 이에 비해 통제집단에서는 4분의 1 미만의 사람들이 개선을 보였다. 천식 환자집단에서는 자신의 가장 깊숙한 곳의 감정을 글로 썼던 사람들이 20% 폐기능 향상을 경험했고, 이에 비해 단지 하루 계획만을 썼던 사람들에게는 아무런 변화가 없었다. 관절염 환자들에게는 정서적 글쓰기가 질병의 증상을 거의 3분의 1 수준으로 완화시켰다. 이에 비해 통제집단에서는 또다시 아무런 변화가 없었다. 또한 이들은 지각된 스트레스, 수면의 질, 약물 사용과 약물치료 이용(실험하기 일주일 전, 치료 기간 중, 치료 후 14일 뒤)을 모니터했다. 그러나 이 가운데 어느 것에서도 주요한 연구 결과를 설명할 수 있는 효과를 발견하지 못했다(Stone et al., 2000).

연구자들은 처방된 치료를 글쓰기가 대신해서는 안 된다고 경고한다. 그리고 글쓰기의 효과가 4개월 넘어 계속되는지 아닌지는 아직 알려지지 않고 있다.

그럼에도, 관찰된 건강 효과는 한 시간의 글쓰기에 대해 매우 좋은 보상으로 보인다.

그렇다면 건강한 결과와 관련될 수 있는 개인의 글쓰기란 어떠한 것인가? Pennebaker 팀(Pennebaker & Francis, 1996; Pennebaker et al., 1997)은 작성된 글을 체계적으로 평가하면서 건강한 글쓰기의 '특징을 찾을 수 있는' 소프트웨어를 개발했다. 그들은 건강이 향상됐다고 예측할 수 있는 두 가지 특성—긍정적 정서를 나타내는 단어를 더 많이 사용하는 것(예: 좋은, 행복한, 사랑)과 부정적 정서를 나타내는 단어(예: 화난, 상처받은, 싫은)를 적당하게 사용하는 것—을 확인했다.

게다가 우리가 성인기에 들어설 때 긍정적인 정서를 간단히 활용하기만 하더라도 더 오래 살 수 있는 것으로 보인다. Danner와 동료 연구자들(2001)은 20대 초반에 자전적 글쓰기를 하면서 긍정적 정서를 드러낸 수녀들이 나이가 들어서도 더 오래 생존하는 경향이 있다는 것을 발견했다. 수녀 연구(the Nun Study, 나이 든 가톨릭 여신도들에 대한 종적 연구)에서 얻은 결과들을 보면, 초기 글쓰기에서 긍정적 정서의 내용을 가장 많이 쓴 사람과 가장 적게 쓴 사람이 사망 위험의 측면에서 2.5배 차이가 나는 것으로 나타났다. 낙관적으로 해석하는 스타일은 비관적인 것과는 대조적으로 더 큰 안녕감과, 나아가 더 긴 수명을 가져오는 것으로 보인다. 긍정적 정서의 '치유' 효과는 심지어 부정적 생활사건에 직면해서도 심혈관계의 스트레스를 줄일 수 있다.

Pennebaker의 연구에서 텍스트 분석을 더 해 보니, 글쓰기 첫날부터 마지막 날까지 자기성찰적이고 허물없는 사고를 더 많이 하면 할수록 건강이 더 많이 개선되는(더 낮은 증상 보고율, 더 적은 의사 방문) 것으로 나타났다. 이러한 변화를 낳는 것은 심리적 외상 경험에 대해 정서적인 요소를 좀 더 일관되게 구성하는 것을 포함해서, 심리적 외상에 대해 인지 처리를 더 효과적으로 한 덕분일 수 있다.

표출의 반대는 억압인데, 억압은 정서적 글쓰기로 인해 생기는 일종의 건강 관련 효과들에 영향을 미치기 쉽다. 한 연구에서(Petrie et al., 1998) 의대생들은 사고를 억압하거나 억압하지 않고, 정서적 또는 비정서적 주제에 관해 글쓰기를 했다. 억압의 조건에 있는 사람들에게는 '5분 동안 글을 쓴 것에 관해 어떠한 생각도 하지 않는 것에 집중하도록' 했고, '아무런 억압도 없는' 조건에 있는 사람들은 '쓴 것에 대해서 집중하도록' 했다.

림프구 수준은 ('중립적인' 글쓰기와 비교했을 때) '정서적' 글쓰기를 한 후에 더 높아졌다. 그리고 사고를 억압했을 때 더 낮아졌다. 다른 연구들에서는 정서적 사고를 억누르는 것과 심리적으로 억압하는 것은 건강상 더 나쁜 결과를 초래할 수 있다고 언급했다. '억압하는 사람들'은 더 낮은 세포 매개성 면역반응[2]을 나타내는 경향이 있다. 그렇다면 글로 정서적 표현을 하는 것은 억제/억압을 위해 이전에 사용했던 생리적 자원을 자유롭게 해 줄 가능성이 있다.

우리는 왜 고통스러운 사건에 대해 글쓰기를 하면 건강해질 수 있는지 아직 정확히 모르지만, 아마도 그 해답은 스트레스와 질병 간의 여전히 알려지지 않은 관계 속 그 어딘가에 있을 것이다. 심리적 외상 경험에 직면하는 데 실패하는 것은 어쩌면 스트레스 그 자체의 한 형태일 수도 있고, 질병의 발병률을 증가시킬 수 있다. 많은 연구들은 장기적인 정서적 스트레스가 면역체계를 약화시킬 수 있고, 심장병을 일으킬 수 있으며, 관절염과 천식, 그리고 다른 많은 질병을 악화시킬 수 있다는 것을 보여 주었다.

어떻게 이러한 글쓰기 표출 치료가 면역체계에 영향을 줄 수 있을까? 사람들이 스트레스 경험에 대해 심리적 억제, 즉 '억누름'으로 대처한다고 가정해 보자. 이러한 억제는 림프계를 자극하는 호르몬 체계와 교감신경 모두 또는 그 중 하나를 활성화시킴으로써 면역체계에 해를 입힌다. 표출의 과정으로 인해 개인이 언어로 경험을 조직화하지 않을 수 없게 만듦으로써 면역 조절 이상을 해

---

2 역주: 바이러스에 감염된 세포나 종양세포와 같이 체내에 존재하는 세포와 다르게 변형된 세포가 세포 독성에 의해 그러한 세포들을 제거하도록 면역을 유도하는 것

결하고, 더 많은 개인적 통제감을 갖게 하는 것으로 보인다. 더 긍정적으로 평가하면 할수록 부정적인 정서를 감소시킬 수 있고, 스트레스 경험에 대해 더 많이 검토하도록 할 수 있다. 그리고 이 두 가지(억제하지 않고 표출하는 것과 더 긍정적으로 평가하는 것)는 호르몬과 교감적 활동을 약화시킬 것이고, 이를 통해 면역 조절 이상은 회복된다.

연구에서는 스트레스 경험을 더 긍정적으로 평가하는 것처럼 보이는 개인들이 자기표출을 한 후 면역력에 더 많은 변화를 일으키는 것으로 나타난다. 이처럼 긍정적인 측면을 장려하는 것과 보조를 맞춰, 최근 한 연구에서는 정서적 글쓰기에서 '치유 과정'의 한 요인으로, 심리적 외상 사건의 유익한 점을 생각하고 이에 대해 글쓰기를 하는 것의 중요성을 탐구했다(King & Miner, 2000). 참여자들은 개인적인 심리적 외상에 대해 글을 쓰거나 중립적인 주제에 대해 글을 썼다. 그리고 각 집단에서 그들은 자신이 생각한 유익한 점에 대해 쓰거나 또는 쓰지 않았다. 단지 심리적 외상에 대해서만 글을 썼거나 아니면 생각하고 있는 유익한 점에 대해 글을 썼던 사람들은, 글쓰기 이후 5개월 동안 질병 때문에 병원을 방문하는 횟수가 더 적었다고 보고했다. 이러한 결과가 시사하는 바는, 심리적 외상 사건으로부터 인식한 유익한 점에 대해 글쓰기를 하는 것('긍정적 측면을 보기')이 마음이 덜 상하면서도 효과적인 방식으로 글쓰기에서 이점을 얻을 수 있다는 것이다.

(정서적 표출) 글쓰기로부터 얻는 이러한 효과는 많은 언론의 관심을 받아 왔다. 그러나 우리는 몇몇 제한 요소를 알아차려야만 한다. 대부분의 연구들은 대학생들과 건강한 지원자들을 대상으로 Pennebaker와 동료 연구자들에 의해 개발된 아주 표준화된 글쓰기 과제를 이용했다. 정말이지 대부분의 연구들은 지금까지 학생들과 건강한 지원자들만을 포함시켰다(1999년 Smyth와 동료 연구자들과 1996년 Gidron와 동료 연구자들처럼 눈에 띌 만한 예외는 별개로 하고). 비록 주요한 연구들은 그러했지만 모든 연구가 무선 통제 실험(RCTs)이었던 것은 아니다. 특별한 환자집단과 함께한 무선 통제 실험연구는 특별한 연구 설계와 윤리

적 절차를 필요로 한다. 그리고 이는 글쓰기치료가 지금 평가받을 필요가 있는 지점이다. 글쓰기치료에 대한 대대적인 언론의 관심 때문에, 무선 통제 실험연구에서조차 부분적으로는 통제 피실험자들이 통제 조건에 있다는 것을 인식할 것이다. 우리는 '용량 반응'[3] 양상에 대해서는 잘 모른다. (즉, 글쓰기치료를 더 많이 하는 것이 적게 하는 것보다 좋을까? 얼마만큼 하는 것이 최적일까?) 그리고 어떤 종류의 글쓰기가 얼마나 오랫동안, 얼마나 자주, 어느 측면에서 특별한 결과를 낳을 수 있을지에 대해서도 잘 모른다.

잠재 가능성이 있는 치료로서 글쓰기 과제를 평가할 때는 여러 문제를 고려할 필요가 있다. 즉, 심리적 외상의 특정 유형이 결과와 관련이 있는지 없는지, 그리고 글쓰기 매개변수의 역할(예: 통찰 언어, 긍정적·부정적 용어의 사용), 심리적 원인(예: 외상 후 스트레스 장애)과 신체적 원인(예: 만성질환) 모두의 임상 표본에서 글쓰기 과제의 효과 등에 대해 고려할 필요가 있다.

요약하자면 글쓰기치료 분야에는 흥미로운 연구가 매우 풍부하다. 그 가운데 일부는 언론의 상당한 관심을 낳았다. 그래서 내담자들, 소비자들, 그리고 임상심리사들과 같은 많은 사람들이 점점 더 (창조적) 글쓰기와 건강 사이의 이러한 긍정적 관련성에 대해 인식하게 되었다. 그러나 일단 단순화된 메시지 단계를 넘어서게 되면, 우리는 그러한 상황이 훨씬 더 복잡하다는 것을 깨닫는다. 글쓰기와 건강 간의 연관성은 잘 증명되어 왔지만, 정확한 인과관계 메커니즘은 그보다 덜 이해되고 있다.

글쓰기는 감정과 사고에서 치유에 이르는 직접적인 연결선을 보여 줄 수 있다. 그러나 이러한 접근에 문제가 있을 수 있다는 어떤 징후가 있다. 우리는 왜, 언제, 어디서, 누구에게, 누구에 의해, 어떤 조건하에, 그리고 어떤 후유증이나

---

3 역주: 용량 반응(dose-response)은 어떤 요인에 노출되는 것과 그 효과가 나타나는 것 사이의 관련성을 말한다. 일반적으로 높은 용량일수록 반응은 크다(출처: 건강과 과학 http://hs.or.kr/h_writingglossaryacsh.htm).

부작용이 있을 수 있는지에 대한 정보를 주는 더욱 질 높은 연구를 이루어 가면서 신중하게 나아가야만 한다.

참고문헌

Berry, D. S., & Pennebaker, J. W. (1993). Nonverbal and verbal emotional expression and health. *Psychotherapy and Psychosomatics, 59*(1): 11–19.

Booth, R. J., Petrie, K. J., & Pennebaker, J. W. (1997). Changes in circulating lymphocyte numbers following emotional disclosure: evidence of buffering? *Stress Medicine, 13*(1): 23–29.

Cameron, L. D., & Nicholls, G. (1998). Expression of stressful experiences through writing: effects of a self-regulation manipulation for pessimists and optimists. *Health Psychology, 17*(1): 84–92.

Danner, D. D., Snowdon, D. A., & Friesen, W. V. (2001). Positive emotions in early life and longevity: findings from the Nun Study. *Personality Processes and Individual Differences, 80*(5): 804–813.

Esterling, B. A., L'Abate, L., Murray, E. J., & Pennebaker, J. W. (1999). Empirical foundations for writing in prevention and psychotherapy: mental and physical health outcomes. *Clinical Psychology Review, 19*(1): 79–96.

Francis, M. E., & Pennebaker, J. W. (1992). Putting stress into words: the impact of writing on physiological, absentee, and self-reported emotional well-being measures. *American Journal of Health Promotion, 6*: 280–287.

Gidron, Y., Peri, T., Connolly, J. F., & Shalev, A. Y. (1996). Written disclosure in post-traumatic stress disorder: is it beneficial for the patient? *Journal of Nervous and Mental Disease, 184*: 505–507.

Greenberg, M. A., Wortman, C. B., & Stone, A. A. (1996). Emotional expression and physical health: revising traumatic memories or fostering self-regulation? *Journal of Personality and Social Psychology, 71*(3): 588–602.

King, L. A., & Miner, K. N. (2000). Writing about the perceived benefits of traumatic events: implications for physical health. *Personality and Social Psychology Bulletin, 26*(2): 220–230.

Lepore, S. J. (1997). Expressive writing moderates the relation between intrusive thoughts and depressive symptoms. *Journal of Personality and Social Psychology, 73*(5): 1030–1037.

Marlo, H., & Wagner, M. K. (1999). Expression of negative and positive events through writing: implications for psychotherapy and health. *Psychology and Health, 14*(2): 193–215.

Njus, D. M., Nitschke, W., & Bryant, F. B. (1996). Positive affect, negative affect, and the moderating effect of writing on sIgA antibody levels. *Psychology and Health, 12*: 135–148.

Pennebaker, J. W. (1993). Putting stress into words: health, linguistic, and therapeutic implications. *Behavioral Research Therapy, 31*: 539–548.

Pennebaker, J. W. (1997a). Writing about emotional experiences as a therapeutic process. *Psychological Science, 8*(3): 162–166.

Pennebaker, J. W. (1997b). *Opening Up: The Healing Power of Expressing Emotions.* New York: Guilford Press.

Pennebaker, J. W., & Francis, M. E. (1996). Cognitive, emotional, and language processes in disclosure. *Cognition and Emotion, 10*(6): 601–626.

Pennebaker, J. W., Hughes, C. F., & O'Heeron, R. C. (1987). The psychophysiology of confession: linking inhibitory and psychosomatic processes. *Journal of Personality and Social Psychology, 52*: 781–793.

Pennebaker, J. W., Kiecolt–Glaser, J., & Glaser, R. (1988). Disclosure of traumas and immune function: health implications for psychotherapy. *Journal of Consulting and Clinical Psychology, 56*: 239–245.

Pennebaker, J. W., Mayne, T. J., & Francis, M. E. (1997). Linguistic predictors of adaptive bereavement. *Journal of Personality and Social Psychology, 72*(4): 863–871.

Petrie, K. J., Booth, R. J., & Pennebaker, J. W. (1998). The immunological effects of thought suppression. *Journal of Personality and Social Psychology, 75*(5): 1264–

1272.

Smyth, J. M. (1998). Written emotional expression: effect sizes, outcome types and moderating variables. *Journal of Consulting and Clinical Psychology, 66*(1): 174–184.

Smyth, J. M., Stone, A. A., Hurewitz, A., & Kaell, A. (1999). Effects of writing about stressful experiences on symptom reduction in patients with asthma or rheumatoid arthritis: a randomized trial. *Journal of the American Medical Association, 281*(14): 1304–1309.

Stone, A. A., Smyth, J. M., Kaell, A., & Hurewitz, A. (2000). Structured writing about stressful events: exploring potential psychological mediators of positive health effects. *Health Psychology, 19*(6): 619–624.

제3장

심리치료에서 내러티브 개념과 글쓰기의 기여

Jane Speedy

> 나의 내담자들 중에는 종종 이야기(story)를 통해 질문의 답을 얻는 이들이 있다. 최초의 이야기는 거의 항상 또 다른 이야기를 낳고, 그 이야기는 다시 또 다른 이야기를 낳는다. 질문에 대한 답이 여러 개의 긴 이야기가 될 때까지. 일련의 이야기들은 단 하나의 이야기보다 더 넓고 더 깊은 통찰력을 제공한다고 생각한다.
>
> (Pinkola Estes, 1992: 1)

도입

'내러티브narrative'와 내러티브 함께 만들기에 대해 학문과 실천의 영역에서는 점점 더 많은 관심을 기울이고 있다. 내러티브와 내러티브 함께 만들기는 인간 존재가 자신의 삶을 구성하고 이해하고 변형시키는 방식을 이해하기 위한 근원적 은유로서 유용하기 때문이다. '이야기치료'로 알려진 개념과 실천은 많은 점에서 '글쓰기 실천'으로 여겨질 수 있다. 내러티브, 후기구조주의, 문학이론에 강한 뿌리를 두고 있고, 이러한 전통의 언어를 많이 사용하고 있는 것이 바로 '이야기로 된' 치료이기 때문이다. 이야기치료는 기본적으로 개인의 잠재적 심리나 '내적 상태'의 심리에 초점을 맞춘 치료에 전적으로 도전한다(이들의 차이점에 대한 논의는 White, 2001 참조). 이야기치료는 개인의 행위성을 사회적 담론과 정치적 담론, 문화적 전통과 역사적 전통, 그리고 사람들에게 유용할 수 있는 '지엽적' 이야기에 확실히 두고 있다. 이러한 방식으로 치료를 돕는 대화에서 '대안적' 이야기 또는 선호하는 이야기를 만드는 것은, 아무리 덧없고 임시적일지라도 일종의 특별한 성취로 간주할 수 있는데, 이러한 성취를 통해 확실히 담아 내고 수용하기 위해 글로 쓴 기록이 인정을 받는다.

이야기치료에서는 치료사들 중 일부와 내담자들, 그리고 치료적 노력을 지켜보는 많은 '외부 증인들'의 글쓰기와 그들이 만든 치료를 돕는 문서와 책을 분명하고 신중하게 이용하고 있다. 또한 이야기치료 전문가들은 심리치료의 전문가적 글쓰기 문화의 일부였던 (치료 과정에 대한 치료사들의) 노트 메모하기와 그 기록의 보존과 소유권에 대해 당연시되어 왔던 가정들을 뒤엎는 경향이 있다. 이러한 치료 노트, 즉 반영은 보통 직업적 목적보다는 치료적 목적을 분명히 더 갖고 있다고 생각한다. 최근에는 내러티브 연구과 대화 연구 분야에서 유래한 시적 글쓰기poetic writing 전략을 치료적 만남 안에서 변화를 위한 도구로 이용하고 있기도 하다.

이 장에서 나는 이러한 몇몇 개념과 실천을 소개하고 탐색할 것이다. 그리고 가능하다면 나와 다른 이들의 경험에서 나온 예를 가지고 그것을 설명할 것이다.

'해석적 전환', 후기구조주의, 문학 이론, 그리고 이야기치료

이야기치료로 인식되어 온 개념과 실천에 대해 간단한 개괄 이상의 것을 하는 것은 이렇게 짧은 장에서는 가능하지 않다. 이야기치료의 개념과 실천은 다른 곳에서 광범위하게 설명되어 왔기 때문에, 좀 더 알고 싶은 독자들은 Bird(2000), Epston과 White (1992), Freedman과 Combs(1996), Monk와 동료 연구자들(1997), Payne(2000), White와 Epston(1990) 가운데 어떤 저서나 또는 이 모든 저서를 공부할 수 있다.

완벽하지는 않지만 간단히 설명하자면, 이야기치료사들은 사람들이 사회 속에서 자기 주변에 존재하는 자료로부터 자신의 삶을 어떻게 이해하게 되는지, 그리고 그들이 이야기를 구성함으로써(즉, 하나의 플롯(plot)을 형성하기 위해서 시간의 흐름에 따라 연속적인 사건들을 풀어 냄으로써) 살아온 경험을 어떻게 해석하고, 또 재해석하는지에 관심이 있다.

이야기치료사들은 사람들이 여러 이야기로 구성되어 있다고 생각한다. 즉, 항상 동시에 많은 이야기들을 낳는다고 생각한다. 이야기치료 전문가는 특히 사람들이 자신의 삶에서 가장 지배적인 이야기가 된 것을 '강화하고' (또는 살을 붙이고) 구성하는 방식에 대해 호기심을 가질 것이다. 그들은 '선호된 이야기'를 낳을 수 있는 '재저작 대화'를 위한 공간을 마련하기 위해서 문제로 가득 차 있고, 도움이 되지 않는, 단지 관습적 이야기였던 것을 풀어 내기 위한 '해체적 질문'을 하는 데 관심이 있다. 이는 이야기에 대한 '말하기telling'와 '다시 말하기retelling'를 촉진하는 대화다. 흔히 가정법으로 사람들에게 유용'할 수도' 또는 '했을 수도' 있는 가능한 많은 해석에 관해 호기심을 이용한다.

지금까지 나는 이야기치료를 말하기치료의 영역에 위치시켜 왔고, 실제 이야기치료는 많은 말하기를 수반한다. 이러한 대화들은 자아와 정체성의 유동성과 다중성에 대한 후기구조주의적 이해 안에 놓여 있다. 이러한 '자아'는 끊임없이 대화와 스토리텔링에서 재탄생될 수 있고 구성될 수 있다. 자아가 결국 타자의 이야기와 정체성을 구성하는 것처럼 말이다(후기구조주의적 개념과 이야기치료와의 상호 영향에 대한 더 많은 설명을 위해 Foucault, 1984; Drewery & Winslade, 1997; White, 1997, 2002b; Thomas, 2002 참조).

그래서 이야기치료 전문가들이 공공연히 사용하는 '지배적 이야기'와 '선호된 이야기 재저작하기'나 '다시 말하기'라는 용어들은 모두 이야기적이고 문학적인 본질을 가지고 있다. Derrida(1978)와 같은 문학 이론가들의 저서, 그리고 좋은 이야기를 만드는 것에 대한 그들의 연구도 이야기치료적 실천의 토대를 보강해 주고 있다. 사람들의 삶은 텍스트가 아니지만, 그럼에도 이야기치료사들은 미학적이거나 문학적인 장점을 가진 텍스트를 구성하는 것이 무엇인지에 대한 문학적 연구들에 의해 많은 영향을 받는다. 다시 말해서, 확실성보다는, '가정법 과정의 훌륭한 이야기—그것은 하나의 이야기뿐만 아니라 이야기의 우연성과 불확실한 변수들에 대한 느낌을 만들어 내는 수단' (Bruner, 1986: 174)으로 채워지도록 가능성을 위한 틈새나 '경계적' 공간을 열어 놓고 남겨두는 이야기에 대한 문학적인 연구에 의해 이야기치료사들은 많은 영향을 받는다고 할 수 있다.

그러므로 이야기치료사들은 끊임없이 내담자들과 함께 이야기의 이러한 '불확실한 변형'이나 대안적 형태를 함께 찾는 과정에 참여한다. Derrida(1978)가 어떤 주어진 이야기 안에 포함되거나 그것을 조건으로 하는 '부재하지만 암시하고 있는' 이야기들을 구성한 것은 대안적 이야기로 들어가는 데 특히 유용한 지점을 제공한다. 다음은 그것의 한 예다.

소피는 **'일이 (자기) 손을 떠난 것처럼 보였기'**[1] 때문에 나에게 상담을 하러 왔던 내담자였다. 나는 일이 **손 안에**, 즉 아마도 **더 많이 손 안에 있었을** 때의 부재하지만 암시하고 있는 시간과 배경, 그리고 일이 **손에서 바로 벗어났을** 때의 부재하지만 암시하고 있는 시간 또는 상황에 대해 궁금했다(이러한 개념들에 대한 더 나은 설명은 Derrida, 1978와 White, 2000을 참조). 단지 일이 지금 손에서 벗어난 것처럼 **보였기** 때문에, 나는 또 일이 그렇게 보였던 방식과는 다른 방식들을 찾아내는 데 관심을 가졌다. 소피 역시 이 작업에 관심이 있었는데, 왜냐하면 일이 어떻게 보였는지 비교해 보면 일이 손에서 벗어나 있었기 때문이다. 그리고 이런 일은 이사를 한 것과 관계가 있었거나, 적어도 동시에 일어난 것으로 밝혀졌다.

문학 이론은 치료의 실천을 보강해 준다. 해체의미를 풀어 내는 것와 같은 구성은, 즉 부재하지만 암시하고 있는 또는 이야기의 다른 형태들이 나타날 수 있는 '열린 공간'을 찾는 것과 같은 작업의 방식은, 단순한 도구나 기술이 아니다.

---

1 역주: 여기서 '손을 떠났다'는 것은 '일이 엉망이 됐다'라는 것을 뜻한다.

'마치' 이야기가 세상을 바라보는 것뿐만 아니라 우리의 삶을 살아가는 데 다른 입장을 만들어 내는 것처럼, 은유적 이야기를 통해 사람들은 행동하는 방식에 관심을 갖게 된다. 바로 이러한 이야기를 만들어 내거나 포착하고 수용하는 중요한 수단이 글쓰기다.

말하기 행위, 글쓰기 행위, 그리고 윤리적으로 문서 작성하기

대부분의 심리치료적 전통에서 치료사는 내담자가 없을 때 메모를 하고 기록을 작성한다. 이론적으로는(그리고 최근 정보보호법하에서 법적으로는) 이런 기록을 내담자가 이용할 수 있음에도, 대부분의 사례에서 글로 쓰인 기록은 치료적 교환이라기보다는 '전문적' 행위의 일부분으로 여겨진다. 그러한 기록은 슈퍼비전, 행위 관리, 직업적 책무라는 전문적 행위와 연결된다.

이야기치료에서 기록을 종종 치료 과정의 일부, 내담자의 언어를 포착하는 수단으로 간주하는 경향이 있다. 이러한 문서는 종종 대화 중 중요한 순간을 글로 기록한 것으로 내담자에게 제공된다. 이러한 기록은 그리 길지 않을 수도 있고, 확실히 내 경우에는 전혀 정돈되지도 않았다. 이야기치료사들은 치료를 돕는 노트를 작성할 때 소유와 윤리적 행위에 대해 완전히 다른 반응을 나타낸다. White(1995)는 자신이 자상하게 도와주고 있는 사람에게 자신이 기록한 것을 주는 것으로 자신의 윤리적인 우선 사항을 설명한다. 이야기치료를 가르치는 사람으로서, 나는 치료 문화 내에서 당연시되고 있는 가정을 자주 난처하게 만드는 것이 바로 이러한 협력적이고 열린 치료 노트 쓰기라는 것을 알고 있다. 이러한 가정들은 치료적 권력관계와 '문서'에 대한 소유권 측면에서 볼 때 흥미롭다. 이야기치료사들은 대부분 인정받고 있는 심리치료 영역에서 '말하기'에 대한 의심할 여지없는 특권 주기에 어떤 해결의 실마리를 주기도 한다. 사람들은 보통 이런 류의 '메모하기'가 내담자의 주의를 다른 곳으로 쏠리게 하는 것은 아닌지 질문하는데, 나는 단지 이렇게 대답할 수 있다. "내가 그것을 받아 적어도 될까요?" 또는 "종이에 몇 가지 적는 것이 좋은 생각일까요?"라고 내가 물을 때, 사람들은 거의 언제나 중요한 단어와 순간을 글로 '포착' 하는 것에 대해 아주 열성적이고, 그 메모를 갖는 것에 만족하는 것처럼 보인다고 말이다.

이야기치료 전문가들은 교육 중에 있는 상담사들을 대상으로 작업을 하지만 또 한편으로 이러한 일이 회기 내에 일어날 수도 있다. 이러한 방식으로, 상담 슈퍼비전의 비밀스러운 신비함은 내담자에게 훨씬 더 유용할 수 있다(예: David Epston이 자신의 반영을 제공하기 위해 팩스를 통해서 치료적 대화를 했던 Mad Fax Sunday[2] 참조). 나는 자주 나의 국제 온라인 상담사 그룹에 속한 사람들에게 내 작업에 대한 그들의 반영과 질문, 그리고 아이디어를 묻곤 한다. 그리고 이것을 내담자에게 이메일로 보내거나 다음 회기를 위해 출력하기도 한다. 그래서 전체적인 과정은 좀 더 협력적이고 투명한 모험이 되고, '메모하기'는 치료사 중심보다는 오히려 탈중심화되며, 유용한 치료 과정의 훨씬 더 중요한 부분이 된다.

외부 증인들과 다른 '팀원들'의 글쓰기 실제

이야기치료를 통해 사람들은 자신의 삶과 정체성을 사회와 연결된 방식으로 탐색하게 되는데, 여기에는 말로 표현된 이야기들에 대한 '외부 증인들'을 참가시키는 일종의 인정 의식을 포함할 수 있다(복잡하고 강렬한 과정인 이러한 의식에 대해 여기서 설명할 공간이 없는데, 더 자세한 설명을 보려면 White, 2000, 2002a;

---

2 역주: Lane, K, Epston, D., & Winter, S. (2001). *Mad Fax Sunday: Are some virtual communities more real than virtual?* http://www.narrativeapproaches.com/narrative%20papers%20folder/papers.htm.

Mann & Russell, 2002 참조). 이러한 증인들은 (예를 들면, 친구, 가족구성원 또는 내담자와 비슷한 환경이나 생활사건을 경험하고 그것에 대해 자신의 고유한 내부 지식을 가지고 있는 사람들이 될 수 있다) 사람들의 삶에 대한 설명에 청중이 되고, 그 이야기에 대한 반영[3]과 다시 말하기를 한다. 외부 증인들은 이러한 성찰을 글로 적고, 그다음 (인정) 의식의 중심에 있는 사람에게 제시할 수도 있다. 때론 이러한 반영이 그 순간에 내담자에게 제시되기도 하고, 때론 그것을 모아서 인정 의식에 대한 책이나 기록으로 증정되기도 한다(치료를 돕는 책 만들기에 대해 좀 더 알고 싶다면 McMenamin, 1998과 Hamilton, 2001 참조).

'삶'의 증인들을 이용할 수 없을 때에는 현재의 내담자를 지지하는 증인이나 지지자들로부터 이메일, 팩스 및 편지, 시를 모을 수 있다. 한 예를 들자면, 그레고리는 (비록 그는 스스로를 미래를 걱정하는 사람으로 생각하고 싶어 했음에도 불구하고) 한때 자살로 자신을 설명했던 젊은 남자인데, 우리가 함께 작업하는 동안에 그는 상당량의 시를 썼다. 그와 나 모두 아직도 그 모든 시를 복사해서 가지고 있고, 나는 유사한 생활사건들을 경험하고 있는 다른 내담자들에게 시의 복사본을 나눠 줘도 좋다는 그의 허락을 받았다(이 과정에 대해 좀 더 알고 싶다면 Speedy, 2000 참조).

---

3 역주: 이야기치료에서 반영(reflection)이란 White가 도입한 것으로 외부 증인들이 내담자와 상담사의 진행 이야기를 듣고, 조언하며, 다른 각도에서 관점을 제시하는 것을 말한다. 이 과정의 궁극적 목적은 내담자의 대안 이야기를 강화하는 것이지만, 이와 함께 상담 과정에서 있을 수 있는 상담사의 독단적 대화 운영이나 자의적 해석과 편향성을 피하기 위한 자기성찰에도 중요한 역할을 한다(김번영(2007). 이야기치료와 상담. 솔로몬).

치료를 돕는 문서, 편지, 책 이용하기

Michael White와 함께 처음으로 이야기치료의 많은 개념을 발전시켰던 David Epston은 치료를 돕는 문서를 이용하는 것이 '말하기치료'의 영향력을 네 배로 증가시킨다고 제시했다(White, 1995 참조). 많은 이야기치료사들은 내담자에게 대면 상담 회기를 보충하는 것으로 문서를 보내는데, 중요한 순간이었던 것을 반복하면서 그것에 대한 영구적인 표현을 제공하기도 하고, 유용할 수도 있는 보충 질문을 묻기도 하고, 특히 아이들과 함께할 때는 목표달성을 인정하는 인증서를 주기도 한다. 그러한 문서들은 보통 지시적인 어조라기보다는 머뭇거리는 어조다.

나에게는 두드러져 보였던 것인데, 당신은 다르게 봤을 수도 있다…….

당신의 말은 나에게 머물러 있는데, 아마도…….

우리의 회기가 끝난 뒤에 나는 내가 물어봤어야 했던 몇 개의 다른 질문이 있다는 걸 깨달았다. 그리고 당신이 그 질문이 도움이 된다는 걸 발견할 경우를 생각해서 나는 단지 그것을 기록하고 싶었다…….

이러한 문서들은 좀 더 사라지기 쉬운 말로 된 치료적 대화로부터 단어와 이야기들을 잡아내서 그것을 글로 옮긴 것이다. 이러한 방식으로 사람들은 자신의 이야기가 시간이 흘러감에 따라 변화하는 방식, 그리고 그들이 치료를 시작할 때 했던 것과는 다르게 스스로의 입장을 나타내는 방식에 대해 생각할 수 있다(Payne, 2000: 127-157은 이러한 과정을 광범위하게 연구하고 있다.).

글쓰기와 치료를 돕는 편지 쓰기는 치료사뿐만 아니라 치료사와 상담하고 있는 사람들도 활용할 수 있다. 예를 들면, Etherington(2000)은 내담자로 하여금 보내지 않거나 보내기엔 너무 늦은 편지를 쓰게 했고, 이를 통해 그들은 자신의 삶에서 했었으면 했던 대화를 하게 되었다. 이러한 편지들은 어린 시절 침묵하거나 금지되거나 상상할 수 없었던 이야기에 목소리를 부여하면서 성인들로부터 강력한 이야기를 재현한다. 내담자들 역시 대면 상담 회기 사이에 참조할 점과 대화를 '남기기' 위한 방식으로 편지나 다른 글쓰기 행위를 규칙적으로 한다. 그렇게 하고 있는 한 내담자는 다음과 같이 말한다. "나는 팀(이야기치료사)에게 우리가 이야기하고 있었던 사람들과 문제에 관해서 규칙적인 편지를 쓰기 시작했어요. 부치는 편지가 아니라 단지 갖고 있고 참조하기 위한 편지 말이에요."

앞에서 제시한 모든 예에서, 치료를 돕는 문서는 단지 희미하게 붙잡고 있는 이야기들을 공고히 하고 구체화하는 것으로 볼 수 있다. 이러한 흔적, 희미함, 실타래를 글로 쓰는 것을 통해서 지나쳐 가는 순간들을 붙잡고 그것에 어떤 영속성을 줄 수 있을 뿐만 아니라, 말로 표현된 언어와 글로 표현된 언어 사이에 힘의 차이가 있다고 한다면(그리고 현대 사회에서 치료적 교환을 떠나 글로 쓰인 텍스트에 더 높은 지위가 주어진다고 한다면) 글로 쓰는 것이 말하고 있는 이야기에 더 많은 권위를 부여할 수도 있다. 자신의 삶에서 문자literacy와 쉽게 관계를 맺어 본 경험이 없는 사람들에게는 이러한 글쓰기 행위의 영향력에 대해서 논쟁의 여지가 있다(Payne, 2000 참조). 이를 좀 더 연구하는 것은 흥미로울 것이다. 다만 나는 이렇게 말할 수 있다. 어린이들, 그리고 모국어가 영어가 아닌 사람들과 함께 작업해 본 내 경험에 비춰 보면, (치료사가 준) 문서를 읽을 수 없다는 것은 어떤 사람들이 그들이 받은 문서에 부여하는 큰 가치를 손상시키지는 않는다고 말이다. 이러한 예들에서 보면, 글쓰기는 '의사소통의 수단'이라는 단순한 의미보다 훨씬 더 큰 사회적 · 문화적 중요성을 가진 과정으로 만들어지는 것 같다.

치료사에게 상담을 받는 사람들의 기여

대부분의 심리치료 전통에서는 전문가들이 글쓰기에 대한 특권을 가지고 있었다(그리고 이 책은 대부분 그러한 예다). 내담자의 기여는 거의 없고, 이러한 글을 쓰는 사람들은 대중적 시선public scrutiny 앞에 아주 사적이고 개인적인 경험을 털어놓음으로써 매우 용기 있는 것으로 간주된다. 이것은 정말로 용기 있는 일이다. 그러나 이야기치료의 실제에서는 글로 쓰는 방식과 그 밖의 방식으로 다른 이들과 함께 참여하는 것, 그리고 증언하고, 서로 지탱해 주는 것을 훨씬 더 강조하고 있다. 내담자 집단은 스스로를 지탱하기 위해서뿐만 아니라 더 많은 청중들과 미래의 내담자들과 소통하기 위해서, 자신의 말을 모아 놓기도 하고 서로 간의 말에 대해 반영하기도 한다(Sue et al., 1999 참조). Nelia Farmer는 최근 자신이 이야기치료를 받은 경험에 대한 이야기를 썼고, 다른 가족구성원들과 지지자들뿐만 아니라 그녀의 치료사로부터 받은 반영을 포함시켰다. 이러한 설명을 글로 쓰고 출판한 그녀의 의도는 텍스트 안에 분명하게 나타나 있다. "나는 어떠한 것이든 카타르시스를 위해 글쓰기를 하지는 않았다. 오히려 글쓰기는 치료의 가르침을 강화시켰고, **그 자체로** 치료적이었다(p. 11)."

글쓰기(두 번 또는 세 번 이야기에 대해 다시 말하기)와 다시 읽기(세 번 또는 네 번 다시 말하기)라는 이야기치료 행위는, 말로 하는 치료를 지원하는 데 이용되는 단지 보조적인 도구나 기술이 아니라 오히려 이동하는 치료적 경험이다(글쓰기, 읽기, 그리고 '이동'에 관해서는 Gerrig, 1993 참조). 다시 말해서, 글쓰기와 읽기 행위는 이야기를 다르게 실행하고, 읽는 이와 쓰는 이 모두 다른 곳으로 데리고 간다.

시적 표기와 '경계 공간'

치료를 돕는 문서 중 글쓰기에 한 가지 기여한 것은, 시적으로 옮겨진 스탠자 stanza[4] 형식으로 대표되는 '말'이 출현한 것이었다. 이것은 대화를 번역하는 일에 종사한 언어학자와 내러티브 연구자들의 문헌에서 나왔다(자세한 예를 보려면 Gee, 1991; McLeod & Balamoutsou, 1996; McLeod, 2001 참조). 말에 대한 시적 표기가 나올 수 있었던 것은 시가 말과 가깝다는 생각과 여백이 많은 시적 표기가 어쨌든 의미상 더 환기적이고 더 풍부하다는 측면 때문이었다. 『노턴의 명시선집(*The Norton Anthology of Poetry*)』을 인용하자면, "시란 인간 목소리의 연주를 위해 쓰인 곡이다. 페이지 위에서 당신 눈이 보고 있는 것은, 당신이 소리 내어 그것을 읽거나 당신의 마음의 귀에서 그것을 들을 때 그것이 살아나도록 하기 위해 당신의 목소리를 기다리는 작곡가의 구두 악보다(Ferguson et al., 1996: lix)."

산문 편지나 시가 치료적 대화에서 표현했던 말, 뉘앙스, 의미를 완벽하게 그대로 재현해 줄 수는 없다(그리고 비록 그럴 수 있다고 해도 그 의미는 다시 말하기에서 변화할 것이다). 그러나 아마도 의미가 풍부한 시쓰기 전통으로 인해 치료사들과 내담자들은 더 강력하게 재진술(재표현)할 것이고, 이야기 만들기를 위해 좀 더 열린 경계 공간을 마련할 것이다(의미 만들기를 위한 지점으로 '경계성'에 대한 설명을 더 찾아보고 싶다면 Broadhurst, 1999 참조). 내 경험에서 볼 때, 사람들은 시가 더 쉽게 읽히고 의미가 더 풍부하다는 것을 발견하게 되고, 종종 그러한

---

4 역주: 이탈리아어로 '정지, 장소'를 뜻하는데, 일정한 운율적 구성을 갖는 시의 기초 단위를 말한다. 스탠자의 길이는 4행이 일반적이지만, 2행 또는 더 길고 복잡한 형식의 것도 있다. 스탠자에 의한 작시(作詩)의 본질은 형식의 규칙적 반복에 있으나, 때로는 그 길이와 음률을 변화시킴으로써 시적 효과를 높일 수 있다(출처: 두산백과사전).

반응에 스스로 놀란다.

다음에서 똑같은 대화에 대한 두 가지 다른 형태 간의 차이점을 생각해 보자. 자신의 내력과 일가친척과의 관계에 문제를 가지고 있는 하이야트라는 젊은 여성에게 내가 쓴 글인데, 첫 번째 것은 편지 형식이고 두 번째는 내가 (실제로) 보냈던 치료를 돕는 문서의 일부다.

산문Prose

우선 문제 요약하기

당신의 이야기는 '가부장제와 다른 짐승들' (당신이 그렇게 썼듯이)이 당신의 교우관계, 동료관계, 당신이 매우 사랑했던 오빠들과의 '비밀 동맹'을 잔인하게 침해했고, 그것은 너무 외로웠던, 뼛속에 사무칠만큼 외로웠던 어린 시절을 생생하게 기억나게 했다고 말했다.

그리고 대안적인 해석에 관해 간단히 설명하기

그리고 아직 당신은 이 모든 것을 지금 바라보고 있고, 비록 이러한 외로움이 다른 이들, 특히 당신에 대해 '권위'를 갖고 있는 사람들이 야기한 어떤 문제로 보일지라도, 그때나 지금이나 뼛속 깊이 당신이 혼자라는 것은, 자신을 안전하고 평온하게 유지시켜 주는 하나의 방식이었고, 당신 고유의 방식과 연결시켜 주었던 것으로 보인다.

시Poetic stanzas

가부장의
(그리고 다른 짐승들의)
잔인한 침해들

교우관계들,
동료관계들,
그리고 정말 사랑했던 오빠들과의 비밀 동맹에 대한
당신으로 하여금 생생하게 떠올리게 했던
과거 그 시절로 돌아가게 하는
너무 외로운
사무치게 외로운
당신의 뼛속까지

그러나 지금 그것은
그러한 뼈들로 보인다.
그러한 똑같은 권위를 발휘하는 뼈들
그러한 '고독한 뼈들'은

당신을 지켜 주었던 바로 그 뼈들이었다.
안전하고 평온하게
그리고 당신의 방식과 연결시켜 주었던

요약

이 장은 결코 이야기치료에 대한 설명이나 내가 여기서 언급하는 데 걸렸던 시간보다 훨씬 더 넓은 범주인, 치료를 위한 글로 된 수단을 포함하는 이야기적 글쓰기 행위에 대한 설명을 총망라하려는 것이 아니었다. 정말로 나는 에이즈 연구에서 기억상자[5]를 만드는 것에 대해 말하려는 것도 아니었고, 온라인을 통한 글로 쓴 반영과 인정 의식들이 '시간'과 지리적 장소를 문제 삼지 않는 방식에 대해 언급한 것도 아니었다. 내가 여기서 하려고 했던 것은 은유적 이야기(그리고 내가 말했듯이 이것이 새로운 권위적 메타내러티브가 아니라 은유라는 것을 기억하는 것은 아주 중요하다!)가 스토리텔링, 글쓰기, 그리고 다른 증인들과 지지자들을 사람들의 삶으로 초대하는 방식을 설명하는 것이다. 나는 내 자신의 치료 행위가 점점 더 글쓰기 행위에 의해 구체화되는 어떤 방식을 설명하려고도 했다. 이 장은 하나의 상태(문제)를 또 다른 것(치료)으로 대체하려는 어떤 시도도 아니기 때문에, 여전히 '글쓰기치료'라고 이름 붙여진 상자의 약간 밖에 머물러 있다. 그럼에도 나는 이 장이 서 있고 싶어 하는 어떤 곳을 만들어 내기 위해서, 순간과 이 세상 속에서 우리 삶을 구성하는 "다수의 뒤얽힌 사건들"(Foucault, 1984)을 이해하는 수단으로서 글쓰기의 다양한 실제를 이용하는 가치를 서술하는 어떤 길로 향했기를 바란다.

---

5 역주: 기억상자(memory box)는 에이즈 감염 환자들과 그 자녀들의 삶의 기억을 기록함으로써 그들을 지지하기 위한 프로그램이다. 환자들과 그 자녀들의 삶의 기억을 기억상자 안에 보관하는데, 여기에는 그들의 역사에 관한 다양한 물건들뿐만 아니라 고인이 된 부모들에 대한 이야기도 담는다. 이러한 기억상자의 목적은 에이즈 감염에 의해 상처받기 쉬운 아이들과 고아들의 회복력(resilience)을 높이는 데 있다.

참고문헌

Bird, J. (2000). *The Heart's Narrative: Therapy and Navigating Life's Contradictions.* Auckland: Edge Press.

Broadhurst, S. (1999). *Liminal Performance.* London: Cassell.

Bruner, J. (1986). *Actual Minds, Possible Worlds.* Cambridge, MA: Harvard University Press.

Derrida, J. (1978). *Writing and Difference.* Chicago: University of Chicago Press.

Drewery, W., & Winslade, J. (1997). The theoretical story of narrative. In G. Monk, J. Winslade, K. Crocket & D. Epston (Eds.), *Narrative Therapy in Practice: The Archaeology of Hope.* San Francisco: Jossey-Bass.

Epston, D., & White, M. (1992). Consulting your consultants: the documentation of alternative knowledges. In D. Epston & M. White, *Experience and Contradiction, Narrative and Imagination: Situated Papers of David Epston and Michael White, 1989-1991.* Adelaide: Dulwich Centre Publications.

Etherington, K. (2000). *Narrative Approaches to Working With Adult Male Survivors of Child Sexual Abuse: The Client's, the Counsellor's and the Researcher's Story.* London: Jessica Kingsley.

Ferguson, M., Salter, M., & Stallworthy, J. (1996). *The Norton Anthology of Poetry.* New York: Norton.

Foucault, M. (1984). Nietzche, genealogy and history. In P. Rabinow (Ed.), *The Foucault Reader.* Harmondsworth: Penguin.

Freedman, J., & Combs, G. (1996). *Narrative Therapy: The Social Construction of Preferred Realities.* New York: Norton.

Gee, J. (1991). A linguistic approach to narrative. *Journal of Narrative and Life History, 1*: 15-39.

Gerrig, R. (1993). *Experiencing Narrative Worlds: Psychological Activities of Reading.* Boulder, CO: Westview.

Hamilton, F. (2001). Using personal books as therapeutic documents. *Gecko: A Journal of Deconstruction and Narrative Ideas in Therapeutic Practice, 3*: 26−34.

Lane, K., Epston, D., & Winter, S. (1998). Mad fax Sunday: are some virtual communities more real than virtual? *Gecko: A Journal of Deconstruction and Narrative Ideas in Therapeutic Practice, 1*: 45−61.

McLeod, J. (2001). The analysis of conversation, discourse and narrative. *Qualitative Research in Counselling and Psychotherapy*, pp. 90−119, London: Sage.

Mcleod, J., & Balamoutsou, S. (1996). Representing narrative process in therapy: qualitative analysis of a single case. *Counselling Psychology Quarterly, 9*: 61−76.

McMenamin, D. (1998). Documenting work in schools, *Gecko: A Journal of Deconstruction and Narrative Ideas in Therapeutic Practice, 3*: 54−61.

Mann, S., & Russell, S. (2002). Narrative ways of working with woman survivors of childhood sexual abuse. *The International Journal of Narrative Therapy and Community Work, 3*: 3−21.

Monk, G., Winslade, J., Crockett, K., & Epston, D. (Eds.). (1997). *Narrative Therapy In Practice: The Archaeology Of Hope*. San Francisco: Jossey−Bass.

Payne, M. (2000). *Narrative Therapy: An Introduction for Counsellors*. London: Sage.

Pinkola Estes, C. (1992). *Women Who Run With the Wolves*. London: Rider.

Speedy, J. (2000). The storied helper: an introduction to narrative ideas in counselling and psychotherapy. *The European Journal of Psychotherapy, Counselling and Health, 3*(3): 361−375.

Sue, Mem., & Veronica (1999). Documents and treasures, power to our journeys. *Narrative Therapy and Community Work: A Conference Collection*. Adelaide: Dulwich Centre Publications.

Thomas, L. (2002). Poststructuralism and therapy: what's it all about? *International Journal of Narrative Therapy and Community Work, 2*: 85−90.

White, M. (1995). *Reflecting teamwork as definitional ceremony, Re−authoring lives: Interviews and Essays*. Adelaide: Dulwich Centre Publications.

White, M. (1997). *Narratives of Therapists Lives*. Adelaide: Dulwich Centre Publications.

White, M. (2000). *Reflections on Narrative Practice: Essays and Interviews*. Adelaide: Dulwich Centre Publications.

White, M. (2001). Folk psychology and narrative practice. *Dulwich Centre Journal, 2*: 1–37.

White, M. (2002a). *Workshop Notes*. www.dulwichcentre.com.au/articles/mwworkshopnotes (accessed November 2002).

White, M. (2002b). Addressing personal failure. *International Journal of Narrative Therapy and Community Work, 3*: 33–76.

White, M., & Epston, D. (1990). *Narrative Means to Therapeutic Ends*. New York: Norton.

제4장

자기 읽기

글쓰기 과정에서 독자 상상하기

Celia Hunt

> 당신은 늘 듣고 있습니다…… 당신이 글쓰기를 할 때 답하는 목소리를.
>
> (Duncker, 1997: 152)

도입

몇 년 전 글쓰기 견습 과정으로 허구적 자서전 쓰기라는 창조적 글쓰기를 하는 학생들을 대상으로 치료 효과를 연구하는 데 참여하고 있었을 때, 나는 그들 중 일부가 타인에게 어떻게 비춰질까 하는 두려움 때문에 허구를 만들기 위한 기초로 자신을 이용하는 것을 힘들어함을 알았다(Hunt, 2000, 제2장과 제4장 참조). 이것이 반드시 완전히 의식적인 현상은 아니다. 정말로 더 자세히 조사해 보니, 이런 글을 쓰는 이들은 세상 밖에 있는 실제 사람들의 반응을 기대하기보다는 오히려 글쓰기 과정 그 자체에 내재하는 상상 속의 독자나 청중의 반응을 기대하는 것처럼 보였다. 그 뒤 나는 학생 및 다른 집단들과 함께한 글쓰기 워크숍을 통해 이 같은 현상을 좀 더 연구하기 시작했다. 나는 유도된 환상을 이용했고, 설문지를 통해 그 경험에 대한 정보를 모았다. 나는 이 장에서 자신들의 자료를 인용하도록 허락해 준 것에 대해 이 프로젝트에 참여했던 분들께 감사를 드린다. 이 장에서는 그러한 경험을 통해서 글쓰기 과정에 내재한 독자(즉, 생략해서 '내재 독자')를 상상하는 것이 우리 자신과 우리의 관계, 그리고 글을 쓰는 이로서 우리 자신과 우리와의 관계 모두에 미치는 효과에 대해 고찰하고자 한다.

내재 독자

내가 처음 글쓰기 과정에서 독자에 대해 생각하기 시작했을 때, 나는 이것을 설명하기 위해서 Wolfgang Iser의 용어인 '내포 독자implied reader'를 사용했다(Iser, 1980). '내포 독자'는, 이상적인 내포 독자가 내포 저자의 의도를 이해하고 그/그녀의 진실과 가치를 공유하는 독자이면서, 글이 독자에게 받아들여지도록 설득하는 역할을 한다(Booth, 1991: 422). 글을 쓰는 이는 글에 내포 독자가 스며드는 것을 완전히 의식하지 못할 수도 있지만, Iser에게 내포 독자는 완성된 텍스트의 필수적인 부분이고 텍스트를 이해하기 위한 가장 본질적인 부분이다.

나는 곧 내포 독자가 내 의도를 완전히 만족시키지 못한다는 것을 깨달았다. 그 이유는 내가 연구하고 있던 그 경험이, 텍스트 내의 역할이라기보다는 오히려 **글을 쓰는 과정 중에 있을 때 글을 쓰는 이의 마음속에 있는 독자나 청중 의식**이기 때문이었다. 내가 찾고 있었던 것에 가장 가까운 것은 Peter Rabinowitz의 '저자의 청중authorial audience'이나 '의도된 독자intended reader'였다. 이는 말하자면, "저자가 그 텍스트를 집어 들었으면 하고 희망하거나 집어 들 것이라고 기대하는 사람" "그 텍스트를 특징짓게 하거나 그 텍스트에 전혀 '나타나지도' 않지만, 오히려 암묵적으로 그 텍스트에 의해 전제되어 있는 사람"을 의미한다(Rabinowitz, 1989: 85). 독자가 그 텍스트에 의해 '암묵적으로 전제되어 있다'는 개념은 유용하다. 하지만 여기서 독자와의 관계가 내 취향에서 보면 너무 실용주의적이고 의식적이다.

결국 나는 Iser의 용어를 변형한 '내재 독자implicit reader'를 선택했다. 이는 독자가 계획에 의해서라기보다 우연에 의해서 글쓰기에 더 많이 참여하게 되고, 그럼으로써 글을 쓰는 이는 그것을 완전히 자각하지 않을 수 있다는 생각을 갖고 있다. 그러나 '내포된'이라기보다 '내재적'이라는 용어를 사용함으로써, 나는 완성된 결과물이라는 과거 시제로부터 계속되는 글쓰기 행위라는 현재 시제로 그것의 함의를 변형시킨다. 또한 나의 용어는, 특정한 독자가 글쓰기의 모든 과정에 존재하고 있다는 것을 주장하고 있지 않다는 점에서 Iser의 용어와는 다르다(비록 일부 글을 쓰는 이들이 글을 쓰려고 앉을 때마다 분명히 똑같은 관계—긍정적이거나 부정적인 관계—를 경험할 수 있을지라도 말이다.). 나의 견해는 독자나 청중이 항상 발화[1]할 때 현존하고, 발화를 구체화하는 데 기여한다는 Bakhtin의 사상에 의거한다. Voloshinov가 말한 대로, "말이란 쌍방향 행위다. 그것은 누구의 말인지, 그리고 그것이 누구를 위해 의미 지어지는지에 의해 동시에 결정된다. 한마디로 그것은 정확히 발화자와 청자, 발신자와 수신자 간의 상호적 관계의 산물이다...... 내가 또 다른 관점에서 내 자신에게 언어적 형체를 주는 것이다(Voloshinov, 1973: 86)." 그러므로 Rabinowitz가 말한 대로 텍스트에서 내재 독자를 인식할 수 없을 수도 있다. 그러나 글쓰기 과정에서의 내재 독자의 현존은 무엇을 글로 쓸지, 그리고 글을 쓰는 이들이 자신의 글쓰기를 통해 자신을 어떤 방식으로 나타내는지에 영향을 줄 것이다.

---

1 역주: 발화(發話)란 언어학에서 실제로 입을 통해 말을 하는 것을 의미한다. Bakhtin에 의하면, 발화란 "구체적이고 살아 있는 총체성 속에서의 언어다. 그렇기 때문에 언어는 구체적인 발화를 통해 삶 속으로 들어오고, 삶은 마찬가지로 구체적인 발화를 통해 언어 속으로 들어간다(김욱동(1988). 대화적 상상력, p. 133. 문학과지성사.)."

유도된 환상

유도된 환상에서 촉진자는 하나의 시나리오를 기획한다. 이는 참여자들이 상상을 하면서 촉진자가 제시한 많은 자극에 글로 반응하길 바라는 것이다. 나는 훈련에서 참여자들이 글을 쓰기 위해 혼자 1년간 세상 어느 곳이든지 갈 수 있다는 상상을 하도록 한다. 참여자들은 그 장소를 묘사하고, 왜 그곳을 선택했는지 말한다. 도착하자마자 그들은 그 방을 묘사하고, 창밖에 무엇이 있는지 묘사한다. 그들은 자신이 함께 가지고 간 소중한 물건을 둘 장소를 찾고, 작업할 공간을 정하고, 작업할 장비를 올려놓는다. 마침내 그들은 본격적으로 글쓰기에 착수하는데, 마음속에 들어오는 단 하나의 단어로부터 자유연상을 한다. 그런 다음, 그곳에 앉아서 글쓰기를 할 때 그 방에 누군가 현존한다는 인식을 갖도록 상상하게 한다. 실제 물리적인 현존이 아니라 글을 쓰는 순간에 그곳에 누군가가 있다고 느끼는 것이다. 그들은 이 사람이 누군지 확인해야 하고, 이 사람이 그 방에서 어떤 느낌을 받는지, 그리고 이 사람이 글쓰는 것과 관련해서 원하는 게 무엇인지를 말해야 한다.

이제 장면은 6개월 후로 바뀐다. 참여자들에게 글을 쓰는 사람이 그해가 가기 전에 사라졌지만 그 방은 그대로 남아 있다고 말한다. 글을 쓰는 사람이 상상했던 대로 글쓰기 작업이 진행되고 있을 때 그곳에 있었던 사람을 그 방으로 데리고 가라고 참여자들에게 말한다. 참여자들은 그 사람(독자)의 역할을 하면서, 글을 쓰는 사람이 남기고 간 것을 바라보면서 그 방을 꼼꼼히 살피고, 그 글을 집어 들어서 읽는다. 이제 참여자들의 임무는 그/그녀가 글을 읽은 대로, 독자의 관점에서 글쓰기를 하는 것이다.

결과

스물다섯 명의 사람들이 나에게 설문지를 작성해서 보냈다. 일부는 글쓰기 그 자체로부터 발췌한 것을 첨부하기도 했다. 이들 가운데 여덟 명은 이 훈련이 매우 유용하거나 매우 도움이 되었다고 답했고, 열세 명은 유용하거나 도움이 되었다고 답했다. 세 명은 유용하지도, 도움이 되지도 않았다고 답했고, 한 명은 실제적으로 도움이 되지 않았다고 답했다. 즉, 전체적으로 긍정적인 응답이 84%였다. 이러한 훈련은 다음 주요한 세 가지 측면에서 도움이 되었다.

- 가족구성원과의 해결되지 않은 관계를 확인하고, 회복하는 데 도움이 되었다.
- 거친 내부 비평가와의 관계에서 불균형을 교정하는 데 도움이 되었다.
- 글을 쓰는 이의 정체성을 명확히 하는 데 도움이 되었다.

가족구성원과의 미해결된 관계 확인하기와 회복시키기

사람들은 유도된 환상이 만들어 낸 상상의 공간에서 그들이 조우한 것에 놀라서 어리둥절해한다. 몇몇 사람은 의식의 경계 바로 아래 맴돌고 있는 해결하지 못한 가족관계를 발견한다. 그웬의 내재 독자는 어린아이 때 죽었지만, 성인으로 그 방에 현존하고 있는 자기 오빠다. 그녀의 오빠는 그녀에게 도움을 주고 지지자가 되어 주면서 그녀가 자신의 이야기를 쓰기 원한다. 맥신에게 나타난 단 하나의 단어는 '가족'이다. 그녀가 독자의 목소리로 글쓰기를 할 때, 이야기하고 있는 사람은 바로 그녀의 아버지다. 맥신의 아버지는 그녀의 글에 대해, 그리고 가족의 비밀에 관해 그녀가 공개한 것을 냉혹하게 비판한다. 맥신은 정말로 아버지에게 감정이입을 하면서 '그의 잃어버린 꿈'을 보상하길 원한다.

그리고 자신의 가족이 글쓰기에 얼마나 많이 장애물로 작용했는지 깨닫는다.

이본느의 독자는 동정이 가는 여성인데, 아마도 이본느의 엄마나 자매일 것 같다. 그녀가 그 독자의 관점에서 글쓰기를 할 때, 의외로 나타난 것은 '내 자신의 다른 면'인데, '나에 대해 조금 적대적이고, 탐색적이며, 도전적인' 면이다. 이본느는 훈련의 두 번째 부분을 완성하기 위해서 장애물과 맞서 싸우지만, 아주 중요한 어떤 것이 드러난다. "내 이야기의 결말에서 오랫동안 잊혀지고 억압되고 거의 금기시된 가족의 비밀이 드러났다—나는 내 외조부모가 누구였는지 몰랐다. 이는 단지 출입금지 구역이었고, 우리는 내 어머니의 태생에 대해 묻는 것을 늘 피했다."

이렇게 해결되지 않은 가족관계에 직면하는 것은 마음을 혼란스럽게 하지만, 결과적으로는 글쓰기 과정과 글을 쓰는 이의 자기인식 모두에 이롭다. 그웬은 오빠가 나타나서 당황스럽지만 자유로워지는 것을 깨닫는다. 즉, 자신은 전혀 몰랐지만, 그녀는 자신에게 아주 가까운 어떤 이와의 관계가 사라진 것이 자신을 괴롭히고 있다는 것을 알게 된다. 외동이 되면서 그녀는 사람들과 이야기할 때 그가 자신의 오빠라고 말하지 않게 되었는데, 이 훈련을 통해서 그녀는 그렇게 말할 수 있게 되었다. 맥신은 쓰려고 했던 소설을 포기하고, 대신에 자신의 가족과 관련된 자전적 요소들을 성공적으로 소설화할 수 있는 또 다른 글을 쓰기 시작했다. 이본느의 경우는 '나의 배경에 관해 좀 더 알고 싶다는, 심하게 억압된 욕망을 드러내는' 것이 '큰 충격'이다. 그리고 그녀는 자기 어머니의 역사가 자신의 정체감에 얼마나 중요한지를 깨달았다. 그러한 훈련을 글로 표현하면서, 그녀는 '잃어버린 조각, 즉 내가 결코 알지 못했지만 그것의 공백을 느낄 수는 있었던 나의 조각을 쓰고 있다.'고 느낀다.

거친 내부 비평가와의 관계에서 불균형 교정하기

때로 상상 공간에서 가족구성원들이 출현하면 환영받지 못한다. 노라의 아버지가 독자로 나타날 때마다 그녀는 "그를 없애려고 노력했다……. 그러나 잘 되지 않았다. 나는 공황상태에 빠져 당황스러움을 느꼈다. 내가 그 시나리오로 다시 돌아갔을 때의 분노, 무력감, 통제불능." 노라의 아버지는 그녀의 글에 대해 궁금해하는데, '이해하려는 것이 아니라 판단하려 하고, 윗사람인 체하려고' 했다. 그녀는 "[그]가(아버지가) 나의 내포 독자로서 얼마나 중요한지 깨달았어요. 즉, 내가 남자 같은 나의 글쓰기 역량으로 깊은 인상을 심어 주고 호감을 사고 싶은, 숭배하는 신과 같은 인물이자 내가 알고 있듯이 내가 결코 호감을 가질 수 없고, 내가 충격을 주고 당황스럽게 하고 싶은 증오 어린 재판관"이라는 것을 깨닫는다. 그 훈련을 통해 그녀는 스스로 상처받기 쉽고 분노하고 있다는 것을 느낀다. "나는 심지어 환상 속에서도, 멀리 떨어진 곳에서도, 아버지가 나의 공간에 들어온다는 것을 발견하고 당황스러웠다. 그가 내 의식에 침투하는데, 나는 그를 제거할 수 없다…… 그 이유는 내가 그를 필요로 하고 그를 원하기 때문이다." 하지만 이처럼 아주 부정적인 독자의 출현으로 인해 예기치 않게도 두 번째로 더 지지적인 사람, 이번에는 여성이 출현하게 되는데, 그 사람은 글쓰는 이를 존중하고 그녀의 성격과 글쓰는 잠재력을 인식한다. 이처럼 발전적으로 좀 더 지지적인 독자가 나타나게 된 것은, 내면적인 힘의 균형에서 미묘한 변화가 생겼다는 것이다. 즉, 글을 쓰려고 노력하는 중에 동기부여가 되면서 글쓰는 이의 긍정적인 내면의 힘이 생겨났다는 것을 암시한다.

다른 참여자들은 한 명 이상의 독자가 출현했다고 보고한다. 앨리스는 다음과 같이 말한다. "이처럼 우회적으로 몰래 나의 내부 비평가에게 다가가면서 나를 발견하게 됐고, 나의 방어를 돌파하게 됐다. 즉, 나의 두 비평가들, 둘 다 효과는 없지만, 하나는 너무 관대하고, 하나는 너무 가혹한 나의 비평가들을 통해 나를 알게 됐다." 그녀가 발견한 대로, 그들이 대화에 참여할 기회를 주는 것은 중요하다. "나는 내가 나의 [가혹한 언니]라는 비평가 안으로 들어오게 된 것을 얼마나 마음 내켜 하지 않았는지 깨달았다. 왜냐하면 언니는 아주 파괴적이었기 때문이다." 그러나 이제 앨리스는 "언니가 친구가 될 만하고, 두려움 없이 언니의 이야기를 들어 줄 만한 가치가 있다."고 이해한다. 앨리스는 자신이 비판적이면서 지지적인 독자를 '이렇게 융합시키는 것을 신뢰할' 필요가 있고, 이 덕분에 자신의 삶의 영역에 '많은 명료함과 솔직함, 그리고 빛'을 가져왔다는 것을 알게 되었다.

글쓴이의 정체성 분명히 하기

케리는 독자에 대해 즉각적으로 인식하지 못했다. 그녀는, "어떤 사람이 부재하거나 현존할 때 느끼는 감정은 '그것을 방해하는 것도 단지 **나**였고, 그것을 도와주는 것도 단지 **나**였다.'"라고 말했다. 그리고 이를 통해 그녀는 "글을 쓰는 사람으로서 내 안의 신념이 존재하지 않았다."는 것을 깨달았다. 그러나 훈련의 후반부에 가서 케리는 자기 자신의 독자가 된다. 작가로서의 자기가 비워진 공간으로 들어가면서, 케리는 그 공간이 '수만 개의 찢어진 종이 조각'으로 어질러진 것을 발견한다. 그 종이는 밝은 색깔의 잉크로 원을 그리며 휘갈겨 쓴 글씨로 덮여 있다. 그녀는 이처럼 모든 글을 파괴해 버리고 '달아나는 유령'을 완벽하게 확인한다. 그러나 늘 그것에 조금 못 미치면서 자신이 그것을 붙잡을 수 없다는 사실에 또다시 실망한다. 그러고 나서 그녀는 새로운 어떤 것('설명될 수도 없고, 언어화되고 싶은 어떤 욕망도 없는 더 깊은 상처')을 그녀가 붙잡았다는 것을 깨닫는다. 그녀는 찢어진 글 조각을 모은다. "내가 이해하지 못하는 것을 방해할까 봐 두려워하면서 말이다. 그러고 나서 나는 그것을 본다. 빨간색의 커다란 '나'(라고 쓰인 글씨)가 바닥에서 나를 비난하듯 노려보고 있다……. 그녀는 내가 그녀를 알아보기를 줄곧 기다리면서 여기에 있었다." 케리는 책상에 앉아서 글을 쓰기 시작한다.

자기 자신의 독자가 됨으로써 케리는 자신의 글로부터 자신의 부분, 즉 상처받고 슬픈 부분, '들리지 않는 것에 대한 두려움, 내면으로 파먹어 들어가서 용기가 부족해지는 것에 대한 두려움'으로 나타나는 부분을 명확히 이해할 수 있다.

그 훈련을 통해 "내가 검열받지 않을 때, 즉 나의 부분이 판단하거나 비판하지 않고 자유롭고 정직하게 글을 쓸 때, 내가 거의 도달하지 못하지만 믿을 수 없을 만큼 강력한 곳에 내가 접근할 수 있었다." 그 결과로 나온 글은 "개인적 발전의 측면에서 봤을 때 내가 생산한 모든 말 가운데 의심할 여지없이 가장 가치 있는 부분이었다. 글쓰는 이의 방 안에 있는 열린 창문과 같이, 그 글은 내가 응시하는 새로운 전망을 열어 주었다……. 중요한 점은…… 나의 상상 독자를 발견하는 데 있는 것이 아니라 글을 쓰는 사람으로서 나의 자기를 견고히 하는 데 있었다."

논의

자기로부터 소식이 도착할 공간 만들기

내가 이러한 훈련을 고안했을 때는 이상적인 글쓰기 공간을 만들어 내는 것이 얼마나 중요한지 알지 못했다. 나는 단지 독자의 출현에 영향을 줄 수 있는 이야기 틀을 제공하고 싶었다. 거의 예외 없이 참여자들은 글을 쓴다는 유일한 목적을 위해 자신들이 선택한 장소에서 1년을 보낸다는 생각에 강렬한 흥분을 느꼈다고 보고했다. 그들이 선택한 장소와 그들이 글쓰기를 할 공간에 대한 묘사는 아주 일치했다. 대부분은 풍부한 자연이 존재하는 멀리 떨어진 장소들—산비탈, 열대 섬, 사막—을 선택한다. 공간에 대한 물리적 인식은 중요하다. 대개 방들은 단순하고 기능적이지만, 눈에 띄는 것은 밖과 안이 서로 연관된 방식이다. 즉, 하늘과 풍경이 큰 창문과 발코니를 통해 굉장히 잘 보이고, 빛의 선명도와 질을 되풀이하여 강조한다. 사랑하는 사람들이 사진에 나타나거나 귀여운 장난감들로 나타나지만, 그것은 상징적인 존재들이다. 즉, 글쓰기가 시작될 때, 그들의 사진은 가끔 외면당한다. 공간은 일상생활에서 획득하기 어렵고 발견됐을 때 방심하지 않고 지키는 일종의 갈망하는 상품이다. 그러나 그러한 공간을 가진다는 흥분은 대부분의 경우 두려움과 맞닥뜨리게 된다. 맥신은 이에 대해 전형적으로 설명한다. "마치 거대한 공간이 내 앞에 열리는 것처럼 느꼈다. 이 때문에 흥분되는 동시에 두려웠다. 만일 내가 그 공간과 협상할 수 없다면 어떻게 될까? 만일 내가 아무 할 말도 없다면 어떻게 될까?"

이 같은 반응은 놀라운 것이 아니다. 이러한 훈련은 함께해 온 일상 현실과의 '이별'을 요구하면서 Winnicott의 '잠재 공간', 즉 심리적 실재와 외부 세계 모두를 함께하는 전환 영역(Winnicott, 1991)에 몰입할 것을 요구한다. 마그다는 이것을 완벽하게 묘사하고 있다. "[글쓰기 공간을 만들어 내는 것]은 나에게 붕 뜨는 파노라마 같은 흥분을 주었다……. 글을 쓰려는 노력은 거의 쓸데없는 것처럼 보였지만 필요하긴 했다. 나는 좀 더 쉽게 주관적일 뿐만 아니라 객관적일 수 있다고 느꼈다." '이러한 잠재 공간'에서 정신적으로 더 많이 유연해진다. 즉, 자기 자신이 되는 동시에 자기 자신이 아닐 수 있는 기회를 갖게 된다. 다시 말해서, 브리오니가 말했듯이 "상상 시나리오의 자극에 반응하는 내 자신을 지켜보는 것"이다. 그러나 그 공간이 반드시 좋은 것은 아니다. 일단 자기에 대해 습관적으로 인식하는 것을 중지하면 당황스러운 혼돈의 인식이 있을 수 있다. 상상력을 위한 공간을 열어 두기 위해서 우리는 "일시적인 단계인 혼돈을 참아내야"(Milner, 1971: 76) 하고, 이는 신뢰와 특별한 종류의 '지지'를 필요로 한다.

'지지 틀'은 창의성과 건강한 자기 발달 모두를 위한 필요조건과 관련해 Winnicott과 Marion Milner의 관점에서 중심적인 개념이다. Winnicott의 사상에서 어머니란 아기가 아직 자신을 분리된 것으로 인식하지 못하는 초기 단계에서뿐만 아니라, 어린아이가 자기정체성을 획득하기 시작하는 전환기 동안에도 자녀를 위해 안전하고 교육적인 환경을 제공하는 역할을 한다. 창의성을 위해서든 자기 관계를 위해서든, 분리를 효과적으로 이용할 수 있기 위해서 아이는 우선 누군가의 앞에서 혼자 있을 수 있어야 한다. 그러므로 상상을 위한 공간은 '충분히 안전한'(Winnicott, 1965) 공간으로서 경험된다. Milner에 따르면 성인의 창의성 또는 자기 관계에서 상상의 공간은 비판 능력에 의해 열린다. 이러한 비판 능력은 '좁게 초점 맞춰진 날카로운' 관심 양식을 포기하고, 말하자면 내면으로 뒷걸음치는 태도를 취하면서 다른 종류의 관심, 즉 창의적인 사람이 가진 '하나에 집중하지 않는 넓은 응시'를 위한 틀을 제공한다(Milner, 1952: 81). 이러한 '틀 지어진 공간'은 충분히 신뢰할 만한 것이 되어야 하고, 그럼으로써 자신에 대한 관찰자라는 수동적인 역할이나 우리의 창작 과정 속에서 우리는 무의식적이거나 반의식적인 요소가 자유롭게 나타나도록 할 수 있다. 상담실에서 자신과 환자들 사이에 안전한 상상의 공간을 만들어 내면서 '틀 짓기'나 '지지하기'를 하는 '이상적인 청자'가 바로 치료사다. 창의적 글쓰기에서는 이런 역할을 해야 하는 것이 바로 페이지와 단어들이다. 글쓰기 집단에서 다른 집단구성원들의 지지, 그리고 촉진자가 만들어 내는 신뢰관계 역시 이러한 안전감에 기여할 것이다.

유도된 환상에서 강렬한 시각적 시나리오를 구성하는 것이 특히 틀 짓기에 기여하는 것으로 보인다. 참여자들은 방 하나를 만들어 내는데, 이 방은 자신의 필요를 충족시키기 위해서 선택되고 제공된 자신만의 특별한 공간일 뿐만 아니라, 그들이 소중한 물건을 통해서 의미 있는 타자들과 접속하게 되는 공간이기도 하다. 이렇게 사랑하는 이들과의 원격적인 연결은 잠재 공간의 안전에 기여한다. 즉, 그들은 홀로 있지만, 그들에게 소중한 어떤 이의 현존 안에 있는 것이다. 일단 이러한 공간이 충분히 안전한 것으로 설정되면(그리고 그 훈련은 이러한 사전 준비를 위해서 꽤 많은 시간을 허락한다.), 참여자들은 흥분되지만 두려운 더 넓은 공간, 즉 창문 너머 혼돈의 자연계로 표현되는 무의식적인, 좀 더 통제하기 힘들 수 있는 영역을 향해 스스로를 열 수 있다. 참여자들은 자신의 수용 환경에 대해 충분히 안전한 관점을 가지게 되면서 자신의 평소 억제를 포기할 수 있고, Christopher Bollas가 '자아로부터 온 소식의 도착'이라고 부른 것, 다시 말해 어떤 수준에서는 알려진 것이지만 그것이 적절한 기회로 주어질 때까지 생각될 수 없는 것들, 즉 '알고는 있으나 생각하지 못한 것'(Bollas, 1987: 236, 276)을 위한 공간을 만들 수 있다.

자기 '붕괴'

유도된 환상에서 충분하게 안전한 내면의 공간을 만들게 되면, 그다음 단계로 자기self에 대한 지배적인 인식을 둘로 나누는 것, 즉 "자아ego의 발생적 분열이 뒤따르고, 그래서 사람들은 동시에 관찰자와 피관찰자가 된다(Bollas, 1987: 236)." 보통 지휘자나 추진하는 사람이라는 자기의 역할 대신에, 자아는 그것의 힘을 포기하고, 지지 틀을 끌어들이고, 그 일부가 되도록 요구받는다. 문학 용어로 자기는 상상 공간 속에서 전개되는 시나리오를 내려다보지만 간섭하지 않는, 지배적 의식 또는 '전체 저자'(Palmieri, 1998: 47)가 된다. 다시 말해, 오히려 자기의 역할은 일어나는 사건을 돕는 것(그리고 기록하는 것)이다. 정말로 이처럼 자기의 최초 분열이 일단 일어나면, 더 나아가 '피관찰자'는 그 방에 거주하는 작가 자기the writer-self와 작가 자기가 떠난 뒤에 들어오는 독자 자기the reader-self로 분열한다. 그래서 참여자들은 세 개(또는 심지어 네 개, 이를테면 두 개의 독자 자기들이 있는 경우)의 다른 자기체들self-entities로 나눠진 자신을 발견한다. 그들 중 몇몇이 발견한 대로, 이러한 분열은 동시에 수많은 다른 각도에서 자신을 볼 수 있는 가능성을 제공한다. 그래서 참여자들은 새롭고 예기치 못했던 관점을 얻고 더 분명하게 나타나는 자신의 다른 면을 발견한다. 그러므로 스스로를 위축시키는 내부 비평가라는 것이, 글을 쓰는 이들이 (결과적으로 글쓰기 과정을 막거나 방해하기 때문에) 자신을 방어해야만 하는 무의식적 또는 반의식적 내면의 힘이라기보다는, 오히려 특별한 종류의 성격이라는 것을 증명할 수 있게 된다. 자기 중 힘이 덜한 부분들이 생명력을 갖게 되고, 목소리를 내게 된다. 비평가와 작가는 좀 더 동등한 측면에서 함께 대화 속으로 들어간다. 그래서 작가들은 자신들을 희생자라기보다 오히려 협상가로 정립시킬 기회를 갖는다. 힘의 내부 균형은 미묘하게 변화하기 시작한다.

이러한 훈련에서 일어나는 자기의 객관화는 Bakhtin의 자기이해를 위한 필요조건을 충족시킨다. 그에 따르면 "이해하기 위해서 이해하는 바로 그 사람이, 자신이 (시간 속, 공간 속, 문화 속에서) 창의적으로 이해할 대상 **밖에 위치하는** 것은 매우 중요하다(Bakhtin, 1986: 7)." 그리고 이러한 '반사적 국외성'(Palmieri, 1998: 48)은 Bollas가 자기 붕괴라고 부르는 것을 낳는데(Bollas, 1995), 이는 붕괴에 대해 부정적으로 인식하는 것이 아니라 자신에 대한 방어적인 단 하나의 해석일 수 있는 것에서 벗어나서 포괄적인 다양성으로 변화된 우리 존재에 대해 좀 더 긍정적으로 인식하는 것이다. 환상에서 벗어나 일상 현실로 되돌아갈 때, 참여자들은 자신의 다른 측면에 대해 통찰력이 늘어났을 뿐만 아니라 자기와의 관계, 즉 '자기인식self-sensing'에 대해 새롭고 좀 더 발달된 방식을 갖게 된다(Bollas, 1995: 154).

『대상의 그림자(*The shadow of the Object*)』에서, Bollas는 '자기분석적 기능', 즉 치료적 공간 안에 있는 만큼 중요한 바깥에 있는 자신과 관련해서 하나의 위치를 채택하는 것에 대해 언급한다. Bollas가 여기서 언급하고 있는 것은 수용의 상태인데, 이것은 '자기 내부로부터 온 소식이 도착하도록 수용적 공간'을 유지하고, 새로운 내부 대상이 나오거나 만들어지도록 허락하는 '마음의 경계 상태가 아닌, 긴장을 풀고 있는 상태'를 말하는데, 그러면 그 대상들은 더 엄밀한 해석의 과정을 받아들일 수 있다(Bollas, 1987: 239-41). 이러한 수용의 상태는 '존재하는 것과 경험하는 것이 이해받기 위해 있는 것을 아는 것보다 앞선다'는 사실, 그리고 해석하는 것, 즉 '더 능동적인 행위가 존재하는 것과 경험하는 것을 뒤따른다'는 사실을 인식하는 것을 포함하고 있다. 글쓰기 과정에서 독자를 상상하는 것은 Bollas가 말한 위치를 발전시키기 위한 유용한 장치인 것처럼 보인다. 그것은 우리가 상상력을 위해 충분히 안전한 공간을 만들어 내고 유지하는 것을 가능하게 하고, 그럼으로써 우리가 우리 자신에게 변화의 가능성을 열어 놓게 하고, 우리에게 '말하는' 목소리들과 우리 관계를—창의적 글쓰기 맥락에서 은유적이면서 문학적으로— '다시 쓰기'할 가능성을 열어 놓게 한다.

치료적 실제를 위한 함의

나의 워크숍을 특별한 치료적 중재로 진행하지 않았다 해도, 나는 글쓰기 훈련의 발달적 또는 치료적 특징이 뚜렷한 환경에서 워크숍을 제공했다. 내가 작업할 때 참여자들은 주로 여성이었고, 예상했던 대로 학식이 높았다. 그래서 이러한 특별한 훈련을 사용하기 위해 내담자를 선택하는 데 있어서 이러한 요인들을 고려할 필요가 있을 것이다. 일부 참여자들은 그 훈련으로 인해 불안함을 느끼게 된 반면, 단 한 명만이 정반대의 반응을 보고했다. 그 훈련은 그녀가 자신에 대해 좀 더 유연한 인식을 갖도록 도왔다기보다는 오히려 그녀가 어떻게 방해받는지를 좀 더 잘 깨닫도록 했고, 이것은 그녀를 당황스럽게 만들었다. 이는 내가 비치료적 집단에서 그 훈련을 사용했던 경우와 당시 환경에서 드러난 감정을 극복하도록 완전히 다 지도하지 못했던 경우였다. 나는 그 훈련이 글쓰기 집단에 가장 적합하다고 제안하는 것인데, 그 집단이 치료적 집단이든 아니든, 집단 자체가 힘든 감정이나 문제를 드러내도록 지지자로 작용할 수 있다.

참고문헌

Bakhtin, M. M. (1986). *Speech Genres and Other Late Essays*. Trans V. W. McGee. Austin, TX: University of Texas Press.

Bollas, C. (1987). *The Shadow of the Object*. London: Free Association Books.

Bollas, C. (1995). *Cracking Up*. London: Routledge.

Booth, W. (1991). *The Rhetoric of Fiction*. (2nd ed.). London: Penguin.

Duncker, P. (1997). *Hallucinating Foucault*. London: Picador.

Hunt, C. (2000). *Therapeutic Dimensions of Autobiography in Creative Writing*. London:

Jessica Kingsley.

Iser, W. (1980). *The Implied Reader.* London: Johns Hopkins University Press.

Milner, M. (1952). The framed gap. *The Suppressed Madness of Sane Men*, pp. 79–82. London: Tavistock, 1987.

Milner, M. (1971). *On Not Being Able to Paint.* London: Heinemann.

Palmieri, G. (1998). 'The author' according to Bakhtin, and Bakhtin the author. In D. Shepherd (Ed.), *The Contexts of Bakhtin*, pp. 45–56. Amsterdam: Harwood.

Rabinowitz, P. J. (1989). Whirl without end: audience-oriented criticism. In G. D. Atkins & L. Morrow (Eds.), *Contemporary Literary Theory*, pp. 81–100. London: Macmillan.

Voloshinov, V. N. (1973). *Marxism and Philosophy of Language.* Trans L. Matejka & I. R. Titunik. New York: Seminar.

Winnicott, D. W. (1965). The capacity to be alone. *The Maturational Processes and the Facilitating Environment*, pp. 29–36. New York: International Universities Press.

Winnicott, D. W. (1991). *Playing and Reality.* London: Routledge.

제5장

원형에서 인상으로
말의 마법

Derek Steinberg

도입

글로 쓰인 말로 인해 소름이 돋을 수도 있다. 즉, 글은 심지어 물리치료, 식이요법, 심리학적 접근 중 가장 적절한 치료조차 성공하지 못한 경우에도 효과가 있을 수 있다. 말의 생명력은 언어의 본질, 그리고 심리학 이론을 초월해 인간 존재의 근본 특성에 다다르는 스토리텔링이나 시의 마법과 관련이 있다. 그래서 치료를 보강하거나 단축시킬 수도 있다. 이 장은 이러한 생명력의 근원이 무엇인지, 그리고 글쓰기가 치료에 도움이 되는 방식을 우리가 어떻게 이해할 수 있는지 탐구할 것이다.

편지로 쓴 말

건강관리 산업에서는 거대한 규모의 글—대규모로 축적된 행정적 문서 영역에서 기록, 회의록, 보고서, 설문지, 통신문 등—이 쏟아져 나오고 있다. 그러나 글쓰기 그 자체에 대해서는 대체로 생각하지도 않고 가르치고 있지도 않다. 예를 들자면, 환자들에게 쓰거나 환자들을 위해 쓰는 일상적인 편지에 대해 지금보다 더 많은 관심을 쏟을 만하다.

나는 이 책에서 논의하고 있는 것과 마찬가지로 글쓰기와 심리치료의 개념을 차용하면서 생명과학, 심리학, 신화학과 예술 사이의 고유한 연속성에 대한 Burnshaw(1970)의 설명에서 발전된 이론적 관점을 제시할 것이다. 그리고 내담자들에 대한 특별한 상담적 접근이, 치료 작업을 위해 아주 급진적인 함의를 가지면서 심리치료로서의 글쓰기에 어떻게 기여할 수 있는지를 보여 줄 것이다. 사려 깊고 성찰적인 편지 쓰기는 어떻게 우리가 행정적인 필요성에 가르치기, 학습하기, 그리고 심리치료의 새로운 차원을 더할 수 있는지를 보여 주는 하나의 표본이 된다. 그러나 먼저 나는 말이란 얼마나 대단한 것인지에 대해 고찰하고 싶다.

말: 나 이상의 것

상징과 이미지는 놀라운 힘을 가지고 있다. 우리가 대체로 그것을 당연하게 받아들이기 때문에 더 그렇다. 우리가 상징과 이미지를 형상화하는 것만큼이나 상징과 이미지도 우리를 형상화한다. 그리고 말은 구두로 한 것이든 문자로 쓰인 것이든, 정말로 어떤 종류의 기호법이라도 이러한 잠재력을 공유한다. 말은 보이는 것 또는 들리는 것 이상의 것을 전달한다. 즉, 그것은 의사소통 다발 같고, 다중적 의미, 모호함, 암시로 가득 차 있고, 심지어 치료사와 내담자가 일상적인 말을 교환할 때도 정서적 울림이 말에 뒤따른다.

대안적이고 무의식적인 말의 의미는 물론 정신분석(예: Freud, 1901, 1922; Jung, 1906, 1964)의 내용이지만, 심지어 공들여 만든 정신역동 이론도 자신의 한계를 갖고 있다. 많은 이들이 문학과 시가 정신역동 이론을 뛰어넘는다는 것에 동의할 것이다. 작시作詩, Poesis는 만든다는 것, 즉 창조한다는 것을 의미한다. 우리 모두가 자질 있는 시인이 아닐 수도 있다. 하지만 꼭 그 사실을 깨닫지 않더라도, 혹은 평소 그것을 깨달으면서 우리는 풍부한 시적 의미와 정서적 중요성를 내포하고 있는 말을 생각해 내고, 선택하고, 사용한다. 내가 알기로는 Cox와 Thielgaard(1987)가 이러한 주제에 대해서 연구하고 있다. 그들의 논의는 문학적이면서 시적이고, 내가 논의하고 싶은, 치료 작업에서의 일상적인 순간에 대한 평범한 언어의 기본적인 사항을 초월한 것일 수도 있다.

말은 기념비적이다. 말은 종종 정서적으로 부담되거나 심리적인 외상의 경험과 대인관계를 기념하는 정보의 다발을 내포하고 기록하고 재현한다. 그러한 경험과 관계에서 말은 맨 먼저 연마된다. 말은 인간의 영원함을 내포하고 있고 그 안에, 그리고 그것의 암시와 울림 속에 전(前)인간의 경험을 담고 있다. 은유적으로 말하자면, 한참 오래전 뜨겁고 햇빛이 내리쬐는 쥐라기 시절의 **살아 있는** 에너지와 함께 기름이나 가스가 우리를 덥혀 주는(또는 불사르는) 것과 똑같이, 우리가 말을 사용할 때 이러한 시적 에너지가 방출되는 것을 생각하는 것은 멋있는 일이다. 상상컨대 — 내가 더 이상 강하게 말하지 않더라도 — 어떤 말의 어떤 뉘앙스는 심리치료에서, 아마도 심리치료의 초기 단계에서, 심지어는 환기시키는 최초의 순간 속에서 우리가 말을 사용할 때 무의식적인 영향으로 재발생할 수 있을 것이다.

자의식적이면서 상상력이 풍부하고 창의적인 존재인 인간은 우리가 말을 만든 것만큼이나 말에 의해 만들어진다. 양자물리학의 다른 개척자들과 마찬가지로, 우리와 우리 내담자들만큼이나 설명할 수 없는 것을 설명하는 일에 익숙했던 Niels Bohr는 "우리는 언어에 매달려 있다."라고 말했다(Pais, 1991). 다른 글에서 나는 우리의 물질적인 뇌가 바로 유동체 종류의 환경에 매달려 있을 필요가 있는 만큼 우리가 시와 이미지에 매달려 있는 덕분에 자기인식을 할 수 있다고 주장해 왔다. 우리는 은유로 만들어진다. 은유는 우리의 사고, 우리의 표현, 그리고 우리의 타자와 자기에 대한 인식의 부분이고, 미친 시인에 대한 신화이면서 어쩌면 냉정하고 완전히 합리적이고 현실적인 과학자에 대한 신화이기도 하다. Freud 이론은 은유로 이루어져 있고, 얄궂게도 은유('허튼소리'와 같은) 속에서—아마도 무의식적으로—Freud 이론의 비난자들에 의해 자주 묵살당한다. Freud에 대한 비평에서 Bloom(2002)은 Freud의 비난자들이 그를 내던져 버리려고 노력하지만, 그들은 그럴 수 없다고 말한다. 왜냐하면 '그가 지금 우리들 안에 있기' 때문이다.

말은 어디로부터 오는가? 어떻게 그곳에 도달하는가?

나에게 말의 마법, 글쓰기와 읽기의 마법은, 그것을 과학에 의해 설명될 수 있는 어떤 것으로 생각함으로써 축소되기보다는 오히려 고양된다.

물론 언어과학과 언어철학, 의사소통, 그리고 언어학 연구가 있지만, 생물학 역시 역할을 한다. 그런데 만약 우리의 철학이라는 것이 언어가 초자연적 수단에 의해 우리 안에 자리 잡았다는 것을 의미하는 것이 아니라면, 언어 그리고 미학과 영성의 궁극적 기원은 우리의 유전자 안에, 즉 우리를 만들도록 지시한 DNA로 쓰인 그 놀랄 만한 사전과 요리법 책 안에 있는 것이 틀림없다.

유전학과 진화론이 말과 언어 발달에 관여한다는 데 대해 당연히 논쟁의 여지가 있다(Pinker(1994)는 찬성하고, Chomsky(1991)는 대체로 반대한다.). 그러나 타자의 발화와 상징을 경청하고 해석한 후 우리 자신의 것으로 응답하는 능력이 우리의 먼 조상들의 삶에서 진화의 필요성과 중추적인 현상으로 그리 중요하지 않았다는 주장은 나에게는 그럴듯하지 않아 보인다. 인류는 강한 이빨과 발톱 또는 빠른 속도나 비행 때문에 살아남은 것이 아니라 사회적이고 협력할 줄 아는 동물이기 때문에 살아남았다. 큰 머리가 산도産道를 통과하기 위해 생물학적으로 미성숙하게 태어나는 인간의 유아는 동물의 기준에서 보면 이례적으로 긴 기간 동안 스스로 살아갈 수 없고, 어른의 돌봄과 관심을 끌고 유지하는 능력에 전적으로 의존한다. 자신과 자신의 환경(예: 애정이나 적대감의 복잡하고 애매모호한 정서적 분위기)을 이해하고, 그러한 경험들을 상징, 이미지 그리고 말 속에 담을 수 있는 개인의 능력을 개발하는 것은 산소를 대사시키는 능력만큼 중요했을 수 있다. 그래서 이러한 능력이 진화 과정에서 지금 우리에게로 전해졌다(예: Stevens, 1990; Stevens & Price, 1996 참조)고 말하는 것은 타당하다.

이러한 개념은 애착 이론(예: Bowlby, 1969 참조)의 폭넓은 연구와 일치한다. 게다가 현재 신경과학은 내부 이미지 만들기, 상징 형성, 기억, 환상, 그리고 언어 형성이 인간 자의식의 특성에 없어서는 안 되는 것이고, 뇌의 하드웨어에 내장된 것(기본적이고 변할 수 없는 것)으로 진화되어 왔다는 견해를 지지한다(예: Edelman, 1987, 1994; Damasio, 1999; Carter, 2002 참조). Lewis−Williams(2002)는 넓은 의미에서 예술의 기원은 크로마뇽인들이 그들의 뇌의 특성 때문에 자신 내부의 이미지로 어떤 것(동굴 벽화)을 만들 수 있었던 데서 찾을 수 있다고 주장했다. 발달하는 인간의 뇌와 발달하는 인간 문화 사이의 의사소통을 의사소통의 복제 단위, 즉 밈memes[1]의 관점에서 설명하기도 하는데, Dawkins(1976)가 '밈'이라고 부른 뒤 Blackmore(1999)는 밈이 문화적 진화의 기초가 되면서 문화적 진화를 지지할underwriting 뿐만 아니라 밈 역시 진화할 수 있다고 주장했다.

---

1 역주: 영국의 생물학자 Richard Dawkins가 1976년 출간한 저서 『이기적 유전자(*The Selfish Gene*)』에서 만들어 낸 용어다. Dawkins에 따르면, 문화의 전달은 유전자의 전달처럼 진화의 형태를 취한다. 그러나 언어, 옷, 관습, 의식, 건축 등과 같은 문화 요소의 진화는 유전자의 진화 방식과는 다르다. 따라서 문화가 전달되기 위해서는 유전자처럼 복제 역할을 하는 중간 매개물이 필요한데, 이 역할을 하는 정보의 단위, 양식, 유형, 요소가 바로 밈이다. 옥스퍼드 영어사전에도 올라 있는데, "모방 등 비

또 다른 양자물리학자이자 전체론적 철학자인 David Bohm은 단어와 구절 words and phrases을 우리 사고 과정의 고고학의 일종으로 묘사해 왔다(1980). 이 모든 연구의 방향은 말이 매우 풍부하고 오랜 역사를 가지고 있고 그것의 진화는 우리 자신의 진화와 함께 얽히고 교환된다는 견해를 지지한다. 또한 문화심리학과 사회과학에서의 아주 새로운 사고와 일치하고(예: Gray, 1996; Cole, 1998), 의미의 위계라는 개념의 토대와 언어에서 함축하고 있는 의미의 토대를 제공한다(예: Bandler & Grinder, 1975; Grinder & Bandler, 1976 참조). 이는 우리가 Freud의 (물론 그가 살던 시대의 과학과 기술, 그리고 19세기의 일부 이야기에 의해 영향 받은) 이론에 암시된 무의식에 대한 지질학적이고 유체역학적인 모델을 오히려 재고할 수 있음을 의미할 수도 있다. 대신에 우리가 무의식이라고 부르는 것이 우리의 마음 안에 있는 끓어오르는 지층의 층(그것 자체가 그럴싸한 은유이고, 신화이고, 질병에 대한 오해를 불러일으킨다)으로 구성되지 않을 수도 있지만, 사실상 암시적이고 잠재된 의미와 이미지의 무의식적 연쇄반응이고, 우리가 듣고 읽고 쓰고 말하고 생각하는 말에 의해 항상 드러나는지를 우리가 숙고할 수 있다는 것을 의미할 수 있다.

그러나 이 모든 것에 대해 왜 '마법'이라는 것인가? 마법은 강력하면서도 설명할 수 없는 것이다. 말은 멋진 패러독스를 표현한다. 왜냐하면(바로 Winnicott이 예술에 대해 말한 것처럼) 말은 사고, 감정, 그리고 언어라는 무한한 가능성의 구성 요소이고, 언어가 발달함에 따라 그것은 그 자신의 관습과 규칙을 만들기 때문이다. 말이 반영하는 정신생활의 범주는 우리가 의식하지 못할 수도 있는

유전적 방법으로 전달된다고 생각되는 문화의 요소"로 정의되어 있다. Dawkins는 '유전자'처럼 복제 기능을 하는 이러한 문화 요소를 함축하는 한 음절의 용어를 그리스어 '미메메(mimeme)'에서 찾아내 여기서 밈을 만들어 냈다. '미메메'에는 '모방'의 뜻이 들어 있다. 밈의 전달 형태는 유전자가 정자나 난자를 통해 하나의 신체에서 다른 신체로 전달되는 것과 같이 모방을 통해 한 사람의 뇌에서 다른 사람의 뇌로 전달되는 것이다. 이러한 전달 과정에서 각각의 밈들은 변이 또는 결합, 배척 등을 통해 내부 구조를 변형시키면서 진화한다(출처: 두산백과사전).

('의식 고양'이라는 상투적인 용어를 분별하면서) 우리 문화의 측면에서, 그리고 똑같이 안으로 접근하기 어렵다는 측면에서 모두 '저쪽에' 있고, 그러므로 정신분석의 근거가 된다.

환상, 백일몽, 상상, 그리고 새로운 아이디어에 대한 수용력은 생존 가치와 분별 가치(이 둘은 인류에게 아주 밀접하다)를 가지고 있고, 이러한 지적이고 정서적인 가능성의 색조는 말로 싸인 채 우리에게 전해진다. 사람들은 음조의 조합이 어떻게 시작됐는지, 그리고 희망, 믿음, 용기, 이타주의처럼 중요한 특성의 철자를 어떻게 쓰게 됐는지 궁금해한다. 만약 어떤 자연 현상이 마법이라는 별칭을 얻을 만하다면 나는 그것이 언어, 특히 글로 쓰인 말의 형식으로 된 언어라고 생각한다. '문법grammar'이라는 말이 마법의 주문에 관한 책인 *grammaire*에서 유래한다는 사실에 나는 호기심을 갖게 된다. 마력glamour도 같은 기원을 갖고 있다. 그 주문이 제대로 효과를 발휘하는지 안 하는지 그 철자와 문법을 보라. 그리고 사전을 곁에 두라.

말에서부터 글쓰기까지

종이 위의 작은 기호들, 즉 Edgar Rice Burroughs의 고전적 이야기 속에서 타잔을 방해했던 〈작은 벌레들〉(1912)은 우리를 감동시키는 가장 놀랄 만한 힘을 가지고 있다. 잘 써진 소설 작품의 몇 줄 안에 있는, 종이 위의 이 작고 검은 자국은 우리로 하여금 순식간에 전 세계를 상상하게 할 수 있고, 심지어 상상의 인물들과 그들에게 무슨 일이 일어났는지 걱정하게 만들 수 있다. 마법은 글쓰기와 마찬가지로 글 읽기에도 있다. 물론 말과 소리는 우리를 감동시키고, 어쩌면 상황 전체와 화자話者의 지위와 태도에 의해 너무 쉽게 조정될 수 있다. 마치 악기를 연주하는 것처럼 순간적인 말과 인상을 이용하면서 말이다. 그러나 종이 위에 쓰인 말은 그 자체의 지위, 자율성, 가시적인 접근성을 갖는다. 당신은 그것으로 다시 돌아갈 수 있다. 그렇지만 그것에 대한 임시적이고 일시적인 무언가가 있기도 하다. 이 모든 것은 말하기에 초점이 맞춰져 있다기보다는 오히려 글쓰기 주변에서 행해지는 심리치료와 관련이 있다.

음성 언어logos가 화자의 의미에 더 가깝고, 그러므로 순수한 사고에 더 가깝다고 여겨졌던 때가 있었다. 반면에 글은 마치 소리를 글자로 표현한 것처럼 보조적인 것으로 여겨졌다. 그러나 이는 일반적으로 충분한 설명으로나, 심지어 그럴듯한 이야기로도 간주되지 않는다(예: Harris, 1986; Crystal, 1987 참조). 아마도 신음 소리나 감탄사처럼 시작했을 말, 원시 부호, 조각, 그림은 비록 결과적으로 음성 언어와 상호작용을 했겠지만, 별도로 생겨났을 가능성이 있다.

그러므로 글은 다르다. 그것은 동결 건조된 말freeze-dried speech이 아니라 다른 무엇이다. John Betjeman이 〈리밍톤에서의 죽음〉(1932)에서 "음성 언어는 죽은 거나 마찬가지"라고 말했는데, 이는 매우 현혹될 만큼 장난기 어리면서 아주 진지한 시인의 흥미로운 관찰이다. 글쓰기는 읽기와 분리될 수 없다. 비록 유일한 독자가 필자라고 해도 말이다. 말이 경험에 대한 설명을 나타내듯이(Bruner, 1990), 글쓰는 행위는 그것의 매우 상호작용적인 인지적 · 조직적 구성요소에 대해 더 많은 일관된 집중, 즉 유념을 요구한다(Kellogg, 1994). 글쓰는 행위는 준비와 계획, 물리적 행동과 도구를 필요로 한다. Tonfoni와 Richardson(1994)은 그것을 도기 제조에 비유했고, Josipovici(1982)는 글쓰기의 특성을 지적인 것뿐만 아니라 육체적인 것을 요구하는 활동으로 강조했다. 다시 말해서, 글쓰기는 쥐cramp가 나게 할 수도 있다. 글쓰기는 마음속에 그려지고, 숙고되고, 구체화되고, 완성되고, 이용된다. 또는 다음번을 위해 미완성인 채로 남겨지거나 포기된다.

글쓰기는 '문학'과 같은 것이 아니다. Josipovici가 지적했듯이, 문학은 추상적이고 이상주의적이다. 여느 창작 작품과 마찬가지로 글쓰기는 특별한 형태의 불안과 억압, 위험과 '이별'에 대한 인식, 그리고 결과, 즉 그것이 바라보는 방식, 그리고 그것이 자기의 기호에 속하는 방식에 대한 강력한 감정을 수반할 수 있다(Ehrenzweig, 1967). 이는 어떤 점에서 치료적 대화에 대해서도 마찬가지일 수 있다. 그러나 단지 어떤 면에서만이다. 두 사람 간의 대화는 기록되든 기억되든 간에, 작품 생산과는 다르다. 글은 개인적 성찰과 상호작용에 대한 기류와 암류와는 상관없이 그 자신의 권위, 지위, 생존력, 그리고 생명력을 갖는다.

만들어진 예술도 과도대상transitional object의 특성을 가지고 있다(Winnicott, 1965). 그것은 완전히 가상의 것만이 아니고, 아직 현실 속에 완전히 고정된 것도 아니다. 하지만 그것은 Winnicott이 문화적이라고 판정했던 중간적 위치와 역할을 차지하고 있다. 단어와 구절들이 가진 모호성처럼 예술도 모호하고 역설적이지만, 그럼에도 실제적이고 확고하고 다능적이다. 어떤 점에서는 비록 이미 만들어진 것이긴 하지만, 그것은 자신의 창작자나 관찰자가 그것에 대해 여전히 만들고자 하는 것이 무엇이든 나타낼 수 있다. 심리치료에서 글쓰기와 마찬가지로 예술은 무엇이든지 담을 수 있는 유용한 그릇이고, 한 회기와 그다음 회기 사이의 수송 수단이다. Winnicott은 다음과 같이 말했다. "모든 종류의 예술가들에게서 나는 사람들이 타고난 딜레마를 발견할 수 있다고 생각하는데, 그 딜레마는 소통하려는 긴급한 요구와 발견하지 못한 훨씬 더 긴급한 요구라는 두 가지 경향이 공존하는 데 있다. 이는 예술가의 본성 전체를 차지하고 있는 과업의 결말에 예술가가 도달하는 것을 우리가 상상할 수 없다는 사실을 설명할 수 있다(Winnicott, 1965: 185)." 한편으로 이것은 과업에 대한 묘사 가운데 가장 모호한 것처럼 보일 수 있다. 그리고 아직까지 예술은 단지 더 많은 질문과 더 많은 실험, 그리고 더 많은 가설적 사실과 실용적 지식을 낳으면서 모든 **사실**이 어쩔 수 없이 가설적인 과학철학에 아주 가깝다.

그렇다면 지금까지의 이야기story는 가시적이고 물질적이고 대화와는 별개의 어떤 것과 같은 지위에 있으며, 글로 쓰인 말은 공유된 호기심과 공동의 탐구를 촉진시키는 특성을 가지고 있다는 것이다. 과학과 예술처럼 글쓰기는 너무 이르거나 서투른 결론에 이르기보다는 오히려 호기심을 촉진한다. 글로 쓰인 말은 이를 **보장하지** 않지만, 글쓰기는 글쓰기를 가능하게 하는 특성을 가지고 있다. 그러므로 우리는 면담 시간을 지키고 의제를 만든다. 생각컨대, 이는 글쓰기가 어떠한 비진단적 · 비지시적인 심리치료 형태를 만드는 데 기여한 것과 직접적인 관련을 갖고 있다. 그리고 편지 쓰기를 포함한 글쓰기는 아래에서 묘사한 작업의 상담 스타일의 특성 중 일부를 가질 수 있는 이유로 보인다. 내가 한때 심리치료는 "오해를 협상하는 것"(Steinberg, 2000b)이라고 썼을 때, 많은 사람들이 그 묘사를 좋아하는 것처럼 보였다. 전통적인 심리치료에서는 많은 경우 치료사가 이 협상에서 가장 좋은 카드 중 대부분을 가지고 있는 것으로 나에게 보인다. 그리고 마땅히 그럴 만했다. 어떤 심리치료의 어떤 목적을 위해서 전문가로서 말이다. 그러나 심리치료사와 내담자를 위한 초점이 글이 될 때, 심리치료의 목적에 적합하게 좀 더 동등한 관계를 공유할 가능성이 있다. 예를 들면, 내담자의 자율성과 책임감을 고양시키는 것이다. 미술 작품과 마찬가지로, 글은 고유한 자신의 권위를 갖고 그 권위를 작가와 공유한다. 글의 세부사항은 고정되고, 대화와는 다르게 그것의 뉘앙스는 덜 단명하고, 재고되고 재검토되고 수정할 수 있는 더 많은 기회를 가진다. 그것은 오히려 공공의 소유물이다. 여러분은 글에 대해 제2의 견해를 들을 수도 있다.

작품을 고려했을 때, 미술치료사와 내담자가 더 동등한 파트너가 된다는 것이 다가 아니다. 그 작업의 과도기적이고 잠정적인 특성도 치료사나 내담자가 성급한 결론을 내리는 것을 막는다. 이미 확인된 역설에서, 그것은 명확한 진술이고, **그러므로** 협상할 수 있다. 반대로 말하면, 애매모호하고 무한정 적용할 수 있는 구절 속에서 형성된 태도와 감정만큼 완고한 것은 아무것도 없다. 미술 작품이나 글이 가진 불변성은 논의와 발전이 가능할 수 있는 확고한 토대를 제공한다. 이러한 은유는 충분히 안전한 토대가 충분히 안정된 탐색을 가능하게 하는 애착 이론의 개념과 관련이 있다.

그러나 지배적이거나 적어도 영향력 있는 다른 사람의 부재가 반드시 일을 쉽게 풀리게 하는 것은 아니다. 보통 청자가 있는 대화와는 달리, 글은 궁극적으로 독자층이 있을 가능성을 낳을 수도 있다. 그것은 글쓴이가 희망하거나 두려워하는 상상의 독자층일 수 있다. 그래서 Thomas Hardy는 작가의 부담을, 사람들로 가득 찬 홀에서 연설하기를 열망하는 반면에 자신 앞에 놓여 있는 (연설문의) 빈 페이지만을 발견하는 것과 같다고 묘사했다. 또는 그것은 전혀 다른 종류의 환상일 수도 있다. 말하자면 청중을 회피하는 환상 말이다. 이것(회피 대상)은 치료사나 자기를 포함할 수도 있다.

글쓰기, 내러티브, 그리고 진정한 신화

내적 이미지를 파악하는 능력은 유전되고 생존 가치를 지니는데, 이러한 능력에는 이빨, 발톱, 그리고 얼굴 표정과 같은 것들이 무엇을 의미하는지 인식하는 것뿐만 아니라, 옛날이야기 속에 등장하는 좀 더 공들인 원형들(현명한 노인들, 마녀들, 마법사들, 영웅들, 괴물들)도 포함할 수 있다. Campbell(1974)은 신화를 공적인 꿈으로, 꿈을 사적인 신화로 묘사했으며, 신화는 개인적이면서도 공동체적인 환상의 특성을 지닌 어떤 것이라고 단언했다. Jung은 집단무의식의 원형들에 관한 자신의 이론(1959, 1964)이 빗자루를 타고 있는 마녀처럼 만들어진 이미지를 그대로 물려주는 것으로 널리 오해받고 있다는 것을 깨달았다. 그러나 그때 Jung이 의미했던 바는 관념이나 이미지를 그대로 물려받는 것이 아니라 그것(관념이나 이미지)을 발전시키기 위한 **잠재성**—신경회로—을 물려받는 것이었다(1959).

우리 내담자들과 그 가족들도 거창하고, 변명 같고, 무섭고, 망상적일 수 있는 이야기를 자신들에게, 그리고 자신들에 대해 말하면서 신화를 발전시킨다. 가족 중 한 명에게 선하거나 악하거나, 건강하거나 병든 것으로 또는 모범생, 실패자 또는 가족의 골칫거리로 배역을 정해 주는 '가족 각본'(또는 신화)이 지닌 힘—문자화되지 않은 구술사이기 때문에 더욱더 강력한—을 심리치료사들은 익히 보아 왔다. 이러한 가족 각본 때문에 고정된 역할을 거부하고 또 다른 역할을 찾는 데 어려움이 많다. 특히 그 고정된 역할이라는 것이 주도하는(또는 호도하는) 역할이라면 더 그렇다. 내담자들을 이해하고 치료하기 위한 전략으로 새로운 이야기를 말하는 것, 그리고 글로 쓰는 것은 심리치료에 잘 확립되어 있다(예: White & Epston, 1990; Gersie, 1991; Wallas, 1991; Dwivedi & Gardner, 1997; Bolton, 1999; Roberts & Holmes, 1999 참조). 또한 우리는 물러서서 치료적 만남 그 자체를 신화적 특성을 가진 것으로서 바라볼 준비가 되어 있어야만 한다. 건강하지 않음에 대한 생각 그리고 장애나 요구를 어떻게 인식할지에 대한 개인적인 생각과, 인간 문화가 유용한 일종의 무당이나 치료사 또는 그 원형들을 만들어 낼 거라는 기대는 일종의 신화들인데, 내가 주장한 대로 바로 이러한 신화들은 인간 집단 내에서 진화적 이점을 가지고 있고, 복잡한 본능처럼 물려받을 수 있다. 이러한 신화가 이야기에 영향을 줄 수 있고, 치료사가 되는 것과 환자가 되는 것의 각본에 영향을 줄 수 있다는 점에서, 만약 우리가 이를 재인식한다면 이는 도움이 될 수 있을 것이다.

내담자의 상상력과 창의성에 관해 관심을 갖는 것은 단지 내담자는 경청하고 전문가인 치료사는 충고만 하는 치료 모델과는 다르다. 심리치료사인 우리도 내담자들에 대한 신화와 이야기에 기여하면서 참여하고 있다는 사실을 통찰하고 이해하는 것은, 적어도 과학적 방법이나 과학적 치료 모델을 추구하는 것만큼 우리의 사고에서 중요한 것이 되어야만 한다. 이야기가 글로 쓰일 때, 이야기는 특별한 권위를 갖게 되고, 그것의 물적 존재는 어떤 회피나 궤변에도 도전하게 된다. 그 이야기가 아무리 호의적이라고 해도 말이다.

내담자에게 글쓰기

환자나 그들의 보호자에게 답장을 쓸 때, 우리는 그들에 관한 짧은 이야기를 글로 쓰고 있다. 그것은 생애사의 일부, 즉 허구라기보다는 환자가 진실된 소재를 제공한 이야기여야만 한다. 정신분석 이론을 존중하긴 하나, 영리하지만 안이한 '해석'에 대해 나는 깊은 의구심도 품고 있다. '당신은 이것을 말하라.' (당연히) '당신이 그것을 의미한 대로 말이다.' 그러나 이것은 심리치료사의 시이지, 환자의 시가 아니다. 병리학 및 치료적 발전을 가져오는 데는 두 사람 모두의 기여가 필요하다.

이는 한 편의 글이 심리치료의 초점이 되는 곳에서 분명히 드러날 것이다. 그러나 우리가 상투적인 편지를 쓸 때에는 우리의 직업적 이념, 특수용어, 그리고 개념적 모델로 되돌아갈 가능성이 있다. 만약 우리가 정보를 주는 것뿐만 아니라 치료적으로 도움을 주는 것으로 편지를 만들기 시작한다면, 이것 역시 일방적인 환상이 아닌 다른 무언가라는 것을 확실하게 해 주어야 한다. 치료사-환자의 공동 기획과 같은 편지를 쓰는 것은 훌륭한 아이디어일 수 있고, 아마도 누군가, 어디에선가 하고 있을 것이다. 그러나 이 장의 목적을 위해서 내가 논하고 싶은 것은 우리의 일상적인 임상 편지가 기록 보존과 다른 행정상 요구를 넘어서도록 하는 것이다.

내가 염두에 두고 있는 편지는 우리가 일상적으로 환자에게 또는 환자에 대해서 쓰는 것인데, 예를 들면 지역보건의에게 일이 어떻게 돌아가는지 묻는 것이나 한 회기의 발전을 명료하게 하기 위해서 또는 약속을 정하는 것과 같은 어떤 실제적인 문제를 논의하기 위해서 쓰는 편지다. 이러한 편지는 우리가 환자나 내담자로 하여금 읽도록 하려는 편지일 것이다. 누구든 (상황을) 알고 있을 필요가 있는 다른 사람에게 줄 사본을 만들어 놓고 (허락을 얻어) 환자나 내담자들에게 직접 편지를 쓰는 방식이나, 환자들에 관한 편지 사본을 환자에게 보내는 방식이 될 것이다.

왜 글을 쓰는가?

먼저 할 질문은 '왜 안 쓰는가?'다. 내가 보기에 사람들에게는 다른 사람이 자신들에 대해 뭐라고 말하는지 알아야 할 명백한 윤리적 이유가 있는 것으로 여겨진다. 그리고 만약 어떤 것을 글로 쓰는 것이 어렵다면, 이는 우리에게 중요한 무언가에 대해서 생각하게 한다. 어떤 경우에서든, 최근 법률은 사람들이 자신의 기록을 볼 수 있도록 규정하고 있다(몇 가지 자격 조건들을 갖추고). 환자들이 그들에 대해 쓴 것을 보는 것을 우리가 꺼리지 않는 것처럼 또는 심지어 좋아하는 것처럼 모든 노트를 써 보면 어떨까? 우리의 편지를 가지고 훈련을 시작하는 것은 좋은 방법이다.

이러한 편지를 쓴다면 치료뿐만 아니라 우리 자신의 좀 더 폭넓은 전문적 기술과 이해에도 도움이 될 수 있다. 우리 자신, 내담자들, 그리고 보호자를 위한 편지에는 분명하고 긍정적이면서 삼자 모두가 배울 수 있는 무엇인가 있어야만 한다. 우리는 심리치료가 간단하지 않다는 것을 알고 있다. 그것은 혼돈과 복잡함을 수반한다. 그리고 우리의 직업적 임무 가운데 하나는 이러한 복잡함에서 단순함으로 환자와 함께 이동하는 것이다. 다시 말해서, 그것을 단순한 것처럼 보이게 하기 위해 문제를 얼버무리는 것이 아니다. 문제를 얼버무리는 것은 역효과를 낳는다. 즉, 치료사는 문제를 깔끔하게 포장했기 때문에 행복하게 집으로 돌아갈 수도 있지만, 환자는 치료사의 생각에 맞지 않는, 소화되지 않은 이런저런 것들로 가득 찬 봉지를 집으로 가져가야만 한다. 그러나 치료사와 환자가 성찰하고, 설명하고, 사실에 맞도록 수정하는 글쓰기를 통해 마음을 집중하고, 사고를 명료하게 할 수 있다. 만약 이것이 우리가 특수용어를 평이한 언어로 대체해야만 한다는 것을 의미한다면, 이는 잘된 일이다. 만약 특수용어가 정말로 새롭고 유용한 기술용어라면 그것도 괜찮지만, 우리는 그 용어에 대해 설명해야만 한다. 문제는 우리가 그것이 의미하는 바를 알아야만 한다는 데 있다.

편지는 치료사가 생각하고 의도하는 바와 내담자가 생각하고 의도하는 바에 대한 합의서로, 또는 적어도 다음 회기를 위한 하나의 의제로 대신 이용될 수도 있다. 그러므로 이는 계약서로 대용될 수 있거나, 하나를 위한 근거가 될 수 있다. 이러한 교류 덕분에 치료적 도움을 이용할 때 더 좋은 지점을 형성할 수 있다. 그리고 이러한 교류는 더 많은 민감한 문제—가령 누군가(아마도 제삼자, 예를 들면 자녀)가 위험에 처해 있다면—이 생겼을 때 큰 도움을 줄 수 있을 것이다. 상황이 어떻게 보일지, 그리고 그러한 상황은 무엇을 필요로 하는지에 대해 차근차근 설명하면서 말이다.

무언가를 말하는 것에 문제가 있다면—가령 어떤 이가 다른 사람을 위험에 처하게 하는 경우(어린아이들, 가족들과 함께 일할 때 흔히 일어나는 일이다.), 또는 한 구성원이 이미 합의한 사항을 따르지 않아도 된다고 여기거나 진실을 말하지 않는 경우, 또는 신뢰와 지지를 보여 줘야 하는 상황에서 치료사가 무엇을 해야 할지 잘 모른다면—당연히 글로 적는 방법에 대해 고민하고 연구해야 한다. 예를 들어, 어떻게 하면 솔직하지만 완곡하지 않으면서, 상처를 주지도 명예를 훼손하지도 않을 수 있을까? 어쨌든 그러한 노력을 편지 쓰는 데 기울이더라도, 이는 여전히 치료사의 기술에 더 많이 달려 있다.

편지는 한 회기와 다음 회기를 연결하기도 한다. 단지 형식적인 것이 아니라 실제적으로 그렇다. 편지는 치료의 탄력을 유지하고, 특정 문제에 초점을 유지하도록 할 수 있다. 편지는 회기, 그리고 그 경계와 한계를 확인하면서 이러한 일을 한다. 동시에 그것은 회기를 보완해야만 한다. 그렇다고 관련 없는 논평으로 회기들을 보충하는 것은 아니다.

편지는 손에 잡히는 징표이기도 하다. 우편을 통해 편지를 보냈을 때 치료사, 환자, 그리고 심리치료가 현실 생활에 근거한다는 것을 편지를 통해 상기한다. 편지는 사적이고 그 자체의 친밀함을 가지고 있다. 하지만 여전히 편지라는 사실(fact)과 존재(existence)는 공적이기도 하다. 편지는 조금 특별하지만, 그렇다고 지나치게 특별하지는 않다.

편지는 제대로 기록한 치료 노트의 대안으로 삼으려는 유혹 요소와 위험 요소일 수 있지만, 정확하고 간결한 기록으로서의 역할을 해야만 한다. 편지는 그 노트 안에 무엇이 있는지에 대한 유용한 안내서가 될 수 있고, 편지를 쓸 때 흥미가 생기고 기술이 늘어나면서 노트를 작성하는 지루한 일이 더 즐거워질지도 모른다. 편지를 적는 것은 보너스처럼 글쓰는 이의 문장력을 발전시킨다.

사람이 천성적으로 민주적이든 가부장적이든, 어떤 치료가 아무리 실제적으로, 철학적으로 또는 경제적으로 모든 책임을 지기로 했더라도 이는 실현 가능하지가 않다. 이것에 대한 가장 조잡한 예를 들자면, 소송이나 예방에 쏟아 부은 건강관리서비스 기금, 그리고 시간과 에너지의 막대한 손실이다. 상담 방침에 따라 동의하거나 결정한 사항에 대해 확인하는 '공개적인' 편지는 투명하고 열린 치료사-내담자의 협력관계를 실현 가능한 현실로 만든다.

여기서 서술한 방침대로 편지를 쓰는 것은 본질적으로 상담과 같다. 하버드에서 Caplan(1970)이 발전시키고, 뒤이어 런던에 있는 타비스톡 연구소Tavistock Institute에서 발전시킨 상담 접근은 아동 및 가족 정신의학(예: Steinberg, 1989, 2000a 참조)에서 널리 사용됐던 전략이다. 아동 및 가족 정신의학에서는 윤리적이면서 합법적인 문제에 대한 복잡한 요구와 이를 관리하는 실질적인 측면, 그리고 동의의 문제가 보통 해결하기 어려우면서도 반드시 해결해야 하는 일이다. 토론, 협상, 명료성, 그리고 투명성은 효과적인 작업을 위해 필수적인 것이다. 원래 개발되기로는, 상담은 전문가들—예를 들면, 심리학자들, 교사들, 사회사업가들, 간병인들—이 어떻게 협상하는가에 관한 것이었다. 하지만 무엇을 원하고, 무엇을 요구하는지, 그리고 무엇이 가능한지 공동으로 동등한 위치에서 탐사하는 것은 상담의 기초를 형성하고, 이러한 상담의 기초는 만약 우리가 원한다면 치료사-환자 관계의 많은 측면으로 바뀔 수도 있다. 그리고 그러한 관계에는 권위, 책임감, 행동과 동의에 관해 많은 모호성이 있다(Steinberg, 1992). 내담자를 자신의 문제에서, 그리고 가능한 해결책을 찾는 데서 동료나 전문가로 간주하는 것은 인간중심상담(Rogers, 1951)과 유사점을 가지고 있고,

이는 창의적 심리치료에도 적용된다(예: Silverstone, 1993 참조).

편지는 고정되고, 가시적이고, 글로 쓰인 (그리고 이미 말한 바와 같이 편지는 문서화되기 때문에 협상할 수 있는) 어떤 것이다. 그리고 이제 편지에서 어쨌든 치료사와 내담자의 입장과 감정 모두를 인정하지 않는다면, 유용하게 또는 온전하게 글로 쓸 수 없다. 편지에서 완전히, 그리고 깊이 그렇게 할 필요는 없지만, 현재 상태 그대로 받아들일 수 있거나 수정하거나 심지어 재고에도 열려 있을 만큼 충분히 치료사와 내담자의 입장과 감정을 잘 표현해야만 한다. 이런 방식으로 글을 쓸 의향과 능력이 있느냐 하는 것은 내담자의 권위와 자율성, 책임감이 치료사의 것과 일종의 합의된 균형 상태를 유지할 수 있느냐에 달려 있다. 이는 우리의 작업에 대해 상담 접근이 기여한 바이고, 성찰적인 편지 쓰기에 도움이 된다.

이러한 성찰은 필연적으로 양편 모두에 필요하다. 과도기적이지만 물질적인 글의 본성으로 인해 하나 이상의 경우나 하나 이상의 분위기에 관한 글의 메시지에 대해 심사숙고할 시간과 공간을 만들어 낸다. 관계 밖에서, 그리고 회기 사이에 현실적인 존재를 가지고 있는 명백하게 공유된 작품으로 글을 만들 때, 이것은 경계를 확립하고 경계를 초월하는 수단을 만드는 데 도움을 주면서 합해지기도 하고 나뉘기도 한다. 이는 상징이 갖는 마법의 일부다. 상징은 중요한 감정의 깊이를 건드린다. 하지만 상징의 형태와 형식은 유용한 환상과 변화에 대한 수용력이 가라앉지 않게 한다.

편지의 부작용과 몇 가지 사전경고

어떠한 효과적인 심리치료라도 위험을 가지고 있다. 편지는 그 자체의 생명력과 함께 가시적이고 읽을 수 있는 대상으로 존재하지만, 사생활과 비밀에 대해 특별히 경계할 필요가 있다. 편지에 환자들이 다른 누군가에게 자신에 관해 쓰도록 허용하고 사회적 배경과 가정적 배경을 반영하도록 하지만, 당신이 허락을 구할 생각을 하지 않을지도 모르는 사람에 대한 것을 편지에 포함시킬 수도 있다. 이 같은 이유로 사람들은 주소를 점검해야만 하고, 상투적인 과정으로 편지에 '기밀'이라고 표시해야만 한다. 그리고 우리의 모든 내담자들이 안전과 사생활이 보장되는 상태에서 살 수 있을 만큼 충분히 운이 좋은 것만은 아니기 때문에, 편지를 우편으로 부치기보다는 그것을 받아야 하는 사람에게 직접 건네야만 하는 때가 있다는 것을 명심해야만 한다. 그러한 실제적인 일은 신뢰를 뒷받침하고, 신뢰는 그 밖의 모든 것을 뒷받침한다.

가독성과 같은 세부사항과 종이의 질과 편지의 제목도 중요하다. 우리는 원형적인 상징으로 다시 돌아온다. 디자인은 정보를 줄 수 있고, 즐거움을 줄 수 있고, 안심시킬 수 있고, 용기를 북돋울 수 있다. 또 현혹시킬 수도 있고, 평정할 수 있고, 인상을 남기거나, 협박할 수도 있다. 수신자에게 말하는 방법, 편지를 끝맺는 방법, 얼마나 다정한지, 격식을 차리거나 격식을 차리지 않는지와 같은 세부적인 것은 우리가 심리치료에서 적용하는 세부사항에 대한 관심만큼이나 중요할 수 있다(Steinberg, 2000b에 예가 있다.).

편지의 소유권이 항상 분명한 것은 아니다. 편지가 당신의 것인가, 당신이 속한 기관의 것이거나 수신인의 것인가 또는 공동의 것인가? 당신이 그렇게 공유된 편지를 가끔 쓰든 정책상 쓰든, 관계된 모든 이들이 그것에 대해 알 권리를 갖는다. 나는 사람들이 '외부' 동료—예를 들면, 지역보건의(GP), 교사나 사회사업가—와 함께 이를 점검해야 한다고 생각하는데, 이들은 환자에게 복사해 준 편지를 받았다고 예상하지 않았을 것이다.

차근차근 설명하다

말words은 정리되지 않는 감정을 놀랄 만큼 정교한 의미망과 함축된 의미로 나타낸다. 우주에 있는 원자만큼 신경세포가 상호 연결되어 있을 가능성이 많이 있고, 더욱이 잠재적 말이 더 많이 있다. 우리는 어떤 말이 우리에게 다음을 보여 줄지 모를 수 있는데, 글로 쓰였든 말로 되어 있든, 혹은 무엇이 되었든, 전체 모든 것이 말하자면 격자무늬에 25글자(다섯 줄에 다섯 글자씩)로 만들어질 수 있다는 사실에도 불구하고 말이다. 이처럼 말의 거대한 잠재적 공간과 그것의 함의는 우리가 다룰 문제들이 구체화되고, 그것의 형태를 갖고, 어쩌면 형태를 고칠 수도 있는 곳에 있다. 개인적인 성찰에서처럼 말로 하는 심리치료에서 우리는 이해하려고 노력하기 때문에 어쩔 수 없이 어둠 속을 더듬으면서 간다.

글로 쓰인 말을 가지고 의미를 탐색하고 협상하는 것은, 그 말이 구체화되고 진행 중인 작업으로 공유되는 것으로 간주할 수 있다. 우리는 잠시 멈출 수 있고, 심사숙고할 수 있고, 글로 쓰인 말에 대해 상담할 수 있다. 우리는 이러한 일을 스스로 할 수 있다. 자신이 자신을 응시하는 실존적 필요성은 신비주의에서 현대 신경과학에 이르기까지 반복되는 주제다.

글쓰기는 현실적이면서 공유할 수 있는 가시적인 안내도, 즉 어렵고 추상적인 훈련에 대한 수단과 피드백을 제공해 준다. 치료사와 내담자는 감독과 배우 또는 작가와 편집자처럼 줄거리를 전개시키고, 각본을 짜고, 함께 실행할 수 있는 권위와 책임감을 공유할 수 있다. 이제 심리치료사는 전기 작가, 진화 기록보관인, 문학비평가, 편집자와 대리인이 되어야 할 것이다.

참고문헌

Bandler, R., & Grinder, J. (1975). *The Structure of Magic: A Book about Language and Therapy*. Santa Clara, CA: Science and Behavior Books Inc.

Betjeman, J. (1932). Death in Leamington, in *Collected Poems* (4th ed.). London: John Murray, 1980.

Blackmore, S. (1999). *The Meme Machine*. Oxford: Oxford University Press.

Bloom, H. (2002). *Genius*. London: Fourth Estate.

Bohm, D. (1980). *Wholeness and the Implicate Order*. London: Routledge & Kegan Paul.

Bolton, G. (1999). *The Therapeutic Potential of Creative Writing*. London: Jessica Kingsley.

Bowlby, J. (1969). *Attachment and Loss. Volume 1: Attachment*. London: Hogarth Press.

Bruner, J. S. (1990). *Acts of Meaning*. Cambridge, MA: Harvard University Press.

Burnshaw, S. (1970). *The Seamless Web*. New York: George Braziller.

Burroughs, E. R. (1912). *Tarzan of the Apes*. All Sotry Magazine.

Campbell, J. (1974). *The Masks of God–Volume 4: Creative Mythology*. London: Viking.

Caplan, G. (1970). *The Theory and Practice of Mental Health Consultation*. London: Tavistock.

Carter, R. (2002). *Consciousness*. London: Weidenfeld and Nicolson.

Chomsky, N. (1991). Linguistics and Cognitive Science: Problems and Mysteries. In Kasher, A. (Ed.), *The Chomskyan Turn*. Cambridge, MA: Blackwell.

Cole, M. (1998). *Cultural Psychology*. London: Belknap Press.

Cox, M., & Thielgaard, A. (1987). *Mutative Metaphors in Psychotherapy*. London: Tavistock.

Crystal, D. (1987). *The Encyclopaedia of Language*. Cambridge: Cambridge University Press.

Damasio, A. (1999). *The Feeling of What Happens*. London: William Heinemann.

Dawkins, R. (1976). *The Selfish Gene*. Oxford: Oxford University Press.

Dwivedi, K. N., & Gardner, D. (1997). Theoretical perspectives and clinical approaches.

In K. N. Dwivedi (Ed.), *The Therapeutic Use of Stories*. London: Routledge.

Edelman, G. (1987). *Neural Darwinism*. New York: Basic Books.

Edelman, G. (1994). *Bright Air, Brilliant Fire*. London: Penguin Books.

Ehrenzweig, A. (1967). *The Hidden Order of Art*. London: Weidenfeld & Nicolson.

Freud, S. (1901). *The Psychopathology of Everyday Life*, standard edition of the collected works, Vol. VI. In J. Strachey (Ed.), London: Hogarth Press.

Freud, S. (1922). *Introductory Lectures on Psychoanalysis*. London: George Allen & Unwin.

Gersie, A. (1991). *Storymaking in Bereavement*. London: Jessica Kingsley.

Gray, R. M. (1996). *Archetypal Explorations*. London: Routledge.

Grinder, J., & Bandler, R. (1976). *The Structure of Magic*. Palo Alto, CA: Science and Behavior Books Inc.

Harris, R. (1986). *The Origin of Writing*. Springfield, IL: Open Court Publishing.

Josipovici, G. (1982). *Writing and the Body*. Princeton, NJ: Princeton University Press.

Jung, C. G. (1906). *Studies in Word Association*. In A. Stevens (Ed.), *On Jung*. London: Penguin Books, 1990.

Jung, C. G. (1959). *The Archetypes and the Collective Unconscious*. Trans R. F. C. Hall. London: Routledge & Kegan Paul.

Jung, C. G. (1964). *Man and His Symbols*. London: Aldus Books.

Kellogg, R. T. (1994). *The Psychology of Writing*. Oxford: Oxford University Press.

Lewis-Williams, D. (2002). *The Mind in the Cave*. London: Thames and Hudson.

Pais, A. (1991). Niels Bohr's times, in *Physics, Philosophy and Polity*. Oxford: Clarendon Press.

Pinker, S. (1994). *The Language Instinct*. London: Penguin Books.

Roberts, G., & Holmes, J. (Eds.). (1999). *Healing Stories: Narrative in Psychiatry and Psychotherapy*. Oxford: Oxford University Press.

Rogers, C. R. (1951). *Client-Centred Therapy*. Boston, MA: Houghton-Mifflin.

Silverstone, L. (1993). *Art Therapy the Person-Centred Way*. London: Autonomy Books.

Steinberg, D. (1989). *Interprofessional Consultation: Innovation and Imagination in Working Relationships*. Oxford: Blackwell Science.

Steinberg, D. (1992). Informed consent: consultation as a basis for collaboration between disciplines and between professionals and their patients. *Journal of Interprofessional Care, 61*: 43–48

Steinberg, D. (2000a). The child psychiatrist as consultant to schools and colleges. In M. Gelder, J. J. Lopez–Ibor & N. C. Andreasen (Eds.), *The New Oxford Textbook of Psychiatry*, pp. 45–50. Oxford: Oxford University press.

Steinberg, D. (2000b). *Letters to the Clinic: Letter Writing in Clinical Practice for Mental Health Professionals*. London: Brunner–Routledge.

Stevens, A. (Ed.). (1990). *On Jung*. London: Penguin Books.

Stevens, A., & Price, J. (1996). *Evolutionary Psychiatry*. London: Routledge.

Tonfoni, G., & Richardson, J. (1994). *Writing as a Visual Art*. Oxford: Intellect Books.

Wallas, L. (1991). *Stories that Heal*. New York: W. W. Norton.

White, M., & Epston, D. (1990). *Narrative Means to Therapeutic Ends*. New York: W. W. Norton.

Winnicott, D. W. (1965). *The Maturational Process and the Facilitating Environment*. London: Hogarth Press.

제 2 부

치료에서 글쓰기 활용

제6장

인지분석치료에서 환자와 치료사의 글쓰기

Anthony Ryle

도입

인지분석치료cognitive analytic therapy, CAT에서 치료상의 변화가 있느냐 없느냐는 희망과 의욕을 회복시킬 수 있는 믿을 만한 인간적 관계를 효과적으로 이용하는 데 달려 있다고 생각한다(Frank, 1961). 이는 거의 모든 심리치료의 공통된 견해이고, 장애가 덜한 환자들에게는 이보다 더 특별한 것은 필요 없다. 그러나 심하게 억제적이고 왜곡된 성격일수록 환자의 자기파괴적인 사고 및 행동방식을 막고, 그들을 억제적이고 방어적인 해결방법으로부터 벗어나게 하면서 효과적인 치료관계를 유지하는 것은 더욱 어려워진다. 이러한 환자들이 공식적인 심리치료를 받고 있는 사람들 중 대다수를 이루고 있는데, 인지분석치료는 이러한 환자들을 치료하는 데 글쓰기를 많이 이용하고 있다.

한 환자의 인생에서 심리치료사 앞에서 보낸 시간은 아주 짧다. 보통 16~24회기인 인지분석의 경우처럼 시간 제한적인 심리치료일 때 특히 그렇다. 중요한 치료 작업은 근본적인 문제에 초점을 맞추고, 잊혀지지 않아야 하고, 높은 정서적 반응이 있어야만 한다. 글을 쓰고 도식을 그리면서 환자와 치료사가 도달한 구체적인 이해를 기록하고, 성찰과 탐색을 위해 글로 된 자료를 이용하는 것은 중요한 접근 요소다. 이러한 것은 강렬하면서 환자를 회복시키는 관계, 그리고 공모하지 않는 관계를 제공하면서 치료사를 지원한다. 그리고 환자가 자기 성찰과 통제를 위해 자신의 능력을 확장하는 데 사용할 수 있는 심리학적 도구이기도 하다.

배경 고찰

인간의 유전자형은 적어도 12만 5천 년 동안 변화하지 않았다. 이 기간 동안 문화유물과 언어에서 분명히 드러나는 인간의 독특한 상징 만들기 능력과 상징 이용하기 능력은 물질계, 사회계, 그리고 사고 과정 그 자체에 적용되어 왔다. 단지 1만 년 전 외부적으로 드러난 상징[1]의 추가적 발달은 지식을 축적하는 데 가속도를 올리며 굉장한 성장률을 낳았다. 결과적으로 새로운 사람들의 새로운 정신이 출현하게 된 것이다.

어떤 점에서 개체의 발달은 이러한 진화를 반복한다. 유아와 양육자 사이에 정서적으로 다양하고 강렬한 상호작용은(어떤 것은 본질적이고, 어떤 것은 양육자와 유아의 상호작용에서 창작된) 상호 간에 소리, 몸짓, 의식, 리듬, 얼굴 표정을 사용하는 데 의존한다. 이러한 모방적 수단을 통해 의사소통은 언어가 출현하기 오래전에 성립되었다. 그러한 비언어적 의사소통은 특히 감정을 전달하는 역

1 역주: '글'을 의미한다.

할을 하면서 언어와 함께 지속되고 있다.

환자와 치료사 간의 대화는 사실과 감정에 대한 이해와 관계가 있고, 항상 표현적으로 전달된다. 목소리 톤, 말 더듬기, 반복하기는 발화한 말을 강조하거나 부인하는 것일 수도 있다. 발화하지 않은 것은 용인할 수 없는 것으로 느껴지기 쉽기 때문에, 말한 것과 모순되는 비언어적 의사소통을 명명하고 그것에 주의를 기울이는 것은 심리치료에서 중요할 수 있다. 그러한 점에서 글쓰기는 결코 대면 상담을 완전히 대체할 수는 없다. 그러나 그것도 전혀 사실은 아니다. 왜냐하면 글쓰기는 표현적일 수도 있고, 그 자체로 사고의 일부분이기도 하기 때문이다. 서술적 묘사를 하거나 경험이나 신념을 탐색하는 행위는 환자의 자기 감정과 그 처리 과정에 대한 자각과 이해를 증가시켜 줄 수 있다. 일부 환자들에게는 글쓰기에 수반되는 거리감과 간접성이 고통스런 기억과 감정을 대면 상담에서는 불가능했던 방식으로 설명할 수 있게 해 준다.

정신분석치료사들은 보통 환자들로부터 글을 통한 의사소통을 받아들이는 데 신중한 태도를 취해 왔고, 환자들에게 글을 쓰는 것은 더더욱 꺼려 왔다. 질병이나 지리상 거리와 같은 외적인 요인들에 의해 정당화될 때를 제외하고는(Ryle, 1983 참조), 글쓰기의 사용은 실제 심리치료 작업의 확장으로 여겨지기보다는 오히려 이탈이나 회피로 여겨졌다. 이에 대한 이해를 도울 수 있는 재미있고 예외적인 사례를 소설에서 찾을 수 있다. 소설 『제노의 고백(*The Confessions of Zeno*)』[2]에서 제노의 정신분석가 닥터 S는 비정통적인 수단으로 책 한 권 분량인 제노의 고백을 끌어냈다(Svevo, 1958). 그러나 오늘날에는 이 책이 보여 주듯이, 역동적이고 인지적인 치료사들이 자신의 환자들에게 창의적이고 전기적이면서 탐색적인 글쓰기를 사용할 것을 훨씬 더 많이 요구하고, 다양한 형태의 일기를 쓰도록 제안한다. 이처럼 인지분석치료에서 글쓰기는 치료사와 환자

2 역주: 이탈리아 작가 Italo Svevo(1861~1928)의 소설. 1923년 최초 출간되었고 그 뒤 재출간되었다.

모두에게 중요한 역할을 하고 있다.

인지분석치료에서 글쓰기 활용

치료사의 글쓰기

치료사가 글을 통해 환자들과 의사소통하는 것은 투명성을 보장하고 기억하기 쉬울 뿐만 아니라, 토론과 수정을 받아들일 수 있는 여지를 준다. 치료사들은 인지분석치료 발달 초기에 이 같은 장점을 인식하였다. 인지분석치료는 지식을 전달하는 두 가지 다른 상호 보완적 방식, 즉 Bruner(1986)가 **이야기**적 양식과 **패러다임**적 양식이라고 불렀던 것들에 대한 그의 중요한 구별과 함께 한층 더 발전했다. 이야기적 양식은 경험이 생각되고 구성되고 이해되는 데 있어서 다른 방식들과 관련이 있는 반면, 과학적 사고에 형식적으로 남아 있는 패러다임적 양식은 일관성, 검증 가능성, 추상적 개념, 중립성을 목표로 하면서 문자화된 말과 다른 기호에 매우 의존하고 있다.

인지분석치료에서는 이야기적 의사소통 양식과 패러다임적 의사소통 양식 모두를 이용하는데, 그 목적은 환자의 정신적 고통의 근간이 되는 사고, 감정, 행동의 역기능적 패턴과 특별한 의미를 인지하고, 이해하고, 수정하는 데 환자로 하여금 의식적이고 객관적인 사고를 적용하도록 돕는 것이다.

말로 된 언어에 대한 회상은 단기 기억 용량에 의해 제한되고, 선입견에 의해 언제나 왜곡되기 쉽다. 이러한 요인은 정서적으로 불안하게 만드는 주제에 대한 기존의 신념과 가정을 변화시킬 수 있는 치료적 대화의 내용을 기억해 내는 환자의 능력을 특히 제한하기 쉽다. 게다가 정신적 현상과 행동적 현상 사이의 상호작용, 그리고 그런 현상의 연속성을 이해하기 위해 필요한 설명을 할 때 불가피하게 복잡하고, 종종 단지 말로 표현할 수 있거나 간직할 수 없을 때가 많다. 치료사들이 환자들에게 글을 쓰거나 말로 했던 것을 글로 요약할 때, 훨씬 더 높은 수준의 이해를 공유할 수 있고, 그러한 글쓰기는 수정될 수 있고, 재참조할 수 있으며, 함께 논쟁할 수 있는 기록을 제공한다. 다시 말해서, 정확성을 기하고 내면화하도록 돕는 과정을 제공한다.

환자의 글쓰기

환자들이 쓴 표현적이고 탐색적인 글은, 이를 받을 준비가 되어 있고 충분히 예민한 관심을 가지고 반응하는 치료사라면 누구에게든 제공될 수 있다. 이런 종류의 글쓰기는 완전히 이해되지 않은 기억과 감정에 하나의 형태를 표출하고 제공함으로써 직접적으로 치료에 도움이 되고, 그것을 읽음으로써 치료사는 더욱 심층적인 수준의 이해를 얻을 수 있다. 인지분석치료에서는 이러한 글쓰기를 수용하기는 하지만, 일상적으로 요구하지는 않는다. 다만 자서전적 글쓰기, 자기 설명과 타인중심적인 과제를 보통 이용하고 있다.

인지분석치료 실제에서 글쓰기의 구체적 활용

인지분석치료의 실제에서는 초기 회기에서 환자의 자기관리에 영향을 미치는 반복적인 역기능적 과정과 환자의 고통을 야기하거나 지속시키는 관계에 관해 글로 쓰면서 (환자와 치료사가) 함께 그 글로 쓴 설명을 발전시키게 된다. 인지분석치료의 발달 초기에 문제적 경험과 행동을 수정하지 못하는 원인이 되는 세 가지 일반적 패턴이 올가미, 딜레마, 장애물이라는 것을 밝혀냈다. 이러한 것들은 절차라고 불리는 것의 예다. 다시 말해서, 이것들은 반복적이고, 대개 자기강화적인 연속적 사건, 즉 배경, 목적, 인지적이고 감정적이고 행동적인 특징과 행동의 결과를 연결짓는 설명이다. 특히 후자(행동의 결과)는 타인들의 반응을 포함한다. 환경적 · 정신적 · 행동적 요소를 단 하나의 설명 단위에 이런 식으로 결합하는 것은 인지분석치료 재구성의 두드러진 특징이다.

치료사에게 중요한 절차는 환자들의 자기관리와 타인들과의 관계를 유지하고 형성하는 데 관련된 것이다. 역할 절차의 실연에서 목표로 하는 바는 타인들이 예상한 또는 바랐던 반응을 끌어내는 것이다. 그러한 **호혜적 역할 절차**는 대상관계 개념들을 수정해서 설명하면서 성격에 대한 인지분석치료 모델의 '기초'가 되었다. 호혜적 역할 절차는 초기 언어 이전 단계에서 형성되고 안정된다. 왜냐하면 이것이 직접적으로 자기반성에 이용되지 않기 때문이고, 또 우리가 대개 예상했던 반응을 타인들로부터 끌어낼 수(또는 끌어내는 것처럼 보일 수) 있기 때문이다. 이러한 호혜적 역할 절차가 안정되어 있기 때문에 대부분 심리적 고통의 기저에 있는 해로운 호혜적 역할 절차가 지속될 수 있는 것이다. 그러므로 해로운 호혜적 역할 절차에 대한 환자의 레퍼토리를 치료사가 결탁하여 강화시키는 것을 인식하고, 설명하고, 피하는 것은 심리치료에서 중요한 과제다. 글쓰기를 주로 활용하는 것은 환자들이 자기관찰을 하도록 안내하고, 정확히 이해하고 치료사와 결탁하지 않도록 지원하기 위해서 이 같은 패턴에 대한 설명을 기록하는 것이다.

심리치료 파일

심리치료 파일은 인지분석치료에서 일상적인 사용을 위해서 개발한 첫 번째 문서였다. 이는 치료에서 사용하는 기본적인 사고방법을 환자들에게 소개하기 위해서, 그리고 첫 회기에 환자들을 능동적인 작업에 끌어들이기 위해서 고안되었다. 파일은 여러 해에 걸쳐 보완되고 수정되어 이상한 콜라주가 되어 버렸지만, 이는 대다수 환자들에게 적용할 수 있고 유용하다. 파일의 여러 버전들은 Ryle(1990, 1995, 1997) 그리고 Ryle과 Kerr(2002)의 저서에서 볼 수 있다. **심리치료 파일**은 사람들의 성격 패턴을 인식하는 것을 배우는 것이 문제를 야기한 원인에 대한 통제력을 얻는 첫 번째 단계라고 제시하는 단락으로 시작한다. 다음으로는 기분과 증상에 대한 자기검열을 인지치료의 실제에 기초한 방식으로 설명한다. 뒤이어 세 개의 절에서, 수정되지 않은 문제 절차의 기저에 있는 공통된 패턴인 올가미, 딜레마, 장애물에 대해 설명한다. 올가미는 부정적인 가정이 그 가정에 대해 분명하게 확인하는 행동을 낳는 패턴이다. 딜레마는 행동이나 역할에 대한 선택이 정반대로 양극화된 것으로 제한되어 있는 것처럼 보이는 거짓 이분법이다. 장애물은 비이성적인 죄의식이나 타인의 예상된 반응 때문에 적절한 목표를 포기하거나 취소하는 것을 의미한다. 각각의 패턴에 대한 일반적 설명이 제시되고, 많은 예시가 뒤따른다. 환자들은 이 각각의 패턴이 어느 정도 자신에게 적용되는지 평가하게 된다. 마지막으로 '힘들고 불안정한 심리상태'라고 제목을 붙인 절에서는 경계선 성격장애를 가진 환자들의 전형적인 경험과 행동을 설명하고 있다.

심리치료 파일은 점수를 내는 설문지가 아니라는 것을 강조하고 싶다. 이것은 환자 편에서는 자기성찰을 하게끔 하고, 환자와 치료사 간에는 토론을 유도하는 구조화된 질의다. 이것은 보통 첫 회기 후에 환자가 작성하고, 다음 회기에 토론을 위해 제공된다. 이 토론에서 환자에 의해 적용된 것으로 확인된 각각의 특성에 대한 예가 논의될 것이다. 종종 그 과정에서 중요한 방식으로 내력을 확장시키고, 대부분의 환자들이 정확하게 자신의 패턴을 확인하는 것을 보여 주면서 말이다. **심리치료 파일**에 대한 이 같은 토론을 통해 치료의 의제를 분명하게 승인하고, 환자들이 자신의 문제를—행동, 관계, 사고의 측면에서—계속 유지하도록 행동하는 것을 통제하게 해 준다. 그러므로 파일은 의제와 치료 과정에 대한 이해를 공유하도록 하고, 환자들이 적극적으로 참여하도록 돕는 중요한 역할을 한다.

구조화된 조사

인지분석치료의 발전에 기여해 왔고, 아직도 특별한 사례에서는 가치가 있는 두 가지 기법이 있는데, 바로 **개인 근원 질문**(Ryle, 1990)과 **레퍼토리 격자 기법**이다. 전자는 개인에게 자기존중감의 가장 중요한 근원을 확인하게끔 하고, 그런 다음 그러한 근원을 얻을 수 있고 성취할 수 있을 때 어떻게 느끼는지 다양한 설명에 대해 평가하도록 한다. 이는 종종 놀랍게도 믿었던 일부 근원이 부정적인 영향을 가지고 있다는 것을 드러내 주고, 치료가 필요한 지점을 나타내 준다. 환자가 선택한 개인들이나 관계를 구성 요소로 이용하는 레퍼토리 격자 연구는 인지분석치료의 발전에 큰 역할을 했다. 임상적 사용은 Ryle(1975, 1990, 1995, 1997)의 저서에 설명되어 있다. 경계선 환자의 부분적으로 분열된 상태들이 그 구성 요소였던 '상태 격자'의 이용은 Ryle과 Kerr(2002)의 저서에 설명되어 있다. 경계선 환자들 안에서 분열된 자기상태를 확인하고 설명하는 것은 이러한 사례 연구가 보여 주었듯이, 인지분석치료 모델의 심리치료에서 중요한 단계이고(Ryle, 1997), 여덟 개 항목의 성격 구조 설문지personality structure questionnaire, PSQ(Pollock et al., 2001)를 이용함으로써 도움을 받는다. 성격 구조 설문지의 높은 점수는 분열된 상태를 나타내는 신뢰할 만한 지표를 제공한다. PSQ는 다른 상태의 특징을 확인할 수 있는 체계적 질문을 위한 기초를 제공한다.

추가 기준인 환자 작성 절차(상태 묘사 절차)는 현재 시험적으로 사용되고 있다. 이것은 상태의 특성에 관한 정보를 제공하는데, 상태의 기간, 자신과 타인, 기분과 증상에 따른 인식, 그리고 진행 속도, 자극 등에 관련해서 그것들 사이에 전환되는 측면에서 정보를 제공한다.

이렇게 다양한 절차는 모두 대화 속에서 얻어 낼 수 있는 것보다 더 자세한 정보를 제공한다. 다시 말해, 모든 절차를 통해서 구두로 더 조사될 수 있는 문제를 짚어 내고, 환자들이 매우 적절하고 집중적인 자기성찰에 참여하도록 할 수 있다.

일기 쓰기와 자기검열

인지분석치료에 시간 제한이 있다는 것(그리고 일기를 쓰는 것이 코를 풀고 난 뒤 코 푼 수건을 들여다보는 것과 같다는 스페인 속담)을 명심하면서, 인지분석치료에서는 일기 쓰기와 자기검열을 통해 구체적인 문제들을 언급하게 한다. 치료 초기 단계에서는 증상과 원치 않는 행동, 보통 그것의 발생 빈도를 감소시키는 검열, 그리고 선행 사건을 확인하고 사고와 행동을 동반하는 것에 초점을 맞출 것이다. 일기, 자전적 글쓰기, 자기검열을 통해 관계나 자기관리에서 눈에 띄는 환자의 반복된 역기능적 절차에 대해 글과 도식으로 된 설명을 만들 수 있다. 일단 재구성이 이루어지면, 절차를 의식적으로 수정하는 것을 가능하게 하기 위해 그 절차가 일어나는 동안에 치료의 초점이 이러한 절차를 인식하는 것에 맞춰질 것이다.

인지분석치료의 초기 회기에서는 환자의 내력과 현재 문제를 글과 도식으로 재구성하는 데 힘을 쏟는다. 그 목적은 개별 환자의 문제적 절차의 기원과 징후를 요약하는 것이다. 이는 다음과 같은 방식으로 설명될 것이다.

- 과거 경험을 설명하는 편지 쓰기, 즉 어떻게 그 경험이 다루어졌고, 그것이 현재의 삶에 어떤 영향을 미치고 있는지(이야기적 재구성)
- 현재 패턴의 모델을 제공하는 글과 도식(패러다임적 기능 수행)

환자와 협력해서 발전시킨 설명의 두 가지 형태는 치료를 위한 공통의 의제를 분명히 나타낸다. 환자의 변화는 자아성찰 능력을 확장하기 위해 환자가 이러한 개념적 도구를 사용하는 것과 관련 있는 것으로 보이는데, 적절한 때에 자아성찰로 해로운 절차들을 통제하고 대체하는 것을 발전시킬 수 있다. 이러한 개념적 도구 덕분에 치료사는 부정적 역할 절차를 강화할지도 모르는 기법이나 반응을 피할 수 있다. 경험에 비추어 볼 때, 패러다임적 도구의 발전은 치료의 탐색적 측면을 막기보다는 오히려 도와준다. 이 도구들이 환자에 의해서 방어적으로 사용되거나 치료사에 의해 강박적으로 적용되지만 않는다면 말이다. 치료사들이 당면한 문제는, 감정이 실린 변화된 이야기와 치료의 탐색적 요소에 의해 집결된 경험에 환자들이 패러다임적 사고를 적용하게 하는 최상의 방법을 찾는 것이다.

임상 실제에서 처음 몇 회기(보통은 4회기 정도)는 환자를 알아 가고 재구성하는 데 힘을 쏟게 되는데, 이는 첫 만남에서 분명해진다. 그 뚜렷한 목표는 사정 assessment을 위한 면접 동안에 알게 된 것을 요약하고, 그것을 명료화하고 확장하면서, 그리고 **심리치료 파일**, 즉 구조화된 질문에 대해 토론하고 환자의 자기 검열과 일기 쓰기에서 얻은 자료를 이용하면서 환자의 문제들과 문제 절차들에 대해 임시적인 설명을 만드는 것이다. 치료사의 첫 번째 목표는 환자로부터 들었던 환자의 고통을 설명해 주고, 이에 대해 사려 깊고 공감적인 해석을 제공해 주는 것이다. 이를 바탕으로 문제가 어떻게 야기됐고, 지속되고 있는지에 대해 (환자를) 비난하지 않는 모델이 제시될 것이다. 이러한 모델은 자신과 타인에 대한 환자의 파괴적인 행동에 대해 설명하는 것을 포함할 것이고, 무엇보다 이런 파괴적 행동이 치료관계에서 어떻게 분명하게 보일지 예측할 것이다.

재구성에는 두 가지 부분이 있다. 첫째는, 편지 형식으로 써서 환자의 인생사를 이야기로 재구성하는 것이고, 둘째는 글과 도식을 이용해서 문제가 해소되지 않은 채 있고 요구가 충족되지 않은 채 현재 진행 중인 절차를 설명하는 것이다.

재구성 편지

치료사가 쓴 편지는 잠정적인 것으로 제시된다. 이 편지는 토론될 것이고, 만약 환자가 이해할 수 없다면 수정될 것이다. 편지는 보통 환자를 치료받게 했던 문제에 대한 진술로 시작한다. 그런 다음 인생사 가운데 가장 중요한 측면을 요약할 텐데, 그 목적은 현재의 문제를 발생시키는 데 관여했을 것 같은 경험을 강조하는 것이다. 그다음 초기 경험에서 도출한 '결론들'(즉, 평가, 가정, 절차들)을 개괄한다. 그리고 대부분의 경우 배경과 환자의 무기력, 미성숙을 고려한다면 이해될 수 있었다고 말하고, 그럼으로써 환자의 비합리적인 죄의식에 도전하게 된다.

현재의 문제 절차는 어린 시절 경험했던 호혜적 역할 패턴의 연장으로서 설명되거나 자기영속적self-perpetuating이 되어 버린, 제한적이고 징후적이고 방어적인 대안으로서 설명된다. 만약 분열의 증거가 분명하다면, 부분적으로 분열된 호혜적 역할 패턴(자기상태)에 대한 사전 설명을 제시할 것이다. 그다음으로 어떻게 이러한 특징이 치료사와의 관계에서 이미 분명했는지 또는 미래에 어떤 영향을 미치며 나타날지 설명한다. 치료의 목표는 이러한 해로운 절차에 대한 인식과 통제이고, 분열 환자들의 경우에는 이것을 통합하는 것이다.

다음의 글은 자해, 타인에 대한 폭력 행사, 알코올 남용, 우울증 등의 이유로 위탁된 19세 퇴학생에게 쓴 편지를 간추린 것이다.

마크에게

내가 약속했던 편지란다. 이 편지에서 나는 너의 삶과 현재의 어려움에 대해 내가 이해한 것을 기록하려고 한단다. 우리는 이에 대해 토론할 것이고, 만약 이 기록이 틀렸거나 분명하지 않다면 수정할 것이다.

너는 오랫동안 우울하고 분노에 차 있었던 것 같아. 이런 상태는 유아기 때부터 시작됐지만, 너의 삼촌이 돌아가신 3년 전부터 더 악화됐다. 삼촌은 너에게 아주 중요한 사람이었지. 심하게 취해서 싸움만 했던 너의 부모님들이 좀처럼 주지 못했던 지원을 삼촌은 해 주었지. 너는 특히 삼촌의 죽음에 당황했는데, 삼촌에게 작별 인사하는 걸 허용받지 못했다고 느꼈기 때문이다. 너는 가족 내에서 인간관계가 어쩔 수 없이 갈등과 학대의 패턴에 휘말릴 수밖에 없다는 걸 당연한 일로 배우고 보고 경험했는데, 삼촌과의 관계는 거의 유일하게 예외적이었지. 이런 배경을 생각하면, 다른 이들이 너를 거절하거나 너의 요구를 무시할 때(또는 네가 그들이 그렇게 하리라고 감지하거나 예상할 때), 네가 제어하기 힘든 슬픔과 분노에 압도당할 수 있다는 것은 놀라운 일이 아니지. 너는 이런 감정을 피하기 위해 다양한 방법을 개발해 왔던 것으로 보인다. 가끔씩 남동생을 도와주는 것은 너를 기분 좋게 만들고, 동생은 너에게 어떤 애정으로 보답하지. 그러나 종종 너는 감정을 감추고 기분 좋은 척한다. 최근 몇 년 동안 (감정들을) 막는 방법으로 매주 여러 차례 알코올을 사용해 왔고, 대학을 그만두어야만 할 정도로 자해행동을 해 왔다. 그러나 때로 너는 폭력적인 분노로 확 뒤집혀 물건을 박살 내고, 스스로를 다치게 하고, 때로 너의 형을 공격하고 상처를 입힐 수도 있다. 마음속으로는 항상 위협을 느끼지. 아마도 그것은 네가 너의 방에 칼을 숨겨 두어야만 한다고 느끼는 이유를 설명해 줄지도 모른다. 또 다른 문제는 네가 심리치료 파일에서 확인했던 바로 그 문제다. 일이 잘 풀리면, 마치 너는 잘될 자격이 없다는 듯이 어떻게 네가 그 일을 방해하는지 확인했다. 이러한 비합리적 죄의식 때문에, 그리고 네가 느끼고 있는 것을 보여 줄 수 없기 때문에, 너는 결코 다른 이들에게 도움이나 돌봄을 요청할 수 없어서 너의 진정한(그리고 평범한) 정서적 요구가 충족될 수 없는 상태다. 게다가 너의 폭력과 음주는 많은 사람들이 너를 거부하게 만든다.

심리치료를 받으러 왔다는 것은 네가 요구를 가지고 있다는 사실을 인정한다는 것을 의미한다. 앞으로 20주에 걸쳐 너와 다른 이들이 이러한 평범한 요구를 인식할 수 있는 더 나은 방법을 네가 찾도록 돕는 것이 우리의 목표다. 우선, 우리는 네가 술이나 마약으로 막아 버리거나 분노와 해를 입히는 행동을 하는 식의 두려운 변화를 야기하는 생각과 사건을 확인할 필요가 있을 거다. 이것은 우리가 마지막 회기에서 대강 그리기 시작했던 도식을 발전시키고 이용하는 것을 포함할 것이다. 또한 그것은 너의 음주와 다른 약물 사용을 모니터하고 크게 줄이는 것을 의미할 것이다. 우리는 또 우리 사이에 일어나는 일에 대해서도 경계해야만 한다. 네가 (여기에) 오는 것은 힘든 일이었고, 지금까지 (너의 이야기를) 경청해 주는 것은 너의 기분을 좋게 했다. 하지만 고통스런 감정을 토론하는 것은 때로 가짜로 네가 '기분 좋은' 척하는 상태를 만들고, 또 때로는 나에 대한 실망감이 너의 분노를 일으킬 수도 있다. 이러한 문제를 인식하고 함께 처리하는 것은 너의 혼란스런 변화에 대해 네가 더 많은 통제력을 갖도록 도울 수 있다. 24회기를 마친 후 심리치료라는 지원을 잃어버리는 것은 너의 모든 과거의 상실과 박탈에 관련해 경험했던 것과 비슷한 감정을 느끼게 할 수도 있을 게다. 그러나 심리치료를 받고 심리치료에 대해 이해하게 된다면, 앞으로 나아가고 좀 더 만족스럽게 살아가는 방법을 찾는 것이 이번엔 가능하리라고 믿는다.

마크(이야기)의 순차적인 도식은 [그림 6-1]에 나타나 있다.

순차적인 도식

종종 몇 개의 글로 쓴 문제 절차(올가미, 딜레마, 장애물)에 관해서 비교적 간단하게 치료할 수도 있지만, 이에 대해 좀 더 완벽히 이해하려면 문제 절차를 근본적인 **호혜적 역할 레퍼토리**와 연결시켜야 한다. 예를 들어, 환자는 **심리치료 파일**을 통해서 다음과 같은 것을 인식할지도 모른다. 즉, 다른 사람의 마음에 들려고 노력하는 것과 낮은 자존감, 우울한 생각이라는 세 가지 올가미, 완벽하려고 노력하지만 분노를 느끼거나 노력하지 않으면서 죄의식과 '내가 해야만 한다면 나는 하지 않을 거다.'를 느끼는 두 가지 딜레마, 죄의식처럼 자기파괴의 장애물 등을 인식할지도 모른다. 이에 대한 각각의 설명을 환자 자신의 언어와 세부적인 경험을 반영하기 위해 수정하면서, 이해하기 쉽고 유용하게 만들게 된다. 그러나 이러한 설명은 중복된 부분을 많이 보여 주는데, 이 모두가 죄의식의 분투나 수동적인 저항과 관련한 (타인들 또는 자신으로부터) 비판적 거부처럼, 단 하나의 핵심적인 호혜적 역할 절차의 징후일 수 있다. 핵심적인 호혜적 역할 레퍼토리의 측면에서 이러한 공식은 좀 더 일반적인 이해를 제공하고, 치료사들이 설명한 역할 중 어떤 하나의 역할을 하도록 요구받거나 인식되는 것을 준비하도록 경고해 준다. 다시 말해서, 이는 있음직한 전이-역전이의 상호작용에 대한 지침을 제공해 준다. 그러므로 환자들이 변화 속에서 경험하는 어려움을 올가미, 딜레마, 장애물에 대한 그들의 낮은 자기강화 패턴 수준의 측면에서 이해할 수 있을 뿐만 아니라, 그들의 관계와 자기돌봄self-care을 그들의 내력 역할 레퍼토리의 측면에서 수행하고 해석하는 방식을 통해서도 이해할 수 있다.

이러한 더 높은 층위의 이해는 물론 낯설고 복잡하다. 호혜적 역할이 지속되는 방식을 설명하는 것은 어떻게 자신과 타인들이 지각되는지, 어떻게 타인들과의 관계가 평가되는지, 어떻게 개인들이 행동하는 방식이 예상된 대응을 이끌어 내는지, 어떻게 타인들의 반응이 해석되는지를 자세히 설명하는 것을 포함한다. 이를 산문으로 설명하는 것은 복잡한 문장을 낳을 수 있고, 그러한 복잡한 문장은 따라가고 기억하기 어렵다. 반면에 순차적인 도식은 핵심적인 연속적 사건(또는 행동)을 요약하면서 간결하고, 패러다임적이고, 개념적인 도구를 제공할 수 있다.

[그림 6-1]은 마크에 대한 잠정적인 자기상태의 순차적인 도식인데, 그에 대한 재구성 편지를 앞에서 제시하였다. 그림은 분열된 자기상태에 관해서 주요한 구조를 요약하고 있다. 상자들은 세 개의 부분으로 분열된 자기상태를 나타낸다. 이 단계에서는 세부적인 사항이 전혀 주어지지 않고, 전반적인 패턴을 명료화하는 것을 목표로 한다. 뒤따르는 회기 과정에서 자신과 타인들에게 다양한 역할을 절차적으로 실연하는 것과 이로 인해 유발된 결과에 대한 세부적인 설명을 덧붙일 수 있다. 그리고 치료가 계속됨에 따라 체계를 수정한 새로운 절

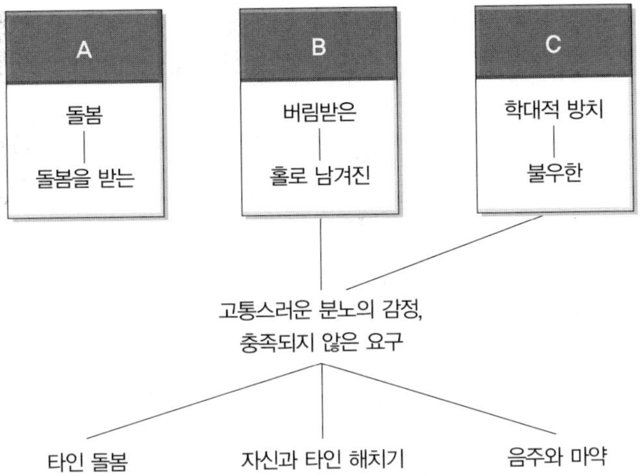

[그림 6-1] 마크의 잠정적인 자기상태 도식

차들이 나타날 수 있다. 자기상태 B(버림받은 상태에서 홀로 남겨진 상태로)는 마크 삼촌의 죽음에 의해 개요가 만들어졌지만, 마크는 다른 상실들도 많이 경험했었고, 남겨진다는 모든 암시에 대해서도 매우 민감했다. 자기상태 C는 그의 어린 시절의 전체적인 패턴에서 비롯됐고, 자기상태 A는 그가 삼촌에게서 받았고 자신의 남동생에게 줄 수 있었던 돌봄에서 비롯됐다. 마크 스스로가 얼마만큼 다른 사람들을 포기하고 거부하는 역할을 할지 탐색하고, 어떻게 이것이 그로 하여금 치료를 그만두게 할지 예측하는 것은 중요하다(마크가 자신에게 이러한 역할을 했다는 것은 분명하다.). 도식은 마크가 실제적인, 또는 감지된 포기나 거부에 직면해서 충족되지 않은 요구에 대해 이떻게 인식하고, 폭력으로, 또는 보통 모든 것이 잘되어 가는 척하거나 술을 마셔서 막아 버리는 방식으로 표현하는 제어할 수 없는 감정을 어떻게 느끼는지에 대해 설명하고 있다. 이러한 절차들 중 어떤 것도 그가 자신의 요구들을 충족시키게 할 수 없었다. 도식의 구성과 사용은 Ryle과 Kerr(2002)에 자세히 설명되어 있다.

중간 편지

재구성을 통해 보통 긍정적이고 효과적인 치료관계를 만든다. 하지만 초기의 이상화[3]에 대해 적절하게 도전하지 않거나 불가피한 실망과 단점이 눈에 띄기 시작하면 기존의 파괴적인 절차가 다시 나타날 수 있어서, 보통 10회기 즈음에 분위기가 바뀌게 된다. 지금까지 협력적이었던 환자가 회기를 빼먹고, 지각하고, 침묵하거나, 합의한 과제를 완성하지 않게 되고, 그래서 초기에 치료에 몰두하고 희망적이었던 치료사는 지루해지거나 좌절하게 된다. 이러한 시점에 치료사가 (슈퍼비전의 도움도 받으면서) 지금까지 치료하면서 재구성에서 확인한 절차에 무슨 일이 일어났는지에 관련한 짧은 편지를 쓰는 것은 종종 도움이 된다. 부정적인 감정에 대해 공동으로 회피하는 일이 흔히 일어나면서, 치료사가 내담자와 결탁하는 일이 일어난다. 중간 편지는 이러한 결탁에 대한 지식을 포함할 수 있는데, 환자들이 이해받고 역-적대감counter-hostility을 일으키지 않으리라는 것을 알고서 부정적 감정을 직접적으로 표현하는 것을 가능하게 할 수 있다.

보내지 않는 편지

재구성은 보통 초기 효과적인 동맹을 굳히는 역할을 하고, 그 결과의 하나로 안전을 경험하게 하면서 환자들이 자주 과거의 상실이나 과거의 심리적 외상과 관련해서 좀 더 완전한 감정과 기억에 접근하도록 해 준다. 그러한 경우에 환자가 (그 상실이나 외상과) 관련한 사람에게 편지를 쓰도록 제안하는 것은 유용

---

3 역주: 어떤 이와의(치료사와의) 관계에서 상대방의 미덕을 과장하는 경향을 의미한다.

할 수 있다. 편지는 보내는 목적이 아니라 불완전하게 이해된 환자들의 감정을 탐색하고 표현하는 방법의 하나로서 이용된다. 과거의 상실에 대한 불완전한 애도의 경우에, 이러한 편지로 슬픔을 표현할 수도 있고 슬퍼하는 방법을 대신했던 분노의 감정을 인정할 수도 있다. 그러한 것을 편지로 쓰는 것은 편지를 묻거나 태우는 것과 같은 의식의 형태로 이어질 수도 있는데, 이는 상실에 대한 최종적인 수용을 표현하는 것이다. 과거의 학대자에 대한 편지는 흔히 간단하고 직접적인 분노의 표현이지만, 어떤 것은 그 분노가 이제 끝났다는 신호이거나, 소수의 경우에는 학대자가 가진 경험에 대한 온전한 이해를 바탕으로 용서를 전달할 수도 있다.

작별 편지

종료는 모든 치료에서 힘든 과정이다. 시간 제한 상담에서 목표는, 모든 치료에서 마찬가지이듯이, 과거의 상실을 보상할 수는 없지만 실제 인간의 개입과 새로운 이해를 제공하고, 또 이러한 토대 위에서 실망감을 쉽게 처리할 수 있음을 경험하게 해 주는 것이다. 끝이라는 사실과 의미는 치료의 처음부터 계획의 일부였을 것이다. 잠재적으로 의존성이 해롭다는 것을 인식하는 동시에 그것을 두려워하는 환자들에게 시간 제한은 안전함을 제공하지만, 그럼에도 그들은 종종 마지막에 슬퍼하거나 분개할 수 있다.

인지분석치료사들은 환자들에게 작별 편지를 쓰는데, 이는 마지막 회기나 거의 마지막 회기 가까이에 논의된다. 이 편지는 기억과 감정에 대한 더 나은 접근과 그리고 재구성 시간에 확인한 문제 절차를 인정하고 수정한 것에서 성취된 것과 성취되지 못한 것에 대한 냉정한 평가를 제공해야만 한다. 작별 편지는 치료 종료와 관련한 긍정적 · 부정적 감정 모두를 인정하고 '허용해야'만 한다. 그리고 여전히 치료가 요구되는 주요 문제가 무엇인지를 제시해야만 한다. 단기치료는 경험했던 것을 흡수할 만한 시간적 여유를 주지 않고, 변화를 강화하는 것은 종종 내면화된 치료사와의 대화 형태로 환자의 지속적인 자기성찰 능력에 의존한다. 과거 문제적 역할 절차에 도움이 안 되는 대응을 해 왔던 현재 관계를 중지하고 변화시키는 일이 고통스럽고 시간이 걸릴 수 있다는 것을 지적하는 것은 도움을 줄 수 있다.

이러한 편지는 보통 이미 논의했던 것을 반복할 것이다. 하지만 성취한 것과 그렇지 못한 것을 직설적으로 적고, 종료와 관련한 감정에 이름을 붙이고, 앞으로 더 치료가 필요한 부분을 지적함으로써, 편지는 환자들이 부정이나 이상화로 끝을 처리할 가능성을 줄여 준다. 환자들 역시 현실적인 자기성찰 능력을 강화하는 방법의 하나로 이 단계에 편지를 쓴다면 도움이 된다. 그러나 어떤 경우에는 종료 즈음에 감정적 혼란이 너무 크다.

다음은 치료사의 작별 편지를 간략하게 줄인 것이다.

사라에게

이 편지는 내가 당신의 치료가 성취한 것을 어떻게 생각하는지에 관해 요약할 거라고 약속했던 편지입니다. 당신은 우울하고 자신이 누군지 확신하지 못한 채 왔습니다. 매우 불행한 어린 시절과 최근 남자친구들에게 받은 상처와 실망감의 힘든 기억을 가지고 말입니다. 우리가 만나기 시작했을 때, 당신은 막 피트와의 새로운 관계를 시작했습니다. 이것은 전보다 훨씬 기분을 좋게 만들었는데도, 바로 당신이 너무 노출된 기분을 느껴서 뒤로 물러서거나 그에 대해 화가 나서 거절함으로써, 당신은 익숙한 패턴에 급속히 빠져들었습니다. 우리의 관계 역시 비슷한 패턴을 야기했습니다. 그러나 당신은 끝까지 버텼고, 당신의 유년 시절의 고통스런 방치와 충족되지 않은 요구에서 그 기원을 찾아내면서 어떻게 이 패턴이 과거의 유산인지가 좀 더 분명해짐에 따라, 당신은 자신의 반응을 통제하기 시작했고, 현재에 실제적이고 가능한 것을 유지하면서 작업에 임하기 시작했습니다. 서서히 당신은 자신의 감정들을 유치한 것으로 묵살하지 않고 인정할 수 있었고, 당신이 사랑을 요구했던 사람들을 공격하려는 오래된 충동에 저항할 수 있었습니다. 당신 어머니의 방문은 중요한 순간이었습니다. 당신의 감정을 계속해서 제어함으로써 어머니에게 당신의 어린 시절이 얼마나 고통스러웠는지를 직접 말할 수 있었습니다. 그리고 놀랍게도 어머니는 경청할 수 있었고, 직업교육[4]을 받으려는 당신의 계획에 대해서도 지지할 수 있었습니다. 이제 당신은 자신의 미래를 결정할 수 있다고 느끼기 시작하고, 다소 익숙치 않은 행복의 순간을 경험하고 있습니다. 치료를 마치는 것은 어떤 슬픔과 실망, 그리고 아마도 화가 나는 것(혹시 당신이 이 순간 실감하는 것 이상으로)에 직면하는 것을 의미할 것입니다. 왜냐하면 여전히 해야 할 것이 많이 있고, 결코 마법 같은 치료가 아니었기 때문입니다. 그러나 나는 당신이 학습했던 것을 유지할 수 있고, 그 경험을 계속해서 기억하고, 우리가 해냈던 글쓰기와 도식을 계속해서 사용할 거라고 믿습니다. 당신과 함께 일해서 즐거웠고, 3개월 안에 후속 회기를 가질 수 있기를 기대하겠습니다.

결론

이 장에서는 심리치료에서 글쓰기의 장점과 한계를 고찰했고, 인지분석치료에서 치료사와 환자들에 의한 글쓰기의 다양한 활용을 설명했다. 환자들의 고통 밑바탕에 있는 과정에 대한 합의된 설명을 만들어 내는 것은 인지분석치료의 독특한 특징이고, 이를 설명하기 위해 글쓰기를 사용하고 도식을 개발해 왔다. 글과 도식은 정확성을 더해 주고, 그러한 개념적 도구는 재참조를 위해 여

4 역주: 영국에서는 '계속 교육'이라고 부르는데, 고등학교 졸업 후 진학할 수 있는 교육기관 중 하나다. 대학과는 달리 일종의 직업교육과정으로 실제 현장에서 요구되는 기술을 중심으로 교육받는다.

전히 유용하기 때문이다.

많은 심리치료사들이 환자들의 탐색적 글쓰기를 환영하지만, 이러한 글쓰기가 자기성찰을 위한 새로운 기초를 제공할 뿐만 아니라, 심리치료 과정에서 얻은 개념적 이해를 분명하게 표현해 주고 기억과 감정에 쉽게 접근하도록 도와준다는 사실에 대해서는 덜 인식하고 있다. 설명해 왔던 근원적인 과정을 탐색하고 묘사하는 다양한 방식이 많은 역동적 치료사들에게는 너무 구조화되고 '인지적'으로 들릴 수 있지만, 실제에서 이러한 방식은 감정을 내포하면서 허용하고, 자세한 이해를 낳으면서 환자들의 자기이해를 확장한다. 나는 이러한 방식들이 좀 더 널리 사용될 만하다고 믿는다.

어떤 (상담) 모델이든지 간에 제한된 시간 내에 작업하는 치료사들은, 자신의 중재가 정확하고 환자의 핵심적인 문제에 초점을 맞추고 있고, 자신의 이해가 치료적 대화의 적극적인 부분이 되고 있다는 것을 확실히 하는 것을 목표로 해야 한다. 이 장에서 설명한 글쓰기의 활용은 대부분 다른 치료 모델에도 적용될 수 있고, 이러한 목표를 달성하는 데 기여할 수 있다.

참고문헌

Bruner, J. (1986). *Actual Minds, Possible Worlds*. Cambridge, MA: Harvard University Press.

Frank, J. D. (1961). *Persuasion and Healing*. Baltimore, MD: Johns Hopkins University Press.

Pollock, P. H., Broadbent, M., Clarke, S., Dorrian, A. J., & Ryle, A. (2001). The personality structure questionnaire (PSQ): a measure of the multiple self states model of identity disturbance in cognitive analytic therapy. *Clinical Psychology and Psychotherapy, 8*: 59–72.

Ryle, A. (1975). *Frames and Cages*. London: Sussex University Press.

Ryle, A. (1983). The value of written communications in dynamic psychotherapy. *British Journal of Medical Psychology, 56*: 361–366.

Ryle, A. (1990). *Cognitive Analytic Therapy: Active Participation in Change*. Chichester: Wiley.

Ryle, A. (Ed.). (1995). *Cognitive Analytic Therapy: Developments in Theory and Practice*. Chichester: Wiley.

Ryle, A. (1997). *Cognitive Analytic Therapy and Borderline Personality Disorder: The Model and the Method*. Chichester: Wiley.

Ryle, A., & Kerr, I. B. (2002). *Introducing Cognitive Analytic Therapy: Principles and Practice*. Chichester: Wiley.

Svevo, I. (1958). *The Confessions of Zeno*. New York: Random House.

제7장

치료 도구로서 저널쓰기

Kate Thompson

도입

저널치료란 심리적 · 정서적 · 육체적 치유를 촉진시키기 위해서, 나아가 치료 목적을 위해서 성찰적 글쓰기나 과정으로서, 글쓰기의 의도적인 사용이라고 할 수 있다(Adams, 1990). 여전히 발달 초기이기는 하지만, 글쓰기치료의 발전은 개인의 작업과 영국의 라피더스Lapidus[1], 미국시치료협회와 같은 조직이 팽창함으로써 성장해 왔고, 연구 기반(Pennebaker, 1990; Bolton, 1999; Lowe, 2000; Wright & Chung, 2001)에 의해 지지되어 왔다. 이러한 움직임은 하나의 연속체를 이루는 서로 다른 방법론과 저널치료를 포함하는 여러 기법들로 이루어져 있

1 역주: 1996년 영국에서 설립된 라피더스는 건강과 안녕을 위해 창의적인 치료적 글쓰기와 독서를 장려하는 조직이다(http://www.lapidus.org.uk).

다. 이러한 방법이나 기법이 다른 맥락, 배경이나 철학에 의존하고 있다고 인정하고 있지만 공통점도 많다. 상황에 따라 자신의 저널쓰기 강의의 명칭을 바꾸는 Burghild Nina Holzer는 이러한 유사성에 대한 견해를 밝힌다. "결국 타이틀이 무엇인지는 중요하지 않았다. 나는 항상 같은 것을 가르치고 있었다. 나는 그것을 '글쓰기를 통한 의식의 확장과 통합'이라고 불렀을 수도 있고, 아니면 '곡선으로 글쓰기 배우기'라고 불렀을 수도 있다(Holzer, 1994: 3)."

저널쓰기는 말하기치료를 위한 준비행위일 수 있다. 즉, 이미 완료된 작업과 연속성을 좀 더 유지하기 위해 (저널쓰기) 기법이 치료 회기 사이나 작업을 위한 기초로써 회기 내에 이용될 수 있다. 내담자들이 때로는 힘들거나 고통스러운 소재를 이야기하는 방법으로써 자신이 쓴 것을 읽고 싶어 할지라도, 저널쓰기의 과정에 대해 치료 중 이야기하는 것이 저널을 발췌해서 소리 내어 읽는 것보다 더 생산적일 수 있다. 글쓰기는 이전에 표현하지 않았거나 접근할 수 없었던 소재를 표면으로 드러나게 하면서 표현하고 접근할 수 있다. 역설적이게도 단단하게 구조화된 과제는 방어를 피할 수 있고, 어떤 놀라운 깨달음이 생겨나게 할 수 있다. 분명한 과제로 의식적인 마음을 채워 버림으로써 무의식적인 마음은 앞으로 나아갈 수 있다(146쪽 '100가지 목록' 참조). 내담자는 흔히 '내가 깨닫기를……' '내가 배운 것은……'이라고 말을 꺼내면서 자신이 회기 밖에서 저널쓰기 작업을 하면서 얻은 통찰을 이야기한다.

'저널'이라는 말은 프랑스어의 journée, 즉 하루에서 유래한다. 17세기에 그것은 하루의 여행과 하루 사건의 기록을 의미했다. 저널journal-하루journée-여행journey, 즉 이 말은 연속성과 시간적 · 지리적 변화 방향과 움직임 양자를 모두 포함하고 있다. 이는 개인과 삶 사이의 관계에 대한 강력한 은유가 되고 있다. 저널은 여행, 즉 하나의 목소리를 찾는 방법이다.

저널은 자신과의 관계, 그리고 타인들과의 관계를 확립하는 하나의 수단이다. Progoff는 개인 경험의 강과 길 모두에 대해 이야기한다(1975). '일기diary'라는 용어(라틴어 dies - 하루day, 시간time, 그리고 연속성continuity again이라는 뜻에서 유래)와 '저널journal'은 거의 서로 바꿔 쓸 수 있고, 다른 사람들에 의해 같은 의미로 사용되기도 한다. 즉, 『슬픔에 관한 일기(*Diary of a Grief*)』(Woods, 1998), 『새로운 일기(*The New Diary*)』(Rainer, 1978), 『저널쓰기 워크숍 교재(*At a Journal Workshop*)』(Progoff, 1975), 『자신에게 쓰는 저널(*Journal to the Self*)』(Adams, 1990)처럼 말이다. 통상 일기는 어떤 이의 삶 중 일상적인 기록인 반면에, 저널은 정서적이고 내면적인 삶에 더 집중하면서 좀 더 주체적인 기록이라는 의미를 내포한다.

저널치료는 미국에서 발달했다. 1960년대 뉴욕에서 심리학자 Ira Progoff가 내담자들과 함께 '심리학 노트'를 사용하기 시작했는데, 이로부터 Progoff는 집중 저널쓰기 방법을 발전시켰고, 『저널쓰기 워크숍 교재』(Progoff, 1975)에 발표했다. 집중 저널쓰기는 개인 경험의 서로 다른 측면을 통합하는 방법의 하나로, 여러 개로 나뉜 부분의 구조화된 복합성을 이용한다.[2] 그 주제에 관한 다른 책은 1970년대에 나왔다(Baldwin, 1977; Rainer, 1978). 1985년에 Kathleen Adams가 저널치료센터를 콜로라도 주 덴버에 설립했고, 1990년에 『자신에게 쓰는 저널』[3]을 출간했다. 저널쓰기는 그 뒤 영국 교육에서 채택되었다. 많은 국가직업자격National Vocational Qualification, NVQ 과정에서 학생들이 자신의 학습을 돌이켜 보도록 권장하는 '성찰적 저널 과정'을 포함하였다.

저널쓰기는 모든 이에게 유용할 수 있다. 치료 도구로서 저널쓰기를 치료의 일부로 치료사가 소개할 수 있다. 또한 저널쓰기는 개인의 발전을 위한 자기주도적 방법으로서 내담자들이 이용할 수도 있다. 어떤 내담자들은 다른 이들보다 좀 더 분명한 저널치료의 지원자들처럼 보일 것이다. 이전에 저널이나 일기

---

2 역주: Progoff 워크숍에 참가할 때 받는 저널 노트는 여러 부분으로 나누어져 있는데, 각 부분에는 해당 부분의 이름이 인쇄되어 있고, 색깔로 식별되는 별지가 있다. 이것은 하나의 저널을 여러 부분으로 나누어 쓰도록 하기 위해서다.

3 역주: 우리나라에서는 『저널치료』(강은주 · 이봉희 공역, 학지사, 2006)로 번역되어 출판되었다.

를 쓴 경험이 있다면, 이것은 성인이 되어서 치료 도구로서 저널쓰기를 사용하기 위한 긍정적인 지표가 될 수 있다(많은 사람들에게 레츠 여학생/남학생 일기장(the Letts Schoolgirl or Schoolboy Diary)[4]은 자신에 대한 규칙적인 글쓰기의 첫 경험일 것이다.). 또 다른 도움이 될 만한 지표는 글쓰기와의 긍정적인 관계다.

안드레아는 어린 시절의 글쓰기에 대해, 즉 일기, 시, 이야기를 썼던 것에 대해서 굉장히 열정적으로 말했다. 우리는 저널쓰기에 대해 토론했고, 이것이 그녀의 현재 환경에서 그녀에게 효과적인 방법일지, 그리고 그녀가 어떻게 다시 시작할 수 있을지 의논했다. 이후 회기에서 우리는 그녀가 글을 쓰지 않는 이유에 대해 탐색했다. 그녀는 우리의 치료 작업이 끝나 가고 있을 즈음 저널쓰기를 시작했다.

저널치료는 개인적인 문제나 고통스러운 문제에 대해 누군가에게 말할 생각을 하지 못하는 내향적인 성격 유형에 특히 적합할 수 있다. 저널에서 (이런 문제들을) 털어놓는 것은 이러한 어려운 문제를 표현하는 첫 번째 단계일 수 있다. 심리치료에서 자신의 저널 내용에 대해 말하는 것이 가능하지 않을 때, 그러한 일에 대해 글쓰기를 한 과정과 통찰과 감정이 일어났던 과정을 탐색하는 것은 유용할 수 있다.

내향성과 마찬가지로 지지망의 결여는 또 다른 긍정적인 지표가 될 수 있다. 직접적으로 친밀한 관계나 도움이 될 만한 지인들이 없을 때, 저널은 말하고 생각을 타진하고 감정을 탐색할 자리를 제공해 준다. 저널은 이런 문제에 대해 말하기 전에 숙고하고 표현할 기회를 제공할 수 있다. 즉, 저널은 말하기치료의

4 역주: 영국의 출판인쇄 사업가인 레츠(Letts)에 의해 최초로 상품화된 일기장. 일기장이 대중화되는 계기가 되었다.

준비행위일 수 있다. 가령, 질병이나 사회생활의 부담 때문에 또는 심리적으로 인간관계에서 신뢰가 손상을 입었기 때문에 외롭고 고립된 사람들에게는 자신과의 친밀감을 발달시키는 것이 다른 사람과의 유대감을 재확립하는 전조가 될 수 있다. 그러므로 저널치료는 저널치료를 통해서가 아니라면 차단될 사람들의 집단에게 일종의 접근하기 쉬운 치료가 될 수 있다. 다시 말해, "저널쓰기는 대부분의 바깥 출입을 못하는 사람들조차 이용할 수 있는 여행이다(Aldrich, 1998: xiv)."

영어가 모국어가 아닌 일부 사람들은 영어로 치료를 받는 동안 자신의 모국어로 저널을 쓰는 것이 경험을 전환시켜 주는 방법을 제공한다는 것을 발견한다.

코소보 난민인 도리타는 다음과 같이 말한다. "나는 당시 내 조국에서 무슨 일이 일어났는지에 대해 글을 쓴다. 내가 말하는 동안, 나는 그것을 뒤로 하고 현재에 대해 생각한다." 그녀의 저널은 그녀의 과거와 현재를 잇는 다리, 즉 더 이상 존재하지 않는 고향과 그녀가 그곳에서 경험한 트라우마, 그리고 소속되는 방법을 찾으려고 애쓰고 있었던 조국을 이어 주는 다리가 되었다.

저널치료를 하는 이유

저널쓰기가 치료 도구, 즉 보조적 치료 또는 자기주도적 치료의 방법으로서 왜 유용한지에 대한 여러 가지 이유가 있다. 저널은 다른 이들의 존재에 의존하지 않고 언제든지 즉시 이용할 수 있는 유용한 매체다. 저널은 새벽 3시 공황발작이 일어났을 때 다른 누군가가 전혀 없어도 이용할 수 있다.

어떤 이가 일정 기간 동안 지속될 수 있고 다른 이들의 기분에 좌지우지되지 않는 저널과의 관계를 만드는 것은 가능하다. 저널과의 지속적인 관계는 자신과의 관계를 위한 하나의 은유가 된다. 저널쓰기는 자신과의 친밀성을 발전시키는 하나의 방법이다. 이것은 세상 속에서의 관계 결핍이 내담자 경험의 일부를 이루고 고통을 주고 있는 경우에 특히 유용하다. 이는 다른 사람들과 다시 연결되는 첫 번째 단계일 수 있다.

저널은 카타르시스를 위한 기회를 제공한다. 강렬한 정서가 즉각적인 표현을 요구할 때, 저널은 준비된 그릇이다. 저널을 통해 아주 감성적인 상태를 표현할 수 있고 종이 위에 절규할 수 있는 기회를 가질 뿐만 아니라, 보복이나 판단에 대한 두려움 없이 감정을 터뜨릴 수 있는 기회를 가질 수 있다.

> 카렌은 다음과 같이 말했다. "나는 그가 나에게 했던 일에 대해 계속 되풀이해서 썼다. 그것에 싫증이 날 때까지. 그러고 나서 나는 더 이상 그럴 필요가 없었다."

치유 과정의 일부는 그 사연을 반복해서 말하는 것일 수 있다. 분명히 **끝도 없이** 자기가 경험한 것에 대해 말하는 것은 대부분 동정심을 가지고 듣는 이들의 인내심을 고갈시키지만, 저널은 아무런 이의 없이 그것을 받아 준다.

저널쓰기는 사람들에게 자신들의 경험을 타당화하는 하나의 방법을 제공할 수 있다. 다시 말해서, **그 순간의 사실**, 글쓰는 이가 이해한 살아 있는 경험의 사실을 기록하는 하나의 방법을 제공할 수 있다. 나의 내담자들 가운데 한 명이 언젠가 나에게 이렇게 말했다. "그것을 글로 쓰는 것은 그것을 사실로 만들고", 그래서 그 경험에 정당성을 준다고.

생각과 감정이 이런 식으로 외재화될 때 부인의 패턴에 머무는 것은 어렵다. 회고록 『경험(*Experience*)』에서 Martin Amis[5]는 자신의 아버지 Kingsley의 말을 다음과 같이 인용하고 있다. "술에 진실이 있다(취하면 본성이 나타난다는 의미)는 것은 모르겠다. 그러나 (Anthony Powell이 언젠가 나에게 말한 것처럼) 글에는 확실히 진실이 있다." [Martin Amis는 그다음 계속해서 다음과 같이 말한다.] "술과 글 모두에서 의식적인 마음은 뒷걸음질치고, 무의식적인 마음은 앞으로 나아간다(Amis, 2001: 337)."

저널은 **자신과 소통**하는 하나의 방법을 제공한다. 한 내담자가 언젠가 말하기를, "나는 나의 저널을 통해 내 자신을 점점 알아 가는 중이다. 이것은 처음으로 내 자신을 만나는 것과 같다." 저널을 통해서 글쓰는 이는 자신과의 친밀감을 발전시킬 수 있다. 즉, (저널의) 중점은 자신과의 조우에 있다. 미국 사람들에 관해 말하자면, Anais Nin(1976)은 다음과 같이 말했다. "자신과의 친밀감 결여는 결과적으로 다른 이들과의 친밀감 결여를 초래하고, 이것이 세상에서 가장 외롭고 소외된 사람들을 만들었다." 저널은 역시 타인들, 기본적이면서도 보조적인 관계와 소통하는 방법도(글로 쓴 문제에 대해 실제적으로 선택적인 공유를 함으로써, 또는 살아 있는 경험으로 통합된 관계에 대한 통찰을 인정함으로써) 제공한다.

나는 쓴다. 고로 존재한다 Scribo ergo sum.[6] 글쓰기의 물리적인 행위, 즉 페이지 위에 나타난 단어는 존재에 대한 확인이다. 어떤 내담자가 놀라워하며 다음과 같이 말했다. "그래서 제가 글을 쓰는 것은 목소리를 갖는 것과 마찬가지예요." 또 "저는 매우 공허함을 느끼지만 제가 글을 쓸 때면 저는 페이지들을 가득 채우고, 그래서 저는 결국 공허할 수 없지요. 그렇죠?"라고도 했다.

글쓰기를 반복하면 결과적으로 흔히 행동과 감정에 관해 명료함이 발달한다. 내담자들은 자주 이렇게 말한다. "나는 지금 깨닫는다……." "우리가 경험했던

---

5 역주: 마틴 루이스 에이미스(Martin Louis Amis, 1949~)는 영국 현대문학의 유명한 소설가 중 한 사람이다. 현재 그는 맨체스터 대학교의 '새로운 글쓰기를 위한 센터(the Centre for New Writing)'에서 창의적 글쓰기를 가르치는 교수로 일하고 있다. 2000년에 그가 출간한 『경험(*Experience*)』은 자신과 자신의 아버지인 소설가 Kingsley Amis 사이의 이상한 관계와 관련된 내용이 주를 이룬다.

6 역주: 미국 문학이론가 Robert Scholes가 Descarts의 'cogito ergo sum'에 빗대어 현대 유럽 사상의 표어로 내세운 것이다.

것을 부정하기 위해 우리가 글쓰기를 이용하는 것은 아니다. 오히려 우리의 관점을 변화시키기 위해 글쓰기를 사용한다."

일정 기간 동안 **치유에 대한 기록**이 만들어진다. 다시 말하면, 참조를 위해 유용한 치유 여행에 대한 지도다. 『슬픔에 관한 일기』(Woods, 1998)는 다른 이들을 위해 안내할 수 있는, 사별을 통한 한 개인의 여행 지도를 제공하고 있다. Woods는 나에게 자신의 책이 다른 텍스트가 자신을 도와줬던 방식으로 어떤 이를 도와준다면 고마울 거라고 말했다.

저널치료 기법

Kathleen Adams(1998)는 저널 기법의 사다리, 즉 '저널치료의 발전적 연속체' 를 개발했다. 이 사다리의 하단에 기법이 구조화되어 있고 경계 지어져 있다. 이렇게 고도로 나누어진 기술은 특히 저널쓰기의 경험이 없거나 혼돈 속에 있는 사람에게 적합하다. 이런 기술은 실제적이고 구체적이다. 사다리를 오르는 것은 좀 더 열려 있고 추상적인 기법을 소개하는 것인데, 이 사다리의 끝에는 많은 사람들이 시작하는 기법이자 수업을 시작할 때 사용하는 기법인 자유로운 글쓰기가 있다.

저널쓰기에는 어떠한 규칙도 없고 제지하기보다는 오히려 해방시키도록 고안되었지만, 그럼에도 저널쓰기를 할 때마다 날짜를 기입하는 것은 유용하다. 그렇게 해서 이전 저널을 재검토하는 것은 글쓴이의 삶과 제시된 문제에 대한 맥락을 제공해 준다.

5분간 전력 질주

자체 시간 제한을 포함하고 있는 단시간 집중적인 글쓰기를 통해서, 현재와 연결된 상실감 없이 심층적인 정서를 표현할 수 있다. 한정된 시간은 그 경험을 심화시킬 수 있는 효력을 갖는다. 5분간 전력 질주는 어떠한 주제에 관해서도 쓸 수 있고, 다른 글이나 발생한 문제에 관해서 쓸 수도 있다. 이것은 유용한 초기 시도일 수 있는데, 카타르시스가 허락되는 동안에도 견제 장치가 있다는 것을 인식하기 때문에 안전하다. 허락된 시간인 5분간의 전력 질주를 위해서, 내담자들에게 길잡이 역할을 하는 질문을 한 페이지 쓰도록 권장한다. 즉, 나는 누구인가? 왜 나는 여기에 있는가? 나는 무엇을 원하는가? 이러한 질문은 좀 더 긴 글쓰기 회기에 도입하기 위해서 또는 자신을 현재에 내려놓기 위해서 언제든지 이용할 수 있다. 이러한 질문은 여러 다른 수준으로 해석할 수 있고, 그 대답은 그 순간 글쓴이를 반영하기 위해서 그 질문이 제기될 때마다 다를 것이다.

목록 만들기

거의 모든 사람들이 목록을 만들어 보았을 것이다. 그래서 이는 아주 쉽고 익숙한 측면이 있다. 목록은 우선순위를 정하고, 정리하고(해야 할 목록, 원하는 목록), 정체성을 점검하는 데(역할 목록이나 관계 목록) 유용하고, 긍정적인 강화(매일 세 가지씩 즐거운 순간/성취한 것/경험의 목록 적기)를 위해서도 유용하다. 목록의 항목을 점검하는 것은 성취감과 능력을 깨닫게 해 준다.

클러스터 기법

이 기법은 때로 마인드맵 기법이나 스파이더그램으로 알려져 있는데, 수많은 정보를 신속하게 기록하는 것이다. 이 기법은 특히 감정에 압도당했을 때 유용하고, 문법이나 문장구조와 상관없이 쓸 수 있기 때문에 문장력이 없는 사람이나 글쓰기에 대한 자신의 능력에 확신이 없는 사람들이 쉽게 받아들일 수 있다. 이 기법은 경영에서 사용된 기법으로, 초기에 좀 더 직관적인 기법에 대해서 회의적일 수 있는 내담자 집단에게는 친근한 기법이다. 이 기법은 혼돈 중에 있는 일을 정리하는 데 유용하다. 좀 더 확장된 글쓰기가 뒤따를 수 있다.

순간 포착

이것은 글쓰는 이가 어떤 기억의 핵심과 정서적 경험을 포착하려고 시도하는 단기 훈련이다.

제니퍼는 레이크 디스트릭트the Lake District에서의 정상 등반에 관한 순간 포착을 글로 썼고, 자연의 아름다움과 자신의 육체적 노력 모두에서의 성취감과 환희의 행복감을 생생하게 되찾았다. 심장병의 발병으로 그녀는 이제는 그러한 경험을 다시 할 수 없기 때문에 상기하기 위해 순간 포착은 중요했다.

순간 포착은 줄리아가 자신이 여성을 사랑했다는 것을 처음 알아챘던 그 순간을 인정하도록 했다.

100가지 목록(Adams, 1990)

이는 확장된 목록 만들기다. 그 규칙은 다음과 같다.

- 빨리 써라.
- 당신이 원하는 만큼 반복해라.
- 항목들에 번호를 붙여라.
- 검열하지 마라.

100가지를 다 쓴 뒤에(미리 생각하면 기운이 꺾이지만, 놀랍게도 예상한 대로 쓸 수 있다. 20~30분이 소요된다.) 항목들을 분류한다('잡다한' 범주를 포함시켜라.). 그 분류는 놀라운 결과들을 낳을 수 있다.

베르나데트는 막연히 자신의 삶에 불만족스러워했다. 그녀는 자신의 가정이 자신을 불행하게 만들고 있을 거라고 생각했고, 변화를 필요로 했다. 그녀는 '내가 변화시키기를 원하는 100가지 목록'을 썼고, 그 항목이 모두 비교적 사소하고 처리하기 쉽다는 것을 발견했다. 그녀의 불만족의 진짜 근원은 45개의 항목들에서 나타난 그녀의 직업이었다. 그녀는 그때 자신이 선택할 수 있는 것을 조사하는 데 착수할 수 있었고, 결국 다른 직업을 위한 재훈련을 시작했다.

샐리는 분노에 찬 여자였다. 많은 것들이 그녀를 화나게 만들었고, 그녀는 많은 것에 대처해야만 했다. '내가 화가 나는 100가지 목록'을 쓰고 난 뒤, 그녀는 자신의 좌절의 근본적인 대상이 자신의 육체적인 건강 문제였고, 결국 시끄러운 이웃과 비협조적인 회의가 아니라는 것을 깨달았다.

보내지 않는 편지

이는 가장 대중적인 저널 기법 가운데 하나다. 편지 쓰기는 이미 익숙한 활동이다. 비록 많은 사람들에게 편지 쓰기가 이메일로 대체되고 있지만 말이다(보내지 않는 이메일은 현명하지 못한 생각이다. 왜냐하면 한 번 클릭으로 이메일을 보낼 수 있기 때문이다.). 그 편지를 절대 보내지 않을 거라고 약속하는 서약서가 있다. 이것은 내부 검열자를 침묵시킬 수 있고, 걸러지지 않은 감정과 정리되지 않은 생각을 표현하도록 할 수 있다. 보내지 않는 편지들은 외부적 초점을 가진 저널 쓰기다. 상상 독자는 하나의 정체성을 가지고 있고 대개 글쓴이와 과거, 현재,

미래의 관계를 가지고 있다. 편지는 이러한 관계의 어떤 측면을 바탕으로 할 수 있다.

시간 제한 상담을 위해 일차 의료 현장에서 만난 40대 여성인 수잔은 공황 발작을 일으키게 만든 스트레스와 불안 때문에 상담을 의뢰해 왔다. 그녀는 자신의 남편이 수감 중이고 자신과 이야기하는 것을 거부하고 있다고 털어놓았다. 그럼에도 그녀는 그에게 소식을 보내고, 그가 자신에게 답장을 하거나 방문 요청을 하도록 간청하면서 계속해서 그에게 편지를 썼다. 그녀는 남편의 답장이 없는 것에 대해 슬프고, 상처받고, 당황스러운 감정을 경험했다. 하지만 그녀가 접근하거나 알아차릴 수 없는, 표현되지 않은 많은 감정들이 있는 것처럼 보였다. 그녀가 이미 남편에게 편지를 쓰고 있었기 때문에, 보내지 않는 편지를 쓰는 것은 쉽게 진행되었다. 이것은 그녀가 그의 마음을 상하게 하거나, 나아가 그와 사이가 멀어질 것에 대한 두려움 없이 그에게 말하고 싶었던 것을 표현하게 할 것이다. 그녀는 보내지 않는 편지에서 그녀가 결코 자신이 알아차리도록 허락하지 않았던 강한 분노를 남편에게 나타냈는데, 그런 경험으로 인해 놀라서 그다음 주에 다시 찾아왔다. 이것은 자신에 대한 그녀의 이미지에 맞지 않았다. 그녀는 화가 나 있다는 생각에 불편했고, 그것을 억눌러 왔다. 보내지 않는 편지는 그녀의 방어를 막았고, 그녀가 이를 차츰 인정하도록 했다. 우리의 상담 회기에서 뒤이어 결실을 맺은 작업은 그녀의 글쓰기가 없다면 가능하지 않았을 것이다.

수취인으로 추정되는 사람은 보통 글쓴이가 아는 사람이고 그 반대도 역시 마찬가지지만, 항상 그런 것만은 아니다. 잘 알고 있듯이 Anne Frank가 자신의 상상 속의 친구 키티에게 자신의 일기를 썼을 때처럼 말이다. 그 밖의 수취인들은 신, 유명인, (현재보다) 어리거나 나이 든 자신 또는 사물을 포함할 수 있다. 어린 자신에게 보내지 않는 편지 쓰기는 아동 성학대의 생존자들에게 자신과의 관계를 치유하기 시작하도록 할 수 있다.

사별과 연관된 문제를 가지고 작업할 때, 보내지 않는 편지는 특히 갑작스럽거나 예기치 않은 죽음 뒤 애도의 과정을 훈습하는 하나의 방법을 제공할 수 있다. Anne Michaels[7]은 자신의 시 〈흑매(The Hooded Hawk)〉(2000)에서 다음과 같이 쓰고 있다.

> 콜레트가 말하기를, 우리가 사랑하는 이가 죽었을 때
> 그만둘 아무런 이유가 없다고
> 그들에게 편지 쓰는 것을

Jill Truman의 저서 『남편에게 쓴 편지(*Letter to My Husband*)』(1998)는 남편의 죽음 뒤 자신의 슬픔을 극복하는 그녀의 방법이다.

일레인은 작년에 언니를 유방암으로 잃은 40대 여성인데, 자신의 조카들, 특히 가장 어린 조카의 양육에 아주 열중해 있는 상태다. 그녀는 자신의 언니에게 편지를 쓰기 시작했고, 이는 그녀가 사별과 자신의 상실감에 대한 많은 감정을 처리하도록 도왔다. 그리고 언니에게 아이들에 대해 이야기함으로써 그녀는 조카들의 삶에서 자신의 역할(엄마로서 언니의 역할을 빼앗는 것이 아니라)에 관해 훨씬 더 분명해질 수 있었다.

보내지 않는 편지는 대처하기 어려운 상황을 해결하는 데도 유용하다. 글을 쓰는 이가 거절당할 것에 대한 두려움 없이 또는 부적절한 표현으로 더 많은 어려움을 낳는 것에 대한 두려움 없이 누군가에게 정말로 생각하는 바를 말할 수 있다.

7 역주: Anne Michaels(1958~)은 캐나다의 시인이자 소설가다.

대화

대화를 쓰는 것은 이전에 전혀 시도해 보지 않았던 사람들에게는 이상하고 반직관적인 기술로 보일 수 있다. 그런데 추가 조사에서 대부분의 사람들은 자신과 대화를 해 본 적이 없었다.

> 스티븐은 초기 대화 실험 뒤에 놀라워하며 "그것은 모두 나예요. 그렇죠?"라고 말했다. 그 지점에서부터 그는 모순되어 보이는 자신의 생각을 표현함으로써 이어서 자신과의 친밀감을 발전시키기 시작할 수 있었다.

대화 기법은 다양한 심리치료 방향의 레퍼토리 중 일부다. 예를 들면, 인지행동치료에서 부정적 사고 패턴에 대한 도전이나 게슈탈트 치료에서 '두 의자' 훈련과 같은 것이다. Ira Progoff는 대화의 사용을 일종의 예술 형태로 발전시켰다. 즉, 대화는 집중 저널쓰기의 좀 더 심층적인 작업을 제공해 준다(Progoff, 1975). 그는 다섯 개의 주요 대화 범주를 확인했다.

- 사람들과의 대화
- 사건과의 대화
- 몸과의 대화
- 사회집단과의 대화
- 내면 속 지혜와의 대화

Kathleen Adams(1990)는 여기에 세 개의 범주를 덧붙인다.

• 감정과의 대화
• 하위 인격과의 대화
• 저항/장애물과의 대화

나는 전혀 다른 범주를 만들려고 한다. 즉, '(지금의 자신보다) 어린/나이 든 자기와의 대화'다.

작가이자 심리치료사인 Cheryl Moskowitz(1998)는 스스로 '근원으로서의 자기'라고 부르는 하나의 기법을 개발했고, 자기의 부분을 통합하는 것을 시작하기 위해 대화를 이용하고 있다.

제니는 30대 후반의 교사인데, 업무 관련 스트레스로 인한 우울증에서 벗어나려고 하고 있었다. 그녀는 아주 오랜 기간 업무에서 떠나 있었고, 어느 회기에는 자신의 음주에 대한 우려를 표현했다. 제니는 레드 와인을 마시고 있었는데, 스스로 느끼기 시작했을 때는 이미 너무 지나친 양을 마셨다. 그러나 치료에서 이것이 그녀의 삶에서 정말로 어떤 역할을 하고 있는지 확신이 없는 것처럼 보였다. 그녀는 그 와인병과의 대화를 글로 썼고, 이는 그녀의 생각을 명료하게 하도록 도왔다.

제니: 오늘 밤 너는 다 알고 있는 듯하다. 네가 할 수 있는 일은 냉장고 안에 놓여 있는 것밖에 없고, 너와 나 모두 네 마개가 열릴 거라는 것을 알고 있어. 오늘 밤 나는 습관대로 너를 마시고 있다.

와인병: 우리는 가까운 친구야. 글쎄, 나는 너의 친구가 아닐지도 모르는데, 네가 나를 너의 친구로 만들었어. 나는 너를 필요로 하지 않고, 나는 우정을 영원하게 하거나 발전시키기 위해 아무런 일도 하지 않아. 그것은 전적으로 너에게 달려 있어.

제니: 내가 너의 통제하에 있는 그 순간에, 내가 항상 너의 통제하에 있다는 것은

예외로 하고, 나는 나 자신의 통제하에 있지 않는 것을 선택한다……. 너를 마시고, 또 너를 마시고, 그런 다음 내가 처한 상태 때문에 너를 탓한다. 수치심으로 내 자신을 고문하면서. 나는 내 삶의 매일매일 그 수치심을 느끼도록 배워 왔다. 자기통제의 기쁨으로 내 자신에게 보상하는 대신에.

와인병: 나에게 말하지 말고, 네 자신에게 말해.

이러한 훈련을 통해 드러난 것은 그녀가 자신이 음주에 대한 책임, 그다음으로 자신의 삶에 대한 책임을 저버리기 위해 와인병을 이용했다는 자각이다. 그녀는 그때 자신과 대화를 했다.

왜 너는 술을 마시고 있니?
나도 몰라.
왜 너는 계속 술을 마셨니?
술맛이 좋아서.
왜 너는 아직도 술을 마시고 있니?
나도 몰라.
왜 너는 아직도 술을 마시고 있냐니까?
술이 거기에 있으니까.

이 지점에서 대화 도구를 사용하는 것은 우리의 작업을 앞으로 나아가게 했다. 깨달음은 제니 자신이 결심하는 것과 보조를 맞춰 나타났다. 이때부터 그녀는 자신의 습관적인 음주에 대해 자신의 책임을 인정할 수 있었고, 무슨 일이 일어나고 있는지 관찰할 수 있었다. 마침내 그녀는 자신이 할 수 있는 가능한 선택을 이해했다.

레슬리는 비순응적인 당뇨병 환자였는데, 당뇨병과의 일련의 대화를 통해 자신의 상태에 대한 부인을 차츰 인정할 수 있었고, 그로부터 당뇨병을 받아들이지는 않지만 적어도 그것을 인정할 수 있었고, 덜 파괴적인 방식으로 그것을 다루는 법을 배울 수 있었다.

대화는 또한 어떤 상황에 대해 예상하고 준비하는 데 유용하고, 다루기 힘들거나 대립되는 대화에 관해 숙고하는 데 유용하다.

사이먼은 직장에서 힘든 하루를 보낸 후 치료적 글쓰기 집단에 왔다. 그의 (여자) 상사는 그를 괴롭혀 왔다. 그는 그녀와의 대화를 글로 썼고, 그 대화에서 자신을 향한 그녀의 태도에 대해 그가 어떻게 느꼈는지를 설명할 수 있었다. 그런 다음 그는 개인적으로 그것을 받아들이는 것을 그만두었고, 자신이 무엇을 말할 필요가 있는지를 결정했다.

관점의 변화

이 범주는 계획된 미래에 대해 글을 쓰는 기법을 포함한다. 페이지 맨 위에 미래의 어느 한 날짜를 적어 놓고 그날에 대해 글을 쓰는 것은, 사람들이 해야만 하는 결정과 자신의 선택에 대한 의미에 대해 숙고하는 것을 도울 수 있다. 이는 내담자들이 살아갈 기간 동안 목표나 행동 과정을 설정하거나 그들이 진정 원하는 것을 찾기 시작하는 것을 도울 수 있다. 이것은 또한 무엇이 지연되고 있는지 또는 무엇이 무시되고 있는지를 밝힐 수 있다.

앨런은 앞으로 다가올 6개월 동안의 관점의 변화를 기록했고, 이는 그로 하여금 여전히 혼자 살고 있는 것이 어떠할지를 깨닫게 했다. 그래서 그는 자신의 여자친구에게 청혼하기로 결심했다.

관점의 변화는 과거나 미래에 선택하지 않은 길을 탐색하는 하나의 방법일 수도 있다. 관점의 변화 기록은 그것을 쓴 사람이 원하고 있는 것이나, 존재하지만 인식되지 않은 것을 확인하도록 도울 수 있다.

자유로운 글쓰기

Adams(1998: 6)는 다음과 같이 말한다.

> 자유로운 글쓰기를 의도적으로 사용할 때 이는 명료성, 통찰, 직관적 연결을 제공하는 아주 효과적인 기법일 수 있다. 그러나 기본 기법으로서 이것은 고삐 풀린 망아지나 수상쩍은 낙하산을 가지고 자유낙하하는 것처럼, 통제되지 않고 위험한 것으로 느껴질 수 있다. 어떨 때는 빠듯하고 만족스럽지 못한 원 안에서 빨랫줄에 매인 채 아무데도 가지 못하는 개처럼 느낄 수 있다.

이전에 글쓰기나 특히 치료적 글쓰기 경험이 없는 내담자들에게 '당신의 머릿속에 들어오는 것은 무엇이든지 바로 글로 쓰라'는 권고는 종종 '나는 어디서부터 시작할지 모르겠다'는 반응이나 공황에 가까운 더 강한 감정들을 야기할 것이다. 다른 사람들은 지나치게 열성적인 내부 검열자, 때로는 초기 교육적 경험의 산물에서 벗어나는 하나의 방법으로써 자유로운 글쓰기의 해방감을 발견한다. Julia Cameron(1992)의 '아침 페이지' 기법은 매일 아침 두 페이지의 자유로운 글쓰기로 구성된다.

(자신과의) 고리 완성하기

저널에서 자신과의 관계를 강화하는 하나의 방법은 **피드백 진술**을 사용하는 것이다. 이 같은 성찰 기제는 글쓴이가 글을 쓰는 동안 무슨 일이 일어났는지를 깨닫게 해 준다.

어떤 경험은 글을 쓴 종이—이것은 인공적인 산물로서의 글이다—의 물리적 파괴에 의해 완성될 수 있다. 이는 안전과 사생활 보호가 중요한 관심사인 경우이거나, 내담자의 남편이 일련의 불륜관계를 가져왔던 경우처럼 누군가를 삶에서 추방하는 경우다. 내담자는 남편에게 보내지 않는 편지를 썼고, 그 편지에 그녀는 20년간 억압된 분노를 표현했다. 상징적이면서 동시에 만족을 주는 행동으로 그 종이를 갈기갈기 찢어서 그것을 화장실에 흘려 보내는 물리적인 행동에 의해 완전한 카타르시스를 느끼게 되었다.

카타르시스가 충분하지 않을 때가 있는데, 성찰의 기간이 그 작업을 좀 더 생산적으로 만들 수 있다. **피드백 기제**는 이해를 심화시키기 위해 사용할 수 있다. 즉, 그것은 (자신과의) 고리를 완성하고, 자신을 되찾는 하나의 방법이다.

저널 기록을 통독하는 것은 그 자체로 그 안에 담고 있는 말과 경험을 소유하는 하나의 방식이다. 자기 자신에게든 어떤 청중에게든 소리 내어 읽는 것, 즉 외부 세계에 의해 받아들여진 자기 자신의 말을 듣는 것은 강렬한 경험이다. 말을 하는 것은 그들에게 다른 종류의 현실을 제공한다. 즉, 그것은 개인적 진실을 소유하고, 듣고, 인식하는 하나의 방식이다. 피드백 진술은 더 나아가 이러한 과정을 글쓴이가 표현하고 있는 것을 알아차리고 그것에 대해 논평하도록 요구함으로써 처리한다.

피드백 진술

1. 이것을 읽을 때	나는 ~을 알아차린다(I notice…)
	나는 ~에 놀란다(I am surprised that…)
	나는 ~을 깨닫는다(I realise…)
2. 이것을 읽으면서	나는 ~을 인식한다(I am aware that…)
	나는 ~을 느낀다(I feel…)

첫 번째 진술 집단은 글 안에 표현한 내용이나 감정에 대해 무언가를 알아차리기 위해서 사람들이 글로 쓴 것에 대해 반영하고 논평하도록 요구한다. 두 번째 집단은 사람들이 글을 읽을 때 어떤 감정이 일어나는지, 그리고 그들의 반응을 알아차리기 위해 글을 읽는 자신의 경험에 대해 반영하도록 요구한다. 이는 치료가 될 수 있는 놀라운 통찰을 낳을 수 있는데, 이것이 아니었다면 만들어질 수 없는 연결을 조명한다.

자신의 부모에 관한 기록에 대해 반영하기를 마친 후, 캐롤은 다른 시각에서 그들의 관계를 바라볼 수 있었다. 가족 내에서 그들의 상대적인 힘과 권력은 그녀가 성장하면서 경험했던 것과 달랐다.

피드백 진술은 사람들을 더 많이 자신의 살아 있는 경험으로 데리고 갈 수도 있다. 치료 회기는 종종 피드백 질문과 관련이 있다. 때로 사람들은 이전에 묻어두었거나 부정했던 감정이 자신의 저널에 드러나는 것에 의해 감동을 받는다. 즉, 그러한 감정이 글로 쓰인 말에 부정할 수 없이 나타난 것은 심리치료에서 훈습될 수 있다. 저널 기록을 통독하는 것은 그 글의 내용에 대한 이해와 통찰을 가져올 수 있고, 과거 관계에 관한 변화된 관점을 가져올 수 있다.

피드백 기제는 여러 단계에서 사용할 수 있다. 저널 기록의 완성 단계에서 바로 사용할 수 있거나 그 이후, 아마도 하나의 저널을 끝내고 새로운 저널을 시작하기 전에 사용할 수도 있다. 어떤 사람들은 그다음으로 이동하기 전에 자신에게 피드백을 주기 위해 노트의 마지막 몇 페이지를 사용한다. 즉, 이것은 일종의 마무리가 되고 주제와 패턴을 회상하는 것을 확인하는 데 유용하다(비록 한 내담자가 '나는 그것을 읽을 필요가 없다. 나는 그 주제를 알고 있다. 즉, 나는 아직도 그 주제 속에서 살고 있다'고 말했음에도, 그녀는 그녀가 읽은 것으로 인해 놀라워하는 자신을 발견했다.).

그 과정은 이렇다.

글쓰기 → 피드백 → 인지 → 인정→ 통합

이 장을 쓰는 동안 나는 내 고유한 과정의 일부로서 설명한 많은 기법을 사용했다. 이는 내가 그것을 말하는 방법을 발견할 뿐만 아니라, 말하고 싶었던 것에 대해 명료함을 발전시키도록 도왔다. 이 시점부터 나의 저널은 내 자신(네가 말하려고 하는 것이 무엇인가?), 독자, 빈 페이지, 그리고 글쓰는 것이 막힌 상황을 포함해서 다양한 파트너들과의 많은 대화를 포함한다.

참고문헌

Amis, M. (2001). *Experience*. London: Vintage.

Adams, K. (1990). *Journal to the Self*. New York: Warner Books.

Adams, K. (1994). *Mightier than the Sword*. New York: Warner Books.

Adams, K. (1998). *Clinical Journal Therapy*. Denver, CO: Center for Journal Therapy.

Aldrich, A. H. (1998). *Notes from Myself*. New York: Carroll & Graf.

Baldwin, C. (1977). *One to One*. New York: M. Evans.

Bolton, G. (1999). *Therapeutic Potential of Creative Writing*. London: Jessica Kingsley.

Cameron, J. (1992). *The Artist's Way*. Los Angeles: J. P. Tarcher.

deSalvo, L. (1999). *Writing as a Way of Healing*. London: The Women's Press.

Holzer, B. N. (1994). *A Walk Between Heaven and Earth*. New York: Bell Tower.

Lowe, G. (2000). Reading and writing: pleasure, guilt and health. *Context Magazine for Family Therapy and Systemic Practice, 47*: 2–3.

Michaels, A. (2000). *Poems*. London: Bloomsbury.

Moskowitz, C. (1998). The self as source: creative writing generated from personal reflection. In C. Hunt & F. Sampson (Eds.), *The Self on the Page: Theory &*

Practice of Creative Writing in Personal Development. London: Jessica Kingsley.

Nin, A. (1976). *In Favor of the Sensitive Man*. New York: Harcourt.

Oliver, M. (1986). *Dreamwork*. New York: The Atlantic Monthly Press.

Pennebaker, J. (1990). *Opening Up*. New York: Guilford Press.

Progoff, I. (1975). *At a Journal Workshop*. New York: Dialogue House Library.

Rainer, T. (1978). *The New Diary*. Los Angeles: J. P. Tarcher.

Truman, J. (1998). *Letter to my Husband*. London: Hodder & Stoughton.

Woods, P. (1998). *Diary of a Grief*. York: Sessions.

Wright, J., & Chung, M. C. (2001). Mastery or mystery? Therapeutic writing: a review of the literature. *British Journal of Guidance & Counselling, 29*: 3

제8장

몸과 마음의 연관성을 글로 쓰기

만성 스트레스로 신체질환을 앓는 내담자의 글쓰기 사용

Stephanie Howlett

도입

정서상태와 신체 건강 사이에 관련이 있다는 견해는 새로운 것이 아니다. 비록 소수 의사들이 주장하는 바이긴 하지만, 히포크라테스 시대 이래로 이러한 견해는 계속되어 왔다. 그런데 일반의라면 누구나 잘 알고 있듯이, 일상생활의 스트레스나 고충에 대한 반응을 특히 신체적 증상들로 발전시키기 쉬운 사람들이 있다. 이러한 사람들은 아주 자주 병원을 찾는 사람들이면서 여러 가지 문제나 장기간 만성적인 질병을 가진 '복합' 환자[1]이거나 '하트 싱크' 환자[2]인

1 역주: 복합 환자(complex patient)는 두 개 이상의 만성적인 병을 가진 환자를 말한다.

2 역주: 하트 싱크 환자(heart-sink patient)는 흔히 복합적이고 불특정한 증상과 치료가 불가능한 병을 가지고 병원을 반복적으로 방문하는 환자를 말한다.

데, 일반적인 의학치료에 반응하지 않는 증상을 치료해 달라고 요구한다.

환자들의 가족과 이들의 생활환경에 대해 알고 있는 의사들은 이들의 증상을 통해 표현되고 있는 것이 바로 이러한 정서적 어려움이라고 의심할지 모른다. 그러나 이들은 심리학적으로 함께 작업하기 매우 힘들고, 종종 일반적인 상담과 치료적 접근에 반응하지 않는 환자집단이다.

이 장에서는 정신분석 이론을 기반으로 하고 여러 치료 현장에서 얻은 임상경험을 이용하면서, 이러한 내담자 집단과 함께하는 치료 작업을 보완하기 위해서 글쓰기를 이용할 수 있는 여러 가지 방법을 탐색할 것이다. 그리고 왜 이러한 내담자들이 글쓰기가 특히 유용하다는 것을 발견할 수 있는지를 탐색할 것이다.

정신과 신체의 연결 – 정신분석적 관점

정신분석 이론에서는 정신과 신체 사이의 연결을 오래전부터 인식해 왔다. Freud는 '정신신체적psychosomatic'[3]이라는 용어를 사용하지는 않았지만, 우울한 감정이 병에 걸리기 쉬운 개인들 사이에 기질성 질환을 일으킬 수 있는 반면, 행복감은 원기를 회복시키는 효과를 가질 수 있다고 믿었다(Freud, 1905).

이후 이론가들은 생후 몇 주 내지 몇 개월 내에 신체적 감각으로부터 차츰 분리되기 시작하는 정서와 사고 과정의 점진적인 발달에 관심을 가졌다. Winnicott(1960)은 이러한 발달이 아주 이른 유아기에 시작되는데, 부모나 양육자가 유아를 믿을 만하고 성의 있게 신체적으로 잘 돌보는지에 달려 있다고 주장한다. 바로 이러한 발달이 아주 어린 아기가 세상에 대해 이해하기 시작하고, 엄

3 역주: 심리적인 스트레스가 하나의 계기가 되어 일어나는 신체의 질환을 심신증(心身症, psychosomatic disease)이라고 한다.

마와 다른 사람들로부터 분리되어 서서히 엄마의 부재를 견딜 수 있게 되고, 신체적 감각과는 다른 것으로서 정서를 경험하기 시작하도록 하면서 정신적인 것과 신체적인 것을 구별하게 한다.

Bick(1968, 1986)과 Meltzer(1974)는 피부의 역할, 그리고 열의 있는 엄마의 충분한 돌봄에 의해 피부를 통해 전달되는 신체적 감각의 역할에 주목했다. 이들은 이것을 통합되고 분리된 자기와 내면의 정서적 세계에 대한 인식을 발달시키는 유아의 능력에 중요한 영향을 미치는 것으로 보았다. Bick과 Meltzer는 만약 이 단계에서 문제가 생길 경우, 아동의 정서적 삶이 '집착적인 동일시'로 특징지어지기 쉽다는 것을 알게 되었다. 이러한 아동은 성장하면서 자신이 누구인지에 대한 분명한 인식을 가지지 못할 것이고, 흔히 다른 사람을 모방함으로써 자신의 가치를 얻는 경향이 생길 것이다. 이들은 자신과 가까운 사람들과의 신체적 접촉에 대한 강한 요구를 가질 수도 있다. 그리고 내면의 삶에 대해 그리 많이 인식하지 않을 것이고, 정서적으로 느끼고 있는 것을 설명할 수 없거나 알지 못할 수도 있다. 그러면서 아주 물리적이고 기능적인 방식으로 일어나는 정서적인 문제를 실제적인 해결책을 찾음으로써, 즉 활기찬 스포츠를 통해서나 생각하거나 느끼기보다는 오히려 많이 이야기하는 것을 통해서 처리하거나 증상을 나타내는 몸을 통해서 정서적 문제를 표현함으로써 처리하는 경향을 보일 것이다.

바로 이렇게 신체적이고 감각적으로 세상을 경험하는 방식은 보통 생애 최초 몇 주 내에 두드러지고, 모든 일이 제대로 될 경우 아이가 성장함에 따라 서서히 이러한 경험 방식은 줄어든다. 그러나 건강한 발달이 순조롭게 진행되지 않았을 경우, 이는 성인의 삶에서도 주된 기능 방식으로 계속될 수 있다. 게다가 사람들이 심한 심리적 외상의 경험을 가진 상황에서는 너무 압도된 나머지, 외상 경험을 그 후에 처리하지 못하고 차단하면서 문제를 장기적으로 더 많이 신체적으로 표현하는 방식으로 퇴행할 수 있다. 이러한 일은 한 개인이 어떤 이유에서든 자신의 삶에서 표현할 수 없거나 처리할 수 없는 좀 더 만성적인 정서 문제들과 함께 발생할 수도 있다.

이는 Nemiah와 Sifneos(1970)가 만든 용어인 '감정표현 불능증'(또 때로 조작적 사고로 언급되기도 함)이라는 개념과 연관이 있는데, 정신신체적 성향과도 관련이 있다. 즉, "이는 어떤 사람들이 자신의 정서적 상태를 설명할 방법을 모르는 이유가, 이들이 그것을 깨닫지 못하기 때문이거나 어떤 감정을 또 다른 감정과 구별할 수 없기 때문이라는 발견을 말한다(McDougall, 1989: 24)." 이러한 사람들은 흔히 주요한 생활사건들에 정서적으로 분명하게 거의 반응하지 않는데, 이는 이들의 정신신체적 증상에 대한 취약성을 증가시킨다.

요약하자면, 지속적인 기능적 또는 정신신체적 유형의 질병들에 대한 성향을 가진 많은 사람들에게는 정서적 처리가 쉽지 않고, 삶의 우여곡절에 대한 반응은 신체적 방식으로 표현된다. 이는 다른 학문들의 연구에 의해 점차 증명되고 있다(Lowe, 이 책 제2장 참조).

치료 목표를 위한 연계 이론

앞에서 요약한 바와 같이, 만약 사람들이 설명할 수 없는 신체적 증상을 나타내게끔 하는 핵심적인 심리적 문제가 감정의 문제이고 고통스러운 정서를 표현하고 있는 것이라면, 이러한 내담자들과 작업할 때 치료의 주요 목표는 필연적으로 다음과 같다.

1. 감정을 표현할 수 없는 핵심적인 영역을 확인하기
2. 내담자가 표현하지 못한 정서와 자신의 증상 사이의 연관을, 자신의 삶과 현재 관계의 맥락에서 이해할 수 있도록 돕기
3. 안전한 심리치료 공간에서 정서를 인지하고 표현하도록 격려하기
4. 내담자가 자신의 대인관계 내에서 자신의 감정에 대해 소통하도록 격려하기
5. 내담자의 삶과 대인관계를 변화시키도록 격려하기. 표현력으로 이러한 변

화를 반영하고 추구하도록 하고, 정체성에 대한 내담자의 인식을 발전시키고, 이들이 다른 사람들과 덜 융합하고 다른 사람들에게 덜 의존적이 될 수 있도록 한다.

치료 목표를 촉진하기 위한 글쓰기 사용

글쓰기는 단지 치료사의 상상력에 의해서만 제한되는 일련의 방법 안에서 이러한 목표를 촉진시키는 데 핵심적인 역할을 할 수 있다. 다음에 설명된 것은 필자가 다양한 치료적 맥락에서 사용했던 몇 가지 기법이다. 제시된 예는 전형적인 사례를 모아서 가상으로 만든 것이다.

저널쓰기

저널쓰기는 다양한 방식으로 소개할 수 있다. 내담자에게 매일 저널을 쓰도록 요청할 수 있는데, 신체적 증상과 특히 감정적인 면에서 삶에 무슨 일이 일어나고 있는지 기록해야 한다. 이는 치료사와 내담자가 함께 내담자의 증상과 이들 삶의 다른 요인 사이의 연관성을 확인할 수 있도록 해 준다. 또 다른 목적은 주로 자신의 신체적 증상 측면에서 삶을 경험하는 사람들이 자신의 삶에서 정서적 측면의 존재를 인식하고 이에 관심을 갖도록 격려하는 것이다.

일기나 저널을 사용하는 방법은 아주 흥미로운 사실을 보여 준다. 사람들이 자신의 신체 증상에 대해 간단한 설명을 쓰고, 삶의 다른 측면에 대해서는 어떠한 언급도 하지 않는 것은 내 경험상 아주 흔한 일이다. 이는 정서적 차원이 얼마나 많이 무시되어 왔는지를 보여 준다. 이러한 사람들은 치료를 위해 함께 작업하기 가장 어려운 사람들로 보인다. 이들이 등한시했던 부분과, 글쓰기 과제 중 이러한 부분에 참여할 때 겪는 어려움을 이들과 함께 알아보는 것은 도움이 될 수 있다. 이들에게 자신의 감정에만 초점을 맞춰 저널을 써 보도록 하고, 자신의 정서를 인정하고 존중하도록 격려하는 것은 도움이 될 수 있고 이들의 정서적 삶을 치료해 줄 수도 있다.

물론 어떠한 글쓰기 과제도 완성하지 않는 행위는 치료를 위한 과제에 대한 저항의 표현이거나 기저에 있는 전이 문제를 표명하는 것일 수 있다. 그런데 이러한 저항이나 전이는 회기에 지각을 하거나 치료에 대한 다른 공격과 같은 방식으로 함께 나타날 수 있다.

암에 대한 만성적인 두려움을 가지고 있는 한 대학생은 다른 아무런 문제를 가지고 있지 않다고 주장했는데, 처음에는 일기에 자신의 증상(자신의 다리에 있는 반점들과 설명할 수 없는 신체적 느낌)에 대해서만 썼다. 나는 그에게 삶의 다른 면에 대해 적어 보도록 했고, 결국 그는 교우관계의 어려움에 대한 '중요하지 않은 사항'을 적었다. 그리고 이를 통해 우리는 그의 심한 외로움에 대해 이야기할 수 있었다. 그의 증상의 심각성은 그 시점부터 줄어들기 시작했다.

다른 경우는 적어도 감정에 대해 언급은 하면서 증상들과 자신의 삶에 무슨 일이 일어나고 있는지에 대해 적기도 한다.

월요일
부족한 밤잠
과민성 대장 증상(IBS)는 그리 심하지 않았다.
A(남자친구)에게 세 가지가 나를 괴롭히고 있다고 말했다. 일, 운전, 그리고 A. 그에게 말할지 고민했지만, 그 고민이 정말 그 순간 내가 필요로 하는 것은 아니었다. 그래서 나는 그에게 말했다.

화요일
잘 잤다. 하지만 일찍 깼다.
과민성 대장 증상은 투덜거림.
교통은 나쁘지 않았다.
대체로 기분은 아주 좋다.
(남자친구에게) 세 가지에 대해 말한 것을 반성하기. 나는 다음 몇 주 동안 아주 많은 걱정거리가 있다. 나는 그 일을 제쳐 둘 수도 있다.

수요일
잘 잤다.
과민성 대장 증상은 괜찮다.
학교까지 운전해서 갔다—날씨가 안 좋았고, 교통도 안 좋았고, 아이들도 말을 안 들었고, 집으로 돌아올 때 운전도 안 좋았다.
아주 질려 버렸다.

짧게 요점만 쓴 이런 종류의 글쓰기는 함께 작업할 어떤 소재를 제공하고 증상과 사건, 정서 사이를 연결 짓는 데 도움을 준다. 이러한 글을 통해 이처럼 아주 무뚝뚝한 교사는 자신이 느끼고 있었던 것에 관심을 갖게 됐고, 그래서 결국 그녀는 자신의 과민성 대장 증상과 특히 안 좋은 상황에서 하는 운전 사이의 연관성에 대해 납득했다. 또한 그녀와 나는 그녀가 감정적인 문제에 대해 말하는 것, 특히 자신의 파트너와 함께 대화하는 것이 얼마나 어려운지 분명히 알게 되었고, 우리는 이러한 문제에 대해 말할 수 있었다.

다른 경우는 이미 자신의 증상과 자신들이 느끼고 있는 것 사이를 연결 짓기도 한다. 그러나 이들이 글로 쓴 감정은 모두 자신들의 질병과 연결되어 있고, 그 질병은 흔히 집중할 수 없는 아주 고통스러운 문제를 대신하면서 이들의 삶에 중심적인 문제가 되어 버린다.

속에 가스가 차서 약간 부글부글했다. 가게까지 걸어갔다. 약간 공황상태였지만, 끝까지 참고 갔다. 돌아와서 화장실에 갔고, 모든 것은 정상이었다. 동네로 가야만 했다. 버스를 탔다. 나는 걱정 없이 일을 잘 처리했다. 괜찮은 기분으로 동네 주변을 걸었고, 버스로 다시 돌아왔다. 오랫동안 내 배와 함께했던 최고의 날들 중 하나였다.

이 여성은 자신의 근심이 자신의 장 증상에 얼마만큼 영향을 줄 수 있는지 깨달았고, 악순환을 깨기 위한 행동법을 통해 비교적 효과적으로 일하고 있었고, 신체적 고통이 자신의 삶을 제약하는 것을 극복했다. 그러나 이처럼 신체적인 고통에만 초점을 맞추는 것은 종종 무언가 정서적 고통에 대한 회피처럼 보일 수 있다. 그래서 만약 좀 더 정서적인 측면으로 치료의 방향을 돌린다면 도움이 될 것이다.

스펙트럼의 저쪽 끝에는 저널을 자기 자신의 치료 도구로 삼는 환자들이 있는데, 이러한 환자들의 경우는 공유하는 특권을 느낄 수 있다. 앞의 예시 글을 썼던 여성은 이후 치료 중에 이런 식으로 저널을 사용하기 시작했다.

속이 완전히 고요해진 것을 느끼고 있다. 단지 약간 불안할 뿐이다. 나는 텔레비전을 보고 있었다. 모든 기억과 외로운 감정들. 나는 이것을 설명할 수 없다. 이것은 내면 속 깊은 감정이다. 이것을 쓰고 있을 때, 나는 배가 죄어 오는 것을 느낄 수 있다. 나는 D가 아주 많이 그립다.

그런 다음 그녀는 몇 년 전 교통사고로 죽은 자신의 아들에 대한 생생한 기억에 관해 계속해서 세 페이지를 썼다. 그녀가 그때까지 말할 수 없었던 그 고통을 다시 돌아보면서 말이다.

다른 경우는 아주 확실한 카타르시스 방식으로 아주 많은 양의 글을 쓸 수도 있다.

어머니와 아버지에 의한 심한 신체 학대 및 성적 학대와 관련한 증상을 가지고 있는 노동자 계급의 한 중년 여성은 자신의 고통, 분노, 자기혐오를 표현하면서 일기를 부모에게 보내는 장문의 격정적인 편지로 삼았다. 이는 그 자체로 확실히 그녀의 치료에 도움이 되었을 것이다. 또한 심리치료에서도 중요한 기능을 했다. 그 글의 양이 너무 많아서, 다음 회기 전에 내가 읽을 수 있도록 그 노트를 두고 가도록 하곤 했는데, 그동안 그녀는 또 다른 노트에 계속 글을 썼다. 그녀가 나에게 그런 일들을 말로 표현하는 것보다 처음부터 글로 쓴 것을 맡기는 편이 훨씬 쉬웠다. 일단 내가 그 저널을 읽고 그런 일들이 있었다는 것을 알게 되면, 우리는 그것에 대해 대화할 수 있고 그것을 처리할 수 있었다. 처음에 그녀는 내가 믿지 못하거나 자신을 거부할까 봐 걱정했다. 그래서 그녀의 글에 대한 나의 지속적인 수용, 격려, 존중은 치료관계에서 중요한 부분이 되었다.

내담자의 삶에서 중요한 사람들에게 쓰는 편지

치료적 맥락에서 큰 도움이 될 수 있고, 유용하면서 보편적으로 사용하는 또 다른 글쓰기의 형식은 말로 하기 불가능한 것처럼 보이는 힘든 감정을 표현하는 수단으로 내담자의 삶에서 중요한 사람에게 쓰는 '보내지 않는 편지'다. 이러한 편지는 이미 죽은 누군가에게, 특히 애도가 불충분했거나 내담자가 말하지 못한 것이 남아서 후회하고 있는 사람에게 보낼 수 있다. 다른 경우, 보내지 않는 편지를 통해서 내담자는 자신의 삶에서 중요한 사람에 대한 긍정적 감정과 부정적 감정의 복잡함을, 실제 반응을 다룰 필요 없이 완전히 탐색할 수 있는 자유를 갖는다.

H는 7세에 암으로 아버지를 여읜 여성이었다. 자신이 어렸기 때문에 병원에 있는 아버지를 방문하지도, 장례식에 참석하지도 못했다. 그녀의 신체적 증상은 수년 뒤 그녀의 어머니가 죽은 뒤부터 시작됐는데, 그때도 어머니의 죽음에 대해 거론할 수 없었다. 왜냐하면 의사들이 어머니에게 본인이 죽어 가고 있다는 사실을 말하지 말도록 충고했기 때문이다. 어머니에게 보내는 그녀의 편지는 이 두 가지 상실에 대해 이야기했는데, 그녀 자신의 죄의식, 상실감, 애정뿐만 아니라 어머니에 대한 자신의 노여움을 표현했다. 그리고 그녀의 편지는 자신의 치료에서 가장 중요한 지점을 보여 주었다.

다른 상황에서 보내지 않는 편지들은 카타르시스와 편지가 제공하는 감정에 대한 탐색을 통해서, 역시 글쓴이로 하여금 자신의 삶에서 중요한 사람들과 실제로 어떻게 소통할지에 대해 곰곰이 생각할 수 있게 한다.

신체 일부 또는 증상에게 글쓰기

내가 함께 작업했던 강한 정신신체적 증상을 나타냈던 많은 사람들은 자신의 몸에 많은 관심을 집중하고 있었다. 이러한 경우, 만약 정신신체적 증상이 힘든 정서를 표현하거나 이들의 삶에서 정서적인 역할을 할 수도 있다는 것을 이해하는 하나의 방편으로 보인다면, 자신의 증상이나 신체의 일부에게 글을 쓰도록 제안하는 것이 도움이 될 수 있다.

한 여성은 자신의 배에 대해 심각한 혐오감을 가지고 있었다. 나는 그녀가 자신의 배에 대해 어떻게 느끼는지 이야기하면서 배에게 글을 쓰도록 제안했다. 그녀는 배가 축 늘어지게 되면서 자신을 얼마나 우울하게 했는지, 그리고 얼마나 많이 혐오했는지에 대해 자신의 배에게 이야기하면서 아주 심한 분노에 찬 비판의 글을 썼다. 다소 실망해서 나는 그녀가 상상의 답장을 쓰도록 제안했고, 그녀는 그렇게 했다. 그녀의 배는 자신이 그녀의 아이들을 어떻게 길렀는지, 그리고 자신이 심한 혐오와 비판을 받는 것이 얼마나 힘든지 그녀에게 지적했다. 이를 통해 그녀는 학대받은 어린 시절에 받은 상처를 다소 치유하면서, 자신의 삶과 자신에 대한 감정에 대해서 많은 문제들을 제기했다.

마찬가지로 내담자들이 과민성 대장 증상, 습진이나 요통 등 증상에게 쓰는 편지와 증상이 쓴 답장에 의해 도움이 되는 것처럼 보인다면, 이들은 자신의 질병에 대한 양가적인 감정을 치료하는 것을 이해할 수 있을 것이다. 이는 문제, 고통, 좌절, 제약과 동시에 질병이 제공할 수도 있는 보상과 보호나 동료애를 인식하도록 할 수도 있다. 때로는 증상으로 분열된 내담자의 인격 중 인정받지 못한 측면이 그 뒤부터 서서히 통합될 수 있다.

인격 중 갈등을 일으키는 부분에 대해 글쓰기

한 개인이 특정한 정서와 감정을 억누르려고 하고 있는 경우에, 이들의 인격 중 이 부분을 표현하도록 권장하는 것은 도움이 될 수 있다.

30대 여성이 성병에 대한 강박적이고 근거 없는 공포 때문에 상담을 받으러 왔다. 그녀는 자신의 삶을 가족에게 바치면서 헌신적인 아내와 엄마가 되기 위해 열심히 노력하고 있었다. 그런데 종종 그녀는 파티에서 술에 취해서 당혹스럽게도 추파를 던지는 행동을 하곤 했고, 그 뒤에는 심한 죄의식과 수치심을 느꼈다. 나는 그녀가 자신의 이러한 양면성(마치 다른 두 사람 같은 충실한 엄마와 경박한 요부)에 대해 글을 쓰고, 각각이 나머지 다른 모습에 대해 어떻게 생각하는지 상상해 보도록 제안했다. 그녀는 충실한 엄마 페르소나[4]가 대체로 자신의 삶을 좋아했다고 썼고, 경박한 요부는 이기적이고 당황스럽게 하고 있다고 생각했다. 그러나 그녀가 자신의 섹시함과 나쁜 여자 이미지를 부러워한다는 것을 깨달았다. 경박한 요부는 충실한 엄마가 다소 단조롭고 극히 평범하다는 것을 발견했지만, 그녀의 안전과 안정을 부러워했다. 이는 내담자가 자기 인격의 이러한 두 가지 측면을 통합하는 방법에 대해 고민할 수 있게 해 주었다. 그녀는 색소폰 연주를 배움으로써 오랜 야망을 충족시키기로 결심했고, 밴드에 참여함으로써 아주 멋진 옷을 입을 수 있고, 안전하고 즐거운 방법으로 섹시하고 과시욕이 강한 페르소나를 선택할 수 있게 되었다.

Cheryl Moskowitz는 백혈병을 앓고 있는 한 여성으로 하여금 건강한 자신과 병든 자신에 대해 글을 쓰도록 했는데, 이 여성과 함께 발전시킨 좀 더 확장된 글쓰기 훈련에 대해 설명하고 있다(Moskowitz, 1998).

치료사의 글쓰기

치료사의 글쓰기 역시 치료 과정을 증대시키고 강화시킬 수 있다. 과민성 대장 증상에 관한 조사 연구에서, 연구 저자는 단기 정신역동적 대인관계 치료 모델의 필수적인 한 부분으로서(Howlett & Guthrie, 2001) 인지분석치료(Ryle, 1990과 이 책 제6장 참조)에서 사용한 것과 비슷한 작별 편지를 사용했다. 이 작별 편지는 신체 증상과 회기 중 발견된 정서적 요인들 사이의 관련성을 강화하기 위해서 사용되었고, 신체화 경향을 가진 내담자들이 통찰을 계속 유지하는 것이 매우 어렵다는 것을 알게 되어 통찰을 유지하기 위해서 사용되었다. 이 작별 편지

4 역주: 페르소나(Persona)는 Jung이 도입한 개념으로, '연극의 가면'을 의미하는 라틴어에서 유래했다. 즉, 페르소나는 자신을 방어하기 위해 쓰는 가면 혹은 공적 얼굴을 말한다.

에는 치료 과정에서 내담자들이 이룬 진전과 치료가 끝난 후 계속해서 작업할 필요가 있는 것에 대한 지시사항을 적었다. 편지 초안은 마지막 회기에 환자가 소리 내어 읽도록 했고, 개정과 정정의 과정을 거쳐서 치료사와 내담자가 선택한 마지막 버전은 이들이 함께 행복함을 느끼게 했다.

환자들이 작별 편지를 어떻게 활용하는지에 대한 한 후속 연구에서, 치료에 잘 반응했던 사람들은 작별 편지를 치료에서 중요한 보조 역할로 활용했고, 간직했다가 다시 읽었다. 때로 자신의 삶에서 중요한 사람들과 공유했으며, 아마도 치료의 메시지를 강화하기 위해서, 그리고 이따금 어려움에 대해 자신을 지탱하고 치료의 상실감에 대처하기 위해서 실제 치료사 대용으로 사용한 것으로 나타났다.

그러나 결과가 나빴던 치료의 경우에 작별 편지는 덜 효과적일 수 있다. 그리고 어쩌면 일부 경우에 작별 편지는 고통을 경감시키기 위한 시도가 또다시 실패했다는 것을 혹독하게 상기시키는 역할을 하고, 내담자가 여전히 회피하고 있는 정서적 문제들을 일으키며 심지어 해로울 수도 있다.

의식의 중요성

정신신체적 성향을 가진 사람들이 삶을 경험하는 곧이곧대로의 방식 때문에, 이들에게 의식ritual은 특히 중요할 수 있다. 그렇기 때문에 완성된 글을 가지고 무엇을 할지 내담자와 함께 고민하는 것은 치료 과정의 중요한 부분일 수 있다. 각각의 사람들은 자신의 진전에 대한 기록으로 그 글을 간직하려 할 수도 있고, 그것을 치료사가 안전하게 보관하도록 남겨 둘 수도 있으며, 이들에게 특별히 중요한 장소에서 소리 내어 읽고 싶을 수도 있다. 또 그것을 불태우는 의식을 할 수도 있고, 그것을 갈기갈기 찢어 버리거나, 심지어 변기에 흘려 보낼 수도 있다. 이들이 어떤 의식을 고안해 내든 그것은 이들이 심리적으로 확실감을 가지고 앞으로 나아가도록 하는 중요한 방법이 될 수 있다.

정신신체 성향을 가진 내담자에게 도움이 되는 특별한 글쓰기 방법

가장 중요한 치료 목적은 감정을 느끼고, 표현하고, 소통하고, 처리하는 것을 어려워하는 사람들을 위해 그러한 능력을 길러 주는 것임을 명심하면서, 글쓰기를 통해 다음과 같이 다양한 방식으로 도움을 줄 수 있다.

- 감정에 집중하고 이를 의식적 깨달음으로 만들면, 이는 숙고되고, 공유되고, 정상화되고, 이해될 수 있다. 이는 종종 아주 새로운 경험이 된다.
- 증상과 내담자 삶의 다른 측면, 특히 정서적 요인 사이의 관련성을 확인하고 보여 줌으로써 그다음 이러한 정서적 요인에게 말을 걸 수 있는 길을 열어 줄 수 있다.
- 글쓰기는 감정과 사고에 대해 사적으로 경험하고 표현하게 하는 개인적인 활동이다. 이는 항상 감정을 나쁘고 나약한 것으로 보거나 금기시해 왔던 사람들에게는 필수적인 첫 단계가 될 수 있다. 오랫동안 부인되어 왔던 감정은 아주 고통스럽고, 위험스럽고, 두렵게 느껴질 수 있다. 그러나 일단 이 첫 단계를 거치고 나면, 치료와 중요한 대인관계 모두에서 사고와 감정을 나누는 것이 더 쉬워진다. 글쓴이는 이것이 어떻게 이뤄지는지를 관리하고, 글 자체나 그 경험들, 그리고 이를 통해 촉진되었던 통찰을 나눌 수도 있다.
- 글쓰기는 중요한 카타르시스 역할이나 '내 머릿속에 있는 것들을 없애 버리는' 방법, 즉 걱정과 감정을 치료하는 방법으로 기능할 수 있다. 그래서 걱정과 감정은 치워 버릴 수 있고, 끝없이 계속해서 반추되기보다는 오히려 더 생산적으로 숙고될 수 있다.

- 글쓰기는 치료적 상호작용의 또 다른 양상인 전이와 역전이 문제를 표현하고 확인하기 위한 매체가 된다. 이는 글의 내용으로 또는 내담자가 글쓰기 과제를 하거나 하지 않는 방식으로, 상담 회기에 열심히 글을 가져오거나 아니면 가져오는 것을 꺼리는 방식 등으로 표현될지도 모른다. 흔히 말해 심리학적 마음가짐이 거의 없다고 할 수 있는 이런 내담자 집단과 함께할 경우, 치료 과정을 이들과 함께 성찰하는 것은 어려울 수 있는데, 기본적인 과정에 대해 이 같은 표현을 보여 준다면 이를 다룰 확실한 추가 수단이 필요하다.
- 신체화 증상을 가진 내담자들과 함께하는 경우, 감정에 대한 의식적 깨달음이나 이해를 종종 무시할 때가 있는데, 그러면 감정은 즉시 신체적인 방식으로 표현된다. 표현하고 있는 그 감정에 대해 그 개인이 확인하지 못한 채 말이다. 이러한 내담자들은 갑자기 자신이 숨을 가쁘게 쉬거나 신체적으로 동요하는 것을 발견할 수도 있고, 또는 이유도 모른 채 두통이나 목이 메는 것을 경험할 수도 있다. 치료의 과업은 이 계기들을 확인하는 것이고 감정적 고리들을 메우는 것이다. 글쓰기라는 육체적인 행위는 유사한 메커니즘을 가지는 것으로 보인다. 검열하지 않고 자유연상 방식으로 글쓰기를 할 때 종종 사람들은 드러난 것에 대해 스스로 놀라게 된다. 즉, 대부분 이들이 의식하기 전에 그 일들을 글로 쓰는 것처럼 말이다. 종이 위에 감정들을 새기고 나면, 그들이 갖고 있었는지도 몰랐던 그 감정에 대해 생각하게 하고 처리하게 한다. 그러므로 글쓰기는 무의식으로부터 감정과의 관련성을 사고와 이해의 영역으로 끌고 가는 역할을 할 수 있다. 글쓴이가 자신의 경험을 상징화하기 시작하도록 도우면서 말이다.
- 글쓰기 과제는 내담자가 더 적극적으로 참여하도록 격려하기도 한다. 그래서 내담자는 회기와 회기 사이에 그 문제에 대해 계속해서 숙고하게 된다. 회기 후에 자신의 마음에서 치료와 감정적 문제들을 사라지게 하는 경향이 있고, 통찰과 이해를 계속 유지하는 것이 어렵다는 것을 알게 된 집단에게

는 이것이 특히 중요하다. 그렇지 않으면 이들은 회기 사이에 감정적 문제들에 대해 계속해서 작업하지 않고, '나에게 접근하지 못하게 하라'는 식의 옛날 패턴으로 되돌아가기 쉽다.

글쓰기가 도움이 되지 않을 때

글쓰기는 대면치료 작업을 확대시키고 풍부하게 하고 촉진시키기 위해서 많은 것을 할 수 있는데, 치료사는 글쓰기가 정말로 이처럼 고양시키는 역할을 한다는 것을 확신하면서 글쓰기를 현명하게 사용하는 것이 중요하다.

Wright와 Lowe(이 책 제1장과 제2장 참조)는 정신장애가 심한 정신분열증 환자나 외상 후 스트레스 장애를 앓고 있는 만성 우울증 내담자들에게 글쓰기를 제안할 때 주의를 요한다고 말한다. 글쓰기는 치료 과업을 방해하고 딴 데로 주의를 돌리게 할 수 있다. 어떤 내담자는 다량의 글을 가지고 오는데, 만약 그 시간에 치료사가 그 글을 읽는다면 그 회기의 대부분 시간을 글 읽는 것이 차지해 버릴 것이고, 치료실에서 내담자가 참여할 수 있는 가능성을 막아 버릴 것이다. 모든 정서적 표현을 함께 공유하고 작업하기보다는 오히려 회기 밖에서 표현하는 것이 그것을 안전하게 봉인할 수 있다는 것을 의미하기도 한다.

다른 경우, 내담자가 글쓰기 과제에 수동적으로 응할 수도 있는데, 그러면 이는 '치료사를 위해서' 과제를 하는 것이 되어 버리고, 역설적이지만 내담자가 자기 자신의 문제와 싸우는 데 있어서 적극적인 역할을 취하는 것을 면제해 주게 된다.

치료사가 잠재적 함정을 조심하는 것과 그 함정을 알리거나 치료적 대화로 끌어들이는 방법을 찾는 것은 언제나 중요하다.

결론

『맥베스』에서 셰익스피어는 우리에게 "슬픔이 말하게 하라."라고 이야기 한다. 말하지 않은 슬픔은 걱정스러워하는 마음을 일러바쳐서 마음이 상처받게 하기 때문이다. 이 인용문은 흔히 인지하는 것보다 더 많은, 있는 그대로의 현실성을 가지고 있다. 신체적인 방식으로 감정을 표현하는 내담자들과 함께 작업할 때, 이들이 자신의 감정을 말로 표현하는 것뿐만 아니라, 감정을 글로 적음으로써 그러한 말에 물리적인 실재를 제공하는 것도 중요한 것처럼 보인다. 역설적이지만, 이 같은 감정의 글로 된 외적 표현은 종종 이들이 내적 자기로 되돌아가도록 하고, 처음으로 진실한 경험을 하게끔 할 수 있다.

참고문헌

Bick, E. (1968). The experience of skin in early object relations. *International Journal of Psycho-Analysis, 49*: 484-486.

Bick, E. (1986). Further considerations on the function of the skin in early object relations. *British Journal of Psychotherapy, 2*: 292-299.

Freud, S. (1905). *Psychical (or mental) Treatment* (standard edition), 7: 283-302. London: Hogarth Press.

Howlett, S., & Guthrie, E. (2001). Use of farewell letters in the context of brief psychodynamic-interpersonal therapy with irritable bowel syndrome patients. *British Journal of Psychotherapy, 18*(1): 52-67.

McDougall, J. (1989). *Theatres of the Body*. London: Free Association Books.

Meltzer, D. (1974). Adhesive identification. In D. Meltzer, *Sincerity and Other Works: Collected Papers of Donald Meltzer* (A. Hahn, Ed.), pp. 335-350. London: Karnac, 1994.

Moskowitz, C. (1998). The self as source: creative writing generated from personal reflection. In C. Hunt & F. Sampson (Eds.), *The Self on the Page: Theory and Practice of Creative Writing in Personal Development*. London: Jessica Kingsley.

Nemiah, J., & Sifneos, P. (1970). Affect and fantasy in patients with psychosomatic disorders. *Modern Trends in Psychosomatic Medicine*, vol. 2. London: Butterworth.

Ryle, A. (1990). *Cognitive Analytic Therapy: Active Participation in Change*. Chichester: Wiley.

Winnicott, D. W. (1960). The theory of the parent–infant relationship. *The Maturational Processes and the Facilitating Environment*, pp. 37–55. London: Karnac Books, 1990.

제9장

나는 글을 쓸 때 생각한다
외국 유학생들의 개인적인 글쓰기 사용

Colin Lago

그는 시력을 잃을까 봐 두려워서 일기 쓰는 것을 그만두었고, 이는 일종의 죽음과 같았다고 말했다.

(Tomalin, 2002: xxxvii, 279)

나는 항상 매일매일 무언가를 글로 써야만 한다. 내가 아무것도 쓰지 않은 날은 사막이다.

(Fowles, 1998: 6)

도입

"나는 글을 쓸 때 생각한다."는 구절은 몇 년 전 면접 상담에서 한 중국 학생이 아주 즉흥적으로 말한 것이다. (이 장에서 기술한 조사에서도 똑같은 구절을 전혀 다른 지역 출신의 또 다른 유학생이 표현했다.)

장 도입에서 사용한 두 인용문(첫 번째 인용문은 17세기 일기 작가 Samuel Pepys를 언급한 것이다)을 통해 작가 자신을 위한 글쓰기가 매우 큰 실존적 가치를 가진다는 것을 실증한다.

이 장은 영국 대학의 일부 유학생들이 자신의 '개인적' 글쓰기 활동에 관해서 설명한 내용을 종합하려고 시도한 것이다. 영국에 있는 대다수 유학생들은 18~30세 사이이다. 그들은 고등교육을 추구할 목적으로 상당 기간 동안 자신의 나라 이외의 다른 나라에서 살기로 한 집단(현재 영국에서 공부하고 있는 약 10만

명의 학생들로 구성됨)이다. 그러므로 이 장은 서로 다른 문화 속에서 체류하는 동안 이들의 글쓰기 경험(그리고 글과 함께한 경험)에 초점을 맞추었다.

다음의 단기 연구는 '개인적 글쓰기'의 치료적이고도 교육적인 잠재성을 다시금 강조하고 있고, 이러한 글쓰기를 통해 글을 쓰는 이가 문화이동의 불가피하고 때로는 고통스러운 결과인 개인의 정체성에 대한 수많은 도전과 싸우는 데 어느 정도 도움을 얻을 수 있는지를 보여 주고 있다.

초기 조사

글쓰기에 관해서라……. 나는 줄곧 글쓰기를 하고 있다. 그리고 내가 집을 떠난 이후 더욱 그렇다……. 이메일은 지금 내가 존재하는 생명줄이다! 나는 그저 모든 것에 대해 글을 쓴다……. 이것은 아주 많이 나를 도와준다……. 자기반성 introspection이랄까…….

(다음 연구를 위해 면접한 유학생)

영국에 있는 대부분의 대학과 마찬가지로 셰필드 대학교에는 꽤 많은 수의 유학생이 있다(110개국 출신 약 3,700명 정도, 2002년 조사). 대학과 학생회가 이러한 학생들에게 부여하는 광범위한 교육적 · 사회적 기회 중에는, 영국에서의 경험을 성찰한 유학생들이 쓴 글을 모은 연간 간행물이 있다. 『SWIRL(*So What's It Really Like?*)』이라는 제목의 이 간행물은 글쓴이에게 자신의 경험에 대해 글을 쓰는 것을 통해서 성찰할 기회를 제공할 뿐만 아니라, 다른 학생들에게도 큰 가치가 있다. 독자로서 다른 학생들은 이 글에서 자기 자신이 경험한 측면을 인식할 수도 있고, 그래서 위로를 받을 수도 있다.

이 장은 셰필드 대학교에 있는 필자가 유학생들을 면접한 것에 대해 초기 분석을 한 것이다. 이 대학에 있는 모든 유학생들에게 한 통의 이메일을 돌렸는데, 이메일은 '개인적 자원으로서 글쓰기'를 자연스럽게 사용했던 사람들에게 이러한 그들의 행위에 대해 면접을 하기 위한 초대장 형식이었다. 결국 네 명의 학생들이 면접에 응했다. 면접을 한 사람들의 수는 적었지만, 다음 텍스트는 개인적 글쓰기에 속하는, 특히 다른 문화적 환경에서 영국으로 온 개인들의 관점과 관련해서 어떤 중요한 주제와 독특한 요소를 보여 주고 있다.

각각 한 시간 가량 면접을 하고 이어서 그 문맥에 대해 필자가 간단히 소개했는데, 본질적으로 '피면접자'가 아니라 그들이 드러낸 이야기의 내용과 깊이에 방향을 맞추었다. 피면접자들 역시 자신의 신분이 비밀로 부쳐지고, 개인을 식별할 수 있는 특징은 익명성을 보장하기 위해 제거되거나 고쳐질 것이라는 데 안심했다. 이러한 단기 연구의 전체적인 의도는 피면접자들의 개인적 글쓰기 경험에 대한 직접적이고 현상학적인 일련의 설명을 수집하려는 시도였다. 다음의 면접 내용은 단지 필자가 인정한 핵심 주제들이었고, 이는 그다음 문단에 세부적으로 나타나 있다.

흥미롭게도 네 명의 피면접자들 모두 다음의 (필자가 인정한) 핵심 주제 안에서 자신의 글쓰기와 관련한 이야기를 했다.

- 글쓰기를 시작한 생애 시점
- 개인의 정체성 문제와 이에 대한 도전
- 글쓰기 할 때 사용하는 언어와 그 언어에 따른 경험의 차이
- 치료적 글쓰기: '문제 훈습하기'

네 번째 주제는 다음의 하위 주제로 더 세분되었다.

1. 심리적 '그릇'으로써 글쓰기
2. 이해를 위한 개인적 방법으로써 글쓰기

3. 대인적 가치를 지닌 글쓰기

또한 피면접자들에게 독특한 부가적 요소도 여러 개 기록했는데, 이것은 다음에서 논의할 것이다.

핵심 주제

글쓰기를 시작한 생애 시점

나는 항상 일기나 저널을 써 왔어요. 열 살 이래로 또는 아마도 그 이전부터.

(피면접자 1)

나는 지금까지 적어도 10년 동안 일기를 써 왔는데, 어떤 때는 매일 밤 일기를 쓰고, 어떤 때는 한 달에 한 번만 써요.

(피면접자 2)

나는 아주 어렸을 때부터 짧은 시나 내 부모님, 신, 내 인형에 대한 우스운 일 같은 것을 적는 작은 책을 가지고 있었어요……. 엄마만 알고 있었고, 엄마는 나를 격려하곤 했어요……. 나의 어머니, 언니, 그리고 가장 친한 친구는 내가 다섯 살 정도였을 때부터 글을 쓰고 있다는 것을 알았어요.

(피면접자 3)

여덟, 아홉 살 정도였을 때 나는 지역 시 경연 대회에 참가했어요. 시는 '현장에서' 써야만 했어요. 그리고 나는 2개월 뒤 전국 대회에 출전했고, 마침내 우승했지요. 그 후 곧 나는 글을 쓰기 시작했어요.

(피면접자 4)

각 피면접자들은 자신의 '개인적인 작가'로서의 시작에 대해 면접 초반에 아주 짧게 언급했다. 한 참가자는 어린 시절 공동체적인 공간에서 자신의 가족과 함께 살았는데, 그곳에서는 전체 공동체가 집단의 요구를 알리는 방법으로서, 토론 의제를 작성하는 방법으로서, 그리고 우선순위를 정리하고 기억하는 방법으로서 목록 쓰기를 이용하는 식으로 글쓰기를 사용하고 있었다.

외부 영향을 통해서였든 (예를 들면, 피면접자 3의 경험에서는 엄마의 영향, 피면접자 4는 학교의 영향) 초기 내적으로 유발된 경험에서였든, 각각의 참가자들이 개인적 글쓰기를 아주 어린 나이부터 자기표현의 중요한 수단으로 채택했다는 것은 분명하다.

Daiute과 Buteau(2002)는 아동들에게 이야기적 글쓰기가 가치 있다는 것을 뒷받침하는 여러 개의 조사 연구를 인용한다. 이 연구는 이야기가 아동의 정체성 발달(Hermans & Hermans-Jansen, 1995)과 학습(Daiute & Griffin, 1993)에 도움이 된다는 지표를 보여 주고 있다. 아동들은 이야기를 통해 다른 문화에 동화된다(Nelson, 1993). 또한 이야기적 글쓰기는 잠재적인 청중과 자기 자신에게 말을 걸면서 사회적 위치를 결정하는 한 형태이기도 하기 때문에, 아동은 이를 자신의 정체성을 표현하거나 자신을 반영하기 위해 사용할 수 있다(Nystrand & Wiemelt, 1993). 이들 연구 결과는 글쓰기가 아동 및 청소년의 발달에 얼마나 중요할 수 있는지에 대한 가설과 본 연구의 피면접자들이 인정한 글쓰기의 가치와의 관련성을 지지한다.

개인의 정체성 문제와 이에 대한 도전

> 이곳에 있을 때, 나는 내 안에 있는 세 명의 다른 사람을 동시에 경험하는 것 같아요. 첫 번째는 이곳 문화에 따르는 현재의 나, 두 번째는 이곳에 오기 전 과거

의 나, 그리고 세 번째는 이제 2년간 이곳에 있은 뒤, 내 고유의 문화에 대해 인식한 나.

(피면접자 4)

다른 나라에서 사는 경험은 임시적인 것이든 영원한 것이든(선택된 것이든 아니든), 불가피하게 내가 누구인가에 대한 개인의 고유한 인식에 직면하게 한다. 해외 체류 경험이 처음일 경우 체류자가 자아와 정체성의 문제에 심각하게 직면할 수 있다. 다른 문화환경에서 생활하는 문제는 이전에 가졌던 신념, 가치, 관습, 관계에 아주 강력하게 맞서는 경험이 될 수 있고, 모든 스펙트럼의 민감한 정서 반응이 야기될 수 있다. 흔히 '문화적 충격' 또는 '이주장애uprooting disorder'(Adler, 1975; Golan, 1980; Furnham & Bochner, 1986; Fisher, 1989)로 언급되는 이 경험은, 심리학적으로 다른 심각한 형태의 인간적인 변화와 상실(예를 들면, 실직, 신체적 절단, 사랑하는 이의 상실 등)과 비교되어 왔고, 최악의 경우에는 일정 기간 동안 나쁜 정신건강상태를 불러올 수도 있다.

내가 처음 이곳에 왔을 때 아주 힘든 시간을 보냈는데, 향수병에 걸렸던 것이었어요. 게다가 이러한 성찰 활동[글쓰기]을 위해 시간이 필요하다는 정당성을 내 남자친구에게 증명해 보이는 것도 아주 힘들었지요. 결국 나는 그에게 매일 아침 한 시간이 필요하다고 말해야만 했어요.

(피면접자 1)

이처럼 확인된 핵심 주제는 각각 불가피하게도 글쓰기 활동을 통해 나머지 주제와 교차한다. 이 인용문은 이미 글쓰기의 치료적 사용과 매우 깊은 관련이 있다. 글을 쓰는 이가 자신의 일상적 경험을 분류하고 이해하는 하나의 방법으로

써 규칙적으로 자신의 일상적 경험을 성찰할 필요성을 스스로 확인하고 있다.

현재 2년 동안 영국에 살고 있는 피면접자 4는 많은 글쓰기를 하고 성찰을 하고 난 뒤에 "이러한 세 가지 참조점들이 분명히 나에게 존재하는데, 이것들은 아주 단순히 시간에 의해 나눠지지 않아요. 나는 여전히 변화하고 있어요……."라고 단언할 수 있었다. 그녀가 자신의 다양한 신념을 풀어 내고 조사하기 위해서 글쓰기를 사용하는 하나의 예로, 자신의 채식주의에 대해 언급했는데, 이는 자신의 문화 및 종교적 뿌리와 관련이 있었다.

그러나 나는 이곳의 채식주의자들과 달라요……. 유럽에서 부활절 휴가 동안 나는 달걀을 먹는 문제에 부딪혔지요. 그것을 먹는 게 뭐 어떠냐고? 내가 생각하기로는…… 달걀은 닭으로부터 왔어요.…… 이 문제는 얼마든지 간단한 것처럼 보일 수도 있지만, 이것은 내 고국에서의 많은 문화적 가정들을 고려하게끔 했어요……. 그래서 나는 이 문제를 좀 더 이해하기 위해 이 문제에 대해 글을 썼어요.

글쓰기를 통해서, 주인공들은 자신을 발견하는 그 세계 안에서 자신이 누구인지에 대한 성찰을 위해서 필요한 강력한 매체에 접근할 수 있다. 좀 더 대중적인 인물의 경우를 들자면, 작가 John Fowles[1]는 글쓰기와 자신의 관계를 그 자체가 '되는 것'으로 표현했다. "나는 내 스스로를 작가가 되기 위해 작품을 포기하는 사람으로 생각하지 않는데, 나는 결국 작가가 되기 위해 작품을 포기하고 있다(Fowles, 1998: 7)."

인종 및 민족 정체성에 대해 연구하는 Helms(1990), Carter(1990)와 같은 연구

1 역주: John Fowles(1926~)는 영국 문단의 원로 작가로 1963년 『콜렉터(*The Collector*)』로 문단에 데뷔해 주목을 받았다. 그 밖에도 『마술사(*The Magus*)』 『프랑스 대위의 여자(*The French Lieutenant's Woman*)』 등의 작품이 있다.

자들이 수행한 개척적인 연구가 영구 거주 지역에서 수행되고 적용되어 왔지만, 다른 나라에 (무슨 이유가 됐든) 심지어 임시적으로 살고 있는 사람들 역시 새로운 환경에 대한 자신들의 반응과 자신들에 대한 거주 지역사회의 반응에 직면해서 현재의 자신을 변경해야 하는 문제에 맞닥뜨리게 된다.

자신의 자기인식에 대한 이러한 이질적인 문화적 경험의 영향은 정말로 큰 것이고, 그렇기 때문에 '충격'과 '장애'라는 용어가 이러한 경험에 의해 영향받은 사람들 사이에서 상당히 인정받고 수용된다는 것은 놀랄 일이 아니다. 그럼에도 Adler(1975)는 이러한 경험 속에서 개인적 성장과 발전을 위한 긍정적인 잠재성을 언급하기도 했다. 개인적 글쓰기를 이용하는 것을 통해서 문화적 변화를 경험한 사람들은 자신의 안정감과 자기인식의 변화와 관련해 상당한 이득을 얻는 것으로 보일 것이다.

글쓰기를 할 때 사용하는 언어와 그 언어에 따른 경험의 차이

최근 몇 년간 나는 일기를 완전히 영어로만 쓰고 있어요.

(피면접자 2)

피면접자들이 글쓰기를 이용하기 위해 선택한 언어가 굉장히 중요하다는 것이 입증됐다. 여기서 '언어'는 국가 언어(표준 언어)와 사투리의 사용 모두를 언급하기 위해 사용한다. 분명히 말해서 영어가 자신의 모국어가 아닌 나라에서 온 학생들에게는, 영국에 있는 동안 자신의 개인 용도를 위해 결국 사용하게 된 언어를 어느 정도 의식 수준에서 선택해야만 했다. 왜 이들이 다른 언어보다 오히려 그 언어로 썼는지에 대한 이유가 피면접자들에게 항상 분명한 것만은 아니었음에도 말이다.

나는 6년 전 처음 영국에 와서 6개월간 있었는데, 이러한 경험을 가장 잘 이용하기 위해서 영어로 글을 쓰기 시작했어요……. 나는 3년 반 전에 다시 왔어요……. 내 남자친는 스페인어를 써요. 그래서 우리는 공통 언어로 영어를 사용해야만 했어요. 아무튼 우리는 아이가 그렇게 하듯이 이렇게 새로운 언어[영어]를 선택하게 되는데, 사람들은 당신에게 신중하면서도 간단하게 말하고 기술적인 단어나 긴 단어를 피하려고 노력할 거예요.

(피면접자 2)

이 피면접자에게는 이처럼 신중하면서도 단순화된 영어의 습득이 자기 자신의 언어와의 차이점을 상기시켰는데, 그녀의 나라에서 일반적으로 다소 경멸적으로 인식되었던 자신의 '강한 구어적 사투리'와는 대조적으로 영어는 형식적인 구조를 가지고 있다. "나는 내 사투리를 아주 많이 좋아하는데, 이것은 아주 다채로워요. 당신은 두 가지 언어[그리고 사투리들?]로 두 명의 다른 사람이 될 수 있어요. 사람들은 다른 일들에 대해 두 가지 언어로 이야기할 수도 있어요." 이야기하는 것과 마찬가지로, 어떤 한 언어로 글을 쓰는 것은 다른 언어로 쓰는 것과 비교해서 글을 쓰는 이들에게는 다른 의미의 차이를 낳았다.

영어가 모국어가 아닌 3명의 피면접자들은 각각 자신이 글을 쓰고 있을 때 문장 안에서 자신들이 사용하고 있는 언어를 섞어 쓰지 않았다고 말했다. 가령, 이들이 일본어로 글을 시작했다면 이들은 계속해서 일본어를 사용했다. 이는 필자로 하여금 언어를 저장하기 위한 뇌 속의 신경체계에 대해 곰곰이 생각하게 했고, 이러한 언어 저장고가 분리된 저장소들로 유지되고 있는지 궁금하게 했다. 물론 분리된 저장소는 번역이라는 행동을 통해서 연결될 수 있지만, 글쓰기를 하는 동안 이것은 쉽게 전환되지 않는다.

그렇지만 앞에서 볼 때 부득이하게 사용할 언어를 선택하는 것은 단일 언어를 사용하는 사람이 이용할 수 있는 것보다 특별한 의미, 설명, 성찰을 표현하기 위해 좀 더 넓은 스펙트럼을 제공한다는 사실은 분명하다.

치료적 글쓰기: '문제 훈습하기'

이 주제에서는 세 가지로 분리된 하위 주제를 확인했다. 이 증언은 각각의 피면접자에게 글쓰기가 세 개의 다른 영역에서 치료적 가치를 가지고 있는 것으로 보였다는 것을 나타냈다. 즉, (a) 심리적 '그릇' 으로써 글쓰기의 가치, (b) 개인적 이해를 향상시키는 근원으로써 글쓰기의 가치, (c) 대인적 가치를 지닌 것으로써 글쓰기의 가치다. 이러한 주제를 다른 주제 사이에서 Huizinga(1987, 1993)와 같은 저자들이 확인해 왔다. 류머티즘 환자들에게 글쓰기의 사용을 도입한 Huizinga의 개척적인 연구 작업은 이후 네덜란드에서 좀 더 큰 규모로 진행되었다. 다음은 이 세 가지 하위 주제에 대한 각각의 예다.

① 심리적 '그릇'으로써 글쓰기

> 나는 내 자신, 친구들, 가족에게 이메일을 써요. 그러나 종종 그 이메일을 보내지 않기로 결정하지요. 그럼에도 여전히 그 이메일은 나에게 큰 도움이 돼요.
>
> (피면접자 4)

글쓰기 자체는 그릇, 다른 말로 하면 '심리적으로 머무는 정거장'이 된다. 글쓴이는 글을 통해 성찰을 한 후에, 글로 적은 것을 머물던 곳에서 목적지로 이동시키거나 거기에 그것을 남겨 둘 수 있다. 심리적으로 글쓴이는 생각과 감정을 글을 통해 표현했다는 안도감을 경험할 수 있고, 그렇기 때문에 이러한 주제를 강박적으로 오래 생각하거나 회피와 부인하는 데 정신적 에너지를 소비할 필요가 없다.

> 글쓰기는 당신과 당신의 마음을 종이 위에 옮겨요……. 당신은 마음이 자유로울 때 어디든 갈 수 있어요……. 그러나 당신의 마음이 자유롭지 않을 때는 당신의 머릿속 구석, 당신이 빠져나갈 수 없는 시나리오 속에서 당신 자신을 그릴 수 있어요. 나는 종종 정화된 느낌을 받으면서 내 글로부터 빠져나오죠……. 또 당신이 그것[그 글]을 내려다보고 있을 때, 그 글은 당신이 그것에 대해 생각하고 있을 때만큼 그렇게 크게 보이지는 않아요……. 글은 그 글의 내용을 축소시키죠.
>
> (피면접자 1)

이러한 점은 피면접자 1의 인용문에서 훨씬 더 명백하다. 게다가 그는 개인적 긴장감이 줄어들고 그 경험이 강렬하지 않게 되면서, 관심사에서 점점 더 거리감을 느낀다고 보고했다.

② 이해를 위한 개인적 방법으로써 글쓰기

> 나는 내가 그것을 글로 쓴 뒤에 그것이 어떠한지 더 잘 볼 수 있어요...... 글쓰기는 내 자신의 내면을 볼 수 있는 메커니즘을 제공하죠.
>
> (피면접자 3)
>
> 나는 처음에 내 자신에게 글을 써요. 왜냐하면 그러면 내가 정말로 문제를 가지고 있는지, 그리고 그것이 얼마나 큰 문제인지 볼 수 있기 때문이죠.
>
> (피면접자 4)

이 두 인용문은 글쓴이를 내담자와 공감적 응답자(치료사)라는 이중적 역할에 중심적으로, 동시에, 그리고 상징적으로 위치시킨다. 글쓴이의 '자기'는 이러한 과정에서 글쓰기에 의해 묘사되면서 더 많이 이해될 수 있고, '독자'의 공감적 이해 과정을 통해서 인식될 수 있다(글쓰기와 글 읽기 기능 모두 한 사람 안에서 수용된다.).

③ 대인적 가치를 지닌 글쓰기

> 글쓰기는 내가 어떤 이에 대해 느끼는 바나 내가 그들에게 말할 필요가 있는 것을 연습하도록 도와줘요……. 그러고 나서 이러한 '간단한 편지들'은 내가 실제로 그들에게 편지를 쓸 때 무엇을 말할지 연습하게 해 주죠.
>
> (피면접자 2)

이러한 글쓰기의 사용(예: 간단한 편지)은 흔히 창의적 글쓰기 임상심리사들에 의해 권장된다. 또한 이러한 글쓰기는 아주 최근에 이메일을 통해 소통하는 사람들에게 권장되고 있기도 하다. 이메일과 같은 매체는 읽는 이들 내에서 특히 강한 반응을 불러일으키기 쉬운 것처럼 보이는데, 읽는 이들이 화가 났을 때 즉흥적으로, 그리고 감정적으로 그 최초 글쓴이에게 반응할 수 있고 응수할 수 있기 때문이다. '독설'[2]로 알려진 이러한 '반사knee-jerk' 반응은 감정적인 혼란의 순간에 쓰이고 보내지는데, 그러면 영원히 후회할 수 있다. 먼저 시험적인 의사소통을 글로 쓰거나 당신이 느끼는 모든 것을 표현하는 것은 그것을 보내지만 않는다면, 좀 더 정확하고 잠재적으로 상처를 덜 주는 소통이 이루어지도록 할 수 있다.

이 글에서 피면접자는 그녀의 모국어로 쓰인 글을 '선물'로 경험했을 뿐만 아니라(이는 그들이 이전에 서신 왕래를 했을 때와는 달랐다), 간단한 편지라는 방법을 통해 확실히 그녀는 동일한 관심과 세심함, 그리고 예의로 보답하기를 원했다.

---

2 역주: '독설(flaming)'이란 인터넷의 익명성과 개방성을 악용하여 상대방에게 상처를 주는 행위를 뜻한다.

나는 여러 명의 친구들이 있는데, 이들의 언어는 내 언어와 달라서 우리는 영어를 사용해서 의사소통을 해요. 그러나 최근 일본인 친구가 내 모국어로 나에게 편지를 썼는데, 나는 이에 매우 진심으로 감사했어요. 왜냐하면 그가 내 모국어를 잘 알지 못하기 때문이죠. 나는 답장하는 데 훨씬 더 오래 걸렸는데, 아주 조심스럽게 답장하느라 그런 거죠. 물론 편지를 적기 전에 여러 개의 시험본을 써 보았어요.

(피면접자 2)

글쓰기를 통해 생긴 '유일무이한' 경험

여기서 사용한 '유일무이한'이라는 용어는, 특히 피면접자들 중 단 한 사람과 필자가 공유한 특별한 주제를 말한다. 다음 각각의 주제는 네 명 중 한 명에 의해 소개되었고 나머지 피면접자와는 공유되지 않았기 때문에, '유일무이한'이라는 용어가 가장 적절한 것으로 보이지만, 이는 세상에 있는 다른 사람들이 다음에 묘사된 것을 경험한 적이 없다는 것을 뜻하지는 않는다!

목록 만들기: 정리 원칙

피면접자 1은 정리하는 원칙의 하나로 목록 만들기 및 사용을 들었다. 목록은 다양한 방식으로 사용할 수 있었지만, 각각의 목록은 그녀에게 자신의 생활, 우선순위, 희망사항 등의 순서를 정하기 위한 하나의 방법을 제공했다. 물론 이 기법은 흔히 많은 사람들이 사용하는 것이다(예: 쇼핑 목록, 검토 주제, 연구 프로젝트 목록 등). 그러나 이 피면접자가 설명하고 있듯이, 목록의 가치는 정리 정돈 감각을 갖게 하고, 그녀가 직면한 많은 요구와 의무에 대한 우선순위를 정하기 위해서 그것을 사용한다는 데 있다.

목록 만들기에 대한 일반적인 비판은(특히 학습법 영역에서) 목록이 그것의 아주 직선적인 유형 때문에 순차적으로 결정되는 생각을 결정하게 된다는 것이었다(예를 들면, 첫 번째 항목은 두 번째 항목을 유도하고, 두 번째 항목은 세 번째 항목을 유도하는 식이다.). 그래서 이러한 직선적인 순서 배열하기는 목록화된 주제들의 중요성에 대한 위계화를 결정하거나 암시할 수도 있다. 그 뒤 (직선적이고 순차적인) 목록을 우선순위와 상대적 위치를 평가하는 데 이용할 수 있는 도표로 개조하기 위한 하나의 방법으로, '공간 도표'와 '브레인스토밍'을 '사고를 고양시키는' 규칙으로 도입했다.

명료화하고 우선순위를 정하는 이러한 후자의 방법이 자신의 목록을 만드는 데 아주 유용하다는 것을 발견했다는 것이 이 피면접자의 진술에서 분명하게 나타난다.

작가가 되는 것에 관해서

또 이 피면접자는 자신의 할아버지가 작가였다고 말했는데, 그녀는 이를 동경했다. 비록 그녀가 사람은 자신의 악마에 솔직하게 맞서야만 한다고 믿었을지라도 말이다. "당신은 글쓰기가 당신을 데리고 가는 곳에 열려 있어야만 해요. 이것은 하나의 훈련이에요. 당신 자신과의 계약은 절대적인 진실성이에요." 그러면서 자신이 앞으로 이러한 글쓰기의 가능성을 탐구하기 위한 시간과 공간 모두를 갖는다면 꿈 같을 것 같다고 말했다.

소리와 음악

> 내가 뭔가를 쓸 때, 때로 내 머릿속의 어떤 소리를 듣기도 해요……. 이것은 반드시 음악은 아니지만 음악일 수도 있어요. 때로 음악을 듣는 것은 글로 쓸 필요가 있는 것과 내가 느끼고 있는 것을 내가 좀 더 자연스럽게, 그리고 좀 더 정확하게 표현하도록 도와주기도 해요.
>
> (피면접자 3)

이 피면접자는 음악의 자극이 자신의 글쓰기 경험을 도와주고 있다는 것을 인정하고 있을 뿐만 아니라(사람들에게 흔한 경험이고 공부할 때 학생들이 흔히 경험하는 것이다.), 글쓰기에 동반되는 소리를 감지하는 경험을 말하기도 한다. 이는 글쓰기를 하는 동안 마치 그녀의 감각이 동시에, 그리고 서로 연결되어 작동하는 것 같았다(지난 몇 년 동안 다른 여러 학생들 역시 이러한 현상을 보고했다.).

글쓰기의 가치를 공유함으로써 타인들을 지지하기

피면접자 4는 자신보다 어리고 훨씬 불안한 학생을 상담해 주고 있었고, 그 불안한 학생에게 (그녀가 스스로를 돕기 위해 사용해 왔던) 글쓰기를 사용해 보라고 제안해서 그 학생이 시도해 본 후 아주 가치가 있다는 것을 배운 뒤 큰 만족감을 얻었다.

'전설' 만들기

피면접자 3은 영국에서 힘든 경험을 했던 적이 있었다. 이는 자신의 통제 밖의 이유로 인해서 비자발적으로 자신의 연구를 위해 또 다른 대학으로 이적한 것과 관련이 있었다. 어느 여름날 자신의 연구를 기록하는 시간 외의 휴식 시간 동안, 그녀는 긴 이야기를 글로 쓰기 시작했는데, 그 이야기를 '전설'이라고 불렀다. 그 이야기가 분명히 자전적인 영감으로부터 왔다는 것을 인정하면서, 그녀는 이 허구적 이야기가 하나의 이야기로 다른 사람들에 의해 쉽게 읽힐 수 있을 거라고 믿었다. 그러나 그 이야기는 그녀에게 3년간의 분노와 공격적인 감정들을 쏟아 놓을 수 있었던 하나의 프로젝트라는 것이 드러났다. 그녀가 생각하기로 외부적 관점에서 봤을 때, 그 결과물은 하나의 흥미로운 이야기였다. 그러나 그녀에게 그 연습은 굉장히 치료적인 것으로 입증되었다.

홍미롭게도 네덜란드의 성인교육학자인 Nijk는 자신의 글 〈성인교육학의 해석학적 측면〉(1982)에서 '이야기story'의 개념에 대해 다음과 같이 쓰고 있다.

> 이야기는 (우리와) 관계없는 보고서, 즉 감정의 한 표현일 수 있다. 다시 말해서, 백일몽, 변명이나 정당화, 자신이나 다른 사람들을 향한 고발, 탄원, 일종의 공갈의 한 형태일 수 있다. 이야기 속의 모든 행동(움직임)은 그 대화의 어떤 단계에서 중요하고 기능적일 수 있다. 그러나 성인교육학적 관계에 대한 궁극적인 인식에서 그 목적인 언어 행위는, 사람들이 다른 사람들과 직면하면서 스스로를 받아들이는 '약속 행위'다. 이러한 약속에서 사람들은 자기 자신의 과거와 미래의 행위에 대한 책임감을 받아들인다.
>
> (Huizinga, 1987: 6 재인용)

결론

"글쓰기와 사고는 밀접한 관련이 있다."

이 장을 끝맺으면서 우리는 하나의 진술, 즉 이 문장을 포함시키는데, 이는 이 연구에서 피면접자들 중 한 명이 말한 것이다. 이 진술은 직접적으로 (완전히 다른 학생이 말한) 이 장의 제목에 포함된 인용문과 관련이 있다.

유학생들의 글쓰기 사용법에 대한 이러한 단기 연구는 아주 흥미롭다는 것을 보여 주었고, 이러한 '다문화적' 영역은 좀 더 조사할 만하다. 사고와 감정이 글쓰기를 통해 고양될 뿐만 아니라, 이 장은 글쓰기가 글을 쓰는 사람들을 돕는 다른 많은 기능에 대한 증거를 제시한다.

정체성과 의미, 즉 '국외 거주자' 경험에서 비판적인 요소들을 탐구하기 위한 매체로서 글쓰기는 상실에 대처하는 기회를 제공하고 창의성의 원동력이 될 수 있다. 유학생들을 위해 개인적 글쓰기를 도입하고 권장하는 것은, 특히 글쓰기가 의식과 안녕에 도움을 주는 역할을 하기 때문에 대학에서 학생 지원 프로그램에 아주 유용한 부가적 프로그램이 될 수 있을 것이다. 네 번째로 면접을 한 학생은 글쓰기를 '내 생각에 나의 가장 친한 친구'로 여겼다. 이러한 정서는 (미국으로 이주했던) 스페인 작가 Ramón Sender에 의해서도 반영되고 있는데, 그는 글을 쓰지 않았다면 미쳐 버렸을 거라고 생각했다(Penuelas, 1970). Samuel Pepys는 자신이 사랑하던 런던에서 살고 있고 있는 동안에, 거의 죽음과 같은 시력 감퇴 때문에 일기도 쓸 수 없는 것으로 보였다. 글쓰기는 확실히 삶의 가능성과 창의성, 그리고 통찰력을 제공한다.

참고문헌

Adler, P. S. (1975). The transitional experience: an alternative view of culture shock. *Journal of Humanistic Psychology, 15*: 13–23.

Carter, R. T. (1990). The relationship between racism and racial identity among white Americans: an exploratory investigation. *Journal of Counselling and Development,*

69: 46–50.

Daiute, C., & Buteau, E. (2002). Writing for their lives: children's narrative supports for physical and psychological well–being. In S. J. Lepore & J. M. Smyth (Eds.), *The Writing Cure: How Expressive Writing Promotes Health and Emotional Well–Being*. Washington, DC: American Psychological Association.

Daiute, C., & Griffin, T. M. (1993). The social construction of written narrative. In C. Daiute (Ed.), *The Development of Literacy Through Social Interaction*. San Francisco: Jossey–Bass.

Fisher, S. (1989). *Homesickness. Cognition and Health*. London: Lawrence Earlbaum Associates.

Fowles, J. (1998). *Wormholes: Essays and Occasional Writings*. London: Jonathan Cape.

Furnham, A., & Bochner, S. (1986). *Culture Shock: Psychological Reactions to Unfamiliar Environments*. London: Methuen.

Golan, N. (1980). *Passing Through Transitions: A Guide for Practitioners*. New York: Free Press.

Helms, J. E. (Ed.), (1990). *Black and White Racial Identity: Theory, Research and Practice*. Westport, CT: Greenwood Press.

Hermans, H. J. M., & Hermans–Jansen, E. (1995). *Self Narratives: The Construction of Meaning in Psychotherapy*. New York: Guilford Press.

Huizinga, J. E. (1987). Helping clients to write about themselves. Research proposal paper, University of Amsterdam, July.

Huizinga, J. E. (1993). *Wat Reumapatienten Bezighoudt: Een Reumaleesboek*. Den Haag: Cip–Gegevens Koninklijke Bibliotheek.

Nelson, V. M. (1993). *Mayfield Crossing*. New York: Avon.

Nystrand, M., & Wiemelt, J. (1993). On the dialogic nature of discourse and learning. Paper presented at the annual meeting of the National Council of Teachers of English Research Assembly, Pittsburgh, PA.

Penuelas, M. (1970). *Conversaciones con R. J. Sender*. Madrid: Novelas y Cuentos.

Tomalin, C. (2002). *Samuel Pepys: The Unequalled Self*. London: Viking.

제10장

모든 시는 극복되었어야 했던 침묵을 깬다

시쓰기의 치료적 역할

Gillie Bolton & John Latham

시는 피의 분출이다.

(Plath, 1981)

친숙함으로 공허해지고 일상적인 사용으로 손상된, 당신에 관한 모든 것을 알아냈던, 오래되고 중요한 도구인 언어를 취하라. 그리고 언어가 말하고 있는 것 이상을 의미하는 무언가로 그 언어를 만들라. 시가 만들어진 지 너무 오래되고 너무 친숙해서, 그것이 단지 단어가 아니라 복잡한 리듬의 소리이고, 최초 노력의 언어이고(모든 시는 극복되었어야 했던 침묵을 깬다), 서로의 빛으로 밝혀지고 서로의 그림자로 얼룩진 다면적인 의미라는 것을 잊기 쉽다.

(Rich, 1995: 84)

시는…… 시를 쓴 사람(남자나 여자)을 깊이 변화시킨다.

(Abse, 1998: 362)

도입

정수를 모으고 간결함을 전하기 위해서 압축되고 서정성에 의해 귀에 음악처럼 들리도록 만들어진 시는 가장 중요하고 친밀한 경험, 생각, 감정, 관념에 관한 탐색이다. 시와 치유는 아폴로가 이 둘의 신이었던 이래로 밀접한 관련이 있다. "이미지와 은유의 힘을 사용하고 이에 정통했던 시인과 화가들은 항상 치유자와 관련지어져 왔다(Flint, 2002: vi)."

이 장에서 Gillie Bolton은 시쓰기의 특별한 치유력, 그리고 이미지와 은유의 역할을 탐구하고 있다. John Latham은 시쓰기를 통해 심리치료적으로 탐구할 필요가 있는 문제에 접근할 수 있는 방법을 개인적으로 설명하고 있다. 즉, 그는 치료에 도움이 되는 통찰과 지지—예를 들어, 아들의 죽음, 알코올 중독과 같은 자기 삶에서의 심리적 외상의 위기와 관련해서 얻은 바—에 대해 논한다.

시가 아니었다면 도달하기 가장 어려웠을 자신의 일부, 자신의 세계의 근원과 가장 효과적인 심리치료나 정신분석 또는 다른 예술의 치료적 사용과 유사한 과정을 통해서만 오직 시를 쓸 수 있기 때문에 "시는 시를 쓴 사람(남자 또는 여자)을 깊이 변화시킨다(Flint, 2002)." Dannie Abse는 시인이면서 시를 가르치는 강사이자 임상전문가인데, 이러한 직업적 조합은 치료사로서 강력한 이점을 가진다(Jones, 1997).

임상심리, 심리치료 또는 상담에서의 시쓰기

시쓰기는 어느 임상심리사라도 쉽게 자신의 치유 전략이 들어 있는 마법상자의 중요한 요소로 삼을 수 있다. 예를 들어, 시는 미술과 달리 어떤 전문가적 장비도 필요로 하지 않는다. 시는 우리가 매일 사용하는 평범한 단어를 사용하지만, 그 단어들의 가치를 높이고 좀 더 유연하게 사용되도록 해 준다. 임상심리사들은 시쓰기가 특별하고 선택받은 사람들만을 위한 것이고, 운, 율격과 같은 규칙을 알아야 하는 전문가적 지식을 요구하고, 많은 시간과 정력을 필요로 한다는 당연한 걱정을 극복할 필요가 있다.

치료를 위한 시쓰기 경험은 결과에 기반을 두고 있다기보다 과정에 기반을 두고 있다. 즉, 발표한다는 생각은 부적절하다. 치료적 시쓰기는 글쓴이 자신, 그리고 자신과 가까우면서 관련 있는 몇몇 사람들이라는 제한된 청중을 가지고 있다. 다시 말해서, "누군가에 의해 창작된 시는 우선적으로 자신이 목적이고, 그다음으로 글이 목적이다(Ihanus, 1998: 90)." 시를 출판하기 위해서 고쳐 쓰고 편집하는 단계는 '자신이 목적'인 특성을 감소시키고 '글이 목적'인 특성을 증가시킨다.

관심이 있는 임상심리사들은 환자나 내담자들이 자신의 내부 목소리에 귀를 기울이고 이해하도록 돕기 위해서 시쓰기 시작 과정을 도입할 수 있다. John Latham이 자신에게 슬금슬금 다가온 알코올 중독 사실을 스스로에게 알려 준 것처럼, 내담자가 귀를 기울일 필요가 있는 목소리는 우리가 환영하거나 듣고 싶어 하는 것이 아니다. 시쓰기는 다른 치료 전략과 마찬가지로 그 목소리들이 유용하고 좀 더 수용될 수 있도록 하는 힘을 가지고 있다(Bolton, 1999).

글쓰기는 흔히 치료사 없이 혼자 한다. 이는 치료 시간을 확장하고 내담자가 스스로 할 수 있는 일을 주기 때문에 강점일 수 있다. 글쓰기의 가장 강력한 요소 중 하나는 그것이 비공개적이고, 중요한 부분에 대해 표현하고 탐색할 수 있게 한다는 것인데, 내담자가 이 부분을 임상심리사나 또 다른 독자와 공유할지 말지 또는 어떤 단계에서 공유할지를 결정할 수 있다. 여기에 있는 한 편의 이 시를 쓴 내담자가 근친상간의 가능성에 서서히 맞서도록 도와준 중요한 사건이었다.

아침식사용 버섯

아빠는 알고 있지.
어디서 버섯이 자라는지.
밤에 신비하게도
어떤 맛이 좋은지 아빠는 알지.
어린 소녀가 혼자 가면 안 되지.

김 서린 부엌문을 닫고
아빠와 함께 와서
아빠를 꽉 붙잡아라.

속삭이는 어슴푸레한 아침빛에
옴짝달싹할 수 없어.
반짝이는 이슬에
너의 손길로 바라봐라.
비단결 은빛으로
자라나
비밀을

아빠는 알고 있지.

시쓰기는 단계적인 과정인데, 각 단계는 그 자체로 치료의 힘을 가지고 있다. 첫 번째 단계는 '조사하기'(John Latham, 이 책 206쪽 참조)이고, 이어서 개인적 청중과 공유하는 단계, 그다음으로는 고쳐쓰기와 편집하기다.

시쓰기 시작 단계

처음 글쓰기 과정은 직관적이고, 아주 흥미진진하고, 무아지경 같을 수 있다. 글을 쓰는 이가 아무런 의식적인 정신적 목표 없이 자신의 손이 글을 써 내려가도록 한다. 즉, "그 순간에 대해 기꺼이 불신을 중지하는 것, 이것이 시적 믿음을 만들어 낸다(Coleridge, 1817)." Keats[1]는 "나무에 잎이 나듯 자연스러운 시가 아니라면 아예 쓰지 않는 것이 낫다(1818)"고 생각했다. "시를 쓰는 가장 좋은 방법은 자연스럽게 내버려 두는 거야(Milne[1928], 1958: 190)."라고 설명했던 곰돌이 푸는 확실히 Keats의 글을 읽었을 것이다. 푸는 Wordsworth[2]도 읽었나 보

1 역주: 영국의 시인(1795~1821)으로 〈나이팅게일에게〉 〈가을에〉 등 명작을 남겼다.
2 역주: 영국의 대표적인 낭만주의 시인(1770~1850)으로 시집 『서정 가요집』 『루시의 노래』 『서곡』

다. “시란 저절로 넘쳐흐르는 강렬한 감정이야. 시는 그 기원을 고요함 속에서 떠올린 감정에서 얻지. 그 고요함이 서서히 사라지는 일종의 반응이 일어날 때까지 감정을 곰곰이 생각하게 돼([1802], 1992: 82).”

Ted Hughes[3]는 침묵하면서 여전히 밤을 지키는 여우와 시를 연결시켰다. “갑자기 자극적이고 강한 여우의 냄새와 함께/그것은 머릿속의 캄캄한 구멍으로 들어온다(1967: 20).” 이것은 수동적인 접근인데, 이러한 접근은 글쓴이가 특정한 마음상태에 있어야 이러한 영감이 일어날 거라고 말한다.

Seamus Heaney[4]는 좀 더 능동적인 은유를 사용했다. “나의 손가락과 엄지 사이에/자그마한 펜이 쉬고 있네./나는 그 펜으로 흙을 파리라(1980b: 11).” 시 쓰기에 대해 다음과 같이 말하기도 했다(똑같은 은유를 사용했던 Byron, 1995; Sansom, 1994 참조).

> 보통 당신은 양동이를 웅덩이의 중간쯤 아래에 떨어뜨려서 공기를 끌어올리면서 시작하지만, 어느 날 사슬이 예기치 않게 팽팽히 끌어당겨져서 당신을 계속해서 유혹하는 물 속으로 다시 들어가기 전까지 당신은 진짜를 놓치고 있다. 당신은 그 물웅덩이의 표면을 스스로 깨뜨리게 될 것이다.
>
> (Heaney, 1980a: 47)

『대륙 여행의 추억』 등이 있다.

3 역주: 영국의 시인이자 동화 작가(1930~1998)로 작품으로는 시집 『빗속의 매』 『숲 속의 정령』 『물방울에게 길을 묻다』 등이 있으며, 동화에는 『철가면』 『고양이와 뻐꾸기』 『세상이 열리던 날에』 등이 있다.

4 역주: 아일랜드의 시인(1939~)으로 1995년 노벨문학상을 수상했고, 예이츠 이후 아일랜드 시인으로 가장 뛰어나다는 평가를 받는다. 작품으로는 『어느 자연주의자의 죽음』 『겨울나기』 『스테이션 아일랜드』 등이 있다.

Helene Cixous[5]는 보석 도둑이 되었다. "이 진주들, 다이아몬드들, 천 개의 의미로 반짝이는 이 기표들. 나는 인정한다. 내가 종종 나의 무의식에서 이것들을 도둑질해 왔다는 것을. 그 보석상자……. 몰래 나는 왔다. 단 한 번, 잠깐의 침입. 나는 샅샅이 뒤진다. 아! 비밀들이여!(1991: 46)"

이러한 글은 때로 '자유연상'이라고 불린다. 은유와 함께 특별한 시적 상상력과 능력은 시인들이 기꺼이 자신들로 하여금 사물이 '단지 올' 수 있는 정신 상태에 들어가도록 하고, 그럴 만큼 충분히 용감해지는 것이다.

시쓰기는 본질적으로 사적이면서 글쓴이를 거의 최면(깨어 있는 상태에서 꿈꾸기)상태로 데려간다. 이는 말로든 몸으로든 다른 사람과 어떠한 소통을 하는 것, 그리고 사고하는 것과는 질적으로 다른 과정이다. 이 소통은 **자기**와 하는 것이다. 그러나 이 소통은 글쓴이가 자신의 글을 다시 읽겠다고 결정할 때까지 연기된다. 이러한 소통이 일어나지 않을 수도 있다. 즉, 글쓴이는 아직 읽지 않은 자신의 글을 없애 버리기로 결정할 수 있는데, 그 자체가 치료 행위다. 이렇게 대화를 연기함으로써 치료적인 카타르시스를 가능하게 할 수도 있다.

자기self는 적절하고 강력한 대화 상대다. 그러나 우리 문화에서는 자아와 사적으로 대화하도록 주어진 공간이 거의 없다. 대화, 즉 다른 사람과의 의사소통은 말로 하든, 몸짓 언어로 하든, 치료관계의 핵심이다. 그러나 우리는 비공개적이고 개인적인 성찰을 하도록 특권을 주는 수단을 거의 가지고 있지 않다. 치료관계는 이러한 성찰을 가져오려고 하지만, 이러한 성찰은 자기 멋대로 하는 것으로 쉽게 생각할 수 있다. 또 이것은 흔히 겁나는 것으로 여겨진다. 사람들은 나에게 이렇게 말한다. "그러다 혼자 처리할 수 없는 벌집을 건드리면 어쩌지요?"

시쓰기는 바로 이러한 자기소통의 효과적인 과정을 가능하게 해 준다. John Latham이 다음에서 지적하듯이, 어떠한 효과적인 치료 과정도 파괴적인 것과

5 역주: Helene Cixous(1937~)는 프랑스 페미니스트 철학자이자 문학비평가, 시인, 희곡 작가다.

치유적인 것 사이에서 불안정하게 움직이는 것으로 경험하는 것처럼, 이것은 위험한 느낌이 들 수 있다. 이러한 상태가 효과적이기 위해서 글을 쓰는 이는 습관적이고, 합리적이면서, 문화적으로 만들어진 구조에 대한 인식과 사고방식을 포기해야만 하고, 무엇이든 그 자체를 나타내는 것에 좀 더 열린, 그런 경계상태로 들어가야만 하기 때문에 시쓰기는 위험하다. 이는 바로 글쓴이가 알지 못하는 상태다.

작가들은 이러한 상태를 유도하기 위해서 향정신성 약물을 사용하기도 했지만(이러한 작가로 Coleridge와 Aldous Huxley가 유명하다.), 영리하지 않거나 표면적인 형태의 전위dislocation는 필요치 않다. 지금-여기를 경험하기 위해 이렇게 다른 세계가 있다. 즉, '천국이 가까이에 있다.' 작가들은 "단물을 머금고/천상의 젖을 마신 채"(Coleridge, [1798], 1969: 298), 그들이 통제할 수 없고, 낯설고, 동떨어진 것처럼 보일 수 있고, 출처가 분명치 않은 이미지와 사고를 경험한다. 이처럼 외견상 연결되지 않은 것처럼 보이는 상태는, '자기'를 구성하는 일련의 다른 목소리들과 작가들이 자신을 발견하는 세계의 연결을 가능하게 하면서 치유적일 수 있다. 작가란 다른 사람이 되는 이러한 경험으로부터 나온다.

치유를 추구하면서 그러한 주술적 탐험을 위해 글쓰기를 이용하는 데에는 어느 정도 안전장치가 있다. 즉, 오로지 글을 쓰는 이만이 글쓰기를 멈춰야만 한다. 나 역시 항상 이런 류의 글쓰기를 시작하려는 사람에게 아주 쉽게 의지할 수 있는 신뢰할 만한 친구가 있어야 한다고 말해 준다. 수년간 이러한 작업을 도우면서 내가 한 경험은, 글을 쓰는 이가 제때 위험을 지각하는 것이 아주 쉽도록 하기 위해 글쓰기는 천천히, 그리고 완만히 진행되어야 한다는 것이다. 그러나 나는 심각한 정신장애나 정신병 환자가 글쓰기를 혼자서 하는 것을 권장하지 않는다.

이런 유형의 글쓰기는 육체적인 일이기도 하다. 초심자들이 깜짝 놀라면서 알게 되듯이, 글쓰기는 우리를 기진맥진하게 만든다. 그리고 글쓰기는 보통의 정신적인 자각을 넘어서 육체에서 비롯되는 것처럼 보인다. 다시 말해서, "나는 **글쓰기**를 함으로써 **시작하지** 않는다. 나는 글을 쓰지 않는다. 삶은 내 몸으로부터 시작하는 텍스트가 된다. 나는 이미 텍스트다(Cixous, 1991: 52)." '말은 언어가 아니라 육체로 만들어졌다'는 사실을, 뭐라 뭐라 지껄여 대는 휴대폰, PA 시스템(확성장치), 텔레비전, 라디오의 세상에서는 너무 잊기 쉽다. 글을 쓰는 이들은 글을 쓰는 자신의 손을 통해서 자기 자신과 사회에 속한 자신의 위치에 관해 자신에게 중요한 일을 말해 주고 있을 뿐만 아니라, 전체를 연결하고 전체를 만드는 방법을 제공해 주는 자신의 몸을 신뢰해야만 한다. 이는 데카르트의 몸과 정신의 분리를 치유하는 어떤 길로 통하는 전체론적인 과정이다.

워크숍에서 나는 의료 직원들을 이러한 심해 중 얕은 곳으로 데리고 갔었는데, 워크숍이 끝난 뒤 이들은 "무슨 일이 생겼는지 정말로 놀랍다는 것을 알았다." "내 자신이 어떤 것이든 쓰도록 하는 것은 금지된 사치처럼 느꼈다."고 소감을 말했다. 금지된 사치처럼 느끼는 이유는 이것이 사람들로 하여금 상상 속에 머무르도록—그리고 우리가 어린아이 때 놀았던 것처럼 거기서 놀도록 하고 있기 때문이다. 주술사가 다른 세계로부터 치유의 지혜를 다시 가져오는 것처럼, 시라는 예술은 거기서 발견되는 것을 위한 그릇, 다시 가져올 수 있는 그릇을 제공한다. 시라는 '그릇'은 충분히 안전하다는 느낌이 든다(Levine, 1992). 즉, 이것은 은유적이고 이미지적인 형태로 다시 가져오기 위해서 마주치게 되는 고통을 좀 더 많은 일상의 귀로 듣는 것을 가능하게 한다. 이미지와 은유는 천천히, 그리고 부드럽게 반영될 수 있고 이해될 수 있다. 뒤따르는 글쓰기 단계에서 글쓴이가 어떠한 속도를 요구하든 말이다.

자기로부터 또한 조력자로부터 받은 확실하고 '사치스러운' 허락은 사람들이 이러한 상태에 들어갈 수 있도록 하기 위해서 필요하다. 이러한 종류의 글쓰기가 일정한 역할을 할 뿐만 아니라 충분히 안전하다는 믿음, 즉 '심지어 나도 Heaney와 같이 똑같은 과정을 이용할 수 있고, 이것에서 효과를 얻을 수 있다.'라는 신뢰 그 자체가 요구된다. 그리고 이러한 '사치'를 허락하기 위해서 자기애self-love가 요구된다. 글쓰기를 시작하는 방법에 대한 실제적인 안내는 19장에서 찾아볼 수 있다.

시쓰기 중간 단계

카타르시스적인 글쓰기 과정을 통해 얻은 통찰과 이해를 다음의 글쓰기 단계에서 심화하고 확장할 수 있다. 그 첫 번째는 자신에게 말없이 읽어 주기다. 초기의 '조사하기'가 너무 혹독해서 지치게 할 수 있는데도 글쓴이는 이러한 감정을 **느낄** 시간이 없다. 페이지 위에서 모든 걸 다 써 버린 것이다. 말없이 다시 읽자마자, 글쓴이는 이렇게 생각한다. '내가 정말로 이것을 했나/생각했나/느꼈나?' 어떤 강렬한 치료적 만남 뒤에 눈물을 흘리는 것과 같이 글을 쓴 뒤에 눈물을 흘리면서, 사실상 뜻밖의 깊은 통찰과 이해를 얻게 된다.

다음으로 글쓰기는 신중하게 선택한 청중(치료사, 상담사 또는 임상심리학자와 같은)과 공유할 수도 있다. 또는 여전히 글쓴이에게 사적인 것으로 남아 있을지도 모른다. 자신에게 읽어 주는 것과 다른 사람과 공유하는 것은 모두 감정적인 단계일 수 있다. 글쓰기를 공유하는 것, 그래서 다른 사람과 강렬한 기억, 이해나 감정을 함께하는 것은 상처받기 쉬운 내적 자기를 노출하는 것이다. 또한 이는 '그래, 나는 그것을 기억하고 있어. 생각하고 있어. 느끼고 있어.'라고 수용하는 것이기도 하다. 청중은 치료적 가치를 확대하면서 증언할 수 있고, 지지와 충고를 줄 수 있다.

종이 위의 시는 산문보다 더 강렬하게 그 시를 쓴 사람, 그리고 다른 독자들과 다시 연관지을 수 있다. "한 사람이 단지 글로 쓰인 것만이 아니라, 쓰이지 않은 것 주위를 맴도는 것에도 반응하는데"(Frampton, 1986: 1594), 이것은 종이 위 한 편의 시와 함께 따라오는 암시적인 여백 위에 있다. 이러한 여백은 글로 쓸 수 없었던 탐색된 이미지와 은유의 요소를 내포하고 있는 침묵이다.

'특별한 경우를 위해 시를 쓰는 시인들'은 이러한 첫 번째 단계를 뛰어넘어 거의 도전하려고 하지 않는다. 이들한테 이러한 조사의 결과물이면서 자신에게 읽어 주는 것, 그리고 다른 이와 함께 정서적으로 공유하는 것은 바로 이들의 '시'다. 강렬한 사건들이 이러한 시를 낳을 수도 있는데, 영국 왕세자빈이었던 다이애나가 죽은 뒤 많은 '시'가 지어진 것을 보면 알 수 있다. 마찬가지로 사춘기(Fuchel, 1985; Atlas et al., 1992), 사랑에 빠진 순간, 사별, 그리고 죽음에 대한 접근(Frampton, 1986; Sluder, 1990)도 그러한 글쓰기를 하게 만들 수 있다.

시쓰기 끝맺음 단계

글쓰기를 좀 더 의식적으로 만드는 다음 단계는 통찰과 통합을 가져올 수 있다. 시를 고쳐 쓰는 것은 적절하게 간단명료한 단어와 이미지로 가능한 한 정확하게 경험, 감정 또는 기억을 포착하기 위해서 시도하는 강렬하고 아주 사색적인 과정이다. 글은 언어나 생각이 할 수 없는 방식으로 작용할 수 있다. 이것은 종이 위에 족적을 남기기 때문이다. 다시 말해, 글은 글이 씌었을 때와 똑같은 상태로 거기에 머물러 있다. '기록'이라는 단어의 어원을 보면, re-는 '다시'를 의미하고, -cord는 '핵심'을 의미한다(옥스포드 영어사전). 이러한 글쓰기는 다시 되풀이되고, 핵심에서 나온 기록이다. 고쳐쓰기는 매번 핵심에 있는 것에 좀 더 가까이 다가가면서 다시 기록하는 것이다.

고쳐쓰기, 그리고 고쳐쓰기 과정에서 경험이 풍부한 다른 작가의 도움을 받는 것은, 초기 '조사하기'와는 다른 사고 틀을 요구하는 단계다. 이는 좀 더 인지적인 과정이다. 글을 쓰는 이들은 이러한 차이를 고려할 필요가 있고, 자신의 사고 틀을 인식하는 법이나 글쓰기를 시작하기 위해서 어떤 종류의 글쓰기를 필요로 하는지 배울 필요가 있다.

많은 시인들은 소네트(바로 그 위치에 바로 그 단어나 이미지를 발견할 수 있어야만 하는 규칙을 가진 시)와 같이 엄격하게 통제된 시 형식을 사용한다. 이전에 뒤죽박죽된 많은 감정, 생각, 경험에서 나온 이러한 질서의 창조는 표현의 명료함과 간결함뿐만 아니라 이해도 가능하게 할 수 있다. 또한 이것은 이러한 상황에 감정적으로 반응하는 것에 대한 통제이기도 하다. 다시 말해서, 하나의 예술 작품으로 바뀌게 되면서 기억이나 감정이 훨씬 더 안전하게 포장된다. '간결한succinct'이라는 것은 비단 끈으로 무언가의 둘레를 묶는 것을 의미한다(옥스포드 영어사전).

시쓰기는 사고와 이해의 명료함을 도울 수 있고, 안정시킬 수 있는 규칙과 통제 조치를 제공할 수 있다(Lester & Terry, 1992). 글로 명료해지고, 도표로 가시화되고, 시 형식으로 통제된 문제는 처리 중에 있는 문제다.

이 모든 것이 너무 의도적으로 들릴지 모르지만, 시쓰기가 시적으로나 치료적으로 작용하기 위해서는 순수한 탐구 정신에서 시작해야만 한다는, 하나의 수수께끼 같은 문제가 여기에 있다. 시쓰기는 결과 중심이라기보다는 과정 중심임이 틀림없다. 누군가의 개인적인 문제에 대한 답을 확실히 찾기 위해서나 출판하기 위해서 글을 쓰는 것은 유용하거나 소통적인 텍스트를 만들어 내지 않을 것이다. 다시 말해서, "시는 문제가 되지 않는다(Eliot, [1936], 1974: 198)." 그리고 마찬가지로 작품은 열려 있다. "시는 어떤 것도 증명하려고 하지 않는다(Ricoeur, 1978: 13)." 글쓰기 과정을 의도적으로 시도한다면, 이는 내담자들이 자신들에게 말해 주기를 원했던 것을 임상심리사들이 미리 결정하는 것과 같을 것이다.

시인 John Latham은 자신의 글쓰기 첫 번째 단계, 즉 어떻게 그가 "물웅덩이의 표면을 스스로 깨뜨리는지"(Heaney, 1980a)를 설명하고 있다.

시를 위한 잠재의식 조사하기: John Latham

조사하기

글쓰기 과정은 내 삶의 심리적 외상이 나에게 남긴 풀지 못한 문제들(아마도 죄의식, 고뇌, 분노)을 내가 이해하도록 돕는데, 이러한 이해와 함께 수용, 화해, 어느 정도의 치유가 찾아온다.

나는 이러한 일이 일어날 수 있는 조건을 만들어 내는 어떠한 보장된 기술도 가지고 있지 않다. 단지 준비되거나 수용할 상태가 될 때까지 내가 고립되어 있을 때, 나의 외부 세계를 차단하는 데 성공할 수 있을 때, 내부로 집중할 수 있을 때, 이러한 일이 일어나기 좀 더 쉽다고 말할 수 있다.

그 시점에 나는 떨고 있고, 편견 없이 무지하다. 내가 원하는 것에 대한 어떠한 상도 가지고 있지 않고, 단지 내가 아주 많은 요구를 가지고 있다는 것을 알고 있다. 나는 환자가 될 준비가 되어 있으며, 펜이나 컴퓨터 자판이 내 가까이 있다. 나는 이러한 상황을 통제하고 있지 않다.

때로 이러한 일은 일어나지 않는다. 기다리는 기간은 완전히 비어 있거나, 하나의 단어나 이미지가 표면에 불쑥 나타났다가 붙잡히기 전에 사라질지도 모르는 거짓 경보false alarm가 간간이 끼어들 수도 있다.

때로 이것은 작동한다. 처음에는 단어의 작은 방울들이 떨어지듯 느리게 침투하고, 그다음 만약 내가 이것을 허락한다면 홍수가 일어날 거라는 것을 나는 안다. 이것은 지금까지 내가 항상 원했던 것이다. 이는 가장 흥분된 시간이고, 바로 그때 강력하고 예측할 수 없는 무언가가 막 일어나려고 한다는 것을, 내가 이것에 의해 막 휩쓸려 가 버리려고 한다는 것을 충분히 알고 있다.

이 순간의 전율은 내가 눈사태로 전환시킬 힘을 가지고 있다는 사실로 인해 더 강해진다. 이 힘은 내가 결코 사용하지 않을 힘이다. 이 시점을 넘어서면서 내가 할 수 있는 모든 것은 이 경험과 함께 머무르는 것이고, 내 머릿속에 들어오는 것은 무엇이든지 간에 글로 쓰는 것이며, 모든 외부 영향을 무시하는 것이다—만약 물러선다면 내가 다시 돌아갈 수 없다는 것은 아주 분명하다.

나의 뇌와 단절하는 것은 나에게 중요하다. 일어나고 있는 일은 지성을 개입시키지 않은 채 나의 잠재의식과 나의 손가락들 사이의 일이다. 틀림없이 단어들은 완전히 자유롭게 오고 있다. 이것은 모양을 갖추지 않거나, 심지어 그 당시 인식되지도 않는다.

때로는 단지 단어들이 흩어져 온다. 좀 더 흔히 이것은 한두 개의 단락이고, 가끔씩은 몇 장의 페이지다. 이것들은 내가 최대한 빨리 쓰거나 타이핑해야 할 만큼 재빨리 오지만, 내가 대처할 수 없을 만큼 빠르지는 않다. 나는 완전히 열중해 있고, 이외에 아무것도 의식하지 못한다.

조사 후

나는 이러한 흐름이 중지되는 것을 알아채지 못하는데, 갑자기 스스로를 의식하고 주변을 의식하게 되면서 단어들이 멈췄다는 것을 깨닫는다. 그리고 피곤함을 느낀다.

내가 글로 썼던 것을 바라볼 때, 그 단어들이나 이미지에 관해 아무런 기억이 없다. 나는 이 첫 번째 조사에서 이것들을 통해 힐끗 볼 것이다. 단지 '힐끗' 말이다. 잠시 이것들을 제쳐 놓으면 정말 기분이 좋아진다.

만약 광범위한 무언가를 쓰고 있어서, 이러한 과정이 전체 작업에 많은 기여를 할 수도 있다면, 내가 글을 끝마치기 전까지 어떤 것도 읽지 않는 것이 당연하다. 내가 썼는지 기억하지도 못하는 여러 페이지를 계속 읽는 것은 이상하지만, 그 단어들이 때로 이해 불가능할지라도 그것들은 항상 새롭고 적절하다.

긴 글쓰기를 할 때 이러한 과정을 이용하면, 글쓰기 매 회기 끝에 탈진을 경험하면서 자칫 탈진이 누적될 수 있다. 그래서 완성될 때까지 이러한 과정이 반복될 수 있는데, 사실상 이는 너무 심각해서 자연스러운 끝맺음을 하기도 전에 글쓰기를 중단할 수도 있다.

나는 이러한 과정이 흥분되고 위험하고 억누를 수 없다는 것을 아는데, 이러한 위험성은 글로 쓰인 것이 종종 진짜이고, 중심적이고 해결되지 못한 어떤 혼돈의 방식을 취한다는 사실에서 비롯된다. 결과적으로, 참기가 힘들거나 심지어 불가능할 수 있다. 나는 내가 무의식적인 안전장치를 가지고 있다고 생각하는데, 그 안전장치란 정서적인 탈진상태를 먼저 분명히 알아차리는 것이다. 비록 바로 탈진 직전이지만 말이다. 내가 생각하기에 어떤 사람들은 이러한 보호장치를 가지고 있지 않은데, 이는 지속하는 것을 더 위험하게 만든다. 하지만 나의 가장 깊은 곳을 드러내는 순간과 내가 가장 훌륭하다고 여기는 글 대부분은, 안전은 제쳐둔 채 나의 가장 깊은 내면 밖으로 헤엄쳐 나올 수 있는 용기에서 나온다.

개인적으로 가장 큰 유익은 내 자신, 그리고 세상과 나의 관계의 가장 후미진 곳으로 내가 침투해 들어갔다는 바로 그 느낌이다. 아주 멋진 그곳에는 단순함이 있다.

글쓰기의 다음 단계

공유하기와 고쳐쓰기 단계는 모두 나에게는 치료의 가치를 가지고 있다. 비록 조사하기 단계보다는 덜 강력할지라도 말이다. 전자의 경우(공유하기)는 내가 신뢰하는 누군가와 시를 공유하는 것(또는 신뢰할 수 있는 동료 작가집단과 토론하기 위해 시를 제출하는 것)이 그 시의 핵심적인 경험에 대한 내 자신의 이해를 향상시킬 수 있다. 이처럼 비교적 냉정하고 감정을 개입시키지 않는 과정은 다른 관점을 받아들이는 것과 함께, 내가 그 경험으로부터 거리를 두게 하고, 그 경험의 전체성을 좀 더 분명히 보게 하며, 그것을 수용하는 데 더 가까이 가게 한다. 또한 공유하기에는 위로가 있다. 조사하기 단계는 반드시 외롭다. 심하게 외로움을 느낄 수 있고, 상처를 쉽게 받을 수 있다. 그런데 동료들이 그 경험의 어떤 힘과 고통을 기꺼이 공감하고 수용하는 것은 내가 좀 더 경험을 받아들이도록 도와줄 수 있다.

후자의 경우, 고쳐쓰기는 심리적 외상에 도움도 되고, 좀 더 객관적인 평가를 하도록 할 수도 있지만, 그 경험을 열려 있고 진실된 채로 두는 것과 시의 질을 최적화하는 것 사이에 갈등이 생길 수 있는 위험을 인식해야만 한다. 이 두 가지 목적은 양립할 수 없어서 괴로운 선택에 맞닥뜨릴 수 있다. 희생을 치르더라도 절대적인 진실이 이겨야만 하기 때문에 나는 내 삶의 중요한 에피소드에 관한 이류 시(inferior poem)를 쓸 수도 있고, 반면에 나의 경험을 명예롭게 하지만 어느 정도는 부정직해질 수밖에 없으면서 내가 할 수 있는 가장 훌륭한 시를 쓸 수도 있다. 어느 길이든 타당성이 있다. 비록 내 성향은 전자의 방향에 있지만 말이다. 다행히도 이러한 갈등을 없앨 수 있는 경우들이 많다. 물론 이러한 경우는 일반적으로 최상의 시들을 만들어 낸다.

〈폭우가 내린 뒤〉와 〈조우〉에 관하여

다음에 제시한 두 편의 짧은 시는 모두 앞서 Gillie가 개괄한 단계(즉, 조사하기부터 시작해서 고쳐쓰기로 끝나는)의 순서를 완벽하게 거치고 있다. 비록 내가 때로 지나치게 고쳐쓰기를 해서, 운이 좋은 경우 첫 번째 단계—오직 첫 번째 단계—에서 만들어진 시의 기본적인 힘을 이루는 마법이 의도하지 않게 삭제되어도, 각 단계에서는 중요한 변화를 보였다. 나는 그 변화가 개선이기를 바란다.

두 편의 시는 폭음을 하면서 쓴 것이다. 첫 번째 시 〈폭우가 내린 뒤〉는 변성된 정신상태가(변성된 정신상태는 예를 들어, 음주, 마약, 열병으로 인해 야기될 수 있다) 알기 어려웠던 진실의 핵심을 알 수 있게 한 과정을 언급하고 있다. 여기서 진실이란 억눌린 분노가 존재한다는 것인데, 이는 자신이 익사하고 있다는 사실—취하지 않은 사람은 이런 관찰을 못할 것이다—을 달이 수용하는 것과 대조되면서, 그것에 의해 드러난다. 조용한 달이란 남자가 잠재의식 속에서 되고 싶어 하는 사람을 은유하지만, 자신의 분노를 풀어 놓을 밸브를 열기 전까지는 그런 사람이 될 수 없다.

〈조우遭遇〉는 만취에 뒤따르는 좀 더 통속적이고 부정적인 것들, 즉 자기도취와 자기혐오의 삐뚤어진 뒤섞임, 격화된 공포와 외로움, 우스꽝스러워 보이고 굴욕감을 주는 욕망 등과 연결되어 있다. 도스토예프스키는 이러한 것을 아주 강렬하게 쓰고 있다. 그리고 술 취한 이는 마지막 다섯 행에서, 즉 때로 편리한 감정인 절망감에서 술이 깨기 시작한다.

폭우가 내린 뒤

남자가 크게 놀랐던 밤에
남자는 익사하는 달을 구했지.
화해한 것처럼 보였을까.
수면 아래서 평화롭게
기울어 가는 달빛은 너무 밝아서
이끼 낀 웅덩이, 달의 분화구를 가려내지.
역청(瀝靑)의 냄새로 어지러운데
놀랍게도 물고기는 없네.

남자는 무릎 꿇고 달을 어르다
여명을 향해 휘청거리며 걷네.
하늘의 어두운 끌어당김 속에 아픔을 느끼네.
달의 시원한 열은 남자를 녹였고
달이 떠오르기 전, 세월이 흘러 변한 분노가
손가락을 거쳐 땅으로 떨어졌네.

조우

거울 속 남자는 건강하지 않지.
딸꾹질하고, 눈이 초점 밖으로
나들면서 흔들리는데
남자는 어리석어 보이지.
위엄 있고 침착해 보이려 하지만
남자의 찡그린 입가를 보면
나는 알 수 있지.
남자는 익사를 두려워하고
따뜻한 팔에 안겨 위로받고 싶다는 걸.
미소를 보내며 남자를 초대하지만
남자의 입술은 조소에 풀이 죽어서
얇고 창백한데, 조소는 멈출 수 없네.
남자가 술 취했는지 차츰 궁금해지네.
내가 사랑한다고 남자에게 윙크하지만
남자는 윙크로 보답할 수 없지.
충혈된 남자의 눈은 경련을 일으킬 뿐
마치 달콤한 향기를 감지한 채
판 위에 핀으로 꽂힌 나비인 양.

(John Latham)

시와 정신병

아마도 우울이나 불안을 처리하기 위해 시인들은 시를 항상 사용했을 것이다. 웹스터 사전에 다음과 같이 나와 있다.

> 시와 예언, 그리고 광기는 단지 종이 한 장 차이이다. 우리는 이것이 일반적으로 사실인지 아닌지 알지 못한다. 그러나 이것은 '예언적인(vatic)'의 경우에는 사실이다. 이 형용사는 '예언자(seer)' 또는 '선지자(prophet)'를 의미하는 라틴어 'vates'에서 직접적으로 유래한다. 그러나 그 라틴어의 어원은 이번에는 간접적으로 '시(poetry)'의 고대 영어와 '광기(madness)'의 고대 남부 독일어, 그리고 '예언자(seer)'나 '시인(poet)'의 고대 아일랜드어와 관련이 있다.
>
> (*Merriam-Webster*, 2002)

Kay Redfield Jamieson(1993)의 연구 결과, 시인들은 일반인들보다 30배 이상 우울증을 앓기 쉽고, 20배 이상 정신병원에 수용되기 쉬운 걸로 나타났다. Felix Post는 작가들이 일반인들보다 훨씬 더 많이 정신과적 문제와 질병을 가지고 있지만, 시인들은 전체 작가들 중에서는 가장 적게 정신병을 앓았다는 걸 발견했다(Post, 1994, 1996). 그가 주장하기로, 이는 "자기 자신의 내면적 고통과 괴로움을 조화롭고 리듬 있는 언어에 맡겨 서정시라는 응집된 형태로 나타내는 것"이 심리치료적 효과가 있을 수 있다는 것이다(1997: 13). 이것이 시가 우리를 정신이상자로 만든다는 것을 의미하는 것인지, 정신적으로 병든 많은 사람들이 시쓰기에 의지한다는 것을 의미하는지를 다루는 것은 이 장의 범위를 넘어서는 것이다. 그러나 내 의견은 후자 쪽에 가깝다.

Ann Kelley는 정신건강에 문제가 있는 사람들을 위한 상담보호센터에서 시 치료 워크숍을 운영하고 있다(Kelley, 1999 참조). 그녀는 글을 쓰는 데 큰 도움이 됐던 자신의 시 중 하나를 낭송하는 것으로 시작해서 사람들이 자신의 삶에서 잃어버렸거나 발견할 수 있는 것에 대해 글을 쓰도록 격려하면서 사람들을 훈련시켰다. 다음은 그녀의 시와 한 참여자의 시, 그리고 그녀의 반영이다.

반복되는 꿈

작은 소년, 바로 너와 함께 있지.
너에게 나의 어린 시절-
바닷가, 유원지, 조용한 거리, 태양을 보여 주지.
그런데 너는 거기에 없지.
나는 너를 찾지.
더러운 눈이 수북이 쌓인
어두워진 하구의 해변가
그리고 빠르게 밀려드는 조수.

(Ann Kelley)

Heather Ashworth가 이에 대한 답시를 썼다.

상실

잃어버렸지
내 모든 것을.
자유
남겨진 모든 것.
찾아냈지
밝고 푸른 하늘과
콘월[6]에서의
어느 여름 날.
아무것도 가진 게 없어

6 역주: 영국 남서부에 있는 주.

단지 옷 가방 하나
그리고 부서진 라디오 하나
하지만 여기서 난 행복해.

(Heather Ashworth)

Heather에게는 이 시를 쓴 것이 카타르시스였다. 그녀는 아마도 자신의 정신 건강 문제 때문에 자신이 잃어버렸던 것에 골몰하고 있었다. 이 시를 씀으로 해서 그녀는 자신이 사실상 상실로부터 나와서 스스로 새로운 삶을 만들었고, 마침내 스스로에게 '나는 행복해'라고 인정하게 됐다는 것을 깨달았다.

'반복되는 꿈'의 원고를 최종 마무리하고 발표한 후에 나도 비슷한 경험을 했다. (그러나 청중에게 이것을 소리 내어 읽어 주는 것은 여전히 나를 감정적으로 만든다.) 나는 여전히 불안몽을 꾸지만 그 특별한 악몽을 내 자신으로부터는 제거한 것처럼 보인다. 불안이나 슬픔 또는 심지어 나쁜 꿈에 대한 감정을 글로 적고, 이것을 하나의 형식, 아마도 시라는 형식으로 만드는 바로 그 행위는 우리로 하여금 혼돈에 질서를 가져오게 하고 우리가 삶을 지속하게 한다.

(Ann Kelley)

이미지와 은유의 역할

시는 복잡한 경험적 · 정서적 · 정신적 사건을 설명하고 전달하기 위해서 이미지와 은유에 의존하는데, 이미지와 은유에 의존하지 않는다면 이러한 것을 말하기 어렵거나 불가능할 수 있다. 또한 이러한 이미지는 서술적 묘사보다는 아주 훨씬 더 기억에 남는다.

은유에 의존하는 것은 시뿐만이 아니다. "우리의 일반 개념체계 — 우리는 이러한 체계에 의해 생각하고 행동한다 — 는 기본적으로 사실상 은유적이다……. 인간의 **사고 과정**은 대체로 은유적이다(Lakoff & Johnson, 1980: 6, 원문 강조)." 어떤 은유적 내용이나 언급 없이 우리가 생각하거나 말할 수 있는 것은 거의 없다. 일례로 우리의 언어에서는 일상적으로 **위**와 **아래**를 은유적으로 아주 많이 사용한다. 즉, '저 아이는 정말 크다.' '그녀는 아주 작다.' 은유는 우리가 말로 그림을 그릴 수 있게 하고, 교향곡을 만들 수 있게 하고, 진수성찬, 향수, 비단을 만들 수 있게 한다. 즉, 은유는 우리가 가능한 한 정확하게 문제를 창의적으로 파악하는 데 우리의 모든 오감을 이용할 수 있게 한다. Robert Burns의 "O my Luve's like a red, red rose(오 나의 사랑은 한 송이 붉디붉은 장미와 같아.)."는 시적인 하나의 예다. 아리스토텔레스의 말에 다음과 같은 설명이 있다.

> 은유란 유(類)에서 종(種)으로, 종(種)에서 유(類)로, 종(種)에서 종(種)으로, 혹은 유추에 의하여 어떤 사물에다 다른 사물에 속하는 이름을 전용(application)하는 것이다. '유추에 의한(by analogy)' 전용의 예는……. 엠페도클레스처럼, 노령을 '인생의 저녁(the evening of life)' 또는 '인생의 일몰(life's sunset)'이라고 말할 수 있을 것이다.
>
> (Aristotle, 1995: 105-107)

Susan Sontag은 이렇게 덧붙인다. "한 사물을 말하는 것은 그것이 아닌 어떤 것과 같다고 말하는 것이고, 이것은 철학과 시만큼 오래된 정신 작용이고, 과학적 지식과 표현력을 포함한 대부분의 지식 종류의 산란지다(1991: 91)." 그리고 철학자 Ricoeur(1978: 7, 원문 강조)는 다음과 같이 말한다.

> 은유는 수사적 과정인데, 그 과정에 의해 어떤 소설들이 현실을 재묘사해야만 하는 힘을 담론이 발휘한다……. 은유적이라는 것은 동시에 그것이 **아니다**와 그것과 **비슷하다**를 모두 의미한다. 만약 이것이 정말로 그렇다면, 우리는 은유적 진실을 이야기하도록 허락받은 것이다.

은유는 우리로 하여금 파악할 수 없는 것을 파악하게끔 할 수 있다. 예를 들어, 우리는 마취제가 투여됐을 때 무슨 일이 일어나는지 정말로 알 수 없는데, 이때 헤엄친다는 은유와 잠수를 한다는 은유는 매우 유용하다(Shafer, 1995). Jacqueline Brown은 무자녀에 관한 그녀의 연작시, 『달걀을 생각하면서(*Thinking Egg*)』(1993)에서 확장된 은유를 사용했다. 이것은 자신의 결혼생활에서 한 여자의 오싹한 이미지를 포함한다. "그녀는 그 순간을 내다볼 수 없다/그녀가 탁 하며 깨지고 먹힐 그 순간을." John Latham은 앞서 소개된 자신의 두 편의 시에서 만취에 관해 쓸 때 '익사'의 이미지를 사용하고 있다.

'은유적 진실'이라는 힘을 가지는 은유는 단순히 시적 장치만이 아니라, 사고에 앞서는 우리의 정신적 · 육체적 내용의 본질적인 면이다. 즉, 이는 '열려라 참깨' 하고 외치면서 기억을 열리게 하는 주문이다. 이것은 우리 자신과 세상의 공통점이 없는 요소들을 연결시키는 방법이다. 이러한 요소들 — 일반적으로는 침묵으로 아우성치는데 — 이 말하고 들릴 수 있도록 목소리를 내게 하는 하나의 방법이다. Audrey Shafer(1995: 1332)가 말하기를, "은유는 저절로 '아하!' 하는 과정이다." 그리고 정신의학자인 Arnold Modell은 다음과 같이 믿는다.

> 은유는 마음의 통화이고, 기본적이면서 없어서는 안 될 인간의 이해 구조다. 우리가 세상에 대한 새로운 인식을 만들어 내는 것은 바로 은유에 의해서다. 다

시 말해서, 우리가 경험을 정리하고 경험으로부터 의미를 파악하는 것은 바로 은유를 통해서다……. 은유의 소재(所在)는 언어가 아니라 마음속으로 지금 인식되고 있다……. 은유의 기원은 몸에 있다. 은유와 감정 사이에는 특권적인 관련이 있다. 감정이 어느 정도 우리의 통제력을 넘어설 때, 이러한 감정을 은유로 옮기는 것은 우리에게 어느 정도 정리와 통제력을 준다. 은유를 사용해서 우리는 은유가 아니면 뒤죽박죽일 경험을 정리할 수 있다. 그러므로 감정affects과 같은 신체적 경험이 은유로 변형된다는 것은 놀라운 일이 아니다……. 인지적 은유는 과거와 현재 사이의 다리를 만든다. 은유는 우리가 익숙하지 않은 것에서 익숙함을 발견하게 한다. 이는 감정적인 기억이 잠재적인 범주로 들어가는 것을 의미한다. 우리는 현재 인지적으로 입력한 것과 은유적으로 일치함으로써 일깨워진 경험의 범주를 기억한다. 우리 자신이 즐거운 경험과 고통스러운 경험으로 분류된 기억의 서재를 소유한 것으로 생각할 수 있는데, 이러한 모든 경험은 우리 인생의 어떤 지점에서 현재의 입력과 은유적으로 일치할 때 활성화될 것이다.

(Modell, 1997: 219-221)

환자나 내담자에게 시를 쓰면서 은유를 가지고 놀도록 권장하는 것은 은유의 타고난 힘을 다른 방식으로는 되찾을 수 없는 그러한 기억과 경험에 연결짓게 하는 것이다. 사람들은 너무도 흔히 자신이 시쓰기에 아무런 권위를 가지고 있지 않다고 느끼고, 똑똑한 사람들만 은유를 사용하는 법을 알고 있다고 생각한다. 이전에 의대생 집단에게 그들 중 누구라도 은유의 한 예를 제시할 수 있는지 물은 적이 있었다. 그들은 멍하니 있었고, 오히려 두려워했다(나는 그들이 '우리는 과학자다.'라고 생각하고 있는 것을 볼 수 있었다.). 한 명이 대답했는데, "나는 어떤 것도 생각할 수 없어요. 내 마음은 백지 상태예요."라고 말했다. 우리는 항상 은유를 사용한다. 그것이 은유인지 전혀 의식하지 못한 채 말이다.

만약 내담자들에게 단어를 가지고 장난삼아 실험하도록 권한다면—즉, 은유를 가지고 낙서하기—이들은 자신이 모든 종류의 인생 경험뿐만 아니라 앞서 Modell이 설명한 기억의 범주로 들어가는 방법을 '아무 생각 없이' 찾았다는 것을 알 수 있다. 은유는 이러한 요소에 정면으로 접근하지 못하기 때문에 부분적으로 작동한다. 즉, 은유는 너무 가까이 오지 않고 옆걸음질한다. 글쓴이들은 심지어 처음에는 자기 자신의 은유를 이해하지 못할지도 모른다(꿈이 흔히 이해되지 않는 것처럼). 이들이 이해할 때, 바로 '아, 그렇구나'[7]하고 숨을 들이마시는 것이다. 이렇듯 효과적인 은유가 우연히 만들어지는 것처럼 보일 수 있다. 우리가 '나는 생각한다. 고로 나는 존재한다.'라는 주체에 대한 데카르트식 이해에 너무 익숙해져 있기 때문에 단지 우연처럼 보이는 것이다. 이러한 강력한 이미지는 우리가 무심함(Freud가 언어의 실착[8]에 대해 말한 것처럼)에 집중하거나 '아무 생각이 없는' 용기를 가질 때 생겨난다.

은유는 심리학, 심리치료, 상담, 의학, 간호학 — 의식적인 동시에 무의식적으로 — 에서 많이 사용되고, 이들의 사용은 최근 철저한 검토 단계에 들어갔다(예를 들어, Caster, 1983; Marston, 1986; Fainsilber & Ortony, 1987; Martin et al., 1992; Shafer, 1995; Mabeck & Oleson, 1997; Modell, 1997; Holmes & Gregory, 1998; Bayne & Thompson, 2000; Spall et al., 2001). 치료사와 내담자 사이에 약속된 작업은 보통의 대화와 이중적인 시 창작 사이의 어딘가에 놓여 있다.

이미지의 힘

William Carlos Williams는 "관념이 아닌 사물로 말하라."라고 했다(1951:

7 역주: 심리학에서 'aha reaction(아하[아 그렇구나] 반응)'은 문득 떠오르는 통찰해명을 말한다.

8 역주: '언어의 실착(parapraxis)'은 언어, 기억에서의 실수인데, 즉 어떤 무의식적인(역동적으로 억압된) 소원, 갈등 또는 일련의 사고가 방해해서 발생한 것으로 해석되는 신체적인 행위다.

예) 여자: "뭘 먹을래요-버터 바른 빵(bread and butter), 아니면 케이크?"
남자: "버터 바른 침대(Bed and butter)."

231). 효과적인 글쓰기에서 '사물(사건, 경험, 기억처럼)'은 '관념'과 감정을 전달하거나 암시하는데, 오히려 이러한 추상적인 요소는 직접적으로 표현되기보다는 사물을 통해서 전달되거나 암시된다. T. S. Eliot은 Williams보다 좀 더 긴 단어들을 사용했는데, '객관적 상관물'[9]이라는 표현을 만들어 냈다(1951: 145). 하나의 관념, 정서, 감정 또는 생각은 추상적으로 나타나는 것이 아니라 구체적이고 파악할 수 있는 실체로 나타난다. 글을 쓰는 이와 글을 읽는 이 모두에게 시의 힘은 부분적으로 이 객관적 상관물에 있다.

> 예술의 형태로 감정을 표현할 수 있는 유일한 방법은 '객관적 상관물'을 찾아내는 것이다. 다시 말해, 객관적 상관물은 **특정한** 감정을 낳는 공식이 되어 주는 대상과 상황, 일련의 사건이다. 또 그러한 감정은 감각적 경험에서는 사라져야 하지만, 외부적 사실이 주어지면 즉시 생겨나게 된다……. 예술적 '필연성'은 이처럼 감정에 외부적 사실을 완벽히 대입시키는 타당성에 있다.
>
> (Eliot, [1920], 1996: 100)

Sappho[10](1992)는 치료를 위한 글쓰기에서 이미지를 사용한 최초의 작가 중 한 명이었음에 틀림없는데, 깊은 외로움을 다음과 같이 전달한다.

달이 기울고
　　별이 진다네
한밤은 가고
　　오랜 시간이 흐르고 흘러
나는 홀로 잠든다네

9 독자에게 어떤 감정을 일으키는 상황, 사물, 사건 등

10 역주: 기원전 600년경의 그리스의 여성 시인.

결론

'모든 시는 극복되었어야 했던 침묵을 깬다.' 시는 지금까지 소통되지 않은 채 속을 끓이는 부분에 대해 소통의 수단을 조사하기 때문이다. Modell(1997)이 말했듯이 은유를 사용하면 이러한 수단을 빨리 찾을 수 있다. 시쓰기는 이처럼 소통을 위한 은유를 만들어 내는 중요한 지지 기술description—Ricoeur의 '현실의 재기술'(1978)—일 뿐만 아니라, 가장 효과적인 매체다.

시쓰기는 예술 매체로 단어를 사용한다. 시는 일상적으로 "중요한 도구이지만…… 친숙함으로 공허해지고 날마다 사용해서 손상된"(Rich, 1995: 84) 상태로부터 언어를 뽑아 내고, "서로의 빛으로 밝혀지고 서로의 그림자로 얼룩진 다면적인 의미"(Rich, 1995)를 획득할 때까지 언어를 점토나 물감처럼 만든다(Flint, 2002). 문법, 구문, 양식의 규칙이 있는 산문을 쓰는 것은 이러한 노력에 비해 덜 효과적이다. 수기handwriting는 이러한 제약으로부터 언어를 좀 더 분리시킬 수 있고, 글쓰기 행위의 육체성(육체적 특성)을 확실히 한다.

시쓰기는 탐색하고 표현했던 경험을 기억하고, 생각하고, 성찰하게 하면서 '극복되었어야 했던 침묵'(Rich, 1995: 84)을 깬다. 그러나 대부분의 시쓰기 단계에서 시 그 자체는 거의 침묵한다. **조사하기** 단계의 고요함은, Heaney의 깊은 '웅덩이'(1980a)의 침묵과 세상의 소음 및 재잘거림 사이의 중간쯤에서 도움이 된다. 지금까지 침묵했던 소리는 연필의 조용한 휘파람을 통해 말할 수 있고, '피의 분출'(Plath, 1981)은 정맥을 통해 자유롭게 흐를 수 있다.

참고문헌

Abse, D. (1998). More than a green placebo. *The Lancet, 351*(9099): 362–364.

Aristotle (1995). *Poetics.* Trans S. Halliwell, pp. 105–107.

Atlas, J. A., Smith, P., & Sessoms, L. (1992). Art and poetry in brief therapy of hospitalised adolescents. *The Arts in Psychotherapy, 19*: 279–283.

Bayne, R., & Thompson, K. (2000). Counsellor response to clients' metaphors: an evaluation and refinement of Strong's model. *Counselling Psychology Quarterly, 13*(1): 37–49.

Bolton, G. (1999). *The Therapeutic Potential of Creative Writing: Writing Myself.* London: Jessica Kingsley.

Brown, J. (1993). *Thinking Egg.* Todmorden, Littlewood Arc: Lancs.

Byron, C. (1995). *Creative Writing: A Handbook for Workshop Leaders.* Nottingham: Nottingham University.

Caster, J. H. (1983). Metaphor in medicine. *Journal of the American Medical Association, 250*(14): 1841.

Cixous, H. (1991). *Coming to Writing and other Essays.* In D. Johson (Ed.). Cambridge, MA: Harvard University Press.

Coleridge, S. T. ([1798], 1969). *Poetical Works.*, ed. E. H. Coleridge, p. 298. Oxford: Oxford University Press.

Coleridge, S. T. (1817). *Biographia Literaria*, Ch 14.

Eliot, T. S. ([1920], 1996). *The Sacred Wood: Essays on Poetry and Criticism.* London: Methuen.

Eliot, T. S. ([1936], 1974). *Collected Poems.* London: Faber & Faber.

Eliot, T. S. (1951). *Selected Essays.* London: Faber & Faber.

Fainsilber, L., & Ortony, A. (1987). Metaphorical uses of language in the expression of emotions, *Metaphor and Symbolic Activity, 2*(4): 239–250.

Flint, R. (2002). Fragile space: therapeutic relationship and the word. *Writing in Education, 26*: ii–viii.

Frampton, D. R. (1986). Restoring creativity to the dying patient. *British Medical Journal, 93*: 1593–1595.

Fuchel, J. C. (1985). Writing poetry can enhance the psychotherapeutic process. *The Arts in Psychotherapy, 12*: 89–93.

Heaney, S. (1980a). *Selected Prose 1968–1978*. London: Faber & Faber.

Heaney, S. (1980b). *Selected Poems*. London: Faber & Faber.

Holmes, V., & Gregory, D. (1998). Writing poetry: a way of knowing nurse. *Journal of Advanced Nursing, 28*(6): 1191–1194.

Hughes, T. (1967). *Poetry in the Making*. London: Faber & Faber.

Ihanus, J. (1998). Dancing with words: transference and countertransference in biblio/poetry therapy. *Journal of Poetry Therapy, 12*(2): 85–93.

Jamieson, K. R. (1993). *Touched with Fire: Manic–depressive Illness and the Artistic Temperament*. New York: Free Press.

Jones, H. A. (1997). Literature and medicine: physician–poets. *The Lancet, 349*: 275–278.

Keats, J. (1818). Letter to John Taylor, 27 February.

Kelley, A. (1999). *The Poetry Remedy*. Newmill: Hypatia Trust & Patten Press.

Lakoff, G., & Johnson, M. (1980). *Metaphors we Live By*. Chicago: University of Chicago Press.

Lester, D., & Terry, R. (1992). The use of poetry therapy: lessons from the life of Anne Sexton. *The Arts in Psychotherapy, 19*: 47–52.

Levine, S. K., (1992). *Poesis: The Language of Psychology and the Speech of the Soul*. Toronto: Palmerston Press.

Mabeck, C. E., & Oleson, F. (1997). Metaphorically transmitted diseases: how do patients embody medical explanations? *Family Practice, 14*(4): 271–278.

Marston, J. (1986). Metaphorical language and terminal illness: reflections upon images of death. *Literature and Medicine, 5*: 109–121.

Martin, J., Cummings, A. L., & Hallberg, E. T. (1992). Therapists' intentional use of metaphor: memorability, clinical impact, and possible epistemic/motivational functions. *Journal of Consulting and Clinical Psychology, 60*(1): 143–145.

Merriam–Webster Dictionary (2002). Word for the Day: 24 October, http://www.Merriam–Webster.com.

Milne, A. A. ([1928], 1958). *The World of Pooh*. London: Methuen.

Modell, A. H. (1997). Reflections on metaphor and affects. *Annals of Psychoanalysis, 25*:

219–233.

Plath, S. (1981). *Collected Poems*. London: Faber & Faber.

Post, F. (1994). Creativity and psychopathology. a study of 291 world famous men, *British Journal of Psychiatry, 165*: 22–34.

Post, F. (1996). Verbal creativity, depression and alcoholism, an investigation of one hundred American and British writers. *British Journal of Psychiatry, 168*(54): 545–555.

Post, F. (1997). Preface. In K. Smith & M. Sweeney (Eds.), *Beyond Bedlam: Poems Written out of Mental Distress*, pp. 13–18. London: Anvil.

Rich, A. (1995). *What is Found There: Notebooks on Poetry and Politics*. London: Virago.

Ricoeur, P. (1978). *The Rule of Metaphor: Multi–disciplinary Studies in the Creation of Meaning of Language*. Trans R. Czerny. London: Routledge & Kegan Paul.

Sansom, P. (1994). *Writing Poems*. Newcastle upon Tyne: Bloodaxe.

Sappho (1992). *Poems and Fragments* (J. Balmer Ed.). Newcastle upon Tyne: Bloodaxe.

Shafer, A. (1995). Metaphor and anesthesia. *Anesthesiology, 83*(6): 1331–1342.

Sluder, H. (1990). The write way: using poetry for self–disclosure. *Journal of Psychosocial Nursing, 28*(7): 26–28.

Sontag, S. (1991). *Illness as Metaphor; Aids and its Metaphors*. London: Penguin.

Spall, B., Read, S., & Chantry, D. (2001). Metaphor: exploring its origins and therapeutic use in death, dying and bereavement. *International Journal of Palliative Nursing, 7*(7): 345–353.

Williams, W. C. (1951). *Selected Poems*. London: Penguin.

Wordsworth, W. ([1802], 1992). *The Lyrical Ballads: Preface*. London: Longman.

제11장

회복으로 가는 길

중독 재활치료로써의 글쓰기

Claire Williamson

도입

작가로서 나는 3년여 동안 중독 재활 분야에서 일하면서, 거주치료센터의 내담자들이 써낸 자서전적 글을 공유하는 작업을 중심으로 하는 집단을 도왔다.

자서전적으로 글을 쓰는 것은 중독 재활 환경과 이질적이지 않다. 많은 치료센터는 내담자들이 센터에 온 처음 몇 주 내에 자신들의 '인생 이야기'를 써서 동료들에게 읽어 주기를 요청한다. 중독 재활 환경에서 자서전적 글쓰기는 강력한 도구다. 자서전은 개인적인 진실 탐색을 강조하기 때문에 창조적인 글쓰기와는 다르다. "자서전이란…… 저자가 은밀하게 혹은 명백하게 자신의 삶을 열거하거나, 자신의 사고를 드러내거나, 자신의 감정을 묘사하려고 한 문학적 작업, 소설, 시, 철학 논문 등을 말한다(Lejeune, 1989: 123)."

자서전을 쓰는 것은 결과적으로 자의식을 증대시킨다. "바로 [글쓰기라는] 행위를 통해서 자신과 삶이…… 일정한 형식을 취하고, 특정한 모습과 이미지를 가정하고, 두 개의 거울 사이처럼 자신과 삶 사이를 왔다 갔다 하며 끝없이 반영하는 것이다(Olney, 1980: 22).” 이 장은 학제 간 팀에서 작업한 나의 경험을 고찰하면서 이와 함께 배경, 이론적 근거, 사례 연구를 제시하고 있다.

배경 설명

나는 약물, 알코올, 음식 등에 중독된 사람들을 위한 거주 재활 프로그램을 운영하는 중독 재활 보조센터에서 일했다. 이 센터는 집단과 매일, 개인 내담자와 일대일 주간 회기를 기반으로 한 상담을 하고 있었다. 거주자 수는 2~17명 사이였고, 연령대는 17~60세까지였다. 그리고 광범위한 사회계층을 포함하고 있었다.

내담자들은 주로 복합 약물 사용자들이었다. 센터 내 대다수의 사람들은 센터에 오기 전 적어도 6주 동안 어떠한 기분 전환용 약물도 사용하지 않았다. 이는 글쓰기 집단에서 중요한데, 내담자들이 진행 중인 중독에서 빠져나오는 동안 흔히 정서적으로 충격을 받고, 너무 미숙해서 과거나 현재에 집중할 수 없기 때문이다.

> 약물을 끊는 것은 신체적 금단 증상뿐만 아니라 사별의 경우와 마찬가지로 저항할 수 없는 감정을 야기한다. (약물을 끊기로 한) 사람이 가장 취약할 때가 바로 약물을 포기하기로 결정한 이후 이 기간 동안이다.
>
> (Waller & Mahony, 1999: 3)

글을 쓰는 사람들은 이해를 얻기 위해서 관점이 필요하다는 것을 잘 알고 있다. "왜냐하면 과거를 배경으로 한 현재가, 너무 가깝게 압박해서 아무것도 느낄 수 없는 현재보다 수천 배는 더 깊이가 있기 때문이다(Woolf, 1976: 98)." 물질 남용에 관한 문헌을 고찰한 R. W. Moore는 중독에 빠지기 쉬운 성격 특성이 있다는 결론을 내렸다. 이는 외로움, 낮은 자존감, 무력감, 진심 어린 방법으로 의사소통할 수 없음, 통제감의 상실 혹은 결여 등을 포함한다(Waller & Mahony, 1999: 8).

내담자들은 3개월에서 1년까지 센터에 거주하고 있다. 이들의 삶에서 결정적인 이 시간은 중요한 성격의 변화를 만들 수 있도록 하는데, 이는 삶과 죽음 간의 차이를 의미할 수 있다. 자서전적으로 글쓰기를 함으로써 내담자들은 자신의 경험에 대해 즉각적으로 조사하게 되는데, 이는 진실된 방법으로 의사소통할 수 없는 것과 직접적으로 부딪친다. 한 집단구성원이 이렇게 말했다. "글쓰기에서 당신은 당신 자신과 함께 있고, 아무런 경계도 벽도 없다." 또 다른 내담자는 이런 말을 했다. "이는 바로 당신의 진정한 자아가 보이도록 하는 것이다." 마치 '진실되게 행동하라'는 마약 및 알코올 중독 방지 모임Narcotics and Alcoholics Anonymous의 경구처럼 말이다.

수년간 중독에 길들여질 거라는 저항할 수 없는 전망과 이에 수반되는 죄의식과 수치심 때문에 무력감, 그리고 통제감의 상실 혹은 결여를 흔히 겪게 된다. 짧은 글쓰기 과제에 집중함으로써 '오늘 하루만'이라는 재활과 관련한 경구가 메아리치는 것처럼 아주 조금씩 각각의 문제와 맞붙을 수 있다. 이는 힘든 감정을 구체화하는 한 편의 산문이나 시를 완성하도록 힘을 불어넣는다. 다음 글은 아버지와의 관계에서 겪었던 복잡한 감정을 묘사한 Virginia Woolf의 경험을 잘 보여 준다.

내가 이것을 글로 써낼 때까지, 나는 나의 입술이 움직이는 것을 느꼈을 것이고, 아버지와 논쟁을 하고 있었을 것이다. 아버지에게 분노를 터뜨리면서, 결코 아버지에게 말하지 않았던 모든 것을 나 자신에게 말하면서 말이다. 소리 내어 말할 수 없었던 것들, 그러한 것들이 나에게 얼마나 깊게 파고들었단 말인가.

(Woolf, 1976: 149)

소리 내어 말할 수 없는 것은 사람을 고립시킨다. 자연스럽게 글을 쓰는 것은 글쓰기 행위가 '내포 독자'(Iser, 1974)를 만들어 내기 때문에 외로움을 방지한다. 마약 중독 방지 모임의 경구가 '결코 혼자가 아니다.'인 것처럼 말이다. 집단에게 소리를 내어 읽어 주는 작업의 위험성을 감수하면서 내담자들은 실제 청중을 발견한다. 한 내담자가 이렇게 말했다. "사람들이 내가 쓴 것과 관련 지어 이야기할 수 있을 때 안심이 된다." 또 한 사람은 이렇게 말했다. "글쓰기를 통해 친밀감과 신뢰에 대한 나의 두려움에 도전했다."

중독에서 벗어나기 위해서 자서전 쓰기를 통해 경험한 자아 인식의 증대로 낮은 자존감을 향상시킬 수 있다. 영화 〈아메리칸 뷰티(American Beauty)〉의 시나리오 작가인 Alan Ball은 이렇게 말한다. "글쓰기는 나에게 내가 무엇을 믿고, 나의 가치관이 무엇인지를 가르친다(Ball, 2002: 173)." 마찬가지로 한 내담자는 이렇게 말했다. "나는 내 자신의 더 큰 그림과 내가 다양한 면을 가지고 있다는 것을 보기 시작했다." 또 다른 내담자는 글쓰기가 자신의 자신감을 "엄청나게 증대시켰다"고 말했다.

글쓰기 집단

글쓰기 집단은 폐쇄집단이고, 내담자의 재활 프로그램 중 필수 영역이다. 주요 목표는 내담자들이 자전적 글쓰기 작업을 할 수 있도록 격려하면서 내담자들을 자신의 감정과 연결시키는 것이다. 기대되는 결과는 자각, 자존감, 다른 집단구성원에 대한 이해, 감정 공유 능력 등의 증가다. 내담자들은 경청 기술을 연습하고 자기표현의 도구로서 글쓰기를 경험할 수도 있는데, 집단의 요구가 아닌 경우에도 이러한 것을 계속해서 활용할 수 있다.

오늘, 여섯 명의 내담자들이 원을 그리고 앉아 있다. 나는 새로운 남자 구성원인 이슈티를 글쓰기 집단에 소개하면서, 내가 모든 거주자들에게 필수적인 주간 '개인적 글쓰기' 집단을 돕는 작가라고 말한다. 나는 글쓰기가 치료적이고 사람들이 자신과 자신의 삶을 이해하도록 도울 수 있다고 주장한다. 매주 나는 이슈티에게 그다음 주 집단에서 할 글쓰기 제목을 줄 것이다. 철자법을 포함한 작문의 질이 집단의 목적이 아니라, 솔직한 글쓰기와 나눔이 가장 중요하다. 이슈티는 자신의 감정을 묘사하는 데 도움이 된다면 이미지나 은유를 사용해도 좋다. 주어진 제목에 들어 있는 아이디어는 그가 자신의 재활과 관계 있는 영역을 탐색하도록 촉진하는데, 반드시 그 자신이 선택할 필요는 없다. 각각의 새로운 제목은 이전 집단에서 선도해서, 이슈티는 센터에서 그의 시간이 끝날 즈음 나중에 참조하려고 간직해 두었던 '개인적 글쓰기 여행'을 하게 될 것이다.

오늘 그는 어떤 작업도 공유할 필요가 없지만, 나는 그가 경청한 작업에 대해 피드백을 주고, 회기를 여는 데 참여하도록 격려한다. 즉, 그것은 '오늘 기분이 어때요?'라고 하는 것이다. 각 구성원들은 2분 동안 자신의 감정을 묘사한다. 마리아는 화가 났다. 그녀는 자신의 전남편 조와 전화로 다투었다. 그녀는 이 문제를 더 논의하고 싶어 하지만, 우리는 글쓰기 과제로 옮겨가야 한다. 집단의 고참 구성원인 찰스부터 시작한다. 그는 처음에 글을 쓰는 것이 행복하지 않았지만, 일단 쓰고 나니까 도움이 된다는 것을 깨닫기 시작했다고 말한다. 그는 '내가 책임질 필요가 있는 것들'이라는 제목의 글을 읽는다. 그는 자녀들의 삶의 일부가 되기를 원한다고 설명한다. 그는 아이들을 3년 동안 보지 못해 아이들을 보고 싶어 한다. 그는 금주와 자신의 감정 및 행동에 대해 책임을 지고자 한다. 집단은 그가 읽는 동안 침묵을 지키고 있다. 나는 메모를 한다.

둘러앉아 피드백을 시작한다. 사람들은 찰스가 아이들과 함께 노력하도록 격려한다. 그때 빌리는 찰스가 더욱 책임감 있기를 원한다면, 거주하고 있는 쉼터에서부터 시작해야 한다고 말한다. 찰스는 화가 난다. 그는 빌리의 도전에 맞서기 위해서 피드백 과정을 중단시키고 싶어 한다. 나는 찰스가 말하기 전에 우리가 모든 사람들이 하는 말을 들어야 한다고 말한다. 피드백이 끝나고, 찰스가 빌리의 말이 무슨 뜻이었는지를 묻는다. 빌리는 찰스가 쉼터의 의무에 태만하다고 말한다. 나는 빌리에게 구체적으로 말하라고 부탁한다. 그는 찰스가 한 번도 부엌 쓰레기통을 비운 적이 없다고 말한다. 찰스는 쓰레기통에 관해서는 빌리가 옳다고 동의하지만, 그가 문제가 있었다면 그전에 뭔가 말했었어야 한다고 했다. 빌리는 이를 인정한다.

우리는 다음으로 넘어간다. 마리아가 다음으로 '내가 즐기는 것들'을 읽는다. 그녀는 오랫동안 잃어버렸던 관심사들에 대해서 읽는다. 이전의 분노가 진정되면서 눈물이 그녀의 뺨을 타고 흘러내린다. 그녀는 자기가 왜 울고 있는지 모르겠다고 말한다. 그녀가 글을 썼을 때는 기분이 좋았는데 말이다. 마리아가 좋아하는 것에 대해 듣는 것이 얼마나 좋은지, 그리고 그녀가 좋아하는 산책을 좀 더 해야 하고, 좀 더 자주 옷을 만들어야 한다든지 등으로 피드백이 이루어진다. 마리아는 지난 20년 동안 자신을 잊고 있었다는 것 때문에 슬프지만, 자신이 즐겼던 것을 기억하고 있어서 좋다고 말한다.

다음 차례는 빌리다. 한숨을 쉬면서 그는 바지 주머니 속에 있었던 원고를 펼친다. 그는 그것을 가만히 들여다본다. 그것을 읽고 싶지 않다고 말한다. 그 글은 그가 준비했던 첫 번째 글, '이게 바로 나야'다. 동료들은 (글을 읽는 것이) 위험을 감수할 만한 가치가 있다고 격려하면서 웅성거린다. 빌리는 마지못해 읽기 시작한다. 그는 자신을 패배자요, 개자식이며, 거짓말쟁이고, 도둑놈이라고 말한다. 그는 다 읽고는 종이를 구겨서 바닥에 던져 버린다. 동료들은 그가 설명했던 사람이 자신들이 2주 동안 함께 살았던 사람이 아니고, 그가 자신에게 너무 모질게 군다고 피드백을 한다. 새 내담자인 이슈티가 자기도 똑같은 소리를 들을 만한데 자신은 패배자가 아니라 중독에서 회복되고 있는 사람으로 자신을 보려고 애쓰고 있다고 인정한다. 나는 빌리가 화가 나 있을 것이라고 그에게 말한다. 그는 지독하게 화가 난다고 말한다.

다음은 샐리가 읽는다. 그녀의 글은 '안녕 엄마'다. 그녀는 자신이 중독 상태였을 때 돌아가신 어머니에게 편지를 썼다. 그녀는 장례식에 참석하지 않았다. 그녀는 글을 쓰는 동안 울었고, 처음으로 상실감을 현실로 느낀다고 말한다. 그 글은 "사랑하는 엄마, 실망시켜 드려 죄송해요."라고 시작해서 "난 정말 엄마를 사랑하고, 엄마가 지금의 나를 보고 자랑스러워할 수 있기를 바랍니다."라고 끝맺는다. 방 안은 슬픔으로 가득 찬다. 피드백은 사람들이 자신이 그리워하는 사랑하는 사람들에 대해 생각하고 있는 바를 보여 준다. 샐리는 울고 있다. 마리아는 샐리에게 엄마 무덤에 꽃이라도 몇 송이 들고 찾아가 보라고 제안한다.

마지막으로 자넷이 읽는다. 이 모임은 그녀가 센터에서 떠나기 전 그녀의 마지막 창의적 글쓰기 집단이다. 제목은 '안녕'이다. 자넷은 모든 내담자들의 이름을 다 언급하면서, 자신의 재활에 그들이 얼마나 영향을 미쳤는지를 말했다. 그녀는 여름에 꽃피는 정원이라는 은유를 사용해서 자신이 경험한 성장을 묘사한다. 그녀는 글쓰기 집단을 어떻게 미워하곤 했는지, 그리고 글쓰기 집단이 그녀에게 얼마나 소중하게 되었는지를 말한다. 그녀는 방해받지 않고 또는 자신의 감정을 정당화하거나 자신이 판단 당하거나 버려졌다는 기분을 정당화하지 않고 자신을 표현할 수 있다. 나는 그녀가 자신의 첫 번째 글, '이게 바로 나야'를 썼을 때부터 적었던 내 메모를 읽는다. 집단은 자넷이 입소한 이후 지난 6개월 동안 어떻게 변했는지 이야기를 나눈다.

다음 주 제목을 모두에게 제시할 시간이다. 나는 빌리에게 '내 머릿속의 대화'를 제목으로 주면서 그가 자신에 대한 부정성을 탐색하고 자신을 화나게 하는 것과 그 이유를 차츰 이해할 수 있게 한다. 그는 자신이 차라리 다른 무언가를 하는 게 낫다고 말한다. 나는 그에게 그 제목으로 글쓰기를 한 번 시도해 보라고 말하고, 만약 아주 힘이 들면 그의 상담사에게 다른 제목을 제시해 달라고 요청하라고 한다. 마리아에게는 '조에게서 벗어나기'라는 제목을 줘서 그녀가 결혼을 끝내는 걸 탐색할 수 있도록 한다. 찰스에게는 '[그의 자녀 ○○에게] 쓰는 편지'라는 과제를 준다. 샐리에게는 '나의 한 주'를 주어서 자신의 비통한 감정을 탐색할 수 있게 한다. 이슈티에게는 '이게 바로 나야'를 준다.

나는 질문할 게 있느냐고 묻는다. 샐리는 자신이 일기를 쓰기를 바라는지 묻는다. 나는 그녀가 자신에게 옳다고 느끼는 건 뭐든지 해야 한다고 말한다. 우리는 일어나서 손을 맞잡고 평온을 구하는 기도를 한다. 나는 상담 팀과 함께 그 집단을 정리하기 위해서 자리를 떠난다.

사례 연구

싱글맘인 캐롤라인은 재활센터로 오는 바람에 딸과 떨어지게 되었는데, 〈[딸 ○○]에게 쓰는 편지〉라는 제목으로 다음과 같은 시를 썼다. 이 제목의 글은 '분노 목록'을 적은 다음에 썼는데, 분노 목록에서 캐롤라인은 자신의 딸이 세상에 있다는 위안과 동시에 자신의 죄의식, 두려움, 분노, 위로할 길 없는 고통 등을 묘사했다.

숨은 뜻Between the Lines

넌 나에게 너무나 특별하단다, 내 사랑아.
너와 나보다 더 특별한 사람은 없어.
하늘만큼 널 사랑해.
그만큼 널 사랑한단다.
내가 슬퍼질 때
너를 그리워한다는 걸 알기 때문에
너의 미소를 생각하고

네게 입 맞추고 싶단다.

너의 하루를 생각해 보기도 하지.
네가 뭘 하며 놀고 싶을까.
그리고 그게 바로 어떤 건지 알아.
너의 모든 것이 나에겐 특별하니까.

우리가 전화로 이야기를 할 때면
너무나 따스함을 느껴.
네게 아무 일도 없다는 걸
전해 주니까.

우리는 알아듣기 힘든 말을 나누다가
네게서 풋 소리가 들리고
우린 낄낄대다가
결국 소리 내어 웃게 되지.
(장난꾸러기 코끼리처럼)

나는 또 네 생각을 하고 있단다.
우리가 동물원에 갔을 때를.
커다란 기린을 보고 네가 얼마나 좋아했는지.

Moo, 잘 들어라.
내가 너에게 말하고 싶은 것은
네가 절대 잊어선 안 되는 것이다.
네가 슬플 때나
상황이 안 좋을 때나
네 눈에 모든 것이 암담해 보일 때도.
나를 생각하고 기억해라.
엄만 늘 네게 다시 돌아간다는 걸.

6개월 뒤에 캐롤라인은 자신의 시에 대해 이렇게 반추했다.

이 시는 내 딸이 나와 함께 있지 않다는 사실을 내가 받아들이도록 했다. 난 3개월 정도를 보내고 있었고, 전혀 진도가 나가지 않는 것 같았다. 딸을 위해서가 아니라 나를 위해 재활을 한다는 생각을 하면서, 스스로 분리에 거의 직면하고 있었다. 나는 이미 재활 중에 그녀를 임신하고 있었고, 그렇다 보니 내 자신이 아닌 그녀에게 관심을 집중하기가 아주 쉬웠다. 시에 담긴 언어는 우리 관계에서 아주 사적인 것이다. '엄만 늘 네게 다시 돌아간다' 는 행은 딸아이로부터의 분리뿐만 아니라 나의 분리 문제를 다루었다. 이 시는 나로 하여금 많은 죄의식과 부인에 맞설 수 있게 했다. 틈틈이 잠깐씩이 아니라 매달의 만남에 집중하게 하면서 말이다. 이것은 재활에 장기적으로 좋다. 더 나은 부모가 되겠다는 게 늘 말뿐이었는데, 이젠 현실이 되었다.

학제 간 팀 작업

중독 재활 환경에 작가를 가담시키는 것에 대한 전망은 상담사들과 작가 모두에게 위압이 될 수 있는데, 예술가는 원래 '경계를 초월하는' 것으로 여겨져 왔고, 재활센터는 경계를 잘 설정해야 할 필요가 있기 때문이다. 중독 재활에 대한 지식과 상담 기술의 인증은 작가들에게 중요한 전조가 될 수 있다. 나는 '집단 규칙'을 배우는 것이 중요하다는 것을 알았고, 그래서 글쓰기 집단은 상담사가 이끄는 집단과 유사한 조건(예: 모자, 껌, 사탕 금지)에서 지도를 받게 되었다. 팀이 작업의 본질과 객원 작가가 상담사가 아니라는 것을 이해한다면, 이는 유용하다. 나의 집단 형태는 개방형이었고, 상담사들이 제언을 하도록 권장했는데, 상담 팀의 지원이 글쓰기 집단의 성공에 매우 필요하다는 것을 깨달았기 때문이다. 나는 상세한 작업 인계가 각 회기 전에 필수적이라는 것을 알게 되었고, 그래서 각 내담자에 대한 현재의 '상황'을 파악하게 되었다. 또 집단 후 작업 인계도 똑같이 중요하다는 걸 알게 되면서 그 집단 작업에 대해 판단할 수 있었다. 나는 상담 팀을 위해서 내 메모들을 복사했는데, 그래서 작업 인계 시간에 참석하지 않은 상담사라도 내담자들의 작업에 대한 정보를 얻을 수 있었다.

상담사들은 적절성을 위해서 작업을 살펴보고 내담자와의 현재 작업에서 빗나간다 싶으면 글쓰기 과제의 제목을 거부할 수 있는 권한을 가지고 있었다. 한 상담사는 이렇게 말했다. "창의적 글쓰기는 집단 치료를 보완하고 내담자들을 아주 심오한 수준에 참여시키는데, 이들을 의미 있게 연관지을 수 있도록 해서 자신에 대해 더 깊은 이해를 낳게 한다." 또 다른 상담사는 이렇게 언급했다. "나는 내담자들의 마음을 움직이고, 이들이 자신을 표현할 기회를 제공하고, 자신감과 자존감을 확립시키는 능력에 감명받았다."

결론

효과적인 단기 재활 프로그램을 제공하는 것이 목적인 중독 재활 환경에서 자서전적 글쓰기는 효과적인 도구이며, 이는 초기 중독 재활에서 내담자의 성격 특성에 직접적으로 도전한다. 외로움은 '내포 독자'가 존재하는 글쓰기 경험에 의해 즉각적으로 다루어진다. 집단 내 개인적 작업의 공유와 이에 뒤따르는 신뢰감과 친밀감의 향상은 더 나아가 고립감을 없애 준다. 사람들이 자기 이야기를 들어 주고 이해받고 있기 때문에 자존감이 높아지고, 이와 함께 자아 인식이 좀 더 확대되는데, 이는 글을 통한 자신의 성찰에서 비롯되고 동료들의 피드백을 통해서 나타난다.

어려운 문제를 조사하는 끈질긴 글 한 편을 완성함으로써 내담자들은 통제감을 회복한다. 집단구성원들이 자신과 자신의 정서를 보여 주기 위해서 가면과

꼬리표를 내던지기 시작할 때 진정한 의사소통이 이뤄지게 된다. Margaret Atwood가 말했듯이, "그렇다면 어떻게든 글쓰기는 어둠을 다뤄야만 하고, 어둠 속으로 들어가려는 욕망이나 충동을 처리해야 한다. 그리고 운이 좋다면, 그것을 밝혀야 하고, 무언가를 빛으로 다시 데려가야만 한다(2002: xxiv)."

참고문헌

Atwood, M. (2002). *Negotiating with the Dead*. Cambridge: Cambridge University Press.

Ball, A. (2002). Alan Ball. In J. Engel (Ed.), *Oscar Winning Screenwriters on Screenwriting*. New York: Hyperion.

Iser, W. (1974). *The Implied Reader*. Baltimore, MD: Johns Hopkins University Press.

Lejeune, P. (1989). *On Autobiography*. Minneapolis, MN: The University of Minnesota Press.

Olney, J. (1980). *Autobiography: Essays Theoretical and Critical*. Princeton, NJ: Princeton University Press.

Waller, D., & Mahony, J. (1999). *Treatment of Addiction*. London: Routledge.

Woolf, V. (1976). *Moments of Being*. London: Sussex Universty Press.

제 3 부

온라인 글쓰기

제12장

온라인 치료 –타이핑한 문서에서 치료적 관계

Kate Anthony

도입

우리의 사회생활과 직장생활에 끼치는 인터넷의 영향력이 워낙 커서 타이핑한 문서를 어떻게, 언제 적절히 사용해야 할지 충분히 고민하기도 전에 인터넷 사용이 급증하는 결과를 낳았다. 편리하고 빠른 이메일 송신으로 인해 이메일이 면대면 만남이나 전화 통화를 대신하게 되었다. 게다가 이동전화 문자 서비스를 이용하게 되면서 서로 간의 상호작용에서 음성 언어가 밀려나게 되었다. 이러한 기술 발전이 사회 내 의사소통의 미래에 어떤 의미를 갖는지는 이 장에서 검토할 사항은 아니지만, 어떻게 이것이 정신건강 전자 서비스 제공, 특히 심리치료의 급속한 발전을 요구했는지를 언급하는 것은 의미가 있다. 가장 중요한 문제는 글을 통한 의사소통이 적합한지 또는 효과가 있는지에 대한 염려와 증거 부족에도 불구하고, 인터넷 심리치료에서 이것이 광범위하게 사용되고 있다는 점이다.

이미 1966년에 Joseph Weizenbaum이 Rogers 학파의 심리치료사를 흉내 낸 일라이저ELIZA[1]라고 불리는 프로그램을 개발했는데, 이 프로그램은 키워드를 인식하고 프로그램 속에 변경하지 못하도록 코드화되어 저장된 문장으로 응답할 수 있는 기본적이고 자연스러운 언어 엔진을 사용했다. 일라이저는 어떻게 컴퓨터가 설득력 있게 하나의 실제 인간으로, 이 경우에는 치료사로 간주될 수 있는지를 보여 주기 위해 만들어졌다. 일라이저의 의사소통은 매우 기본적이었다. 그럼에도 사용자들이 이 프로그램과 의미 있는 관계를 발전시키면서 흥미로운 결과가 나타났는데, 이들은 하나의 소프트웨어와 상호작용하고 있음을 인식한 후에도 민감한 정보를 공유하고 그 교환을 치료적으로 간주했다(O'Dell & Dickson, 1984). 치료법을 전달하기 위해 인터넷 의사소통을 사용한 첫 번째 시도는 1972년으로 거슬러 올라가 스탠퍼드 대학교와 UCLA에 있는 컴퓨터 간에 이루어졌다. 요금을 지불하는 '정신건강 상담'은 일반적으로 일회성 질의응답 회기들로 1990년대 초에 나타나기 시작했다. 1995년까지는 오늘날 이메일과 인터넷 실시간 대화를 통한 치료로 간주하는 것을 통해서 지속적으로 도움을 주는 치료관계를 활용하고 있었다.

1999년 초 나는 치료 도구로서 내 고유 이메일과 채팅방을 활용하면서 인터넷 상담치료를 연구하기 시작했다. 나는 인터넷 서비스 제공자 America On-Line(AOL, 이것은 커뮤니티에 기반한 성격이 강함)을 통해 이 두 가지 방법의 의사소통을 사회적으로 활용하는 데 이미 익숙해 있었던 상태에서, 뜻밖의 일로 인해 한동안 아무것도 하지 않은 채 내 집 사무실에 있었는데 바로 이 두 달 동안 나를 즐겁게 했던 것이 인터넷 연결이었다. 전 세계에 있는 나의 온라인 친구들과 동료들, 즉 내가 결코 만나지도, 말해 보지도, 그들의 사진을 본 적도 없는 이들이, 어떻게 내가 겪고 있는 지루함과 고통에서 벗어나도록 도와주기 위해 자기

---

1 http://www-ai.ijs.si/eliza/eliza.html(accessed 30 May 2002)에서 이용 가능한 온라인 버전이다.

자신의 삶을 희생할 준비가 되어 있는지를 깨닫기 시작한 때가 바로 그 시점이었다. 이러한 관계는 내가 면대면으로 상호작용했던 친구들이나 동료들만큼이나 나에게 모든 면에서 '사실적'이었고, 많은 경우에 있어서는 더 친밀하고 개방된 관계처럼 보였다. 여기서 독자들이 이해해야 할 중요한 사실은, 내가 음성언어에서 문서로 의사소통 방법을 전환하는 것이 내 자신도 모르는 사이에 일어난다는 것이다. 나는 이전에는 의사소통 도구로 오로지 문서나 글쓰기만을 사용해 본 적이 거의 없었으나, 이제 이를 구두 의사소통 위에 두거나 더 우선시하는 것이 나에게 아주 간단하고 자연스러운 일이 되어 버렸다. 이것이 분명해지면서 나는 정신건강 서비스의 내담자들이 정확하게 같은 것을 하고 있다는 것을 인식하게 됐다.

일화 연구

내가 정신건강을 위한 인터넷 의사소통을 연구하던 시점에는 상담 및 심리치료사들이 이런 새로운 현상을 실행 가능한 치료 방법으로 받아들이는 것을 달가워하지 않는 듯했다. 이는 육체적인 실재가 없다는 것(육체적으로 존재하지 않는다는 것)이 너무나 큰 장애가 되어서 면대면 치료처럼 치료관계가 형성되고 발달할 수 없을 거라는 일반적인 믿음에 기인한다. 그러나 이들이 새로운 치료 방법을 받아들이는 것을 보류하는데도 불구하고, 내담자들이 이러한 기회를 선택하고 있다는 것은 분명했고, 나도 그 전체적인 영역에 대해 좀 더 많은 검토와 세밀한 조사가 이루어질 만하다고 믿었다. 이 글을 쓰고 있는 시점에는 (2002년 9월), 우리가 이러한 방법의 효과성에 대해 단지 몇몇 짧은 연구 논문만을 인용할 수 있지만(예를 들어, Cohen & Kerr, 1998; Celio et al., 2000; Klein & Richards, 2001 참조), 내담자들이 치료에 접근하고 치료에서 효과를 얻는 방법으로 인터넷을 통한 문서를 이용하고 있다는 일화적 증거는 널리 퍼져 있다.

온라인 치료법에 대한 비판 가운데 하나는 면대면 상호작용을 컴퓨터로 전환하는 것에 대한 의문과 어려움이다. 이는 "면대면 상호작용이 전자 매체로 옮겨질 때, 치료적 상호작용이 단지 조언 주기로 전락해 버릴 수도 있다(Pelling & Reynard, 2000: 71)."는 우려를 낳게 했다. 인터넷 의사소통에 의구심을 품는 사람들 가운데 특히 Pelling과 Reynard는 기본적인 치료 기술은 온라인 작업으로 옮겨질 수 없거나, 온라인 작업에서 좀 더 '높은 수준의 기술 또는 더 많은 노력'을 필요로 한다고 생각했다. 높은 수준의 기술과 더 많은 노력이 필요하다는 사실은 정말로 온라인 치료를 해 본 내 경험에서 나온 것이다. 비록 이것이 일반적으로 글쓰기치료를 이용하는 데 좀 더 익숙한 치료사들에게 해당된다는 사실이 논란의 여지가 있을지라도 말이다.

Suler(1997a)는 "보이는 것과 소리는 단지 마음과 영혼의 순수한 표현을 가로막는 외부의 소음일 뿐이다."라고 주장했다. 면대면 치료에 존재할 수 있는 신체적 편견이나 제한된 접근이 없는, 전자 공간의 치료적 잠재력은 거대하다. 치료에서 육체적 측면을 제거할 때, 치료사와 내담자의 방어를 뛰어넘으면서 '마음과 영혼의 순수한 표현'이 효과적으로 전달될 수 있다. Clarkson(1990)은 Guntrip(1961)을 인용하면서 치료사와 내담자가 서로의 방어를 뛰어넘을 때만이 진정한 심리치료가 일어난다고 말한다. 온라인 관계에 대한 내 나름의 경험에 비추어 볼 때, 인터넷을 통해 의사소통을 하면서 한 편의 문서(문서)가 아닌, 한 명의 사람과 대화를 나누었다는 실제 기억을 가지고 있다고 나는 인식한다. 이것에 대한 인정은 Suler가 말한 "보이는 것과 소리"가 인터넷을 통해서도 존재한다는 것을 의미한다. 즉, 중요한 점은 이것이 의사소통을 경험하는 사람에 의해 만들어진 시각적이고 청각적인 회상이라는 것이다. 이는 Brice(2000)에 의해 지지되는데, 그는 이메일 내에서 접촉을 설명하기 위해 '단어'의 사용을 식별했다(예: '당신이 나에게 그것을 **털어놓았을 때**, 나는 ……을 느꼈다' '당신이 그것을 **말했을 때**, 나는 ……을 알 수 있었다').

온라인 치료에 대한 연구는 (어떠한 육체적 존재를 대면하지 않는 상황에서) 감정을 전달하는 새로운 방법이 인터넷 치료에서 필수적이라는 것을 보여 주고 있고, 우리는 이 장의 후반부에서 이에 대해 알아볼 것이다. 이는 얼굴 표정과 몸짓을 볼 수 있는 사람 대신에, 문자어를 통해 자신의 감정상태를 나타내는 내담자와 관련된 것이다. Suler(1997b)는 문서를 통해 의사소통하는 데 있어서 좀 더 표현적이고, 치밀하고, 정리되고, 창의적이어야 하는 중요성을 보여 준다. Mitchell과 Murphy(1998)도 육체적인 존재가 없는 상태에서 보완 기술을 개발해야 하는 중요성을 언급한다. 사이버 공간에서 사람들이 의사소통하는 방법에 대한 내 나름의 경험—약칭으로 대화하고 감정을 나타내기 위해 기호들을 사용하는 등—을 통해 내담자에게 효과적인 것이 무엇인지를 이해하는 것이 중요하다는 것을 알 수 있다. Grohol(1999)은 "인터넷 의사소통에 참여하는 사람은 읽고 쓰는 것에 능숙하고 비교적 편안해한다. 그리고 참여자들은 비슷한 이해 수준에서 의사소통할 수 있어야만 한다."라고 지적했다. 내담자의 경험을 묘사하는 능력은 비슷한 수준의 문화적 경험을 요구할 수도 있는데, 이러한 요소는 윤리적 고려를 다룰 제16장에서 논의한다. Laslow와 동료 연구자들(1999)은 인터넷 치료에 대한 연구가 면대면 치료 이론에 기반한다고—즉, 면대면 치료 방법을 컴퓨터 화면으로 옮기려고 노력하는 것이라고 주장한다. 이는 오프라인 기술을 개발하거나 확장하는 것이 아니라 오프라인 기술을 옮길 필요가 있다는 가정인데, 네티켓(인터넷 에티켓의 준말) 관례가 존재한다는 사실은 이러한 주장을 거부한다.

영국 상담 및 심리치료협회The British Association for Counselling and Psychotherapy, BACP는 인터넷을 통해 내담자를 상담하는 기회와 위험성에 관한 특별 보고서를 발간했는데(Lewis, 1999), 이 보고서는 그 당시 정의와 기술the art 상태에 대해 짤막하게 묘사하였다. 이 협회가 출간한 두 번째 자료는 『온라인 상담과 심리치료에 대한 지침』(Goss et al., 2001)이었다. 내가 공동 저자로 참여했는데, 발표하기 전에 미리 배포하여 온라인 정신건강국제연합ISMHO(www.ismho.org 참조) 회원들을 포함한 광범위한 국제 상담집단에게서 코멘트를 얻었다.

치료적 관계가 존재하는 방식

사이버 공간에서 치료사와 내담자 사이의 라포는 다른 사람의 육체적 존재와 사람의 마음상태를 해석하는 음성 언어에 반응함으로써 발전하는 것이 아니라, 문자 언어를 통해 내담자의 정신적 구조물에 들어가고 유사한 방식으로 응답함으로써 발전한다. 예를 들어, 혼란스러운 상태에 있는 내담자는 혼란스러운 치료사를 필요로 하는 것이 아니라, 내담자의 단어 선택과 뒤범벅된 단어에서 혼란스러운 상태를 인식함으로써 내담자에게 세상이 어떻게 보이는지 이해하고 공감할 수 있는 치료사가 필요한 것이다. 치료사와 내담자 사이의 라포는 면대면 작업에서와 마찬가지로, 작업을 진전시켜 감에 따라 그 작업과 함께 성장한다. 괴로운 것처럼 보이는데도 '괜찮다'고 당신에게 말하는 내담자에 대해 면대면 상담에서 해석하는 것과 똑같은 방식으로, 내담자의 의사소통이 일관되는지 불협화음이 일어나는지를 보면 내담자의 정신상태에 중요한 변화나 일탈을 감지할 수 있다. 내담자의 관점에서 볼 때, 치료사의 의사소통이 일관되고 일치하는 것은 그들이 착수한 공동의 여정에 대한 증거를 제시하기 위해서도 아주 중요하다. 말할 때는 목소리의 톤과 속도가 고려된다. 문자 언어에서, 그리고 특히 인터넷 실시간 대화Internet Relay Chat, IRC에서는 간격 띄우기, 구절 끊기, 그리고 묘사하는 단어들이 고려된다. 글로 된 자료를 보고 반응하는 이러한 의도적인 방법은, 치료사가 공감대를 형성하고 적절한 방법으로 응답할 수 있게 해 준다. 이는 내담자들이 면대면 도움을 찾거나 얻을 수 없는 상황에서 지지받고, 이해받고, 혼자가 아니라는 인식을 갖게 해 준다. 나와 당신I-Thou의 관계(Buber, 1970; Clarkson, 1990년에서 재인용)에서 내담자의 회복을 촉진하는 것은 이러한 상호적 존재이고, 이는 온라인에서 효과적으로 의사소통할 때도 마찬가지다(Anthony, 2000).

전자적인electronic 나와 당신 관계에서 내담자와 치료사 간의 라포는 존재감

(때로 공동현존이나 원격현존으로 불리기도 함)에 의해 촉진된다. 이것은 Lombard와 Ditton(1997)이 조사한 개념이다. 이들에게 현존現存, presence은 '매체 없는 지각 환상'이다. 이 개념을 받아들일 때, 사용하는 매체(이 경우에는 컴퓨터와 키보드)는 부차적이 되고, 동시에 일어나는 의사소통 시간 동안 당신은 분리된 가상 공간에서 다른 사람과 상호작용하고 있다. 인터넷을 사용하면서 이는 사이버 공간이라고 불린다('우리는 함께한다.'). 이메일 치료의 경우, 현존의 개념은 '당신은 여기 있다.'가 된다.

키보드를 통한 다른 사람과의 상호작용은 사회적 행위인데, 이는 이메일의 경우에는 편지의 형태를 취할 수 있고, 동시 의사소통의 경우에는 대화의 형태를 취할 수 있다. 이를 상담의 맥락에서 보면, 내담자가 치료사의 상담실에 들어와서 대화를 시작할 때처럼, 치료사의 행위가 내담자를 위한 치료적 상호작용으로 인식될 수 있다는 것을 알 수 있다. 전자적인 나와 당신 관계의 상호성 측면에서 볼 때, 힘의 균형이 좀 더 동등한 장소로—인터넷은 치료사 결정적인 치료사의 물리적 상담실보다 오히려 내담자 중립적인 공동 장소이고 내담자 결정적인 공간으로 여겨진다—두 사람이 함께 여행하는 것이기 때문에, 이는 심지어 더 유익할 수도 있다.

이 상호작용은 특히 동시적 치료의 경우에는 그 당시뿐만 아니라 소급해서도 적용된다. 온라인으로 내담자와 치료사가 실제 의사소통하는 것은 상대방에 대해 거의 아는 것이 없는데도, 육체적 존재의 관념과 함께 '실시간'으로 발생한 것으로 경험되고 기억된다.

온라인 의사소통은 오프라인 의사소통보다 훨씬 더 '개방적인' 경험을 만들어 낸다. 이는 관계의 상호성을 촉진시킬 뿐만 아니라, 내담자가 상황에 대해 솔직하게 표현할 수 있도록 해 준다. 반면에 면대면 대화에서는 내담자의 죄의식이나 수치감이 내담자로 하여금 개방적이고 효과적으로 의사소통하는 것을 방해할 수도 있다. 이러한 요소는 치료 과정을 촉진시키는데, 아마도 내담자에 의해 가장 잘 설명될 것이다.

여러분이 같은 방에 있지 않기 때문에, 신체 언어를 읽는 것은 어렵다. 이것이 내가 같은 방에 있을 때보다 훨씬 더 개방적이고 정직할 수 있다고 느끼는 이유다. 왜냐하면 이봐……. 난 잠옷을 입고 있을 수도 있는데, 상대방은 이 사실을 모를 것이다. 난 저녁을 먹거나 음료수를 마실 수도 있고, 내가 옆에 두고 조금씩 음미할 수 있는 무언가를 마실 수도 있고, 일어나서 천천히 걸을 수도 있다……. 다시 말해서, 내가 원하는 만큼 편안해질 수 있다는 것이다.

또한 치료사가 자신에 대해 좀 더 개방적이면 개방적일수록, 내담자도 더 개방적으로 자기 자신에 대해 나눌 수 있다고 내담자는 지적한다. 이처럼 온라인을 통한 자기개방self-revelation 활동은 당신이 의사소통하고 있는 사람(내담자)의 시각적 표현, 그러므로 존재함을 돕는 데 효과를 발휘한다. 그리고 이는 치료사의 일치성과 진정성을 보여 주는 데에도 중요하다. 이러한 개방성은 내담자로 하여금 수치스러워하거나 당황스러워하지 않고 자신의 감정에 솔직해질 수 있게 하며, '온라인 탈억제 효과'(Suler, 2001)로 알려진 전자적 나와 당신 관계 내에서 치료 과정을 촉진시키기 때문에, 참여자들은 이러한 개방성을 치료적 요소로 온라인 상담의 장점이라고 여긴다. 자기개방의 수준은 참여자의 상상력이 이를 표현하도록 하기 때문에 육체적 존재의 결핍을 보상하기도 한다.

동시 의사소통에서는 읽고 쓸 수 있는 것뿐만 아니라, 비록 이메일의 경우에는 반드시 요구되지는 않을지라도, 어느 정도의 타이핑 능력도 요구한다. 보통 내담자들이 인터넷을 어떻게 사용하는지에 대한 일정한 지식(가령, 내담자가 사이버 섹스를 하거나 머드 게임[2]을 하는가?)과 더불어, 문자 의사소통에 대한 적절한 표준을 가지는 것은 중요하다. 이는 상대방이 세계를 구성하는 데 귀를 기울이고 답장을 숙고하는 데 더 많은 시간을 할애함으로써 촉진되는데, 특히 이메일

2 역주: 다수의 사용자가 동시에 할 수 있는 게임 형식이다.

의 경우에 더욱 그러하다. 성격 유형을 생각해 보았을 때, 감상적으로 이야기하는 개인 유형은 내담자의 감정을 위해 치료를 촉진하는 공개 토론을 제공해 주는 것뿐만 아니라, 치료사의 현존에 대한 개념을 제공해 주는 것도 중요하다. 이는 내담자의 세계를 반영하고 모방할 수 있게 하고, 라포를 위한 공개 토론을 만들고, 그 결과 치료 과정이 일어나기도 한다.

치료사는 문자 언어로 자신의 진정성을 반영해야 한다. 치료사가 자아의 일면을 숨기기 위해 글을 쓴다면(예를 들어, 적절한 순간에 유머감각을 억누르는 것) 라포나 현존의 상태를 돕지 못한다. 그리고 인터넷 의사소통이 대부분 침묵을 지키기 때문에, 무엇이 적절한 네티켓인지를 아는 것은 중요하다. 상담의 맥락에서 이는 직설적인 채팅방 환경에서보다는 덜 극단적이다. 그러나 웃는 얼굴 기호 ':o)' 는 미소를 나타내기 위해 치료사와 내담자 모두가 사용하고, 대문자로 타이핑하는 것은 여전히 소리치는 것SHOUTING으로 간주한다. 다른 인터넷 줄임말은 내담자의 선호에 의해 정의되고, 온 · 오프라인 어디나 있는 LOL크게 웃다, Laugh Out Loud을 포함한다. 한 내담자는 이것을 이렇게 풀어 놓았다. "만약 내가 무언가에 화가 났다면, 그것(내가 화난 것)은 얼굴에 드러날 것이다. 그리고 만약 우리가 같은 방에 앉아 있다면, 당신은 그것을 알 수 있을 것이다. 그러나 온라인상에서는 내가 :o(또는 **한숨쉬다**(sigh) 또는 **울다**(crying)) 같은 무언가를 해야 할 것이다."

인터넷 대화에서 'lag지체', 즉 단어가 인터넷을 가로지르는 데 걸리는 시간(일반적으로 송신 아이콘이 클릭되고 난 몇 초 후)은 응답의 중첩을 일으킬 수 있기 때문에 인정해야 한다. 이것을 인정하지 않는다면, 면대면에서 일정 시간의 침묵을 허락하면서 내담자가 자신의 사고를 발전시키고 주제를 지속하지 못하게 하는 것과 같다. 이러한 지체 기간 덕분에 치료사가 적절한 반응을 고민하거나 내담자가 사용한 단어의 의미를 숙고할 수 있는 시간의 여유를 좀 더 많이 가질 수도 있다. 점dots의 사용은 다음 가상의 예와 같이 계속되는 문장을 정의할 수 있다.

내담자: 내가 프랑스에서 돌아왔을 때, 그는 새로운 직업을 구했다…….
내담자: …… 그러고 나서 그는 어쨌든 나를 떠났다(한숨).

이러한 점dots을 사용하지 않는다면 치료사는 필요한 응답을 적절하게 바꿀 수도 있는 두 번째 중요한 정보가 보내지고 있는 중이라는 것을 깨닫기도 전에 응답을 하고 있을 수도 있다. 이러한 인터넷 의사소통의 관례는 타이핑을 통한 개입을 치료로 간주한다면 치료사가 문서와 작업하는 새로운 상담 기술을 학습하도록 요구한다.

당신이 쓰고 있는 것을 고민하고, 당신이 말하고 싶어 하는 의도를 정확하게 반영하기 위해 이를 다시 다듬을 수 있다는 것은 온라인 치료사들과 내담자들이 가지는 호사다. 발신자가 쓴 글에 대해 숙고하고, 그 결과 발신자의 사고방식에 대해 알게 된 것을 고려하면서 발신자가 쓴 글 이면에 숨은 의미를 파악할 수도 있다. 이는 순전히 의미에 반응하고, 혹시라도 오해의 소지가 있는 시각적 실마리(예: 황폐한 경험을 전달하는 동안 내담자가 웃고 있는 것)로 인해 혼동하지 않을 수 있다. 이는 스크린에 흑백으로 자신의 감정이 제시되었을 때 내담자가 자신의 감정에 대해 진실을 추구하면서 자아를 이해할 수 있는 통로이기도 하다.

(문서를 통해 작업하는 다른 형태와는 대조적으로) 온라인 치료의 용이한 의사소통 방법과 빠른 속도는 위기의 순간에 내담자가 자신의 치료사와 이를 공유할 수 있도록 도와주고, 치료사의 입장에서는 주간 면대면 회기를 기다릴 필요 없이 내담자를 도울 수도 있다. 온라인 치료의 경우, 내담자의 치료사에게 서로 침해가 되는 이메일을 피하기 위해 경계 짓기와 치료적 계약이 고려되어야 한다. 온라인 이메일은 면대면 내담자가 회기 사이에 침착해지고 지지를 받고 있다고 느끼도록 도와주고, 면대면 회기 시간을 좀 더 잘 활용할 수 있는 여지를 만들어 주기도 한다.

내담자는 작업을 처리하고 상대방이 한 말과 이것이 그들에게 줄 영향을 고려할 시간을 갖는다. 면대면 회기에서 이는 치료사의 목소리 톤이나 독특한 버릇, 그리고 분노와 같은 내담자의 초기 반응에 의해 모호해질 수도 있다. 글로 작업할 때, 의미를 숙고하고 이것이 어떤 영향을 가져왔는지, 혹은 가지고 있을지 모르는지를 고려할 시간이 있다. 게다가 치료사는 상대방이 한 말에 대한 축어록을 가지고 있고, 이것으로 돌아갈 수도 있고, 일어났던 일을 다시 생각해 볼 수도 있고, 이것의 의미에 대해 좀 더 나은 통찰을 얻을 수도 있다. 내담자들에게 이메일 형태로 저널을 쓰도록 하고, 때로 글쓰기에서 보았던 이들의 삶과 사고에 대해 스스로의 질문에 답하게 하는데, 이러한 과정은 내담자에게 카타르시스적일 수도 있다.

내담자의 자료가 당신 앞에 있는 스크린이나 종이 위에 있을 때, 이를 다르게 바라보는 방법이 있다. 한 내담자가 사용한 구두점은 말하기나 어법 양식과 마찬가지로 일관된 개인 스타일이다. 이러한 스타일과 그 안의 어떠한 불일치에 주의를 기울임으로써 내담자의 마음상태에 대한 더 나은 설명이 가능할 수 있다. 내담자의 타이핑이 불일치하고, 내체어를 선택하는 것(손가락을 통해 일어나는 Freud의 말실수)은 사고 과정의 암시로 볼 수도 있다. 이러한 무의식적 암시는 온라인 치료사가 그 과정과 세계에 대한 내담자의 표상을 이해하도록 도와준다.

내담자의 시각적, 청각적 그리고 근감각적 표상체계는 내담자의 마음속에 물리적 신체 이미지를 창조함으로써 온라인 상담에서 물리적 신체의 부재를 보상한다. 치료사와 내담자의 시각적 · 청각적 경험은 개인의 상상 속에만 존재하지만, 자신이 면대면 상황일 때보다 더 쉽게 치료적 개입을 받아들이도록 하는 방법으로 내담자는 자신의 상상 속에 존재하는 경험에 의미가 있다고 생각할 수도 있다. 온라인 상담에서는 치료사의 육체적 존재가 없고 목소리 톤을 알 수 없기 때문에, 내담자가 회기를 기억할 때 면대면 회기에서는 분명하지 않을 수도 있었던 미묘한 차이까지도 기억할 수 있다. 왜냐하면 내담자가 치료사의 글에 대해 이해한 것을 자신이 치료사에 대해 상상한 것에 끼워 맞추기 때문이다. 세계에 대한 동일한 생각이 라포를 촉진시키는데, 이러한 생각에 맞춰 내담자는 치료사를 상상한다. 상대방에 대해 갖는 판타지의 속성으로 인해 치료사에 대한 '첫인상'이나 편견과 같은 요소를 초월해 치료가 진행될 수 있다. 내담자는 자신의 치료적 성장을 위해 어떻게든 자신에게 가장 적합한 방식으로, 즉 치료사가 자신에 관해 공유하기로 결심한 어떠한 자료든 이를 포함시키기 위해 수정할 수 있는 상상으로, 치료사를 그려 보고 치료사의 말을 들을 수 있다.

인터넷은 다양한 이유로 면대면으로는 치료사를 만날 수 없다고 느끼는 사람들을 위해 가치 있는 서비스를 제공한다. 이에 대한 인식, 그리고 면대면 상담을 찾지 않는 세부적인 주요 이유는 온라인 치료사에게 중요하게 고려될 수 있다. 예를 들어, 수치감 때문에 치료사와 대면할 수 없는 내담자가 온라인 상담을 찾는 이유는 휠체어를 이용하는 사람들이 온라인 상담을 찾는 이유와는 다를 것이다. 많은 이들의 경우, 온라인 상담을 받는 것에서 시작해서 면대면 상담을 받는 것으로 발전한다.

결론

우리는 인터넷으로 상담할 때 타이핑한 문서를 통해 두 사람 사이에 의미 있는 치료적 관계를 만들어 내기 위해 이용할 수 있는 방법과 기술을 알아보았다. 이러한 서비스를 제공할 때 내담자의 안전과 비밀을 보장하기 위해 우리가 취해야 할 윤리적 입장과 고려사항은 제16장에서 다룬다. 그리고 개인 및 집단 치료를 위해서뿐 아니라, 상담 훈련과 슈퍼비전을 위해 문서를 사용하는 것과 관련해서 풍부한 추가 연구를 할 필요가 있다. 기술이 빠르게 발전하기 때문에, 글쓰기치료를 상담 및 심리치료 분야에서 앞으로 좋은 치료 방법으로 여길 수 있다면 관련 분야 종사자들은 연구와 관련해서 그러한 기술에 대해 잘 알고 있어야만 한다. 그러나 치료 기술, 우리가 화상회의를 활용한 면대면 치료를 하기 위해 인터넷을 이용할 수 있도록 이미 충분히 발달된 브로드밴드[3]와 같이 향상된 의사소통 설비들이 있다는 사실뿐만 아니라 우리의 내담자들이 종종 우리와 함께 앉아 있는 것을 선호하지 않아서 문서 기반 치료를 선택한다는 사실도 생각해야만 한다. 그리고 이와 같은 이유로 문서 기반 치료는 언제나 이 분야에서 하나의 위치를 차지할 것으로 보인다.

참고문헌

Anthony, K. (2000). Counselling in cyberspace. *Counseling Journal, 11*(10): 625–627.

Brice, A. (2000). Therapeutic support using e–mail: a case study. *Counselling, 12*(2): 100–101.

Celio, A. A., Winzelberg, A. J., Wilfley, D. E., Eppstein–Herald, D., Springer, E. A., Dev, P., & Taylor, C. B. (2000). Reducing risk factors for eating disorders: comparison of an internet and a classroom–delivered psychoeducational program. *Journal of Consulting & Clinical Psychology, 68*: 650–657.

Clarkson, P. (1990). A multiplicity of psychotherapeutic relationships. *British Journal of Psychotherapy, 7*(2): 148–163.

Cohen, G. E., & Kerr, A. B. (1998). Computer–mediated counseling: an empirical study of a new mental health treatment. *Computers in Human Service, 15*(4): 13–27.

Goss, S., Anthony, K., Palmer, S., & Jamieson, A. (2001). *Guidelines for Online Counseling and Psychotherapy*. Rugby: BACP.

Grohol, J. (1999). *Best Practices in E–Therapy*, http://psychcentral.com/best/best3.htm, accessed 9 March 2000.

---

3 역주: 고속 통신회선의 보급으로 실현된 차세대 컴퓨터 네트워크와 그 네트워크상에서 제공되는 대용량의 데이터를 활용한 새로운 서비스. 광섬유 또는 CATV, xDSL 등의 유선통신기술, FWA, IMT–2000과 같은 무선통신기술을 이용하여 실현되는 500kbps 이상의 통신회선을 브로드밴드라 한다.

Klein, B., & Richards, J. C. (2001). A brief internet-based treatment for panic disorder. *Behavioural & Cognitive Psychology, 29*: 113-117.

Laslow, J., Esterman, G., & Zabko, S. (1999). Therapy over the internet? Theory, research & finances. *CyberPsychology & Behavior, 2*(4): 293-307, http://www.geocities.com/HotSprings/Resort/7579/internet.htm, accessed 25 April 2000.

Lewis, K. (1999). The view of the British Association for Counselling: counselling online-opportunities and risks in counselling clients via the internet. *BAC Special Report*, Septermber.

Lombard, M., & Ditton, T. (1997). At the Heart of it all: the concept of presence. *Journal of Computer Mediated Communication, 3*(2), http://www.ascusc.org./jcmc/vol3/issue2/lombard.html, accessed 11 August 2000.

Mitchell, D., & Murphy, L. (1998). Confronting the challenges of therapy online: a pilot project. *Proceedings of the Seventh National and Fifth International Conference on Information Technology and Community Health; Victoria, Canada*, http://itch.uvic.ca/itch98/papers/ftp/toc.htm, accessed 14 April 2000.

O'Dell, J. W., & Dickson, J. (1984). ELIZA as a therapeutic tool, *Journal of Clinical Psychology, 40*: 942-945.

Pelling, N., & Reynard, D. (2000). Counselling via the internet-can it be done well? *The Psychotherapy Review, 2*(2): 68-72.

Suler, J. (1997a). *Psychological Dynamics of Online Synchronous Conversations in Text-Driven Chat Environments*, http://www.rider.edu/users/psycyber/texttalk.html, accessed 25 April 2000.

Suler, J. (1997b). *The Final Showdown Between In-Person and Cyberspace Relationships*, http://www.rider.edu/users/suler/psycyber/showdown.html, accessed 25 April 2000.

Suler, J. (2001). *The Online Disinhibition Effect*, http://www.rider.edu/users/suler/psycyber/disinhibit.html, accessed 29 August 2001.

제13장

직장 내 온라인, 문서 기반 상담 개발하기

Jeannie K. Wright

이 장을 워드프로세서로 작성하기도 전에 이미 시대에 뒤떨어진 내용이 될 것이다. 전자electronic 의사소통의 발전 속도가 너무도 빨라 온라인 상담(예: 상담 지원을 찾거나 제공하기 위해 비동시적인 이메일의 사용)에서 현재 위치를 묘사하고 설명하려는 연구를 시도할 때 이를 발표할 즈음의 주요한 변화는 놓쳐 버릴 위험을 감수해야 한다.

그럼에도 최근 온라인 상담의 발전은 다음과 같은 점에 기초하여 볼 때 분명히 이해할 만한 가치가 있다. 첫째, 소비자 주도적이라는 것, 다시 말해 내담자들이 우리에게 이메일을 보내고 도움을 요청하고 있다는 점이다. 우리가 온라인으로 치료적 관계를 제공할 수 있다는 증거는 무엇인가? 둘째, 임상심리사들이 제기한 근본적인 우려는, 우리가 내담자와 컴퓨터를 매개로 (타이핑한) 문서에 기반한 서신을 주고받는 것에서 음성 활성화된 통신 교환이나 그 이상의 것으로 이동한 후에도 마찬가지로 계속 거론될 거라는 점이다. 예를 들면, 다음과 같은 우려다.

- 이것이 상담인가?
- 비밀을 보장할 수 있는가?
- 이것이 대면 상담보다 제공자나 내담자에게 비용이 더 적게 드는가?
- 상담사와 내담자에게 문서에 기반한 '가상' 관계의 장 · 단점은 무엇인가?
- 이런 도움의 형태가 효능이 있다는 증거는 무엇인가?

이 장에서 나는 이러한 질문 중 일부를 간단히 살펴보고, 현재 연구 동향에 대한 고찰을 바탕으로 예시적 '증거'를 제공할 것이다. 또한 나는 셰필드 대학교의 직원들을 위한 온라인 서비스를 제공한 경험을 활용할 것이다. 익명성을 보장하기 위해서 셰필드 대학교에서 온라인 서비스를 이용했던 내담자들의 조합으로 만든 가상의 사례만을 언급할 것이다.

왜 온라인 상담을 제공하는가

온라인 상담의 효과성에 대한 연구는 우리가 경험하는 실제보다 뒤처져 있다(Oravec, 2000). 온라인 상담은 아직 초기 단계에 있다. 그래서 영국 상담 및 심리치료협회The British Association for Counselling and Psychotherapy, BACP 지침(Goss et al., 2001: 8)이 강조하듯이, 이러한 '혁신적이고 연구 중에 있는 서비스 전달 수단'을 사용하는 임상심리사들은 이를 조심스럽게 진행해야 하고, 훨씬 더 많은 연구가 필요하다. 그럼에도 셰필드 대학교의 직원들에게 비동시적 이메일 상담을 제공하기로 한 우리의 근거는 다음과 같은 요인이었다.

- '글쓰기치료'와 온라인 문서 기반 상담 간의 관련성이 분명하다(Lange et

al., 2001; Wright, 2002 참조). 특히 대학 직원들을 참여자로 한 연구는 스트레스 경험에 관한 글쓰기와 직장에서의 스트레스 방지 및 경감 사이의 연관을 보여 주었는데(Francis & Pennebaker, 1992), 그러한 연구는 수행할 만한 가치가 있는 것으로 여겨졌다.

- 언제든지 가정이나 사무실에서 내담자가 상담받을 수 있는 접근성을 확장시키는 가능성과 내담자의 선택권(Collie et al., 2000; Murphy & Mitchell, 1998)
- 장애인(Griffiths, 2000)과 상담 서비스 영역에서 멀리 떨어져 있거나 이에 접근할 수 없는 사람들(Page, 2000)을 위해 장벽을 낮추기
- 상담받은 것에 대한 지속적인 낙인 줄이기. 이러한 낙인은 특히 직장 상담 서비스를 받을 때 두드러진다(Cheesman, 1996; Kurioka et al., 2001).
- 비교적 사적이고 익명성의 매체인 이메일을 사용하면서(Walther, 1996; Joinson, 1998) 고통스러운 경험을 드러내는 것에 대한 억압을 줄이기(Pennebaker, 1995)
- 대면 상담과 비교했을 때, 이메일 상담 경험이 내담자에게 더 많은 통제력을 주었다 (Cohen & Kerr, 1998).
- 문서에 기반한 상담 및 슈퍼비전의 잠재력이 확장되고, 내담자는 온라인 상담에 대한 영구적인 기록을 갖게 된다(Murphy & Mitchell, 1998; Lange et al., 2001).

이것이 상담인가

일부 북미 온라인 치료의 대표자들은 'e-therapy'가 적절한 사람들의 목록에서 위기 상담이 필요한 사람들을 명시적으로 제외시켰다(Ainsworth, 1999). 또 어떤 이들은 이것이 '치료'가 아니라는 데 동의하지만, 온라인 상담관계는 치료에 도움이 될 수는 있다고 주장한다(Suler, 2001).

다른 어떤 형태의 문서에 기반한 컴퓨터 매개 치료와 마찬가지로 이메일을 사용하는 온라인 상담은 직업적으로나 윤리적으로 급진적인 것으로 들릴지도 모른다. 그러나 고백적이고 창조적인 글쓰기나 성찰적 저널쓰기를 활용한다는 점에서, 이메일 온라인 상담의 근원은 훨씬 더 오래되고 좀 더 전통적인 형태의 서신교환 치료와 마찬가지로 바로 창조적 글쓰기에 있다(Abbs, 1998; Bolton, 1999; De Salvo, 1999). 상당량의 경험적 증거들을 통해 표현적 글쓰기는 스트레스를 경감시키고 정신적 · 신체적 건강을 전반적으로 향상시키는 효능을 보여주었다. 무선 통제 실험들에 대한 고찰과 메타 분석(Smyth, 1998; Esterling et al., 1999)은 대부분 북미의 연구에 초점을 맞춰 왔지만, 자연적으로 발생하는 심리적 외상이나 스트레스 경험을 글쓰기를 통해 정서적으로 처리하기 위한 Pennebaker의 초기 (연구) 패러다임(Pennebaker & Beall, 1986)은 이제 복제되면서 국제적으로, 그리고 전 인구에 걸쳐 확장되고 있다(Lepore & Smyth, 2002). 제1장과 제2장에서는 이러한 연구를 고찰하고 있다.

앞에서 언급했던 미국의 한 대학 직원 마흔한 명을 대상으로 한 실험(Francis & Pennebaker, 1992)에서, 4주간 주 1회 20분 동안 힘든 경험을 글로 쓰는 것은 정서적 안녕과 육체적 기능, 그리고 결근에서 유의미한 개선을 낳았다.

암스테르담 글쓰기 집단(Lange et al., 2001)이 수행한 치료 목적을 위한 이메일 활용에 관한 대부분의 실험 연구와 무선 통제 실험은 학생들을 참여자로 이용했다. 표본집단의 연령대는 'interapy'의 고무적인 결과를 더 광범위한 인구 집단으로 일반화하는 데는 제한적이다. 그렇지만 일본의 한 직장에서 수행한 연구(Kurioka et al., 2000)는 '건강 상담'에 관한 것이었는데, 젊은 직원들(20~30세)이 이런 류의 지지를 받기 위해 이메일을 활용할 가능성이 더 많다는 주장을 확인시켜 주었다.

BACP 지침(Goss et al., 2001)은 '상담counselling'과 '심리치료psychotherapy'를 온라인 작업의 맥락에서 교환 가능한 용어로 사용하는데, 이는 여전히 논쟁적인 영역에서 대담한 결정을 내린 것이다. 그러나 초기 한 논문에서 지적한 것처럼

(Goss et al., 1999), 이러한 결론에 대해 임상심리사들은 신중함을 유지해야 한다. 즉, "이러한 지침의 공표가 온라인 치료 그 자체에 대한 어떠한 승인으로 여겨져서는 안 된다(Goss et al., 2001)."

이러한 신중함은 임상심리사들보다 영국의 내담자 집단이 덜한 것 같다(Parker, 1999). 확실히 셰필드 대학교에 있는 온라인 내담자들은 그 서비스를 뭐라고 부르든 문제 삼지 않는 것처럼 보였다. 우리 서비스에 접근하는 부가적인 매체로서 내가 제공하고 있었던 것은 편의상 이메일을 활용하는 일종의 지지하는 글쓰기치료였던 것 같다. 확실히 일부 내담자들은 이러한 지지가 치료적이라고 느꼈다고 보고했다.

관례적인 대면 상담보다 제공자와 내담자에게 비용이 더 적게 드는가

상식적으로 볼 때 사적인 영업과 관련된 경비(간접비용)—예를 들어, 사무실 공간, 난방 및 접대 비용—는 온라인으로 작업함으로써 완전히 없앨 수는 없을지라도 절감될 것이라는 사실을 우리는 알고 있다. 내담자의 입장에서도 여행 시간, 경비 및 편리성에서 분명한 절감이 있다(Cullen, 2000).

미국에서는 이메일을 통한 정신건강 및 기타 서비스 제공(통신기술을 통한 건강 서비스 'telehealth')이 갖는 재정적 시사점을 분석하고 평가해 왔는데(Laszlo et al., 1999), 미국은 상대적으로 분산된 인구와 엄청난 지리적 거리로 인해 텔레헬스telehealth를 새로운 중요 개발품으로 만들었다.

셰필드 대학교에서 우리가 경험한 것은 면대면 만남에서 드는 시간만큼 내담자의 이메일에 응답하는 데도 시간이 들어서 '치료 시간' 면에서는 어떠한 절감도 없었다는 것이다.

비밀을 보장할 수 있는가

간단히 대답하면 '아니다.' 최근에 발표한 모든 연구는 컴퓨터 매개 서비스의 한계성을 잠재적 온라인 내담자들에게 명확히 전달해야 한다고 강조하고 있다(Lange et al., 2001). 셰필드 대학교에서 우리는 운이 좋게도 치료사이면서 기업 정보 및 컴퓨팅 서비스 관리자이기도 한 사람을 온라인 상담 집단의 구성원으로 삼게 되었다. 상담을 위해 이메일을 활용할 때 사생활이 노출될 위험성에 대한 그의 평가(McAuley, 2001)를 잠재적 내담자들에게 전부 제공했다. 이러한 평가와 온라인 내담자들에게 전하는 우리의 메시지를 통해 우리는 메시지를 암호화하여 비밀로 해야 할 필요성을 강조했고, 심지어 안전장치를 이용하더라도 '고용주'가 제공하는 이메일을 이용하는 것은 여전히 위험하다는 것을 알려 주었다. 그럼에도 우리는 면대면 작업을 할 때와 비교했을 때 이러한 위험성은 덜 중요한 것처럼 보일 수 있다는 점도 지적했다. 나는 임상심리사로서 관습적인 치료적 관계에서와는 다른 종류의 노출에 개방되어 있는 온라인 내담자와 나 사이의 의사소통에서 사용하는 모든 단어에 대해 염려했다. 이러한 불안에 대한 다음의 논평은 시범 사업(파일럿 프로젝트) 동안 내가 썼던 일기에서 발췌한 것이다. "내가 이 작업에서 비밀이 깨질 잠재성에 대해 스스로 너무 깊게 생각한다면, 나는 마비를 느낄 것이다. 내담자들이 암호화시키는 것을 '잊어버리거나', 성가시게 생각한다면, 내가 할 수 있는 것은 아무것도 없다. 나는 '상담실 문을 닫을' 수밖에 없다." 온라인 상담사들에게 윤리적 문제는 의심할 여지없이 복잡하다. 이후 제16장에서 더 자세히 다룰 것이다.

온라인 상담의 단점

- 기술적 고장의 위험(그리고 기술을 사용할 때 사람이 저지르는 실수)이 나에게는 이메일 상담의 주요 한계 중 하나로 보인다. 일기에서 발췌한 또 다른 글에서 나는 이렇게 말했다. "글쎄, 온라인 상담을 전혀 하지 않는 그럴듯한 이유가 하나 있다. 나는 오늘 아침에 이메일을 보내온 Z라는 사람에게 보내는 답장을 다듬기 위해 한 시간을 보냈으나, 내가 첨부파일로 답장을 보내는 순간 결국 모든 것을 잃어버렸다. 한순간에 잘못된 버튼을 클릭하고는 그것으로 끝이었다. 그것을 다시 회수할 수 없었고, Z는 그 파일을 열 수 없다는 이메일을 보냈다."
- 한 내담자는 온라인 상담을 하는 동안 우리의 이메일을 암호화할 때 사용하는 자신의 비밀번호와 관련한 실수를 범해서 나에게 쓴 길고도 매우 중요한 메시지를 날려 버렸다. 결국 그녀가 그 이메일을 회수하거나 다시 쓰는 것은 불가능했고, 그녀는 이 분실로 인해 매우 괴로워하고 의욕을 상실했다.
- 시각 및 다른 감각적 단서들을 놓치는 것(Lago, 1996)도 온라인 상담의 한계다. 온라인 상담은 이따금 외부 자극이 없는 메마른 경험이었다. 나는 색깔, 몸짓, 목소리—즉, 상담실에서의 내담자의 **실재**—를 놓쳐 왔다.
- 진짜 신원, 진짜 정서상태, 술 취하지 않은 상태인지 확인할 수 없고 실시간으로 의사소통에 집중하지 못한다.
- 의미를 오해할 잠재성(BACP, 1999; Griffiths, 2000)이 있다. 의사소통이 저자(글을 쓰는 이)가 의도했던 것보다 더 냉정하고 더 비인격적인 것으로 나타날지도 모른다.
- 내담자가 상담사와 상담실 안에 함께 있지 않을 때, 가령 온라인 내담자들이 메시지를 암호화하라는 강력한 권고를 받아들이지 않기로 선택했을 때 생

기는 통제력의 결핍

• 타인이나 자신에 대한 위협이나 실제적인 위해의 경우, 비밀 유지와 위기 개입

첫 온라인 내담자

온라인 상담 서비스를 첫 번째로 이용한 직원은 갑자기 불쑥 나에게 이메일을 보냈다. 동료들과 나는 비동시적 이메일을 통해 상담을 제공한다는 아이디어를 1년 넘게 연구해 왔지만 아주 신중하게 진행하고 있었고, 아직 어떠한 공표도 하지 않았었다. 첫 번째 내담자 A는 대학 상담실로부터 약간 떨어져 있는 캠퍼스에서 일하고 있었고, 그녀는 자신을 괴롭히고 있는 것에 대해 글로 쓰는 것을 더 선호한다고 말했는데, 왜냐하면 너무 당황스러워서 그것에 대해 누군가에게 대면한 채 이야기할 수 없기 때문이라고 했다.

우리는 온라인 작업과 관련해 적절한 윤리 규범을 이미 마련했는데, BACP 지침은 여전히 논쟁 중이었기 때문에 미국상담협회American Counseling Association 자료에 대체로 기초했다. 우리는 면대면 내담자에게 제공하는 것을 반영한 '계약서'를 포함하여, 온라인 내담자를 위한 일종의 정보 시트를 고안했다. 나는 내담자 A가 선택권을 가지고 있고 언제든지 마음이 바뀌면 면대면 상담을 받기 위해 사무실로 올 수 있다는 사실을 알려 주었다. A는 (온라인 상담을) 정말 시작하고 싶어 했다. 우리는 비밀 유지, 암호화, 그리고 모든 세부적인 등록 과정과 관련해서 온라인 내담자와 협상하는 것에 대해 신중하게 계획하고 있었던 많은 것을 A에게 미리 제공하였고, 그녀의 답신은 "나는 모든 것을 읽었어요. 난 그저 계속 나아지기를 원해요." 였다.

A는 20대 초반이었는데, 오빠가 사고로 사망했던 10대 시절에 상담을 받도록 상담실로 '보내졌다.' A는 그때 경험이 도움이 되었다고 생각하지 않았고,

자신이 면대면으로는 결코 이야기할 수 없었던 일들을 글로 쓸 수 있었다고 여러 번 자신의 이메일 메시지를 통해 말했다. A는 우리의 온라인 상담 중반부가 되어서야 자기 오빠의 죽음을 언급했는데, 온라인 상담은 몇 달에 걸쳐 지속되었고, 때로는 3, 4주 간격을 두고 A로부터 메시지가 오기도 했다. 이는 때로 좌절감이 들게 했으나, 나는 A의 메시지에 주당 일정한 날에 한 번 답장을 보내기로 계약했다.

A가 걱정하는 것 중 하나는 신체적 증상이었다. 그녀는 의사와 상담하고 모든 종류의 검사를 받았다. 어떠한 심각한 질환도 진단받지 않았으나, 그녀의 불안은 계속되었다. 그녀는 자신의 몸과 삶에서 일어나고 있는 것에 대해 세세하게 글을 썼고, 많은 내담자들과 마찬가지로 좀 더 '예전의 내 자신'처럼 느끼기 위해서 무엇을 할 수 있는지 물어 왔다. 첫 번째 메시지에 대한 내 반응은 대체로 '공감적인 이해empathic following'였다. 하지만 '오해getting it wrong'를 할지도 모른다는 불안 때문에, 내가 예상했던 것보다 A에게 답장을 보내는 데 훨씬 더 많은 시간을 소요했고, 특별한 응답을 위해 표현을 고르느라 더 많이 고민해야 했다. 즉, A가 타이핑한 두 페이지 이상의 글을 받았다고 하면, 어디에서 내가 개입해야 할까, 어떻게 내가 오로지 컴퓨터를 통한 접촉에 기반해 치료적 관계를 구축할 수 있을까를 고민했던 것이다.

몇 주 뒤 그 경험에 대해 성찰하면서, 나는 "이것은 완전히 다시 초보자, 실습생이 되는 것 같다."라고 썼다. 몇 년 전 나의 첫 번째 상담 내담자와 상담을 시작하자마자 내가 느꼈던 자신감의 결여와 불안은 때로 압도적인 것이었다. 나는 Rogers의 다음 글에서 다소 위안을 얻었다(1993: 105).

> 내담자에게 용기를 내어 표현적인 기술을 제공할 수 있었던 것은 내가 내담자 중심 상담에 강하게 기반하고 있었기 때문이었다. 나는 내담자가 우리의 최고의 선생님이라는 사실을 알았다. 만약 내가 하나의 실험으로 내담자에게 무언가를

제공하고 피드백을 계속해서 요구한다면, 내담자에게 의미 있는 과정을 우리가 발전시킬 수 있을 거라는 사실을 알았다.

희망, 두려움, 그리고 기대: 요약

우리는 대학 네트워크를 통해 제공된 서비스의 비밀 유지를 직원들이 어떻게 느낄지 걱정하고 있었다. 온라인 내담자에게 일반적인 방법으로 서비스에 등록하라고 요청할 때 가능한 한 셰필드 대학교 직원들을 위한 면대면 서비스를 '반영했다.' 윤리적으로 들릴지 모르지만, 우리는 익명성이 관례적인 면대면 상담과는 비교되는 (온라인 상담의) 공인된 장점이기 때문에 이러한 익명성의 결여가 일부 이용자들을 단념시킬 거라는 사실을 알고 있었다.

일부 직원들은 대학 네트워크에 접속하지 않을 거라는 난처한 사실도 있었다. 면대면 전통에서 직원 상담은 청소부와 수위를 포함한 광범위한 여러 영역의 대학 직원들에게 적용되었는데, 이 사람들이 자신의 가정에서 개인용 컴퓨터와 인터넷에 접근할 수 없다면, 불행하게도 시범 사업에서 제외될 것이다.

셰필드 대학교에서 우리는 상담 서비스에 접근하는 것을 선택하지 않거나 접근할 수 없을지도 모를 일부 내담자들을 끌어들이기를 희망했다(Murphy & Mitchell, 1998). 이메일 상담에 접근하는 기회를 통해 내담자들은 직장에서든 가정에서든 자신의 키보드를 이용하여 비교적 비위협적인 상황에서 아마도 처음으로 자신의 사고와 감정을 표출시킬 가능성을 얻게 될 것이다. 그때까지 드러내지 않았던 경험이나 감정을 이처럼 드러내면, 근원적인 스트레스 요인이 다시 자극되었기 때문에 단기적으로는 부정적인 감정상태를 초래할 수도 있다(Esterling et al., 1999). 그렇지만 '글쓰기치료' 연구에서 배운 것을 통해서 우리는 온라인 내담자들에게 이러한 잠재적 '부작용'을 지적하는 데 주의를 기울였다. 또한 우리는 다양한 건강 효과가 좀 더 장기적으로 생길 수 있다는 것을 연구 결과가 지속적으로 보여 주고 있다고 강조했다. 집이나 직장에서 이메일에 접근할 수 있기 때문에 즉각적인 감정과 사고를 그때그때 표현할 수 있고, 그런 다음 이메일 메시지로 상담사에게 그것을 보내야 할지 말지를 결정하기 전에 성찰할 수 있다. 문서에 잘 기록되어 있듯이 온라인 의사소통에서 억압하는 것, 특히 부정적 정서 표현을 억압하는 것이 상대적으로 없다는 것과 관련해서 (Walther, 1996; Cummings, 2002), 일부 내담자들이 이러한 매체가 해방적인 동시에 자신의 통제력 안에 있다는 사실을 깨닫기를 우리는 바랐다. 우리가 애초에 희망한 대로 시범 프로젝트에 대한 평가를 할 수 없었는데도 불구하고, 많은 내담자들이 이러한 상대적 자유에 대해 다음과 같이 논평했다.

> 우리가 면대면으로 만났다면 결코 털어놓을 수 없었을 것 같은 것들, 특히 불쾌한 감정에 대해 나는 이런 방식으로 이야기할 수 있다.
>
> 나는 그것의 많은 부분이 지금 내 머릿속에서 나온다고 느낀다. 나는 그 모든 것에 대해 편집적이었고, 오랜 시간 동안 나 혼자 너무 많은 것을 간직해 왔다고 생각했다. 그것을 공유하는 것은 좋았다.

영국에서 온라인 상담의 실제에 기반한 연구가 부족하다는 사실에 우리는 실망했고, 그 공백의 매우 작은 부분을 채울 수 있기를 희망했다. 이 시범 프로젝트가 성공적인 것으로 판명되었을 때 온라인 서비스를 확대할 가능성에 대해서도 이야기했다. 심야 상담 서비스nightline service를 학생들을 위한 온라인 또래 지원 서비스로 확장시키는 아이디어는 향후 가능할 수도 있을 것이다.

결론 및 연구와 실제를 위한 함의

직장 공간에 있는 상담사들은 흔히 전화 상담에 익숙해 있고, 온라인 상담과 전화 상담 사이의 유사성을 발견할 수 있는데, 전화는 '원격 상담'을 위한 매체로 '정상화'되어 왔다(Tait, 1999). 이메일은 말하기와 글쓰기 사이의 어디쯤인가에 있다. 즉, 이메일은 편지 쓰기보다 더 비격식적이고 더 즉각적이다. 최근 한 연구(Day & Schneider, 2002)는 광범위한 내담자들과 원격 기술을 이용하는 것에 대한 성과를 기대하면서, 면대면 치료와 비디오 및 오디오 치료를 비교했다. 이러한 연구들이 지금 문서 기반 온라인 상담과 면대면 상담 및 심리치료를 비교하기 위해서 절박하게 필요하다.

향후 연구 방향 중 하나는 얼마나 많은 온라인 내담자들이 면대면 치료로 옮겨가는지, 그리고 그 이유는 무엇인지에 대해 분석하는 것이 될 것이다. 또 다른 하나는 온라인 관계에 대한 내담자와 상담사의 경험으로 시작한 작업을 지속시키는 것이 될 것이다(예: Anthony, 2000; Brice, 2000; Cullen, 2000). 치료적 글쓰기의 혜택에 대해 이미 우리가 입수한 상당량의 연구물로부터 배워야 할 것이 많이 있다. 이렇게 배운 것 중 일부는 지면 위에서보다 오히려 스크린 위에서의 글쓰기에 적용할 수 있다.

참고문헌

Abbs, P. (1998). The creative word and the created life: the cultural context for deep autobiography. In C. Hunt & F. Sampson (Eds.), *The Self on the Page: Theory and Practice of Creative Writing in Personal Development*. London: Jessica Kingsley.

Ainsworth, M. (1999). Is this therapy? www.metanoia.org/imhs/alliance.htm. Last accessed 12.10.03

Anthony, K. (2000). Counselling in cyberspace. *Counselling, 11*(10): 625–627.

BACP (1999). *Counselling Online–Opportunities and Risks in Counselling Cilents via The Internet.* Rugby: BACP.

Bolton, G. (1999). *The Therapeutic Potential of Creative Writing–Writing Myself.* London: Jessica Kingsley.

Brice, A. (2000). Therapeutic support using email: a case study. *Counselling, 11*(2): 100–102.

Cheesman, M. J. (1996). Is staff counselling an effective intervention into employee distress?: an investigation of two employee counselling services in the NHS. Unpublished PhD thesis, University of Sheffield.

Cohen, G., & Kerr, B. (1998). Computer–mediated counseling: an empirical study of a new mental health treatment. *Computers in Human Services, 15*: 13–26.

Collie, K. R., Mitchell, D., & Murphy, L. (2000). Skills for online counseling: maximum impact at minimum bandwidth. In J. W. Bloom & G. R. Walz (Eds.), *Cybercounseling and Cyberlearning: Strategies and Resources for the Millennium.* Alexandria, VA: American Counseling Association, ERIC/CASS.

Cullen, D. (2000). A byte size study of online counselling: who is doing it and what is it like? Unpublished MSc dissertation, University of Bristol.

Cummings, P. (2002). Cybervision: virtual peer group counselling supervision–hindrance or help? *Counselling and Psychotherapy Research, 2*(4): 223–229.

Day, S. X., & Schneider, P. L. (2002). Psychotherapy using distance technology: a comparison of face–to–face, video and audio treatment. *Journal of Counseling Psychology, 49*(4): 499–503.

De Salvo, L. (1999). *Writing as a Way of Healing.* London: The Women's Press.

Esterling, B. A., L'Abate, L., Murray, E. J., & Pennebaker, J. W. (1999). Empirical foundations for writing in prevention and psychotherapy: mental and physical health outcomes. *Clinical Psychology Review, 19*(1): 79–96.

Francis, M. E., & Pennebaker, J. W. (1992). Putting stress into words: the impact of writing on physiological, absentee, and self–reported emotional well–being measures. *American Journal of Health Promotion, 6*(4): 280–287.

Goss, S., Robson, D., Pelling, N. J., & Renard, D. E. (1999). The challenge of the Internet. *Counselling, 10*(1): 37–43.

Goss, S., Anthony, K., Jamieson, A., & Palmer, S. (2001). *Guidelines for Online Counselling and Psychotherapy*. Rugby: BACP.

Graham, C. (2000). Psychotherapy by computer: a postal survey of responders to a teletext article. *Psychiatric Bulletin, 24*: 331–332.

Griffiths, L. (2000). Communicating therapeutically via the internet. Unpublished MA dissertation, Sheffield Hallam University.

Joinson, A. (1998). Causes and implications of disinhibited behaviour on the internet. In J. Gackenbach (Ed.), *Psychology and the Internet: Intrapersonal, Interpersonal and Transpersonal Implications*. San Diego, CA: Academic Press.

Kurioka, S., Muto, T., & Tarumi, K. (2001). Characteristics of health counselling in the workplace via email. *Occupational Medicine, 51*(7): 327–332.

Lago, C. (1996). Computer therapeutics: a new challenge for counsellors and psychotherapists. *Counselling, 7*: 287–289.

Lange, A., Van De Ven, J. P., Schrieken, B., & Emmelkamp, P. M. G. (2001). Interapy: treatment of posttraumatic stress through the Internet: a controlled trial. *Journal of Behavior Therapy and Experimental Psychiatry, 32*(2): 73–90.

Laszlo, J. V., Esterman, G., & Zabko, S. (1999). Therapy over the internet? Theory, research and finances. *CyberPsychology and Behaviour, 2*(4): 293–307.

Lepore, S. J., & Smyth, J. M. (Eds.). (2002). *The Writing Cure: How Expressive Writing Promotes Health and Emotional Well–Being*. Washington, DC: American Psychological Association.

McAuley, J. (2001). Risk assessment of loss of privacy by using email for counselling. Unpublished paper, University of Sheffield.

Murphy, L., & Mitchell, D. (1998). When writing helps to heal: email as therapy. *British Journal of Guidance and Counselling, 26*(1): 21–32.

Oravec, J. A. (2000). Online counselling and the internet: perspectives for mental health care supervision and education. *Journal of Mental Health, 9*(2): 121−135.

Page, S. (2000). Counselling by e−mail, *Counselling, 11*(3): 162−164.

Parker, L. (1999). *Counselling Online: Survey on the Extent of, and Attitudes to, Online Counselling Amongst 425 BAC Members.* Rugby: BACP.

Pennebaker, J. W. (Ed.). (1995). *Emotion, Disclosure and Health.* Washington, DC: American Psychological Association.

Pennebaker, J. W., & Beall, S. K. (1986). Confronting a traumatic event: toward an understanding of inhibition and disease. *Journal of Abnormal Psychology, 93*(3): 274−281.

Rogers, N. (1993). *The Creative Connection−Expressive Arts as Healing.* Palo Alto: Science & Behavior Books (reprinted Ross−on−Wye: PCCS Books 2000).

Smyth, J. M. (1998). Written emotional expression: effect size, outcome types and moderating variables. *Journal of Consulting and Clinical Psychology, 66*(1): 174−184.

Suler, J. (2001). The online clinical case study group: an email model. *CyberPsychology and Behaviour, 4*: 711−722.

Tait, A. (1999). Face−to−face and at a distance: the mediation of guidance and counselling through the new technologies. *British Journal of Guidance and Counselling, 27*(1): 113−123.

Walther, J. B. (1996). Computer−mediated communication: impersonal, interpersonal and hyperpersonal interaction. *Communication Research, 23*(1): 3−43.

Wright, J. K. (2002). Online counselling: learning from writing therapy. *British Journal of Guidance and Counselling, 30*(3): 285−298.

제14장

전자 문서에 기반한 의사소통 –전이 현상이 만들어 낸 가설과 환상

Lin Griffiths

도입

전자 문서 통신을 이용해서 정기적으로 연락을 주고받는 개인은 글로 자신의 모습을 묘사하고, 동시에 수신인의 모습을 만들어 낸다. 이때 글은 마치 육체적으로 현존하는 '실제' 사람인 것처럼 받아들여지고, 이해되고, 반응된다. 그리고 이미지는 함께 공유한 사실적 정보에 그 개인이 이해한 현실에서 얻어 낸 정보로부터 도출한 가설과 환상을 융합한 것이다.

가설과 환상은 매일 우리가 세계를 예측하도록 한다. 가설과 환상을 통해 우리는 개인 구성개념(Kelly, 1963)[1]을 형성하고, 흔히 삶을 통해 받아들여 왔던 기

1 역주: George Kelly의 개인 구성개념 이론은 사람들이 자신만의 해석의 틀, 개념을 가지고 세상을 이해한다고 보는데, 문제행동이나 심리적 장애는 그 개인이 지니고 있는 구성개념이 현실 세계에서

준에 의해 대인관계를 유지한다(Jacobs, 1985). 그러나 우리는 온라인으로 효과적인 의사소통을 하기 위해서 많은 기술을 필요로 한다는 사실을 인식해야 한다. 반응, 응답, 행위에 의미를 부여하는 문서 의사소통 토론은 가능성과 기회, 그리고 "(문제를) 해소하기 위해서 수년간 종이 위에 글을 썼던 것으로부터 우리가 물려받아 온 개념" (Price & Price, 2002)을 가지고 있다.

훈련자, 상담사, 치료사, 코치는 작동하는 새로운 이론적 틀을 고민해야 할지도 모른다. 그리고 이러한 형태의 의사소통과 치료적 관계에 있는 발신자와 수신자 사이에서 '해독decoding'을 결정하는 기본 원칙을 아는 것에서부터 시작할 필요가 있다. 얼굴 표정, 몸짓 언어, 목소리 톤과 같은 단서나 신호가 없다면 개인들은 빈칸을 채우는 것 외에 거의 선택을 할 수 없다. 삶의 경험에서 수집한 자료에 의해서만 반응, 응답, 의미를 이해하고 예측할 수 있을 뿐이다.

이제 우리 대부분은 어떠한 공식적인 훈련도 없이 인터넷을 통해 문서에 기반한 의사소통에 전적으로 의존하고 있다. 이로 인해 약칭과 약어의 무계획적인 양식으로 글을 쓰게 되고 여기에 적응하게 되었다. 최근 몇 년간의 기술로 인해 심지어 기술을 두려워하는 사람 중 가장 심한 사람들조차도(Brosnan, 1998) 컴퓨터를 사용하게 되고 이에 뒤따르는 긍정적 · 부정적 결과에 내던져졌다.

대인 상담과 상담사 훈련을 하면서 문서, 특히 전자 문서를 이용하는 데 치료적 요소가 있다는 사실이 분명히 드러나게 되었다. 나의 석사학위(Griffiths, 2000) 연구에서 온라인 작업을 발전시켰는데, 그 연구에서 두 건의 사례 연구를 허락하에 전사轉寫해서 사용할 수 있었다.

그 뒤부터 나는 관계의 어려움을 호소하는 부부들을 돕기 위한 온라인 서비스를 제공하는 데 참여해 왔다. 면대면face-to-face 상담 실습에서 나는 일부 내담자들에게 이메일과 면대면 만남을 혼합해 사용하고 있는데, 대개 규칙적인

효과적으로 적용될 수 없음에도 불구하고 계속적으로 그 구성개념을 사용하는 데서 일어난다고 설명한다.

약속을 지키기 어려운 사람들, 아기를 맡겨야 하는 어려움이 있거나 여행하는 데 불안감을 갖고 있거나 멀리 떨어진 곳에 있는 사람들, 그리고 의사소통 매체로 이메일과 문서를 선호하는 사람들이다.

화면에 글자를 치고, 사이버 공간으로 확대해서 문서에 표현한 생각과 감정을 전송하는 버튼을 누르는 행위가 갖는 익명성으로 인해 사람들은 심층적인 방식으로 자신의 가장 깊은 감정을 쏟아 냈다. 즉, "인터넷은 고립과 단절을 위한 매체이거나 관계성을 증가시킬 수 있는 매체로서 기능하는 심오한 능력을 가진 것처럼 보인다(Civin, 2000: 59)." 그렇다면 이 관계성은 어떻게 생기는가? 우리가 인터넷을 통해 다른 사람과 의사소통할 때 자동적으로 그 사람 이외의 다른 사람과도 관계를 맺게 되는가? 익명의 사람들과 한두 차례 문서를 교환한 후 우리가 더 이상 관계를 지속하고 싶지 않은 적이 있는가? 우리는 무엇과 관계를 맺는가? 우리가 누군가와는 지속적으로 의사소통하는 데 흥미를 느끼고, 나머지 사람들과는 흥미를 느끼지 못하는 것은 무엇 때문인가? Price와 Price (2002)는 우리가 의사소통하기 위해 인터넷을 사용할 때 인간 존재가 되기 위해 열심히 노력해야만 하고, 이러한 부자연스러운 경험을 극복하기 위해 고군분투해야 한다고 말한다. 우리가 의사소통할 각각의 사람들을 위해 어떤 페르소나를 채택한다는 생각은 전자 문서 의사소통에서는 특별하지 않을 수도 있다. 비록 반응을 고려해서 만족스러운 결과를 그려 볼 시간의 선택권을 가지고 있다는 것이 면대면의 구두 대화보다 확실히 이점일 수 있기는 해도 말이다.

문서text는 우리가 대인관계에서 익숙한 종류의 반응과 응답을 만들어 낼 수 있고, '전이transference'라고 일컬어지는 방식으로 존재할 수 있는가? 전이 현상은 어떤 치료사들에게는 치료적 동맹에서 중요한 역할을 한다. 반면 다른 치료사들은 그 존재를 바로 묵살한다. 일반적으로 '전이'는 우리가 과거의 패턴에 따라 모든 새로운 관계와 상황에 반응한다는 것을 시사한다. 치료에서 내담자는 치료사에 대한 자신의 경험을 통해 치료사가 자신의 어린 시절 중요한 인물의 역할을 한다는 인식을 하게 될 수 있고, 그러므로 "이것은 진짜 관계에 대한 대체물이 된다(Mattinson, 1975).” 지금-여기에서의 경험을 가설과 자극에 의해 알게 되고, 이는 내담자와 치료사 사이의 관계 기반을 형성하는 반응과 응답을 이끌어 낼 수 있다. 다시 말하면, “전이에 대해 이해하기 위해서는 치료적 관계를 낳게 한 모든 것을 포함해서 생각해야만 한다……. 어떻게 내담자가 유아기부터 성립된 자신의 내적 세계를 전달할 것인가…… 종종 언어word를 사용하는 것을 초월해서(Joseph, 1985: 447-454).”

전이의 존재를 지지하는 사람들(Freud & Breuer, 1950; Klein, 1952; Balint, 1993)은 우리가 이전에 발달된 감정과 태도, 유사한 경험을 전이시켜서 그것을 현재에 적용한다고 주장하는데, 특히 어떻게 반응할지에 관해 아무런 유용한 단서가 없을 때 그렇다고 한다. 이는 그래서 만약 문서가 유일한 단서라면 전이에 대한 가능성이 높아진다는 것을 암시하는 것인가?

사례 연구에서

한 남성 내담자와 4주간 면대면 상담을 했는데, 회사에서 그에게 갑자기 계약 시간 때문에 남부 사무실에서 일하도록 요구했다. 상담 계약을 중단하는 딜레마에 봉착한 나는 일주일에 한 번 이메일 의사소통을 유지하면서 상담을 지속하자고 제안했다. 내담자에게서 온 첫 번째 메일은 새 직장과 숙소에 대한 정보였다. 나는 그 메일을 받고, 숙고하고, 이것이 달라진 사건과 환경에 대해 새롭게 보고하는 것일 수 있고, 우리가 착수했던 작업을 진행하지 못할 수도 있다고 평가했다. 나는 응답에서 그의 작업 환경이 변화했다는 것을 알아차리고 우리의 치료 환경이 변화했다는 것을 강조했다. 나는 내담자에게 이러한 변화가 자신에게 무엇을 의미하는지 쓰도록 했다. 즉, 이것이 우리가 함께 작업을 하고 의사소통하고 있었던 방식을 변화시킬 것에 대해 어떻게 생각하는가? 그가 글쓰기로 이 단계에서 무엇을 탐색하기를 원하는가? 그리고 그것은 자신에게 무엇을 일깨우는가?

그의 응답은 길었는데, 글은 구두점이나 단락 없는 생각처럼 넘쳐흘렀다. 순서도 없었고 분명한 인식이나 의미도 없었다. 이 두 번째 이메일의 마지막 문장에서 다음과 같이 말했다. "나는 되돌아가서 맞춤법을 확인하거나 내가 쓴 것을 고치고 싶지 않습니다. 내 말은 즉흥적이었고 내 가슴속의 모든 것을 털어내서 기분이 좋습니다. 이것은 내가 열한 살이었을 때 잠시 일기를 썼던 일을 생각나게 했습니다. 당신이 이 모든 것에 잘 대처할 수 있기를 바랍니다."

이 사례에서는 카타르시스적인 측면에서 치료 효과가 있었다는 것이 분명하고, 전이라는 문제가 지금-여기에 놓여 있다. 비록 그 경험이 일시적으로나마 내담자를 열한 살 먹은 소년이었던 과거 경험으로 데리고 갔는데도 불구하고 말이다. 흥미롭게도 마지막 문장은 현재 내담자와 내가 맺었던 관계에 관해 언급하고 있는데, 내담자가 느꼈듯이 압도적일 수 있는 자신의 '이야기'를 내가 어떻게 다룰지 나의 능력에 대해 의문을 제기하는 것처럼 보였다. 그 당시 아무도 이러한 정보를 다룰 수 있거나 신뢰할 만한 사람이 없다고 느꼈기 때문에 일기에 자신의 생각과 감정을 적어 두었던 그 소년에게 자신이 쓴 글은 '다른' '부모'이거나 '전이관계'(Malan, 1979)였을 수 있다.

우리 중 대부분은 이런 방식으로 환경이나 상황에 의해 자극받을 수 있다. 비록 전이 순간은 흔히 아주 짧고, 심지어 몇 초에 불과하지만 말이다. 그 개인이 사용할 수 있는 감각들 중 어떤 것이라도 그 시간과 장소로 우리의 마음을 데려갈 수 있다. 냄새는 좋은 예인데, 즉 학교 우유, 삶은 양배추, 세몰리나semolina,[2] 어떤 과일이나 꽃 등과 같은 냄새도 전이를 일으키는 자극제가 될 수 있다. 잠시 동안(게다가 흔히 순식간일 뿐이다.) 우리는 정신적으로 스스로를 다시 이전 순간으로 이동시킬 수 있고, 그때의 미묘한 차이를 포착할 수 있다. 심지어 전화기 너머 누군가의 목소리는 전화를 건 사람의 그림을 마음속에 그려 낼 수 있다

2 역주: 푸딩이나 파스타를 만들 때 사용하는 거친 밀가루를 이른다.

(Rosenfield, 1997). 그 목소리는 우리로 하여금 긍정적 의미나 부정적 의미를 가진 먼 과거의 어떤 이를 떠올리게 할 수 있다.

개인 구성개념으로써의 문서

눈에 보이는 단서가 없는 경우에 우리는 우리의 기억이나 내적 세계를 구성했던 방식으로, 그리고 우리가 그것을 만들었던 감각을 토대로 한 환상을 쉽게 만들어 낼 수 있다. 따라서 가설은 우리 앞에 놓인 환경을 잘 다루도록 도와주는, 우리가 수집해 왔던 정보를 활용하는 능력에 기초하게 된다.

심리적 외상은 우리가 이용할 어떠한 정보도 가지고 있지 않을 때 일어난다. 우리는 예측의 방식(Kelly, 1963)을 통해 세계를 이해한다. 우리가 더 많이 경험하고, 목격하고, 이해할수록, 점점 더 우리를 둘러싼 환경에 대한 반응과 응답을 예측할 수 있다.

컴퓨터에 입력된 정보가 그 정보에서 비롯된 피드백에 중요한 것과 마찬가지로, 우리의 '프로그래밍'(우리가 정보를 취하는 방식)은 우리의 출력(우리가 생각하고, 느끼고, 행동하는 방식)에 아주 중요하다. 그러므로 문서에 대한 시각sight은 우리가 눈으로 보는 실제 단어보다 더 많이 자극적일 수도 있다는 것이 논리적인 결론인 것처럼 보인다. 어른이 될 때까지 우리 대부분은 신문, 잡지, 광고판, 표지판, 광고, 그리고 온갖 종류의 하루살이용 인쇄물을 포함한 글로 쓰여진 문서를 경험해 왔을 것이다. 그것을 깨닫지 못한 채, 우리는 구어(말로 된 표현)에 대한 반응을 확립해 왔던 것과 마찬가지로 문어(글자로 된 표현)에 대한 시각과 의미와 관련된 관념을 확실히 확립해 왔을 것이다.

글의 형태나 문체와 문맥은 유사한 장면의 목격이 어떤 기억을 붙잡았거나 우리의 내면세계의 개인 구성개념 일부를 형성했을 때, 순간적으로 우리를 과거 순간으로 보낼 수도 있다. 어떤 단어에 대한 우리의 태도는 그 단어에 대한 우리의 초기 접근에 머물러 있을 수 있다. 우리는 일반적으로 머릿속으로 문서를 읽는다. 즉, 우리의 내적 세계와 마음속에 있는 어조, 성향, 강조, 소리를 만들어 내고 있다. 우리 앞에 있는 문서의 자극에 대한 반응을 구성하고 확립해 왔던 방식을 이용함으로써 이 일을 할 수 있을 뿐이다. 이러한 반응과 응답은 즉흥적이다. 이것은 기쁨, 분노, 수치심, 비난, 양가감정, 혼란, 불안, 음모 등을 포함하는 응답을 촉발할지도 모르고, 다양한 형태의 방어와 공격, 철회와 약속을 포함하는 반응을 촉진할 수도 있다.

한 여성 내담자가 2~3주 정도에 걸쳐 인터넷 채팅 상담에 참여했다. 그녀는 자신의 느낌을 강조하기 위해 비속어를 사용하면서 문서에서 높은 수위의 감정에 빠져들었다. 나는 가정 폭력에 대한 그녀의 폭로에 다음과 같이 응답했다.

> 당신은 그가 당신을 구타하는 것을 멈추게 할 수는 없지만, 방화선the firing line 안에 있지 않음으로 해서 구타당하는 것을 멈출 수 있습니다.

그녀는 이 응답을 완전히 무시했지만, 나중에 자신의 파트너가 아니라 자기 자신에 대해 더 많은 것을 이야기했을 때, 다음과 같이 썼다.

> 나는 대부분 언제나 '해결사'였고 아주 많이 낙관적이었지만, 최근에 그렇게 하는 것이 어렵고 스스로 풀이 죽어 있는 것을 느껴요.

그녀를 위해 예전의 모습을 '되찾기'를 바라는 나의 간절한 바람을 보여 주면서 다음과 같이 응답했다.

좋아요. 루스벨트는 “당신이 밧줄 끝을 잡았을 때, 거기에 매듭을 묶고 붙잡으라.”라고 말했습니다.

그녀는 응답했다.

나는 내 밧줄인 린 선생님에게 매듭을 아주 많이 묶고 있어요.

그 비유를 통해 예전 모습의 흔적을 찾았고, 우리는 계속해서 그녀의 강점과 여태까지 살아남게 한 그녀의 자원을 탐색했다. 다음은 추후 설문지에 쓴 그녀의 마지막 말이다.

내가 이런 엿 같은 인생을 살아왔다는 걸 생각하면 화가 나요……. 어떤 상관관계가 있다는 걸 이해하겠어요. 당신의 관심에 아주 많이 감사해요. 누가 이런 식으로 도울 수 있다고 생각인들 했겠어요. 그러나 그렇게 됐네요.

나는 나의 반응이 바로 그녀가 원했던 것이었다고 믿고 싶었을지도 모른다. 그러나 현실적으로 그것은 단지 ‘치료’의 작은 일부분이었다고 생각한다. 가장 깊은 내면의 생각과 감정을 지금-여기에서 익명으로, 제한된 시간 안에, 지지적인 방식으로 아무런 편견 없이 표현되고 응답받았던 기회는, 고갈되어 재충전을 필요로 했던 대처 자원을 증가시켰을 것이다.

우리가 누군가를 처음으로 대면해서 만날 때, 의사소통은 언어적(말로 표현되는 언어), 그리고 비언어적(표정과 몸짓과 말씨나 동작 등의 독특한 버릇)으로 일어난다. 알려진(의식적인) 정보는 알려지지 않은(무의식적인) 과정이 일어나는 것과 동시에 개인에 의해 흡수되고 있다. 가설을 점검하는 대화에 의해 많은 것이 전달되는데, 가설이란 예를 들자면 '이 사람은 나의 형을 떠올리게 하지만, 나의 형이 한 것처럼(알고 있는 대로) 반응하고 있지 않다.' 혹은 '이 사람이 나의 형을 떠올리게 해서, 나는 마치 그가 내 형인 것처럼 (나도 모르게) 그와 관계를 맺고 있다.'와 같은 것이다. 만약 우리가 면대면 만남과 마찬가지 방식으로 온라인 의사소통을 생각해 본다면, 언어적으로 정보를 얻을 아무런 단서도 없고 비언어적인 의사소통은 문서와 타이밍에 의해 제한된다. 우리에게 적합하거나 이치에 맞는 자료가 어떠한 것이든 그 틈을 메워 줄 가능성이 얼마나 더 있겠는가. 그 이유는 정보가 없기 때문이다.

반응과 응답을 자극하는 문서

대상관계 심리치료사들은 우리가 스스로의 긍정적 · 부정적 태도를 투사하고 표출한다고 주장할 것이다. 우리는 대체로 자신을 보호하기 위해 이렇게 하고, 만약 우리 자신의 어떤 부분을 표현한다면 우리가 어떻게 그 응답과 반응을 예측하는지에 따라서 투사를 선택한다. 확실히 그런 다음에, 전자 문서를 통해 의사소통할 때 우리는 과도기적인 방식으로 우리 자신을 표현하는 모든 구성요소를 가지게 된다. 우리는 다른 표현 방법이 긍정적이거나 부정적인 피드백을 받고, 그럼으로써 통찰의 방법을 다시 배울 수 있는지 알아보기 위해 자신의 바깥 세상을 시험할 수 있다. Faber(1984)는 컴퓨터가 대체 대상물, 즉 완벽하게 통제할 수 없는 모성적 대상에 대한 대체라고 주장한다. Faber는 모성적 대상을 한편으로는 우리의 욕구를 충족시켜 줄 수 있는 사람이면서, 다른 한편으로는 우리를 무기력하게 만들면서 우리의 욕구를 거부하는 사람으로 바라보는 대신에, 컴퓨터를 모든 기능이 우리의 권한 안에 있는 동안 우리의 욕구를 충족시키거나 거부할 가능성을 가진 것으로서 이해한다. 따라서 문서에 기반한 의사소통을 전달하는 이 도구는, 우리가 이에 대한 권한을 가지고 간단하게 키를 누르는 것으로 힘을 발휘할 수 있는 것이다!

한 젊은 여성은 짧은 시간 동안 정보를 공유하면서 어떻게 온라인 관계를 발전시키는지 나에게 설명해 주었다. 그녀는 자신이 커플 중 우세한 사람이라는 것을 어떻게 일찍 감지했는지 말해 주었다. 자신의 모든 의견은 주도적이었다 (예를 들면, 파국적 사건에 대한 자신의 생각과 감정을 상대 남자가 어떻게 생각하는지는 전혀 상관없이 반영하였다.). 그 남자는 상냥하려고 노력하고 그녀의 마음에 들고 싶어 했지만 (그녀의) 본래 생각을 전혀 바꾸지 못했다. 남자와 이메일을 교환할 때 남자의 제한된 어휘와 철자의 실수로 인해 이 젊은 여성은 넘을 수 없는 차이를 느끼기 시작했다. 그녀는 처음에는 그의 상냥한 성격이 좋았으나, 그 성격은 자기 가족 안에서 경험했던 다른 남자들처럼 (그녀를) 실망시켰고, 그러한 성격이 도전적이거나 자극적이지 않고 지루하다는 것을 알게 되었다. 한편, 자신의 전 인생을 어머니를 기쁘게 하려고 노력하면서 보냈던 남자는, 어떠한 단서도 없이 관계를 맺는 깊이나 정체성에 대한 암시를 주고받지도 않은 채 문서에 많은 말로만 반응했다. 그들의 관계는 겉돌다가 성장을 위한 어떠한 가능성도 없어지면서 끝나 버렸다.

디스코장에서 'E'라는 나쁜 마약에 중독됐다가 회복된 뒤 사회공포증을 가지게 된 젊은 남성과 함께 작업을 시작했는데, 그는 나의 이름이나 직함을 부르지 않았다. 수차례의 이메일을 통한 상호작용과 한 번의 정서적 교감 뒤에 나의 성을 부르기 시작했다. 이것은 치료적 동맹에서 중요한 순간이었다. 눈에 띄게 더 깊은 이야기를 털어놓았고, 문서 소통이 더 길어졌다. 단지 나의 최소화된 조언만을 받으면서 자신의 생각과 감정을 이해하기 위해 자신이 타이핑한 글을 이용하기 시작했다.

아빠는 항상 말씀하셨어요. 우리는 아빠와 함께 갈 수 있고 함께 살 수 있다고. 하지만 나는 아빠가 진심이었다고는 생각지 않아요. 아빠는 소피가 아주 재빠르게 이사하도록 했고, 그들은 멋진 인생을 살았지요. 우리에게 관심이 있다고 말하지만 아빠는 우리의 말을 듣지 않고 우리가 아빠를 볼 때마다 똑같은 질문을 해요. 내가 여전히 일을 하고 있다고 생각하지요. 아빠는 모든 골칫거리를 해결할 수 없었고, 내가 자신에게 말하지 않는 것을 불평해요. 그리고선 나에게 내가 언제, 무엇을 해야 할지 말해요. 린 선생님, 나의 아빠를 만족시킬 수 없을까요? 나의 엄마를 만족시킬 수 없을까요? 빌어먹을 내가 과연 누구를 이해할 수 있겠어요?

이 지점까지 그를 이끌고 왔던 개입은 고전적인 '나 역시me-too'라는 방법이었는데, 이는 일반적인 사회적 상호작용에서 '이야기하는 사람'이 더 이상 나아가지 못하게 한다. 이 내담자에게 한 응답 중 하나는 내가 '이해해야만' 했던 유일한 사람이 바로 내 자신이었다는 것을 깨닫는 데 내 삶의 대부분이 들었다는 사실을 포함했다!

이 사례에서 개입은 어떤 관계의 기초를 제공했고, 확실히 이해심 있고 지지적인 것으로 인식됐다. Craig Childress(1998)는 이를 다음과 같이 설명하고 있다. "또 다른 사람이 유사한 경험에 대한 이야기로 응답할 때, 그 사람의 자기 노출은 기술적인 공허함을 극복하고 우리에게 인간애로 하나된 경험을 제공한다."

일부 전이 문제는 개인이 그 혹은 그녀 자신이 '너는 반드시~ 해야 해.' '너는 해야만 해.', '너는 ~해야 해.'와 같은 말에 반응하는 것을 깨달을 때 확인될 수 있다. 권위적인 '비판적 부모'(Berne, 1961)는 그 비판을 받는 이에 의해 인지되는데, 그 반응은 방어적이고 순종적이거나 거부적인 것으로 되돌아올 수 있다. 성인/성인의 관계를 부활시키거나 유지하려는 욕구로 인해 또 다른 두세

통의 이메일을 받을 수도 있다. John Suler(1998)는 가장 좋은 상황에서도 흔히 다른 사람의 현실보다는 우리 자신의 기대와 요구에 더 많이 기반해서 다른 사람에 대해 우리의 정신적 이미지를 갖게 되는 측면이 일부 있다고 말한다. 만약 우리가 컴퓨터로 맺은 관계가 엄마, 아빠, 남편, 아내, 애인 혹은 친구를 대체한다면, 컴퓨터가 전달한 문서에 대한 우리의 반응은 과거든 현재든 '실제' 관계에서 의사소통할 때 우리가 했던 반응과 유사해질 수 있을 것이다. 한 온라인 내담자는 내가 어느 한 시점에서 꼭 그녀의 어머니처럼 말했고, 이는 자신이 책임감을 갖는다는 것을 이해하는 데 실질적인 돌파구가 되었다고 말했다. 이 사례에서 이해라는 것은, 내가 마치 그녀의 **엄마인 것처럼** 그녀에게 응답했다는 것을 깨달았을 때 상호적이었다!

우리 자신의 내부로부터 나와서 경쟁이나 경멸 없이 컴퓨터에 의해 받아들여진 글로 인해 우리는 수용되고 있다는 느낌을 가질 수 있다. 이는 현실에 대한 부인인가? 아니면 자신이 표현하고 억제하기 위해 도구를 가까스로 만들어 냈던 개인의 독특한 현실인가? 이러한 식으로 관계를 맺으면서, 이는 내사의 방법으로 '자아'의 투사된 부분을 교정하도록 할 수 있고, 그럼으로써 개인을 전체적인 관계성으로 도와줄 수 있다.

전자 문서를 통한 의사소통에는 고려할 많은 장점이 있다. 우리는 (이메일이나 문서 메시지를 이용할 때) 공유하게 될 내용을 숙고하는 데 시간을 들일 수 있다. 우리의 반응과 뒤따르는 우리의 응답을 숙고할 시간도 들일 수 있다. 어느 정도 익명성이 있다면 우리는 더 많은 개인 정보를 공유함으로써 위험을 감수할 수 있고, 면대면으로 할 수 있는 것보다 더 빨리 그러한 정보를 공유할 수 있다. 또한 우리는 예를 들어 전화를 거는 것처럼 침해적인 방식이 아닌, 자신에게 맞는 방법으로 단번에 접촉할 수 있다.

물론 많은 단점도 있는데, 특히 치료적 관계의 부분으로서 의사소통하기 위해 문서를 이용하는 것은 적절하지 않고, 도움이 되지 않을 수 있거나, 안전하지 않을 수도 있다. 치료사는 면대면 작업에서는 흔한 일부 윤리적 경계를 연습

할 수 없다. 본인 또는 타인에게 해를 입히는 내담자의 문제는 치료사, 조직, 내담자의 보험회사에게는 걱정거리다. 계약은 어느 다른 상황과 마찬가지로 온라인에서도 필요하다. 응답은 항상 즉흥적이지만은 않고, 자신의 '보내진' 말에 대한 기대, 후회 또는 편집증적인 성찰 속에서 그 사람이 응답을 기다리게 한다. 관계의 '삭제'와 '종료'는 어떤 죽음이 상실과 관련된 감정과 심리적 외상을 쉽게 일으킬 수 있는 것처럼, 그만큼 갑작스러운 것이다. 나는 온라인 내담자가 휴일을 미리 잘 알게 하려고 노력해 왔지만, 여전히 응답이 지연될 때 내담자가 고통스러워하는 것을 경험하고 있다.

유머는 국제 언어가 아니다. 다시 말해서, 어떤 나라에서 했던 우스갯소리가 다른 나라에서는 킥킥거리는 웃음도 얻지 못할 때, 많은 스탠드업 코미디언들은 말문이 막히곤 한다. 온라인 의사소통의 발전은 '이모티콘'—상태나 표정을 나타내기 위한 간단한 그림 같은 상징과 얼굴들—을 포함하고 있다. 이것은 어깨 으쓱하기, 얼굴 찡그리기, 교활한 웃음 등 면대면 의사소통의 모든 세밀한 묘사를 전달하기에는 빈약하다.

영어를 모국어로 사용하지 않는 온라인 내담자가 나에게 자신이 휴식을 취하면서 레드 와인을 마시며 좋은 저녁을 보내고 있다고 말했을 때, 나는 "의사가 바로 처방했군요"라고 타이핑해서 보냄으로써 격려하는(나는 격려한다고 생각했다.) 방식으로 응답했다. 그런데 그는 빈정대는 비판을 받는다고 생각해서 몹시 화를 냈다. 나의 문장으로 인해 내가 빈정대거나 또는 비판적이거나 또는 둘 다라고 그가 혼동하고 인식하게 한 아주 중요한 무언가를 촉발시켰을 가능성을 지켜보면서, 방어적이지 않은 태도로 '격려하는' 말에 대해 한 문단에 걸쳐 설명했다. 그는 내 말과 말뜻을 생각하면서 자신의 아버지를 연상했다. 그의 아버지는 도무지 어떠한 얼굴 표정으로도 유머를 보여 주지 않았고, 이 때문에 그는 혼란스러웠고 자주 반항적이 되었다. 그는 자신의 아버지가 자신이 말했던 바를 의미했는지, 또는 어떠한 얼굴 표정을 지었거나 그렇지 않으면 그가 한 말이 다른 것을 뜻하는 어떤 신호가 있었는지 이해하려고 노력했다. 확실하지 않은 상황에서 내담자는 항상 말을 비판적으로 받아들였고, 보통 자신의 반응 때문에 도리어 더 비판적인 반응과 응답을 낳았다. 그에게 유용한 어떠한 다른 단서가 없을 때 자신이 해 왔듯이, 그는 나의 말에 바로 응답했다.

의사소통을 위해 인터넷을 사용할 때 대부분의 단점은 시간과 이해심으로 해결할 수 있다. 문서 의사소통을 통해 발전된 관계나 동맹은 확실히 독특한 스타일의 문서 사용을 발전시킬 것이고, 이는 의미를 확인하는 것을 포함할 것이다. 즉, "우리는 종종 복잡한 게임을 하는 다른 사람들과 교제할 때, 그들과 좀 더 가까워질 만큼 나머지를 충분히 이해하고 있다고 생각할 수 있는지를 확인하고, 동시에 좀 더 보수적인 방식으로 관계를 맺도록 충분히 안전한 장소로 다시 물러난다(Van Deurzen, 1998)."

치료사가 내담자와 함께 구두로 제공된 정보를 확인할 때, 개입은 신속하고 즉흥적일 수 있다. 즉, 반영하기, 바꾸어 말하기, 개방형 질문 등을 할 수 있다. 언어를 내담자의 언어와 일치시킬 수 있고, 다듬을 수 있고, 시각적 반응과 공감 수준, 목소리 톤, 창의적인 형용사 사용 등에 따라 강조할 수 있고, 지금-여기의 경험에 맞춰질 수 있다. 문서에서 내담자들은 자신이 만들어 낸 치료사의 이미지나 상에 따라 즉흥적으로 반응하거나 응답하기 쉽고, 치료사는 흔히 자신이 만들어 낸 내담자에 대한 기대된 반응과 응답을 숙고하고 평가한다. 이러한 이미지는 치료 과정이 발전함에 따라 한편으로는 서로 갈등할 수도 있고, 다른 한편으로는 치료사와 내담자 모두가 관계를 형성하기 위해 좀 더 노력함에 따라 치유를 위한 좀 더 큰 능력을 가져올 수도 있다. 서로에게 적응하고, '듣도록 하고' '이해받고자' 노력할 때, 치료사와 내담자 사이의 사이버 공간은 과거와 현재가 최고의 명쾌함을 얻을 기회를 갖는 전환적 시간 왜곡을 만들어 낼 것이다.

참고문헌

Balint, E. (1993). Unconscious communications. In S. Ruszczynski (Ed.), *Psychotherapy with Couples*. London: Karnac.

Berne, E. (1961). *Transactional Analysis in Psychotherapy*. New York: Grove Press.

Brosnan, M. (1998). *Technophobia–The Psychological Inpact of Information Technology*. London: Routledge.

Childress, C. (1998). *Potential Risks and Benefits of online Psychotherapeutic Interventions*, www.ismho.org. Accessed 4/6/00.

Civin, M. (2000). *Male Female Email: The Struggle for Relatedness in a Paranoid Society*. New York: Other Press.

Faber, M. D. (1984). The computer, the technological order and psychoanalysis: the preliminary remarks. *Psychoanalytic Review, 71*(2): 263–277.

Freud, S., & Breuer, J. (1950). Studies on hysteria. *Standard Edition of the Complete Psychological Works of Sigmund Freud*, vol. 2. London: Hogarth Press.

Griffiths, L. (2000). Communicating therapeutically via the Internet. Unpublished masters thesis, Sheffield Hallam University.

Jacobs, M. (1985). *The Presenting Past*. London: Harper & Row.

Joseph, B. (1985). Transference: the total situation. *International Journal of Psycho–Analysis, 66*: 447–454. Reprinted in E. Bott & M. Feldman (Eds.), *Psychic Equilibrium and Psychic Change: Selected Papers of Betty Joseph*, pp. 156–167. London: Tavistock/Routledge, 1989.

Kelly, G. A. (1963). *Theory of Personality: The Psychology of Personal Constructs*. New York: Norton.

Klein, M. (1952). The origins of transference. *International Journal of Psycho–Analysis, 33*: 433–438.

Malan, D. H. (1979). *Individual Psychotherapy and the Science of Psychodynamics*. London: Butterworth.

Mattinson, J. (1975). *The Reflection Process in Casework Supervision*. London: Tavistock.

Price, J., & Price, L. (2002). *Hot Text: Web Writing That Works*. Indianapolis, IN: New Riders.

Rosenfield, M. (1997). *Counselling by Telephone*. London: Sage.

Suler, J. (1998). *E-Mail Transference: Seeing the Other Clearly*. Online self-help and psychology magazine, shpm.com. Accessed 9/4/00.

Van Deurzen, E. (1998). *Paradox and Passion in Psychotherapy-An Existential Approach to Therapy and Counseling*. Chichester: Wiley.

제15장

조에게 보내는 메시지 –사마리탄의 이메일 친구되기 경험

Stephanie Howlett & Robert Langdon

도입

고통 없이 자살할 수 있는 방법을 말해 줄 사람 없나요?

계속 고민해 봤는데...... 평소처럼 면도날로 팔을 그어 보지만 고통은 싫어요. 고통을 느낄 수 없다면 얼마나 좋을까요. 정말 나도 노력했어요.

제발 나에게 이메일을 보내 주세요!!![1]

1 사마리탄은 그들에게 연락한 개인에 대한 세부 사항을 절대 공개하지 않는다. 인용문은 허락하에 엄격하게 사용되며, 사마리탄에게 연락해 온 어떠한 내용도 사용하지 않는다. 이 장에 사용된 이메일 예제들은 실제로 받은 이메일의 전형적인 사례를 가상으로 바꾼 것이다.

이런 메시지는 적나라하면서도 충격적이지만, 2001년 사마리탄이 받은 64,000건의 이메일에서는 그리 드문 일이 아니다(Samaritans, 2002). 1994년부터 운영하고 있는 이메일 친구되기 서비스의 급속한 확장으로, 사마리탄은 아마도 영국 내 치료적 이메일 서비스를 제공하는 조직 중에서도 가장 많은 경험과 전문성을 가진 조직체일 것이다. 사마리탄의 더 오래된 전화 및 면대면 서비스와 마찬가지로, 이들이 제공하는 것은 친구가 되는 것이지 치료가 아니라는 것이 분명하지만, 그래도 이는 치료에 확실히 도움이 된다. 그리고 사마리탄은 온라인 치료 분야에 입문하는 다른 이들에게 아주 유용한 경험을 가진 견고한 조직체를 가지고 있다.

배경

처음 이메일 서비스를 구축하자는 제안은 첼튼햄Cheltenham 지부에서 일하던 사마리탄의 한 자원봉사자로부터 나왔다. 그는 사람들이 이미 채팅방과 웹사이트를 만들어서 자신의 가장 깊은 정서와 절망감, 대처할 수 없는 감정, 자살사고 등을 표현하기 위해 사용하는 데 깊은 인상을 받았다. 인터넷을 통해 사람들은 이런 감정을 표현할 수 있었고, 일종의 반응을 얻을 수 있었다. 그리고 이는 실제 욕구를 확실히 충족시키고 있었다. 그는 사람들이 도움을 얻을 수 있는 부가적인 매체로 이메일을 사용하자고 사마리탄에 권했고, 시범 사업이 1994년 7월에 시작되었다.

첼튼햄 지부에서는 처음 24시간 동안 37개의 메시지를 받았고, 첫 일주일간 자신의 자살 감정에 대해 글을 쓴 사람들의 비율이 46%에 달했는데, 이 비율은 전화 및 면대면 접촉을 이용하는 사람들의 두 배였다. 이메일 친구되기가 그곳에서 매우 중요하고 필요로 하는 서비스의 일부로 자리 잡았다는 것은 분명했다. 그다음 또 다른 지부에서 1996년에 온라인 서비스를 실시했고, 이후로 다른 센터들이 꾸준한 비율로 참여해 왔다. 2001년 말까지 61개 온라인 지부가 생겼고, 지부들은 연간 64,000통의 이메일을 받았다(Samaritans, 2002). 사마리탄이 홍보를 비교적 조심스러워했는데도 이러한 급속한 성장이 일어났다. 사마리탄은 어쩌면 전 세계에서 인터넷을 통해 자신들의 서비스에 접근하면 자신들이 조절할 수 없을지도 모를 엄청난 요청을 받을 수도 있다는 것을 잘 알고 있다. 사마리탄은 그 다음날까지 이메일에 답신하겠다는 자신들의 목표를 유지하면서 건전한 서비스의 토대를 구축하고 싶어 한다.

사마리탄은 기존 접근법으로는 미치기 힘들지도 모르는 일부 취약한 사람들에게까지 접근을 확대할 수 있는 새로운 서비스의 가능성을 발견했다. 젊은이들의 자살 시도가 지난 20년 동안 거의 세 배가 되었고, 사마리탄은 절망적이고 고립된 젊은이들이 전화보다는 이메일을 통해서 더 많이 접촉할지도 모른다고 느꼈다. 또한 장애를 가진 사람들(특히 말하기나 듣기 부분에서), 전화로 사적인 접촉을 하지 않는 사람들, 지리적으로 멀리 떨어진 사람들을 위해 접근성을 향상시킬 수도 있었다. 추가로, 익명성도 일부 사람들이 더 쉽게 접촉할 수 있게 했다.

지도 원칙

사마리탄은 이메일 친구되기 서비스를 확실하게 정규 서비스 내에 포함시켰다. 이메일 친구되기 서비스는 고통과 절망을 경험하고 자살 위기에 처한 사람들이 낮이든 밤이든 어느 때나 이용 가능하고 비공개적인 정서적 지지를 제공하는 사마리탄의 임무를 충족시키는 부가적인 수단이다. 사마리탄은 이메일 서비스가 기존의 친구되기 서비스를 반영하는 것을 목표로 삼아, 그 핵심 원칙과 실천 모두를 따르고 있다. 그러므로 매체에 의해 발생한 차이점은 인정하되, 이메일은 단지 부가적인 서비스 매체일 뿐이다.

이메일에 대한 사마리탄의 현재 전략은 다음과 같다.

이메일 친구되기는 다른 모든 접촉 방법(가령, 전화, 편지, 직접적인 만남)과 일관된 방식으로 방문자에게 제공된다. 이메일로 사마리탄에 접속하는 것을 선택한 방문자는 사마리탄의 정책에 따라 상냥한 배려가 담긴 답신을 받게 될 것이다.

사마리탄은 이메일 작업이 나머지 서비스와 동떨어진 엘리트 집단의 영역으로 비춰지는 것을 피하기 위해 애를 써 왔다. 따라서 이메일 작업을 중앙 콜센터 안이 아니라, 지역별 지부 내에 두기로 결정했다. 컴퓨터는 다소 떨어진 저 구석 어딘가가 아니라 전화와 함께 중앙 운영실에 두고 있다. 이메일 작업은 기존의 경험 있는 자원봉사자들이 하고 있는데, 이들은 다른 지부에서 정규 전화 작업 외에 추가로 부가적인 이메일 교대조를 맡거나 정규조로 이메일 방문자에게 응답할 수 있다.

지부는 이메일 조직에 참여하기 위해서 지원하지만, 초기 브리핑 회의가 (그 지부의) 대다수 자원봉사자들이 지지적이라고 판단하면 일단 지원을 받아들이기만 한다. 그런 다음 이메일 지지에 대한 기본 인식과 이를 지부 작업에 통합시키는 방법을 제공하는 초기 훈련에 지부 내 모든 자원봉사자들을 참여시킨다. 그리고 이후로 그 지부에 참여하는 새로운 자원봉사자들을 위한 초기 훈련에 이메일 작업을 포함시키게 된다. 다음으로는 메시지를 다운로드 받아서 답신의 초안을 작성하는 데 직접적으로 참여할 사람들을 위한 5시간의 심화 훈련이 있다.

이메일 작업은 지부 내에서 공동으로 책임을 진다. 즉, 메시지를 다운로드 받고 답신을 작성하는 자원봉사자들은, 가능한 응답과 교정된 답신을 제공하는 다른 자원봉사자들에 의해 지원받는다. 이러한 체계는 모든 응답이 발송되기 전에 다른 자원봉사자들에 의해 감독을 받도록 한다. 현재 전국적으로 약 4,000명의 자원봉사자들이 일정 자격을 갖추고 이메일 작업에 참여하는 것으로 추정된다.

서비스를 어떻게 운영하는가

이메일 서비스는 영국의 모든 사마리탄 온라인 지부와 '국제 친구되기 서비스(Befrienders International)' 산하 조직 아래 있는 홍콩과 호주 퍼스의 두 지점에서 통합 방식으로 운영되고 있다.

모든 이메일은 하나의 이메일 주소(jo@samaritans.org)로 발송된다. 이메일은 전체 목록으로 이동하고, 그다음 접속한 지부가 목록의 상단에 있는 이메일을 처리한다. 그렇게 해서 모든 이메일은 모든 지부로 갈 수 있다. 이는 설사 발송자가 두 번, 세 번 또는 네 번 접속하더라도 마찬가지라서, 시간이 지남에 따라 한 발송자를 다른 여러 지부에서 처리할 수도 있다. 답신의 일관성을 지키기 위해서 한 '이야기episode'에 대한 모든 교신 기록이 그 이메일에 첨부된다. 그래서 이메일을 받는 자원봉사자가 어떻게 응답할지 판단할 수 있도록 이전의 모든 메시지와 답신을 검토할 수 있다.

이러한 틀로 인해 특정 방문객과 특정 자원봉사자 간에 어떠한 관계가 진행될 수 없다. 모든 이메일 자원봉사자들은 상대적으로 성별 중립적인 필명인 '조Jo'를 사용하고, 방문객들은 표준 설명standard footnote을 통해 이를 알 수 있다. 사실상 이것은 쌍방에 불필요한 의존성을 키울 수 있기 때문에 개인들 간의 어떠한 관계도 긍정적으로 막기 위한 사마리탄 정책의 일부다. 관계는 늘 방문객과 개별적인 조력자befriender 간이 아니라 방문객과 조직 간이 된다.

하지만 이런 무작위 할당에 예외는 있다. 지부는 특정 방문객이 한 지부에 영구적으로 할당되는 것이 이로울지를 판단할 책임을 갖는다. 이는 그 지부가 그 사람을 위해서 방문자 관리를 할 수 있게 하고, 제공되는 지지 유형을 고민하면서 필요하다면 제공되는 서비스에 제한을 가할 수 있도록 한다. 이는 서비스가 온라인 채팅으로 사용되는 위험을 피할 수 있다. 그렇다 하더라도 이들은 이메일이 단일 자원봉사자에 의해 다루어지지 않도록 노력한다.

누가 이메일로 접속하는가

이메일 서비스는 엄청난 익명성의 가능성을 가진다. 방문자들이 공개하기로 선택한 정보만을 기초해서 통계자료를 수집할 수 있다. 사용 가능한 증거를 통해 봤을 때 전형적인 이메일 발송자 개요는 처음에는 예상하지 못했던 것이다. 원 목표 집단 중 고립된 젊은이들의 접속은 2001년 64,000통의 이메일 중에서 여성 56%, 남성 26%, 그리고 성별이 드러나지 않은 개인 18%였다. 이는 같은 해 남성 방문 53%와 여성 방문 44%라는 사마리탄의 전반적인 수치와 비교된다(Samaritans, 2002). 자원봉사자들은 장애인과 직장에서 이메일 접속을 하는 직장인의 접속도 보고하고 있는데, 직장인들은 보통 근무 시간이 끝날 무렵 혼자 있을 때 접속한다.

이메일 작업은 어떻게 다른가

이메일은 다른 접촉과 다르다. 예를 들어, 이메일 중 50%가 자살 사고를 표현하는 사람들인데, 전화 상담 중 26%가 그런 것과는 비교된다. 이메일 방문자는 훨씬 더 힘든 감정을 표현하기 쉽다. 또 메시지는 더 직접적이고, 걸러지지 않은 채 강렬하다. 전화 접속으로 감정과 자살 사고에 대해 이야기를 나눌 때는 보통 서서히 감정이 격해지는 반면에, 이메일은 '오늘 밤에 자살할 거에요. 아무 할 말 없어요?' 와 같이 훨씬 더 무언가를 털어놓기 쉽다(Armson, 1997).

이것이 가능한 이유는 다음과 같은데, 매체와 이를 사용하는 사람들의 특성 모두가 상호적으로 반영된 것이다.

- 방문자는 자원봉사자와 어떤 종류의 관계도 만들 필요가 없다. 전화의 사적인 속성이 일부 방문자에게는 매우 중요할 수 있는 동시에, 자살 충동을 가진 사람들을 단념시킬 수도 있는데, 이들은 매우 위축되어 있다.
- 많은 사람들, 특히 남자들은 정서 노출이 매우 힘들다는 것을 안다. 그렇기 때문에 이들은 전화 통화 중에 울게 되면 당혹해할 수도 있다. 역설적으로 들릴지 모르지만, 이메일은 정서 반응에 대해 아무에게도 눈에 띄지 않은 채 다른 누군가와 정서를 공유하는 것을 가능하게 할 수 있다. 이메일 방문자는 자신이 공유한 것에 대해 더 많이 통제할 수 있다. 그래서 접속할 수 있고, 더 많이 공유할 수 있다.
- 이메일에서 거리라는 요소는 사람들이 일반적인 대화 규칙을 따르거나 농담을 주고받을 필요가 없게 한다. 누군가의 반응에 대해 아무런 인식이나 응답이 없어서, 방문한 실질적인 이유로 서설 없이 바로 들어갈 수 있다.
- 이메일은 사적으로 작성된다. 사람들은 자신의 메시지를 주의 깊고 신중한 방식으로 작성할 수 있다. '발송' 키를 누를 때 공유와 위임의 순간만이 올 뿐이다.

이는 사람들이 간단한 혹은 사소한 메시지를 위해서 이메일을 사용하고, 면대면 만남은 그 사이(이메일과 면대면 만남 사이) 어디쯤에 오는 전화 접속과 함께 중요한 문제에 더 바람직하다는 일부 웹 전문가들이 제시한 이론과는 일치하지 않는다. 많은 상담사들과 심리치료사들이 치료 작업에서 다음과 같은 서열을 내세울 수도 있다. 즉, 내담자와의 면대면 작업에 따르는 개인적인 치료적 동맹이 가장 효과적으로 생각되고, 직접적인 접촉과 시각적 단서가 없는 전화 작업은 다소 뒤떨어지는 것으로 생각되며, 비동시성 · 익명성이 있고 비언어적 의사소통이 전혀 없는 이메일 작업은 거의 치료라고 할 수 없는 것으로 간주될 수 있다. 그러나 사마리탄의 경험을 통해 보면, 이메일은 방문자들이 자신의 감정을 표현하는 데 가장 덜 위협적인 매체이며, 그다음이 전화다. 면대면이 가장 위협적이다.

얼마나 효과적인가

사마리탄의 모든 친구되기 작업에서 접속은 일시적이며 자원봉사자들은 방문자에게 이후 어떤 일이 일어나는지 거의 모른다. 이메일 작업도 예외 없이 작업 난이도에 따른 상이한 형태를 평가하고 비교한다.

사마리탄이 받는 피드백은 긍정적이고, 일부 방문자들이 개괄한 장점을 확인하는 경향이 있다. 예를 들자면 다음과 같다.

> 저는 몇 달간 당신의 이메일 서비스를 이용하고 있는데, 이 서비스가 없었으면 제가 어떻게 지냈을지 모르겠어요. 이것은 정말로 제가 어떤 기분인지를 표현할 수 있게 해 주고, 제가 말을 하지 않고 자판만 쳐도 되니까 기분이 엉망이어도 문제가 되지 않죠……. 감사합니다!
>
> (웹사이트 피드백 페이지에 보내온 익명의 의견)

> 다른 모든 상담전화 서비스가 단지 전화번호만 가지고 있어서 누군가 듣는 걸 원치 않거나 전화를 받을 수 없다면 곤란할 텐데, 여러분이 사람들에게 이메일을 보낼 수 있다는 것은 정말로 유용하다고 생각합니다.
>
> (17세 학생의 의견)

사마리탄의 이메일 훈련

사마리탄은 글쓰기로 친구되기에서 일하는 자원봉사자들을 위해 종합적인 경험 훈련 패키지를 개발해 왔다. 이는 작업하면서 그들이 현재 많이 겪는 경험에서 나왔다.

이메일 작업은 특별한 기술 및 접근법을 필요로 한다. 전화 통화에는 언어적 · 비언어적 수단(가령, 목소리 톤, 침묵, 울음, 한숨 등) 모두를 활용하면서 즉각적인 반응, 점진적인 속마음의 개방, 거의 지속적인 상호작용 및 반응이 있다. 이메일의 경우에는 비언어적 단서는 전혀 없고, 의사소통은 실질적인 시간 경과에 의해 분리된 더 큰 덩어리로 이루어진다. 이는 방문자와 자원봉사자 모두 그들이 읽고 있거나 쓰고 있는 것에 대해 심사숙고할 시간을 가진다는 뜻이다. 응답은 글로 '고정'되어 있어서 방문자들은 저장해 둘 수도 있고, 인쇄할 수도 있고, 이에 대해서 연구하고 다시 읽어 볼 수도 있어서, 응답의 유용성을 증대시키고 효과를 연장할 수도 있다. 또한 이는 단어 선택, 명료성, 비모호성이 아주 중요하다는 걸 의미하기도 한다.

직접적이고 단순한 일상 언어를 사용하고, 쓸데없이 긴 문구를 피할 것을 강조한다. 인칭대명사 사용에 관해서도 주의가 필요하다. '나'의 사용은 하나의 사적인 연결 요소를 전할 수 있지만, 너무 많이 사용하면 수신자의 감정보다 발신자의 생각을 더 많이 강조할 수도 있다. 마찬가지로 '우리'도 일체감과 지지를 시사할 수 있지만, 부자연스럽고 과도하게 친절이 느껴질 수도 있다. '우리'가 '당신과 나'를 뜻하는 것인지 사마리탄을 뜻하는 것인지 모호하지 않도록 분명히 하는 것이 중요하다.

이메일 방문자들은 간혹 많은 은어와 이메일 문자 기호를 사용할 수도 있다. 자원봉사자들은 같은 방법으로 답신을 하려고 해서는 안 되고, 간단한 언어를 고수하고 감정에 대해 질문하도록 권고받는다.

이메일 작업에서는 신뢰를 구축하고 경청 및 반응성을 보여 주기 위하여 새로운 방법을 찾는 것이 필요하다. 방문자가 정말로 자신의 이야기가 '경청되고' 있다는 것을 글로 쓴 메시지로 보여 주는 것이 어떻게 가능할까? 다음과 같은 방법을 제시한다.

- 표현하든 함축하든 방문자의 감정에 집중하기
- 방문자의 메시지에서 핵심이나 특정 문제를 언급하기. 이는 때로 답신에서 방문자의 메시지 일부를 인용하는 것을 포함할 수도 있다. 이메일과 답신의 전체 기록을 이용해서 이것을 참조할 수 있다면, 이것도 이러한 반응의 일부가 되기도 한다.

언어표현은 특정 행위나 의견에 대해 비판 혹은 인정을 부주의하게 내포하지 않는, 비판단적인 것이 요구된다. 언어표현은 충고로 해석되지 않도록 조심하는 것이 중요하다. 왜냐하면 전화 통화에서 사용할 수도 있는 표현법을 인쇄 형식에서는 충고로 이해하기 쉽기 때문이다(가령 '당신이 그를 떠날 생각을 해 본 적이 있었는지 궁금합니다.'). 모호한 표현으로 인한 오해는 전화 통화에서처럼 주워담거나 수정할 수 없다.

이메일을 시작하고 마치는 양식도 고려해야 한다. 사마리탄은 방문자가 자기 비하적인 필명을 쓰지 않는 한, '안녕'에는 '안녕'으로 답하고 '조에게'는 '메리에게'로 답하면서 방문자가 사용한 표현 양식을 반영하도록 권고한다. 방문자의 이름은 방문자가 단지 주소에만 사용하지 않고(다른 누군가의 이름일 수도 있다.) 스스로 이메일의 본문에 이를 사용했을 경우에만 사용해야 한다. 자원봉사자들은 인간미 없거나 과하게 친절하지 않은 방식으로 편지를 끝내도록 권고받는다. 제시된 예로는 '몸 건강히 지내세요' '잘 지내세요', 아니면 간단하게 '조로부터'가 있다.

때로 방문자가 보낸 이메일이 아주 길고 복잡한 경우가 있다. 그럴 경우 답신의 초안을 작성하는 지침은 다음과 같다.

- 전체 메시지를 통독하고, 전반적인 개요뿐만 아니라 세부사항에도 집중한다.
- 메시지 내 주요 감정을 부각시킨다.
- 메시지가 읽는 이에게 일으키는 감정을 인식한다.
- 한 번에 답신을 쓴다. 원래 메시지에 의거하면서 서너 가지 주요 초점에 대해서만 응답한다.
- 한 문단씩 각각의 일반 영역을 다룬다.
- 처음 심사숙고한 응답이 보통 가장 좋고 자연스럽겠지만, 이에 대해 다른 사람과 함께 충분히 이야기를 나누는 것이 좋다.
- 각 단계에서 방문자가 주로 말한 감정, 말하지는 않았지만 함축된 감정/사건, 확실히 표현하지 않은 모호한 감정/사건, 방문자에게 물어본 질문을 유념하는 것이 중요하다.

사마리탄의 핵심 쟁점은 방문자가 자신의 가장 굳게 닫히고 고통스러운 감정, 특히 자살에 대한 감정을 표현할 수 있도록 하는 것이다. 따라서 방문자가 솔직하게 고통스러운 감정을 표현할 수 있도록, 감정에 대해서 질문하는 방법을 찾아내는 것이 매우 중요하다. 적절해 보이는 지점에서 자살에 대해서 직접 물어보고 자살 감정의 특성을 탐색하는 것이 모든 사마리탄의 작업에서 기본적인 것이다.

다음은 전형적인 초기 이메일과 그에 뒤따를 수 있는 교신 내용이다.

보내는 이: Sarah232@hotmail.com
회신 주소: Sarah232@hotmail.com
제목: 도움이 필요해요

제발 도와주세요!!!
정말 이야기할 사람이 필요해요. 전 너무 혼란스러워서 괴로워요. 너무 약해져서 거의 아무것도 할 수가 없어요. 이래서 어떻게 엄마가 될 수 있나요?
제가 어떻게 해야 하죠? 그냥 죽고 싶을 뿐이에요.
이제 생각하는 건 그만두고 그냥 그렇게 해 버리고 싶어요……. 도와주세요…….
사라

받는 이: Sarah232@hotmail.com
제목: Re: 도움이 필요해요

사라에게
당신이 우리에게 연락하고 싶은 마음이 들어서 기쁩니다. 그리고 당신이 '혼란스러워서 괴로워하니' 마음이 아픕니다. 당신을 그토록 끔찍하게 느끼게 만들고 너무 우울해서 죽고 싶도록 만드는 것이 무엇입니까?
당신이 "너무 약해져서 거의 아무것도 할 수 없다."고 말하는 건 몸이 아프다는 뜻인가요?

당신이 엄마라고 말했는데—자녀들을 돌본다는 것은 매우 진을 빼는 일이지요. 우리에게 연락하는 것이 도움이 된다고 느낀다면, 아주 힘든 시간 동안 우리는 당신을 위해 여기에 있겠습니다.
몸 건강히 잘 지내세요.
조로부터

보내는 이: Sarah232@hotmail.com
제목: 도와주세요

저는 거식증을 앓고 있어요. 내 안에서 매일 싸우느라고 지쳐서 어둠과 우울의 바다에서 헤매고 있어요. 일상은, 일어나서 아이들에게 밥을 먹이고 아이들을 돌보는 전쟁이에요. 요즘 난 형편없는 엄마예요. 의사가 이번 주 동안 매일 내가 괜찮은지 확인하기 위해 병원으로 오라고 했어요.
난 안 괜찮아요!!!
입원하라고 할까 봐 자살을 생각하고 있노라고 의사에게 말하기가 겁이 나요.
난 병원이 정말 싫어요.
인생은 정말 아무 희망도 없는 빌어먹을 것 같아요.

사라

받는 이: Sarah232@hotmail.com
제목: Re: 도와주세요

사라에게
우리에게 다시 연락해 주어서 감사합니다. 당신의 말은 아주 절망적인 상황에 있는 것처럼 들립니다. 거식증과 거식증으로 인해 당신의 기분이 어떤지에 대해 우리와 이야기를 나누는 것이 조금이나마 도움이 되기를 바랍니다. 아마 당신은 우리를 어둠과 우울의 저 바다에서 (당신을 구해 줄) 일종의 생명줄로 볼 수도 있겠죠?

당신은 예전에 입원했었고 그 경험이 싫었다고 말했는데, 당신이 싫어하는 그곳에서 있었던 일들에 대해 우리에게 말해 준다면 도움이 될까요?

거식증과 우울증은 모두 지독한 병입니다만, 그것들을 더 이상 분리하는 것이 가능할까요? 아니면 그것들이 합심해서 당신의 기운을 다 빼 버린다고 느끼나요?

아이들은 너무나 많은 요구를 하고 돌보는 데 많은 에너지를 쏟아야만 하는데, 당신이 스스로를 돌볼 기운을 좀 남겨 두기 위해 아이들로부터 어떤 도움을 받을 수 있나요?

당신은 의사에게 당신이 자살에 대한 생각을 하고 있다고 말하기가 겁이 난다고 말합니다. 당신은 죽고 싶은 건가요, 아니면 당신이 그런 식으로 느끼고 있는 걸 끝내고 싶은 건가요?

당신이 이렇게 힘든 시간을 겪고 있는 동안 당신에게 도움을 주기 위해서 우리가 여기에 있다는 것을 기억해 주세요.

몸 건강히 잘 지내세요.

조로부터

자원봉사자의 경험

많은 이메일 메시지들이 강렬하고 걸러지지 않았기 때문에 이에 답하는 것은 정서적으로 매우 힘이 드는 작업일 수 있다. 한 자원봉사자는 이렇게 말한다. "전화를 통한 대화에서는 서서히 그림을 만들어 나가지만, 이메일에서는 모든 정보를 한 번에 받게 됩니다. 그게 당황스럽고, 거의 소화불량이 되도록 하지요. 그것은 매번 큰 충격입니다."

전화 연결은 즉시성을 가지기 때문에 자원봉사자들이 전화를 끊을 때까지 방문자의 반응 중에서 어떤 의미를 포착하도록 하고, 방문자에게 좀 더 세부적으로 물을 수도 있다. 대조적으로 이메일 작업에서 자원봉사자들은 근원적인 절망적 메시지의 고통만을 본다. 자원봉사자들은 방문자가 메시지를 보내는 행위나 이들이 받는 답신으로 어떻게 도움을 받을지 알 길이 없다. 많은 경우에 자원봉사자들은 매우 고통받는 방문자가 답신을 받기 전까지 오랜 시간을 기다려야 했고, 이는 불안을 야기할 수도 있다는 것을 알게 된다.

자원봉사자들의 기운을 꺾는 이메일 작업의 또 다른 측면은, 이들의 답신이 너무나도 공개적이라 문서로 기록되어 사용될 수 있고, 전 지부와 어쩌면 다른 이메일 지부들이 읽을 수도 있다는 것이다. 일단 보내고 나면 고정되고 바꿀 수도 없다. 즉, "전화 통화에서는 뉘앙스를 바꿀 수 있습니다. 이메일에서는 일단 보내고 나면 그만입니다. 여러분은 받는 사람이 이메일의 내용을 인쇄해서 가지고 다니면 어쩌나 하는 생각을 갖습니다." 자원봉사자들이 답신에 대해 의심을 갖는 것은 쉽게 이해할 수 있다.

이메일 자원봉사자들은 많은 지지를 필요로 할 수 있다. 이러한 지지는 근무 중인 다른 자원봉사자들이 제공해야 하는데, 즉 교대조 리더가 메시지를 논의하고 가능한 답신을 타진하고, 야기되는 감정에 대해 이야기를 나누기 위해서 활용될 수 있다. 일부 자원봉사자들에게 공유 의식과 팀워크는 이메일 작업에서 아주 긍정적인 측면으로 여겨진다. 답신에 대해서 단독 책임을 지는 사람은 아무도 없다.

이메일 작업이 여러 측면에서 더 많은 것을 요구한다는 데 일반적으로 동의하는 것으로 보이지만, 자원봉사자들이 이메일 작업을 조금이라도 덜 만족스럽다고 생각하는 것처럼 보이지는 않는다.

방문자와 한 개인으로서 사마리탄 간에 지속적인 접촉은 없지만, 자원봉사자

나는 이 일이 더 보람이 있다고 생각한다. 나는 사마리탄에 참여해서 자살 사고에 빠진 사람들을 도와주었다. 이메일 방문자 중 자살 사고를 하는 사람들의 비율이 더 높아서 더 큰 보람을 얻고, 옳은 일을 하고 있어서 거기 속해 있다는

더 큰 존재감을 얻는다.

우리는 다양한 청중에게 다가가고 있다. 우리는 자해를 하거나 섭식장애가 있는 어린 소녀들로부터 많은 전화를 받는다. 그들 중 많은 이들이 상담을 받고 있지만, 별로 도움이 되지 못하고, 자신의 이야기를 잘 들어 주고 있다고 느끼지 못한다. 이러한 이유가 이메일 작업을 더 중요하게 느끼도록 한다.

들은 요청과 답신의 전체적인 기록을 본다는 점에서 이메일 작업이 갖는 더 큰 의미의 연속성을 설명한다. 이런 다소 공개적인 공유 작업이 위협적이긴 하지만, 자질을 향상시킨다고 느끼는 데 도움이 된다. 즉, "그것이 바로 이메일의 장점입니다. 다른 사람들의 멋진 문장 표현을 읽을 수도 있고, 그것을 훔칠 수도 있지요. 또한 조직에서 피드백을 받을 수도 있습니다."

향후 개발

사마리탄은 자신들의 작업을 확장시키기 위해, 특히 젊은이들에게 손을 뻗으면서 인터넷의 잠재력을 계속해서 개발하고 있다. 사마리탄은 시험 성적 발표 시기에 정서적 고통을 경험하는 십대들을 위한 전용 웹사이트를 만들었다. 비디오 연결, 저가 인터넷 접속, 휴대폰을 통한 인터넷 접속과 같은 발전이 모두 서비스에 대한 요구에 영향을 미칠 것이다. 게다가 모든 학생들이 자기 자신의 이메일에 접속할 수 있도록 하는 것이 정부의 목표라면, 아마도 이메일이 점점 더 선호하는 의사소통 방법이 될 것이다.

사마리탄은 최근 이메일 서비스를 개발하고 보다 확대하도록 기금을 제공하고 있는 주요 국제은행과 3년간의 제휴를 승인했다. 이러한 제휴에 착수함으로

써 사마리탄은 더욱더 열정을 가지고 이메일 서비스를 촉진하고 널리 알릴 수 있도록 할 것이다. 2004년 말까지 120개가 넘는 지부들이 온라인화될 것이며, 2112년 말까지는 모든 지부들이 온라인화될 것으로 예상된다.

결론

사마리탄은 기존의 목표, 이데올로기, 구조에 전적으로 맞추어 사마리탄의 작업을 확장시키기 위해서 새로운 기술의 가능성을 이용해 왔다. 사마리탄은 아주 굳건한 기존의 전문기술을 기반으로 해서 이메일 작업을 확장했다. 이들은 다른 형태의 도움을 이용하기 어려운, 심하게 고통받는 사람들과 젊은이들에게 다가가기 위한 매체의 가능성을 보여 주었다. 이러한 서비스의 구축 및 운영에 대한 이들의 경험, 그리고 이들이 개발해 온 철저한 훈련 패키지는 다른 기관들이 유용하게 이용할 수 있는 견고한 지식 기반을 제공한다.

참고문헌

Armson, S. (1997). Suicide and cyberspace−Befriending by email. *Crisis, 18*(3).

Samaritans (2002). *Information and Resource Pack 2002*. Ewell, Surrey: The Samaritans.

제16장

온라인 글쓰기치료의 윤리 및 실제적 차원

Stephen Goss & Kate Anthony

도입

새롭고 발전적인 온라인 치료 작업은 임상심리사들을 흥분시키는 새로운 가능성과 도전을 제시한다. 그러나 의사소통 기술이 끊임없이 변화하는 속성을 가지고 있기 때문에, 온라인 치료 방법을 확실히 설명하는 것은 어려울 것으로 보인다. 하드웨어 및 소프트웨어는 점점 더 복잡해지고 있고, 의사소통 장벽에 대한 새로운 정보 기술 솔루션[1]들이 계속해서 나오고 있다. 흥분되는 도전과 가능성만이 아니라, 새롭고 높아진 위험의 가능성이 임상심리사에게는 말할 것도 없고 내담자에게도 뒤따른다. 소규모의 여러 연구가 지속적으로 나오고 있

1 역주: 요구에 적합하면서 특정한 형태의 컴퓨터 소프트웨어 패키지나 응용 프로그램과 연계된 문제를 처리해 주는 하드웨어 또는 소프트웨어를 의미한다.

지만, 이러한 위험성에 대한 연구는 2003년 10월 글을 쓰고 있는 현재에도 심각하게 부족한 분야다. 상담 및 심리치료 전문가들이 적절하게 경고를 하고 있는데도 내담자의 수가 증가하는 걸 보면, 내담자들은 심리학적 지원을 얻기 위해 이 새로운 의사소통 방식을 기꺼이 받아들일 것으로 보인다. 미래 세대들은 자신의 일상생활의 일부가 된 기술과 함께하면서 좀 더 마음이 편해질 것이기 때문에 이러한 현상은 증가할 것으로 보인다.

온라인 상담 및 치료 서비스는 이미 존재한다. 그러므로 상담 및 심리치료사들은 이러한 현상에 뒤처지지 않고 그 효과성을 입증하기 위해서 이처럼 떠오르는 분야를 조사하고, 만약 효과가 있다면 이를 어떻게 가장 잘 활용할 수 있을지를 조사해야 할 의무가 있다. 이를 위해 영국 상담 및 심리치료협회The British Association for Counselling and Psychotherapy, BACP는 초기 논의 자료(Lago et al., 1999)와 좀 더 공식적인 지침서들(Goss et al., 2001)을 출간했다. 후자의 자료는 임상심리사들과 당시 온라인 서비스 이용자들에게 제시할 수 있는 가장 철저하고 정확한 안내지도를 제공하기 시작했는데, 전 세계 수많은 전문 기관의 대표자들을 포함한 그 분야 국제 전문가들의 자문을 통해 작성했다. 이 장은 부분적으로 이러한 BACP 자료에 기반하고 있고, 임상심리사와 내담자 간의 이메일 교환(비동시성 치료)과 인터넷 실시간 채팅(IRC, 동시성 치료)—둘 다 글자로 쓴(타자로 친) 문어를 이용—을 통한 치료적 의사소통의 윤리적 · 실제적 측면을 강조하고 있다.

어떠한 양식에서든 치료사가 되기 위해 요구되는 가치관, 원칙, 윤리적 고려, 일반적 기술 및 자격은 온라인으로 작업하고자 하는 치료사에게도 자동적으로 적용되는 것이다. 하지만 온라인에서 문서로 작업할 때는 추가적인 윤리 및 실제적 고려가 적용된다. 모든 혁신적인 치료 제공 양식이 그렇듯이, 이 분야에서도 확정적인 연구가 없기 때문에 임상심리사들은 아직 입증되지 않은 방법인 온라인 치료를 시작하기 전에 신중하게 관련 문제점을 고려하도록 권고받는다. 모든 혁신적인 치료와 마찬가지로 임상심리사들의 주된 관심사는 좀 더

'전통적인' 방식과 비교했을 때 내담자에게 해가 될 가능성보다 온라인 작업이 줄 수 있는 부가적 이점이 분명히 더 크다는 것을 보장하는 것이다.

기본 자격

온라인 작업을 하고 싶은 치료사는 적절한 자질(나라마다 매우 다양할 수 있다.)을 갖추어야 하고, 다른 모든 형태의 치료에서 하는 것처럼 자신의 치료를 뒷받침하는 자격 기준을 준수해야 한다. 면대면 작업의 자격 요건을 충족한 이후에 경험을 확장하는 것이 적절한데, 초보 임상심리사들에게는 면대면 작업에서 인터넷과 같은 새로운 환경에서 문서로 작업하는 것으로 전환하도록 권하지 않는다는 것은 널리 알려져 있는 사실이기 때문이다. 간단히 말해서, 오프라인으로 작업하기 위한 자격을 갖추지 못한 임상심리사들은 스스로 온라인에 자격이 있다고 생각해서는 안 된다.

인터넷으로 기술을 전달하는 데 검토해야 할 본질적인 요소를 포함하는 훈련 과정이 있는데, 이는 연구 기관들이 성장함에 따라 더 많이 활용되고 있다. 방법까지 일치시켜서 훈련 과정도 인터넷을 통해 이루어져야 한다는 데는 논란의 여지가 있다. 개인적인 이용이나 사업적인 이용으로 이메일과 IRC에 익숙하다고 온라인 치료사가 될 자격을 임상심리사에게 주지는 않는다. 비록 이러한 점을 항상 충분히 평가해 왔던 것은 아니지만 말이다. 첫째, 어느 정도 기술 및 컴퓨터 지식이 요구된다. 비록 IRC를 이용할 때는 빠르고 정확한 타이핑 기술이 필수적일 뿐이지만 말이다. 둘째, 온라인 임상심리사는 의사소통 기술, 인터넷을 사용할 때 일어날 수 있는 일과 규범(네티켓)에 대한 철저한 지식을 가지고 있어야 한다. 인터넷 의사소통의 세부사항niceties은 온라인 정신건강 서비스 제공의 중요한 측면이면서, 이 세부사항이 치료사와 내담자 간에 이용되는 경우에 흥미로운 연구의 초점이 되어 왔다(Stofle, 2001). 셋째, 좀 더 전통적인 방법의 치료적 개입과는 중요한 차이(가령 몸짓 언어의 결여에 대처하기)가 있는데, 이론적 · 실제적 · 윤리적 관점에서 내담자나 임상심리사의 피해(Anthony, 2000)를 방지하기 위해 이러한 점을 더 심층적으로 훈련할 필요성이 있다.

정보 기술은 증가하는 연구 기관과 문헌에 접근하는 것이 이전보다 더 쉬워졌다는 것을 의미한다. 임상심리사들은 자신의 이론적 지향과 임상 기술의 측면에서 볼 때 면대면 관계의 일반적 이점이 없는 문서로 하는 작업에 뛰어들 수 있는지에 관해서 정보에 근거해 판단할 수 있어야 한다. 일부 이론적 지향에서는 가상 환경에서 작업할 때 도저히 성립할 수 없는, 물리적 공간에서 몸짓 언어를 읽어 내거나 치료 도구를 이용하는 것에 너무 많이 의존한다. 온라인 작업으로 이동한다면, 임상심리사들은 자신의 통상적인 방법에 어떻게 적응시킬지 숙고해야만 한다. 임상심리사들은 자신의 지향에 온라인 기술과 이론을 통합하는 것이 간단한 문제가 아니라는 것을 알 수 있고, 자신의 면대면 작업에 변화를 불어넣을 수도 있다.

전 지구적 시장과 문화적 쟁점

윤리적 실제의 문제는 내담자와 치료사가 국경 너머 전 지구적 범위로 운영하는 인터넷 서비스를 이용하는 경우에 특히 심각하다. 인터넷의 큰 강점 중 하나는 전 세계 사람들이 서로 접촉할 수 있는 기회인데, 이는 어쩌면 물리적 거리뿐만 아니라 엄청난 문화적 · 심리적 거리감일 수 있는 것에 대처해야만 하는 관계를 만들어 냄으로써 일종의 가장 큰 도전을 낳기도 한다.

치료적 관점에서 가장 큰 어려움은 서로 다른 문화에서의 인식 차이와 언어 사용이다. 영국에서 '상담사'의 역할이 다른 문화에서는 매우 다른 활동으로 행해질지도 모른다(Lee & Bond, 2002). 임상심리사들이 자신을 설명하기 위해서 사용하는 바로 그 직함은, 번역이 되더라도 거의 의미를 가지지 못하거나 다르게 이해될 수도 있다. 상담의 경우 대부분의 동유럽 국가나 사하라 이남 아프리카와 비교하면 영국과 미국에서는 다른 것을 가리키는 용어다. 그러므로 전혀 다르게 읽힐지도 모르는 것에 대해 밝히기 위해 제공하는 서비스에 대한 설명을 아주 신중한 말로 표현해야만 한다. 서비스를 개발한 곳과는 근본적으로 다른 문화에 소개했을 때 서비스가 환영을 받는 경우조차도, 예상이 확 바뀔 수 있다.

단순히 어떤 서비스를 제공하는 것 자체가 문화적으로 금기시되거나(가령 낙태나 부부관계 등과 관련된 것들), 아니면 어떤 세계에서는 받아들여지지 않을 수도 있다. 임상심리사가 문화적 경계를 넘는 것을 피하도록 윤리적으로 요구받는 경우도 없었고, 평판이 나빠지거나 용인된 사회적 관습에서 벗어나는 것을 반드시 피해야만 하는 경우도 없었다. 그럼에도 가장 분명한 필요조건은 충분한 문화적 민감도를 갖는 것인데, 일반적으로 임상심리사들에게 권고하는 바는, 모든 지역의 원칙이나 문화적 기대와 직접적으로 충돌하지 않는 방식으로 그 지역의 직업적 요구사항 및 관행을 명백히 충족시킬 수 있는 나라에서만 내담자에게 서비스를 제공하라는 것이다. 이는 치료 서비스를 전 지구적으로 제공할 수 있는 가능성이 이러한 서비스를 진정으로 어느 정도까지 다른 문화에 전달할 수 있느냐에 따라 실제에서 제한받기 쉽다는 것을 의미한다.

전 지구적 시장과 관할권의 문제

규제 관련, 진정 절차, 의료과실 사례 보상 등과 같은 국제적인 전문 관할권의 문제는 아직까지 정확히 정하기 힘든 것으로 알려져 있다. 이 문제는 한 가지 질문으로 요약할 수 있다. 즉, 어디에서 치료하고 있는가다. 내담자와 임상심리사가 서로 떨어져서 작업하고 있을 때, 치료 작업이 내담자의 컴퓨터인지, 임상심리사의 컴퓨터인지, 혹은 정말로—통상 사이버 공간으로 알려져 있는—인터넷 안 그들 사이의 공간에서 행해지고 있는지에 대한 논란이 있을 수 있다.

내담자들이 자국 내에서 치료사에 대해서 진정을 하거나, 심지어 고소할 가능성이 아주 높다. 이것이 임상심리사에게 어떤 영향을 줄 것인가는 이들이 자발적으로 출석하지 않음으로써 협력하지 않는다고 결정한다면, 임상심리사의 국가와 내담자의 국가 간의 법률적 협약에 달려 있을 것이다. 이런 문제에 대한 상호협약은 광범위하게 다양하고, 복잡하고, 서서히 발전하고 있는 법률적 분야다. 예를 들자면, 문화 및 외교의 밀접한 유대에도 불구하고 영국과 미국 간에는 범죄인 인도 조약이 없다. 말하자면, 영국 임상심리사에게 미국 내담자가 소송을 제기한다면(그 반대도 성립), 피할 수 없는 실제적인 결과는 단지 임상심리사가 내담자의 국가에 쉽게 갈 수 없다는 것이다. 하지만 이조차도 확실한 것은 아니고, 이러한 많은 경우에 임상심리사의 윤리적 의무가 법적인 의무에 우선한다고 여겨질 것이다. 임상심리사들은 신중해야 하는데, 특히 법적인 정의를 내리는 데 변수가 있고, '젊은이'들과 작업하는 문제 같은 것을 포함하고 있다면 더욱 그렇다. 누가 소수자로 정의되는지, 그리고 (내담자의) 동의서를 얻기 위한 요구사항은 무엇인지 등은 나라마다 다양하다. 임상심리사들은 치료 전 계약할 때 제공하는 정보에서 적용 가능한 법적 구조가 무엇이 있는지 명시적으로 설명함으로써 위험 수준을 낮출 수 있지만, 그렇다고 위험을 제거할 수는 없다. 어느 국가가 계약적 합의의 법적 관할권을 가질 것인가에 대한 신중한 선택은 로마 협약과 브뤼셀 협약에 기초한다. 유럽연합 및 영국은 이 협약에 서명했지만, 다른 국가들은 서명을 하지 않아서 임상심리사들은 여전히 조심스럽게 진행해야 하고 모든 관련 법적 쟁점에 대해 자신의 전문가에게 법적 조언을 구해야만 한다.

BACP는 "내담자의 거주지에 상관없이 임상심리사들은 언제나 **최소한** 자국의 전문 기관에서 요구하는 실무 기준을 스스로 유지할 의무가 있다고 생각해야 한다(Goss et al., 2001: 5, 원문 강조)."고 권고한다. 즉, 내담자에게 임상심리사의 나라에 사는 다른 내담자보다 더 낮은 기준의 서비스 혹은 더 못한 질적 관리 및 보상권을 가진 서비스를 결코 제공해서는 안 된다. 그러므로 임상심리사는 비록 통상적인 진정 과정에 따라 자신에게 절대적으로 요구되는 바가 아닌 경우에도, 내담자가 임상심리사의 소속 전문 기관에 임상심리사에 대해 진정할 권리가 있다는 것을 받아들여야만 한다.

더욱이 BACP 지침은 필요한 자격 수준 및 실무에 필요한 경험이나 면허 및 인가를 위한 요구조건처럼 기준 내 차이가 존재하는 곳이라도 임상심리사들은 **양쪽** 모두의 요구조건을 적용받는다고 생각해야만 한다고 설명한다. 따라서 만약 내담자에게 미국 메릴랜드에서 서비스를 제공하고자 한다면, **내 자신의 나라 뿐만 아니라** 그 나라의 요구조건도 충족시킨다는 것을 보증해야 한다. 반대로, 만약 자신의 나라 밖에서 치료를 받고 싶다면, 자신의 나라에서 치료사를 만날 때 기대하는 기준에 그 임상심리사가 맞추기를 기대할 수 있다.

전 세계에 서비스를 제공하기 위해서 이것을 준수한다고 보장하기에는 실제 어려움이 있는데, 이러한 이유로 인해 임상심리사들이 자신의 온라인 서비스 범위를 — 적어도 이들이 충분히 익숙하다고 확신하는 자신의 나라로 — 제한하고 싶어 할 수도 있다.

실제적 · 기술적 고려사항

온라인 작업에서는 분명하고도 명시적인 계약을 하는 것이 중요하다고 강조하는데, 내담자들이 반드시 그렇게 하지도 않은 채 서비스 조건을 읽고, 이해하고, 받아들인다고 하면서 마우스를 클릭하는 경우가 많기 때문이다. 그러므로 웹사이트에 게시된 정보 외에 또 이메일의 주요 내용에 계약에 관한 모든 용어와 조건을 반복해야 한다고 강하게 주장하기도 한다. 내담자 집단에게 인터넷 서비스를 전달하는 방법의 범위는 크지만, 어떤 서비스를 제공할 수 있는지 또는 제공해야 하는지를 계획할 때 다음의 고려사항을 논의의 기반으로 삼아야 한다.

시간 경계는 글로 된 치료를 전달하기 위해서 인터넷을 사용할 때 큰 부분을 구성한다. 각 메일에 답하기 위해 소요되는 시간은 임상심리사에게 실리적이어야 할 뿐만 아니라 내담자에게 좋은 서비스를 제공하기도 해야 하는데, 내담자는 종종 민감한 문제에 대해 객관적이고 친절한 응답을 기다릴 것이다. 한 컴퓨터에서 다른 컴퓨터로 이러한 문제를 보내는 것은 '블랙홀' 효과를 수반할 수 있는데, 기대한 이메일 답신이 거기에 없다면 원래 보낸 이메일이 갔던 곳이나 기대했던 이메일이 왔던 곳에 대한 불안 및 불안전성을 야기할 수 있다(Suler, 1997). 이메일을 읽고 작성하는 데 걸리는 시간은 '치료 시간'이 이메일과 IRC 모두의 경우에 늘어날 수 있기 때문에 역시 고려할 필요가 있다.

이메일의 경우, 여기에 일관되고 적절하게 응답을 작성했는지 확인하기 위해서 글을 살펴보는(그리고 필요한 경우 조절하는) 것이 가능하도록 시간을 분배하는 능력을 포함할 수 있다. IRC의 경우에는, 치료 시간 중 중요한 순간을 포착하면서 의사소통이 사이버 공간을 가로질러 전달되기에, 회기 길이를 응답 사이의 시간 지체에 비추어서 재검토할 필요가 있을지도 모른다. 그리고 약속, '숙제' 관리나 작업과 관련한 정보를 전하기 위해서(예: 중요한 사건 때문에 긴 설명을 필요로 하는 시간을 절약하기 위해서, 그리고 회기의 흐름을 방해하지 않기 위해서) 회기 사이에 임시 메시지를 수용해야 할지 말아야 할지는 중요하다. 적절한 계약 기간과 마찬가지로, 한 '회기'를 의미하는 것에 대한 정의를 사정하고 분명하게 진술해야 한다(예: 이메일의 1회 교환). 국제표준시 역시 고려할 필요가 있다. 마지막으로, 매 시간마다 컴퓨터 화면에서 벗어나 잠시 휴식을 취하는 것은, 작업에 영향을 미칠 수도 있는 건강과 안전의 문제다.

이메일의 길이는 개인의 선택이지만, 적당한 길이에 대한 명확한 지침을 치료 전 사전 정보에서 줄 수 있다. 민감한 내용을 나누지 않고 큰 덩어리로 쓴 글로 인해 내담자가 질리지 않도록 규칙적인 문단 나누기를 사용하는 것 등 평범한 문어적(구어적인 것과는 대조적으로) 기법이 중요할 수 있다. IRC 회기에서는 내담자의 글쓰기 스타일에 적응하는 데 시간이 걸린다. 글쓰기 스타일은 여러 개의 짧은 문장(이는 중단하지 않고 각각에 답하려고 할 때 혼란스러워질 수 있다)을 포함할 수도 있고, 또는 의미를 전달하기 위해 타이핑하는 양이 많아지기 때문에 도착하는 데 시간이 더 많이 걸리는 더 긴 문장으로 쓰기도 한다. 이런 의사소통 스타일은 흔히 빠르게 적응되지만, 임상심리사가 내담자를 위해 쓸 것이 좀 더 있다는 것을 나타내는 방법에 관한 지침을 회기 시작 전에 줄 수 있다.

내담자가 계획하지도 않은 계약 종결을 할 경우에, 내담자와 임상심리사를 위해 적절한 처리를 보장하도록 하는 절차가 필요하다. 회기에 참여하지 않을 경우 내담자의 안전에 대한 문제를 제기할 필요가 생긴다면, 이메일 계정은 몇 번의 클릭으로 설정되고 해제될 수 있어서 우편 주소보다 덜 영구적이다. 질병의 경우나 죽음을 고려할 경우 내담자의 보호를 포함한, 내담자와 임상심리사의 안녕을 위해 비상 절차로 임상심리사가 추가 연락처를 이용할 수 있다는 데는 논란이 있다.

상담료와 상담료 구조를 결정하는 것은 또 하나의 광범위한 쟁점이다. 치료사가 (치료비를) 청구하는 방법에 대한 몇 가지 예는 메일당, 메일의 문단당, IRC 회기당, 혹은 IRC 회기 묶음당 등이다. 이 역시 '회기'를 구성하는 것의 정의에 따라 다양하다(일부 웹사이트는 온라인 시간에 대해 분 단위로 청구하고 있다.). 인터넷을 통한 지불은 국제 환전 과정과 안전한 온라인 지불 기능 같은 문제를 고려해야 하기 때문에 면대면 상황에서보다 더 복잡해질 수도 있다. 내담자들이 추가로 인터넷 서비스 공급 비용과 전화 요금을 고려하도록 알려 줄 필요도 있다.

온라인 치료에서 비밀보장과 그 한계는 자료 보호 문제와 마찬가지로 신중하게 고려할 필요가 있는데, 특히 제3자 개입의 가능성이 높아졌기 때문이다. 내담자 이메일이 다른 수신 및 발신 메일과 함께 하나의 편지함에서 섞일 가능성에 대해 경계하기 위해서 임상심리사들이 사적인 이메일 주소, 일과 관련된 이메일 주소, 내담자에 관한 이메일 주소 등 세 가지로 분리해서 이메일 주소를 사용하도록 권장한다.

임상심리사들은 방화벽 사용, 암호화, 비밀번호 절차, 서비스 공급자 접근, 내담자의 환경(예를 들어, 내담자들이 공개적인 방식으로 인터넷 접속을 이용하고 있거나, 가족 공용 컴퓨터를 사용하고 있을 때) 등과 같이 보안 수준을 어느 정도로 실행해야 할지 고려해야 한다. 내담자들이 모든 회기 및 통신에 대한 인쇄 기록과 전자 기록을 저장해야 하는 자신의 책임을 인식하도록 해야 한다. 임상심리사들은 자료에 접근하는 데 이해관계를 가지고 있는 제3자의 가능성을 사정하는 범위 내에서 자신과 대화하고 있는 온라인 내담자를 보호할 의무를 가진다. 이러한 임상적 예로, 학대하는 배우자가 자신의 배우자의 비밀번호를 추측해서 치료 이메일에 접근해 내담자를 (신체적으로) 위협하고 치료사를 (웹상에서) 위협했던 사례가 있었다.

첨부파일을 보내는 것은 두 가지 측면을 내포한다. 긍정적인 측면에서, 이는 일기장 및 다른 글쓰기 예를 보내는 유용한 방법이다. 부정적인 측면에서는, 내담자와 임상심리사 모두 바이러스 검사의 중요성을 잘 알고 있어야 하고, 첨부파일이 어떻게 사용되고 어떤 목적을 위해 사용되는지에 대해 엄격한 경계를 적절하게 가지고 있어야 한다. 일반적으로 다른 기술적 요구사항이 필요한데, 최적의 하드웨어 사양이 무엇인지, 어떤 소프트웨어(워드프로세싱과 통신 둘 다)를 사용할 수 있는지, 기술적인 고장의 경우 어떻게 해야 하는지(대안적인 통신 수단을 사용할 수 있도록 보장해야 하는 또 하나의 이유) 등에 대해 합의해야 한다.

사정 및 허용을 위한 고려사항

'인상 관리'는 치료를 포함한(Paulhaus, 1986; McLeod, 2000) 모든 인간의 상호작용에서 어느 정도 하나의 요소가 된다. 하지만 온라인 치료에서 '인상 관리'

는 철저한 연기와 함께 훨씬 더 쉽고, 훨씬 더 큰 비중을 차지할 수 있다. 내담자가 자신이 바라는 어떤 정체성으로 가장해서 스스로를 소개하는 것이 가능하고, 때로 이것이 문제가 되지 않을 수도 있다(물론 임상심리사에게는 윤리적으로 받아들일 수 없는 것이겠지만). 이렇게 하는 것이 잠재적으로 중요한 문제를 숨길 수도 있지만, 그렇지 않으면 눈에 덜 띌 수도 있는 자신의 면모를 탐색하고 표현하는 능력으로 원격 치료 양식, 특히 문서 기반 매체를 통한 치료의 긍정적인 이점으로 여겨져 왔다. 그럼에도 치료사가 내담자의 신원을 확인하기 위한 단계를 취하고자 할 때는 몇 가지 상황이 있다. 이는 다음과 같은 것을 포함할 수 있는데, 이것으로만 국한되는 것은 아니다.

- 치료사가 내담자나 타인에게 해가 될 위험이 있다고 믿을 만한 이유가 있을 경우(가령, 살인 행위, 성적 · 신체적 · 정신적 학대나 자해 등)
- 치료사가 명백한 불법 행위에 대한 정보를 가지고 있을 경우
- 치료사가 내담자를 비자발적일 수도 있지만 정신과 입원 치료 같은 다른 서비스로 보낼 필요가 있다고 믿을 만한 이유가 있을 경우

인터넷을 통한 사정 과정은 정의하기 어렵다. 물론 가능한 한 확실하게 하는 것이 중요하지만, 내담자가 온라인 작업에 적합하다고 확신하는 것과 사정 과정이 온라인 작업의 미묘한 속성에 부정적으로 영향을 미치는 것 사이의 구분은 쉽지 않다. 그럼에도 그 사람이 정신장애를 앓고 있는지, 혹은 문서를 통해서 자신의 마음상태를 파악할 때 자칫 위험스러운 행동을 보여 주기 쉬운지를 사정하는 것은 훨씬 더 힘든 일이다. 기준선으로, 임상심리사들은 먼저 약물치료, 우울 및 폭력 행위 기록, 도움을 요청하는 이유 등과 같은 세부적인 정보를 묻는 온라인 지원서를 사용해야 한다. 이로써 초기 허용 회기(이메일 혹은 IRC)는 일반적으로 내담자에 대한 이해를 얻고자, 그리고 의뢰가 적절한지 알아보고자 무료로 제공해야 하고, 이를 위한 과정이 적절할 필요가 있다. 특히 전 세

계 국경을 넘나들면서 작업할 때는 더욱 그렇다.

연구의 필요성

앞에서 언급한 바와 같이 모든 형태의 온라인 치료는 글을 쓰는 이 시점에 철저하게 미연구 분야로 남아 있다. 이 분야에서 잠재적인 연구의 중요성을 경제사회연구위원회로부터 인정받았는데, 무엇보다도 위원회는 '정보화 사회e-society' 기금 프로그램을 통해 6백 5십만 파운드를 맡겼다.

맨 먼저 온라인 양식의 효과와 안전성을 확립해야 하는 긴급한 요구가 있다. 상담 및 심리치료는 실증에 기반한 전문 활동이다. 그래서 확정적인 연구에 앞서 대중에게 서비스를 제공할 준비를 하는 사람들이 선불리 활동하고 있는 것에 대한 논란이 있을 수 있다. 지금까지는 대부분의 연구가 상대적으로 소규모 조사에 그쳐 왔으며, 심지어 이런 문제점을 다루려는 시도조차 거의 하지 않았다. 주요 무선 통제 실험에 대한 분명한 요구도 있기는 하지만, 새로운 연구가 반드시 확대되거나 대규모일 필요는 없다.

또한 어느 내담자 집단이 온라인 치료 양식으로 가장 큰, 그리고 가장 적은 효과를 얻을 것 같은지를 확인하기 위해 추가 연구가 요구되기도 한다. 많은 집단들—자살 사고를 벌인 사람들, 미성년자, 성격장애자와 같은 사람들—이 특히 부적합하다고 제시되었다. 정반대로, 대부분 이런 집단에게 온라인 서비스가 특히 적합할 수 있다는 주장 역시 논쟁 중에 있다. 예를 들어, 비록 원래는 상담 혹은 치료 양식이 아니더라도, 사마리탄은 자살 사고를 벌인 사람들을 대상으로 해서 이메일 서비스를 분명히 제공한다. 이 밖에 나이 든 사람들보다 온라인 통신을 하면서 집에 더 많이 있을 것 같은 대부분의 젊은이들에게 접속하는 것이, 적합성에 관해서 적절하게 윤리적으로 고려하면서 접속하는 거라고 확신하기는 어려울 것 같다. 누가 온라인 치료에 적합한가 혹은 그렇지 않은가를 정의하는 것은, 앞에서 경고한 국제 서비스 공급에 관해 민감한 문제와 인터넷이 아니라면 보통은 소수일 문화 및 국가 집단의 내담자들이 훨씬 더 동등하게 정신건강 서비스에 접근할 수 있게 하는 인터넷의 엄청난 기회 사이의 갈등과 마찬가지로 결정하기 곤란한 문제다.

이 주제에 관한 이론 및 일화를 소개한 문헌이 늘어나고 있지만, 온라인 양식의 많은 측면이 아직은 어떠한 결정적인 실험적 기반도 가지고 있지 않다. 아직 남아 있는 많은 양의 작업은 모든 종류의 연구 활동에 강한 자극이 될 것이고, 적어도 중요한 일부 영역에서는 연구가 벌써 진행되고 있다. 그러나 여기서 제시했던 것보다 덜 추론적이면서 더 명확한 논평을 시도하려면 우리는 실험으로 뒷받침되는 실증적인 기반을 만들어 내기 위해 집중적인 결과를 기다려야 할 것이다.

결론

온라인 치료 윤리에 대한 모든 주장은 매우 짧은 유효 기간을 가진다. 전 세계적으로 개발하고 검증하고 있는 방법에 대해 더 많이 경험하면서 새로운 고려사항들이 매일 나타나고 있다. 그러나 온라인 서비스 규제에 대한 국제적 기준이 요구되고 있고, 국제적인 자문 역시 시간이 걸린다. 이러한 과정 중에 기술 변화가 일어나고, 이러한 변화를 따라가기란 어렵다.

그럼에도 분명히 이는 엄청난 가능성을 제공하는 분야다. 심리치료에서 있었던 모든 혁신과 같이 이러한 발달 초기 단계에서, 희망에 대한 모든 표현은 늘 신중해야만 한다. 온라인 작업에 대한 특성, 그 경계, 한계와 기회 등을 확립하기 위해서 해야 할 많은 작업이 있다. 임상심리사들이 온라인 작업이 제시하는 도전에 대해 긍정적으로 반응하는 동시에 용인할 수 있을 정도의 작은 함정을 만들면서 온라인 치료를 개발할 수 있느냐는, 온라인 치료가 조만간 주류가 되고 그 직업군 전체에 의해 받아들여지는 분야가 되는가를 결정할 것이다. 온라인 치료의 미래에 대해서는 낙관적인 이유가 이미 분명히 있다. 이제 우리는 연구에 정면으로 대처해야 하고, 모든 새로운 개발이 궁극적으로 의존해야 하는 증거를 만들어 내야 한다.

참고문헌

Anthony, K. (2000). Counselling in cyberspace. *Counselling Journal, 11*(10): 625–627.

Goss, S. P., Anthony, K., Palmer, S., & Jamieson, A. (2001). *BACP Guidelines for Online Counselling and Psychotherapy*. Rugby: BACP.

Lago, C., Baughan, R., Copinger–Binns, P., Brice, A., Caleb, R., Goss, S. P., & Lindeman, P. (1999). *Counselling Online: Opportunities and Risks in Counselling Clients via the Internet*. Rugby: BACP.

Lee, C., & Bond, T. (2002). An investigation of counselling activity in selected countries. Paper presented at the 8th annual BACP Counselling Research Conference, London, May 2000.

McLeod, J. (2000). The contribution of qualitative research. In N. Rowland & S. Goss (Eds.), *Evidence–Based Counselling and Psychological Therapies Research and Applications*. London: Routledge.

Paulhaus, D. L. (1986). Self–deception and impression management in test responses. In A. Angleitner & J. S. Wiggins (Eds.), *Personality Assessment via Questionnaires: Current Issues in Theory and Measurement*. Berlin: Springer–Verlag.

Stofle, G. (2001). *Choosing an Online Therapist*. Harrisburg, PA: White Hat Communications.

Suler, J. (1997). *Psychological Dynamics of Online Synchronous Conversations in Text–Driven Chat Environments*, http://www.rider.edu/users/psycyber/texttalk.html, accessed 25 April 2000.

제 4 부

자기성찰적 실천

제17장

상담사 훈련에서 성찰적 글쓰기와 치료적 글쓰기

Jaquie Daniels & Colin Feltham

도입

이 장에서는 상담 훈련에서 개인 발달을 정의하고, 이것의 중요성을 설명하고자 한다. 이러한 맥락에서 저널쓰기를 할 때 발생하는 문제들을 설명하기 위해 소규모 조사 결과들이 사용된다. 상담 훈련생들에게 추천된 개인 발달 글쓰기를 확장해 사용하면서 어려움을 개괄하고 그것을 해결하기 위한 제안을 하게 된다.

상담 훈련 맥락에서 개인 발달

상담 훈련에서 훈련생들에게 그들의 개인 발달의 일환으로 개인 저널쓰기를 요구하는 것은 오랜 전통이다. 실습은 과목별로 차이가 있어서, 일부 훈련생들은 전적으로 개인 소유의 저널쓰기를 할 수도 있고, 다른 훈련생들은 공식적으로 평가받기 위해서 저널을 부분 또는 요약해서 제출해야 할 수도 있다. 훈련생들은 면접 단계부터 줄곧 도전적인 상담 훈련의 개인적 성격에 예민해지는데, 기술 개발 과목처럼 많은 과목 구성이 훈련생들에게 자기 자신의 삶의 경험과 문제를 공유하고, 이에 대해 성찰하고, 이를 가지고 작업하기를 요구한다(Mearns, 1997). 이는 또한 개인 발달집단personal development groups, PDGs에 참여하도록 요구받고 집중 거주 구성 요소가 일반적인, 대다수 훈련 과목의 전통이다. 영국 상담 및 심리치료협회The British Association for Counselling and Psychotherapy, BACP는 개인 발달 요소를 포함한 공인된 과목을 요구한다. 많은 과목도 대안적으로, 훈련생들에게 자기 자신의 상담이나 심리치료를 경험하도록 요구한다. 개인 발달이 의미하는 바에 대한 분명한 정의나 이해가 부재한 경우가 많다는 것은 놀라운 일이다.

상담사와 심리치료사들이 높은 자각이 있어야 하고, 비방어적이며, 내담자 역할에 대한 익숙한 경험이 필요하고, 유능한 임상심리사가 되기 위해서 개인 발달에 전념할 필요가 있다는 사실에 대부분이 동의한다(Johns, 1996; Wilkins, 1997; Wosket, 1999). 치료사 자신이 어려움을 경험했고, 특히 심리치료의 도움으로 이를 극복한, '상처받은 치유자'라는 것이 장점을 갖는다고 많은 이들이 주장한다. 특히 Page(1999)는 좀 더 자각적이고 융통성 있고 창의적인 방식으로 내담자들과 작업하기 위해서 어떤 무의식적 과정을 조명하는 것의 중요성을 지적한다. 그러나 John Norcross는 치료사들이 가진 문제의 대상과 그들의 치료 대상이 명료하게 구분되지 않는다고 말한다(Dryden, 1991). Mackaskill(1999)은 훈련생들의 개인 심리치료의 효과성에 대한 증거를 검토하면서 상당히 부정적인 결론에 이르렀다. Irving과 Williams(1999)는 '개인 성장'과 '개인 발달'이라는 용어와 연관된 의미 및 개념 혼란을 지적한다. 그러므로 개인 발달이라는 개념으로 우리가 의미하는 바, 개인 발달을 요구하는 이유, 성찰적 글쓰기와 치료적 글쓰기로 촉진된다고 믿는 방식에 대해 분명히 하는 것이 중요하다.

개인 발달은 넓게는 한 사람의 삶의 측면을 변화시키기 위해 의식적으로 적용된 개념이다. 변화는 개선을 함축하지만, 이것은 각 개인에게 매우 특유할 수 있고, 다른 사람들이 가하는 압력 없이 결정되어야 한다. 사람은 부정적인 것은 줄이고 긍정적인 것은 북돋우면서 넓은 범위에서 발달이 일어날 수 있다. 가령 건강하지 않은 습관을 의식하게 된다면 먼저 금연을 하고, 과식과 지나치게 비활동적인 생활양식의 문제를 처리함으로써 건강한 습관을 더 발달시키도록 결정할 수 있다. 거꾸로 말하면, 변화는 단지 자기인식과 자기수용을 더 개발하는 것을 의미할 수도 있다. 자기수용에 대한 요구는 위에 열거한 것들과 같이 자기가 정의한 익숙한 목표에 대한 실패를 거치면서 촉진될 수도 있다. 분명하지는 않지만 어떤 상황이 당신을 얼마나 걱정스럽게 만드는지 깨닫자마자 당신은 더 많은 위험을 감수하기로, 그리고 자발성을 기르기로 결심할지도 모른다. 더 긍정적이고 더 도전적으로 당신의 본성 중 간과되었던 정신적 측면을 탐색하기로 결정할지도 모른다.

이러한 과정은 전형적으로 일련의 상대적 무지, 자각, 조사, 자발성, 행동, 장애에 부딪침, 성찰적 학습과 재전념recommitment을 수반한다. 유용한 설명적 모델이 Prochaska와 DiClemente(1986)의 잘 알려진 변화 단계 또는 변화의 순환이다. 즉, 숙고 전pre-contemplation, 숙고contemplation, 행동action, 유지maintenance, 재발relapse이다. 우리가 변화를 위한 우리 자신의 의제를 정할 때조차 이 모델은 개인 변화에 대한 일반적인 저항을 현실적으로 인정한다. 재발은 실패를 의미하지 않지만, 후퇴와 '재시작re-start'을 의미한다. 모든 개인 발달의 노력에는 어려움, 방어기제, 저항, 유착상태 등에 대한 개념이 있다. 결과의 중요성에 대한 다른 이론적 · 임상적 지향 사이에 각기 다른 의견이 있다. 어떤 이들에게는 통찰력이 충분히 증가할 수 있고, 다른 이들은 강화된 감성을 높이 평가할 수 있고, 어떤 이들은 좀 더 합리적인 사고 과정, 생산적인 행위를 높이 평가할 수 있다. 〈표 17-1〉은 개인 발달의 주요 영역을 보여 준다. BACP는 모든 과목의 구성 요소들과 마찬가지로, 훈련생들의 개인 발달이 과목의 특정한 이론적 지

〈표 17-1〉 개인 발달 영역

행위, 의지, 동기	나는 무엇을 회피하거나 무엇을 지나치게 하는가? 나는 변화하기 위해 무엇을 원하거나 무엇을 필요로 하는가? (예: 일과 관계에서)
감정과 감각	나의 가장 전형적이고, 중요하거나 골칫거리인 감정과 신체적 감각은 무엇인가? 나는 무슨 변화를 만들 수 있나? 어떤 방법으로?
이미지	창의적인 이미지나 거슬리는 이미지, 은유와 꿈, 악몽을 어떻게 지각하는가? 나는 이를 어떻게 탐색하고 이해하고 바꿀 수 있나?
인지	내 삶에서 합리성(혹은 비합리성), 분석, 지적 발달은 어떤 역할을 하는가? 나는 어떤 변화를 만들 수 있는가?
신체적 인식	나는 건강 문제(다이어트, 영양, 신체 단련), 스포츠 장소, 춤, 외모 등을 어떻게 인식하는가?
대인관계	나는 얼마나 사교적인가, 혹은 얼마나 혼자 있기를 좋아하는가? 나는 나의 관계의 질에 만족하는가? 나는 어린 시절이나 다른 관계로부터 '해결되지 않은 일'을 가지고 있나? 나의 사회적 기술을 증가시키기를 원하는가? 어떤 방법으로?
실제적-기술적	일상 세계에서 일을 해 가는 과정 속에서 나는 어떤 강점과 문제점을 가지고 있나? 나는 어떤 것을 바꾸고 싶은가? 어떤 방법으로?
섹슈얼리티	나의 성생활과 성적 지향에 대해 행복한가? 나는 어느 정도 성취감을 느끼는가? 내가 만들 수 있거나 만들기 원하는 변화가 있는가?
사회정치적	나는 '개인 정치'/지역공동체/거시적 정치에 어떻게 인식하고 어떻게 참여하는가?
영적-실존적	삶의 '큰 문제'에 대한 나의 태도는 어떠한가? 나는 어떠한 명상, 기도, 의미 추구 등을 하는가?
미개발된 잠재성	나 자신에 대해 무시하거나 경시하는 면이 있나? 나는 '놓친' 음악적 재능, 혹은 다른 재능이 있는가? 나는 어떻게 이것을 개발할까?
자존감	나는 어느 정도로 낮은 자존감을 가지고 있는가? 개인 발달을 위해 자기가 정의한 목표를 얼마만큼 성취하든지(또는 성취 못하든지) 개의치 않고 내 자신을 받아들일 수 있는가?

향을 이상적으로 반영한다고 주장했다. 그러나 자각 또는 개인 성장의 분명한 수준을 요구하는 것은 불가능한데, 이는 개인마다 큰 차이가 있기 때문이다.

개인 발달을 위한 저널 사용에 대한 훈련생들의 관점

우리의 상담학 과정에 있는 훈련생들은 자신의 저널쓰기에 대한 접근을 달리 한다. '개인 발달과 관련된 글쓰기'에 대한 목적으로 설계된 설문지가 배포되었고, 32부 중에서 17부가 회수되어 분석되었다. 이 모든 것은 학위 과정에서 개인 발달의 일부 요소로서 훈련생들이 완성한 저널로부터 수집되었다. 저널은 비공개이고, 평가는 개인 발달집단 경험의 조합에서 개인이 학습한 것을 요약하도록 요구하는데, 개인 발달집단의 주제는 저널을 유지하고 그해 동안 읽으면서 다루었던 것이다.

면대면 상담과 개인 발달을 지향하는 효과적인 수단으로써의 개인 발달집단과 비교해서 글쓰기의 장점과 단점을 물을 때, 흥미롭게도 대부분의 반응은 상담 중인 내담자의 반응을 그대로 되풀이했다. 사용된 핵심 단어는 시간/공간, 반영, 사고 명료화 수단, 감정의 확인과 표현, 비밀 유지, 정직, 표현의 자유 등을 포함했다. 즉, '당신이 글쓰기를 할 때, 당신이 선택한 만큼 당신은 자유로울 수 있고, 때로 이것은 고통스러울 수 있고, 종종 은밀하게 다루어지기 더 쉽다.' 또한 이는 상담 과정과 관련성을 맺기도 한다. 즉, '나 자신을 이해하는 것과 성찰적이 되는 것은 내가 상담과 개인 발달집단에서 좀 더 적절해지도록 돕는다.' 실제로 개인적인 글쓰기 과정은 수많은 자기계발서에서 하나의 방법으로 옹호되어 왔다(Hay, 1984; Bass & Davis, 1988; Jeffers, 1991). 이들 중 일부는 특정한 이론적 지향에 동조하는데, 이는 더 나은 자기인식과 자기수용을 이루기 위한 하나의 수단인 연습에 집중하면서, 구체적일 뿐만 아니라 자유로운 글쓰기를 제안한다. 게다가 훈련생들은 글쓰기가 독특한 표현 수단이라는 것을 확인했다. 즉, '글쓰기는 내가 감히 어떠한 다른 방법으로는 표현할 수 없었던 것을 비음성적 방법으로 분명하게 표현할 수 있게 한다'는 것이다.

개인 발달에 대한 다른 접근과 비교하지 않고 저널쓰기 그 자체의 이점을 물었을 때, 비록 일부 훈련생들이 처음에 회의적이었지만, 다음 인용문에서 보여주는 것처럼 모두들 그것의 굉장한 가치를 발견했다.

종이 위에 내 감정들을 보는 것 또한 내가 내 감정들을 이해하는 것을 돕는다.

내가 얼마나 성장했는지 돌아보고 이해하기.

통찰과 이해.

이 모두를 다시 읽는 것은 정말로 유익했고, 내가 얼마나 바빴는지 등을 깨닫게 했다.

…… 인정받기 위해 글을 다른 이들이 읽도록 하거나 발표함으로써 다른 이들에게 내 자신을 굳이 증명할 필요 없이, 나에게 개인적 만족을 준다.

당신에게 이것은 아마 처음으로 당신이 자신에 대한 합리적인 의심을 가질 기회를 제공하면서, 당신이 정확하게 문제의 초점을 맞출 수 있게 한다.

그러나 소수의 단점들도 확인되었는데, 이는 주로 유용한 피드백과 도전의 부족, 그리고 글의 영구성에 대한 두려움과 관련되어 있었다. 다시 말해서, '나는 글로 쓰인 것을 없애거나 잊어버릴 수 없다.'라는 것이다. 언급된 어려움은 충분한 시간을 따로 마련해야 하는 것을 포함해서 시간의 측면과 자기노출의 취약성 측면에서 확인되었다. 예를 들어, '만약 누군가가 내 저널을 읽는다면,

그 당시 내가 글을 쓸 필요가 있었을지도 모르는 어떤 것을 내가 쓴 것', 그리고 '종이 위에 아주 많이 털어놓고 그것을 글로 적는 것'에 의해 그 사람이 이해할 수 없거나 기분 나쁠 수도 있다. 훈련생들은 초점을 잃을까 봐 걱정하기도 했다. 즉, '때때로 나는 탐색해야 할 문제가 없는데, 아무것도 아닌 것에 대해 장황하게 늘어놓는다.'라는 것이다. 의식의 흐름이 하나의 형식으로서 효과적으로 작용하기도 하지만, 〈표 17-1〉에 열거된 개인 발달의 잠재적인 영역에 대해 주기적으로 상기하는 것도 유용하다.

개인 저널의 구조

얼마나 많은 구조가 제공되어야 하는지에 대한 약간의 논쟁이 있다. 학위 과정에 있는 훈련생들은 특정한 형식이나 구조를 제공받기보다는 오히려 지도받는 것을 선호하는 경향을 보였다. 예를 들어, '약간의 아이디어 환영', '약간은 유익하겠지만 아주 느슨하게' '그것은 당신이 좀 더 구체적인 것에 초점을 맞추도록 할 거라고 나는 생각하지만, 나는 보통 무엇이든 글로 쓸 수 있기 때문에 정말로 신경 쓰지 않는다.'와 같은 식으로 말이다. 특정한 구조는 어떤 이들에게는 분명한 단점으로 여겨졌다. 즉, '나는 어떤 구조[Egan Model]를 가지고 있는 저널쓰기로 인해 방해받았다. 나는 내가 쓴 것을 검열하고 있는 나를 발견했다. 이것이 구조화되어 있지 않아서 나에게 좋은 점은 내가 원할 때 원하는 방식으로 글쓰기를 할 수 있다는 사실이다.' '어떤 구조를 가지고 있는 것이 아니라 내 나름의 방식으로 저널을 만들어 내는 것을 더 선호한다.'와 같이 말한다. 훈련생들이 열중하고 있는 이론적 지향으로 구성된 개인적 선호에 따라 자신의 구조를 선택할 필요가 있다는 사실이 명백해졌다.

학위 과정에 있는 훈련생들이 사용한 지배적인 형식은 의식의 흐름, 꿈, 보내지 않는 편지, 시 등이었다. 그리고 비문자적 표현은 낙서와 그림 그리기, 이미

지나 사진의 형태로 된 참고자료를 포함해서 대중적인 것으로 확인되었다. 훈련생들은 특정한 훈련과 그 과정의 특별한 측면에 대한 성찰을 참조하고 이를 정리하기도 했는데, 예를 들면 기술 일지, 평가나 슈퍼비전 메모 등과 같은 것이다. 혼합된 형식은 모든 훈련생들에게 일반적이었다. 즉, '나는 단지 성찰적이면서 창의적인 방식으로 중요한 사건에 관해서, 그리고 그 사건을 어떻게 느끼는지 쓴다.' '의식의 흐름과 기술 일지를 함께 병행하면서 경험으로부터 배우기' 등이다. 정해진 구조의 한 예를 들자면, Progoff(1992)는 융에게서 영감을 받은 접근으로 잘 알려진 '개인적 회복personal renewal'을 제안하는데, 이는 명상록, 일상 기록, '징검다리stepping-stone' 과정과 자신의 일부와 경험 간의 대화 등을 포함한다. 설명 및 간략화를 위해서, 개인 발달을 위한 글쓰기를 목적으로 일반적으로 사용되는 구조의 몇 가지 예를 〈표 17-2〉로 제시한다.

학생들은 상담학 학위 과정 중 동시에 두 개의 다른 글쓰기 양식, 즉 학술적이면서 표현적인 양식을 사용하도록 요구받을 때 도전을 받는다. 학술적인 양식은 이전에 높은 수준의 교육을 받은 경험 없는 사람들에게는 완전히 새로운 것이고, 아주 새롭고 다른 언어로 인식되거나 학습되는 경우가 많다. 다시 말해서, "학술적으로는, 마치 글쓰기가 단지 가장 고상한 동기, 즉 페이지 위에 똑똑 떨어진 일종의 합리주의의 추출물에서부터 행해지는 어떤 것처럼, 우리는 오히려 평범한 산문 톤으로 기울어진다(Cameron, 2000: 2)." 졸업생과 대학원생들조차 그들이 받은 이전 훈련과는 대조적이고 이질적이게 상담학 과정에서 학술적 양식과 개인적 양식이 혼합된 글쓰기 과정을 요구받는 것을 종종 깨닫는다. 글쓰기에서 요구받는 또 다른 양식은, 훈련생들이 자기 자신에 대해 진심으로 쓰지만, 동시에 학술적 기준을 충족시키도록 요구받는 표현적 또는 저널 양식이다. 이는 모순처럼 보이고, 약간의 혼란을 일으킨다. 예를 들면, 한 훈련생은 '과제와 연결시키는' 어려움에 대해 언급했다. 만약 일련의 질문들, 예를 들어 MacMillan과 Clark(1998: 76)에 의해 제안된 '일상적 저널을 위한 본보기'가 제공된다면, 학생들은 저널을 학위 과정과 함께 상징적인 것으로 보는 경향

〈표 17-2〉 글쓰기와 관련된 개인 발달 방법들

이야기	단순하고 간단한 자전적 약력, 혹은 좀 더 확장된 생활사와 관련될 수 있다. 이는 특별한 사건, 삶의 단계들, 되풀이되는 주제에 초점을 맞출 수 있다.
의식의 흐름	철자나 분명한 의미 등은 무시하고 마음에 떠오르는 것이 무엇이든 글로 쓰기
꿈 회상과 연상	규칙적인 꿈 일기를 쓰는 것은 유용할 수 있다. 때때로 당신에게 어떠한 연결과 의미들이 나타나는지를 이해하면서 당신의 꿈을 성찰하라.
시쓰기와 창의적 글쓰기	당신이 가지고 있다고 생각하는 재능과 상관없이, 시나 이야기 형식으로 글쓰기를 하는 것은 충분한 감정을 표현하도록 간접적으로 도울 수 있다.

구체적이고 구조화된 훈련

스스로에게 편지 쓰기	당신의 '내면아이' '두려움에 가득찬 자아', 혹은 어떤 다른 '이면의 인격(sub-personality)' 에게 보낼 수 있다. 사진을 보조적으로 사용하라.
타인에게 보내지 않는 편지 쓰기	어머니, 아버지 또는 어떤 중요한 사람에게 편지 보내는 것을 시도하라. 그들이 생존해 있든 고인이 됐든, 그들이 그 편지를 실제로 이해하고 소중히 생각하든 그렇지 않든.
자신의 부고 쓰기	당신의 자아 이미지와 당신이 가장 중요하게 생각하는 가치에 초점을 맞추도록 도울 수 있다.
자기 성격 묘사	개인 구성 심리학(personal construct psychology)에서 온 것으로, 이것은 당신을 잘 알고 있는 누군가의 관점에서 당신 자신에 대한 묘사를 글로 쓰는 것과 관련된다.
대화	이것은 창의적으로 사용될 수 있는데, 예를 들어 당신의 아름다운 자아가 못난 자아에게 쓰는 글, 당신의 수줍은 자아가 외향적인 자아에게 쓰는 글 등의 형식으로.
최고의 경험과 최악의 기억	이것에 대해 당신이 할 수 있는 한 자유롭고 충분하게 써라. 시간 제한은 유용하다.
계획 일지	다가오는 주, 달, 해 또는 5년에 대한 당신의 목표를 선언하라. 그리고 당신의 진행과 차질 또는 바뀐 계획을 기록하라.
희망과 두려움	당신이 가장 두려워하는 것과 당신이 가장 소망하는 것에 대해 글로 써라.

이 있을 수도 있지만, 자신의 성찰을 삶 속에 통합시키고 그것을 학습하는 데 실패하는 경우가 많다. Goldberg의 글쓰기 연습에 관한 규칙들(1991: xiv)은 창의적인 글쓰기에서 많은 다른 작가들에 의해 사용되고 개발되고 있는데, 이것

은 시간 제한(5~7분), 그리고 어떤 제목이나 문장 완성의 형식—예를 들면, '나의 집' '나는 싫어한다' '나의 이상적인 삶'—으로 주제를 포함하고 있다. 이는 학습자들이 오히려 이러한 다른 글쓰기 양식의 개념으로 시작하고 그것에 익숙해지도록 하기 위해서 집단 훈련과 같이 대중적인 것으로 드러났다.

개인적 접근과 어려움을 공유하고 논의하기 위해서, 흔히 고립적인 저널쓰기의 경험을 집단으로 가져오는 데는 특별한 가치가 있다. 때로 집단은 개인들이 자신의 어려움을 자신의 지속적인 개인 발달 문제에 연결시키도록 격려할 수 있다. 우리가 훈련생들에게 대체로 무엇 때문에 개인 저널을 만들게 되었는지 물었을 때, 대다수 사람들의 응답은 첫째, 글쓰기를 위해 정기적이고 집중된 시간 마련하기, 둘째, 진행 중인 생각, 과정, 구조 공유하기와 관련이 있었다. 어떤 이들은 워크숍을 이것을 하기 위한 수단으로 간주했고, 다른 이들은 창의적인 글쓰기에 더 많은 투입을 요청했다. 영감 및 지지의 근원은 우리의 훈련생들에 의해서 서적(시, 성경, 즉 '자기치료적, 개인적 성장과 판타지' 서적), 음악, 미술(색과 질감)과 같은 형태뿐만 아니라 명상, 산책, 관계와 같은 형태로도 확인되었다.

결론

상담 훈련에서 성찰적·치료적 글쓰기의 사용을 늘리도록 장려하는 데는 충분한 이유가 있다. Mackaskill(1999)은 훈련생들을 위한 집단과 개인 치료의 효과성에 대한 증거가 부족하다는 점에서 저널쓰기는 효과적이면서 훨씬 더 경제적인 대안을 제공할 수 있다고 주장한다. 치료적 저널쓰기의 개척자인 Progoff (1992: 13)는 다음과 같은 근본적인 관점을 취한다.

많은 훈련생들이 높은 수준의 교육에 생소하다고 한다면, 글쓰기의 가치를 다시 배워야 할 필요가 있는 것처럼 보인다(MacMillan & Clark, 1998; Cameron, 2000). 정서적 표현 수단으로서 글쓰기의 카타르시스적인 유익이 있다는 충분

집중적인 저널쓰기 방법은 심리적인 문제로 여겨져 왔던 것에 대해 초월심리학적 접근을 취하기 때문에 심리치료를 넘어선 방법으로 설명되어 왔다. 여기서 **초월심리학적**이라는 단어는, 개인이 소위 치료를 수동적으로 받아들이게 하는 것이 아니라, 완전한 인격이 되기 위해 자신의 타고난 자원을 이끌어 낼 수 있도록 능동적인 기술을 제공함으로써 치료 효과를 낳는 과정을 의미한다.

한 증거가 있다(Dunn et al., 1996; Pennebaker, 1997). 상담 및 심리치료에서 내러티브 전환은 많은 임상심리사들이 내담자들과 함께 내담자의 삶의 이야기, 각본, 도식을 재저작하도록 돕는 작업을 하면서 효과를 보고 있다는 것을 제시한다(McLeod, 1997). 상담가들에 의해 호응을 얻었던 새로운 질적 연구방법이 급성장하는 가운데, Richardson(2000)은 주요한 연구 도구로써 글쓰기 과정 자체를 추천한다. 개인 저널에서의 성찰과 훈련생들의 삶 및 훈련에서의 영향 사이에 더 나은 연결이 언젠가는 만들어져야만 한다. 훈련 내에서 개인 발달 글쓰기의 유용함과 그것의 충분한 능력을 결정하거나, 그렇지 않으면 치료 도구로 사용할 것을 결정하기 위해 연구가 필요하다. 훈련 과정을 알려 주기 위해서뿐만 아니라 시간 제한적 상담과 온라인 상담을 포함한 혁신적인 개인 발달 전략의 새로운 흐름에 합류하기 위해서 치료적 글쓰기를 위한 시간이 무르익었다고 우리는 믿는다. 훈련생들의, 상담사들의, 내담자들의 매우 특유한 학습 유형과 요구들이 그러한 일련의 전략에 의해 더 많이 수용될 것 같다.

참고문헌

Bass, E., & Davis, L. (1988). *The Courage to Heal.* London: Cedar.

Cameron, J. (2000). *The Right to Write.* London: Pan.

Dryden, W. (1991). *A Dialogue with John Norcross: Toward Integration.* Buckingham: Open University Press.

Dunn, S., Morrison, B., & Roberts, M. (Eds.). (1996). *Mind Readings: Writers' Journeys Through Mental states.* London: Minerva.

Goldberg, N. (1991). *Wild Mind.* London: Rider.

Hay, L. (1984). *You Can Heal Your Life.* London: Eden Grove.

Irving, J., & Williams, D. (1999). Personal growth and personal development: concepts clarified. *British Journal of Guidance and Counselling, 27*(4): 517–26.

Jeffers, S. (1991). *Feel the Fear and Do it Anyway.* New York: Arrow.

Johns, H. (1996). *Personal Development in Counsellor Training.* London: Cassell.

Mackaskill, A. (1999). Personal therapy as a training requirement: the lack of supporting evidence. In C. Feltham, (Ed.), *Controversies in Psychotherapy and Counselling.* London: Sage.

McLeod, J. (1997). *Narrative and Psychotherapy.* London: Sage.

MacMillan, M., & Clark, D. (1998). *Learning and Writing in Counselling.* London: Sage.

Mearns, D. (1997). *Person–Centred Counselling Training.* London: Sage.

Page, S. (1999). *The Shadow and the Counsellor.* London: Routledge.

Pennebarker, J. W. (1997). *Opening Up: The Healing Power of Expressing Emotions* (revised ed.). New York: Guilford.

Prochaska, J. O., & DiClemente, C. C. (1986). Toward a comprehensive model of change. In W. R. Miller & N. Heather (Eds.), *Treating Addictive Behaviors: Processes of Change,* pp. 3–27. New York: Plenum.

Progoff, I. (1992). *At a Journal Workshop,* revised edn. New York: Tarcher/Putnam.

Richardson, L. (2000). Writing: a method of inquiry. In N. K. Denzin & Y. S. Lincoln (Eds.), *Handbook of Qualititative Research* (2nd ed.), pp. 923–948. Thousand Oaks, CA: Sage.

Wilkins, P. (1997). *Personal and Professional Development for Counsellors.* London: Sage.

Wosket, V. (1999). *The Therapeutic Use of Self: Counselling Practice, Research and Supervision.* London: Routledge.

제18장

인지분석치료의 슈퍼비전에서 글쓰기 활용

Anthony Ryle

도입

심리치료사들에 대한 슈퍼비전은 훈련의 중요한 측면이고, 대부분 경험 있는 임상심리사들과 전문 협회들은 지속적으로 슈퍼비전을 받는 것을 유익하다고 생각한다. 슈퍼비전에는 세 가지 주요 목표가 있다.

1. 치료사의 이해와 치료 모델의 적용을 발전시키도록 노력하기
2. 치료사가 그들의 역전이 반응을 인식하도록 하고, 이를 이용하도록 돕기
3. 치료사의 어려움에서 기인하든, 특별한 정신장애가 있는 환자들로부터 비롯하든, 그 모델의 만족스럽지 못한 측면 때문에 생기든, 재발하는 문제에 주의하기

이 장에서는 어떻게 이러한 기능이 글로 된 의사소통을 통해서 전적으로, 혹은 부분적으로 실행될 수 있는지, 그리고 어떻게 이것이 수업과 슈퍼비전을 이메일에 의해 실행하도록 할 수 있는지를 설명할 것이다. 치료사와 슈퍼바이저 사이에 글로 된 의사소통을 유지하는 것은 치료 과정이나 결과에 대한 연구가 착수되는 곳에서 가치 있기도 한데, 치료사가 그 모델에 충실한지, 그리고 그 모델을 전달하는 치료사의 기술이 어떠한지에 대한 평가에 기여한다.

면대면 슈퍼비전과 오디오테이프의 사용

정신역동치료에서 전통적인 슈퍼비전 방법은 치료사가 개인이나 슈퍼비전 집단에게 한 회기의 자세한 구두 보고서를 가져오는 것에 의존해 왔다. 이는 (치료) 내용의 분명한 요약, 환자가 가져온 에피소드, 이야기, 꿈을 설명한 것, 환자의 기분상태, 환자 유형, 비언어적 의사소통에 대한 자세한 설명, 회기 동안 치료사의 언어적 반응과 감정적 반응에 대한 기술을 포함한다. 슈퍼바이저가 노련하고, 훈련생과의 관계가 특이성, 오류, 태만 등을 숨김없이 인정할 수 있는 관계라면, 이러한 슈퍼비전 방식은 강력한 학습 경험이 될 수 있고 훌륭한 치료가 된다. 그러나 항상 그렇게 되는 경우는 없고 많은 문제가 생길 수 있는데, 일부는 이론의 상대적인 모호성 때문이고, 일부는 그 모델의 정통성 측면에서 '올바르게' 설명하고 싶어 하는 수련생들의 바람이 반영되기 때문이고, 또 일부는 기억을 신뢰할 수 없다는 사실 때문이다. 특히 회기 동안의 노트 쓰기는 보통 어렵기 때문이다. 게다가 집중과 기억은 항상 선택적이고, 훈련생들은 그들이 주의를 기울이지 않았다는 것을 보고할 수 없다. 이러한 이유로 정확하고 섬세한 슈퍼비전이 이루어질 수 있는 최상의 방법은 오디오테이프를 통해서다. 치료사들은 흔히 이것을 싫어한다. 적어도 그들이 그것을 시도하기 전까지는 말이다. 반면에 나의 경험으로 보았을 때 환자들은 보통 그들의 회기를 녹음하는 것을 좋아하는데, 특히 자신이 그 테이프를 들을 수 있거나 자신이 가질 사본을 만들 수 있는 권한을 얻는다면 더욱 그렇다.

테이프를 듣는 것은 치료사의 자기감독self-supervision을 위한 기본이 되는데, 무작위적으로, 혹은 선택적으로 옮겨 쓴 발췌록은 더 면밀하게 연구될 수 있고 슈퍼비전을 받을 수 있다. 선택된 발췌는 그 회기나 특정 주제의 특정 부분에 집중될 수도 있다. 집단 슈퍼비전에서 발췌 사본들이 그 회기의 구두 보고의 맥락에서 토론되도록 모든 구성원들에게 제공될 수 있다. 물론 테이프로 전 회기를 듣는 것은 아주 유익하다. 하지만 일상적으로 사용하기에는 시간이 너무 많이 소모된다. 그럼에도 훈련 기간 동안 치료사들은 전 회기에 대해 글로 옮기고 논평을 할 수도 있다. 그리고 특히 그 치료에 속임수가 나타나거나 치료사가 어떤 점에서 실패하고 있는 것으로 나타난다면, 슈퍼바이저들은 자세한 비평을 쓸 것이다.

인지분석치료의 슈퍼비전에서 글쓰기 활용

인지분석치료 모델의 특징은 대부분 슈퍼비전에서 글쓰기가 실행 가능한 것으로 신뢰하게 만든다. 그 모델 자체는 명확한 지침(매뉴얼로 만들어져 있지는 않지만)을 가지고 있고, 치료사와 환자에게까지 글쓰기의 사용 확장을 포함하고 있다. 그러한 글쓰기는 복사될 수 있고, 교류에 대한 직접적인 증거를 제시할 수도 있다. 경력 초기의 훈련생이라면 슈퍼비전의 일부 임무는 교육적인데, 확실히 그 모델을 이해하고 충실히 따르게끔 한다. 이러한 점에서 실패한다면, 그것은 익숙치 않아서 그렇게 될 수도 있지만 많은 예들에서 보면 그것은 인식되지 않은 역전이의 징후다.

인지분석치료에는 치료사들의 글쓰기를 안내하는 확립된 규칙 또는 약속이 있다. 가령 재구성 편지(제6장에서 이미 설명한)는 다음과 같이 구성되어야 한다.

- 편지는 환자에게 처음 제시할 때, 논의 후 수정 가능하다는 것을 강조하면서 잠정적인 것처럼 기술되어야 한다.
- 이번에 상담하게 되는 주요 문제는 간단하게 요약되어야 한다. 이야기를 자세하게 할 필요는 없지만, 이야기가 암시하는 바와 의미는 간단히 표현되어야 한다.
- 대부분의 사례에서 어린 시절의 기억은 성격과 관계의 패턴을 형성했던 경험을 암시할 것이다. 이것은 간단하지만 일시적으로 설명될 수 있고, 그 기억이 반드시 정확하다는 것을 암시하지 않는 방법으로 표현되어야만 한다. 예를 들어, '당신의 부모님은 비판적이었고 자기본위적이었다.'라기보다는 '당신은 당신이 항상 비판받는다고 느꼈고, 더 열심히 노력해야만 했고, 부모님의 사랑을 얻어 내야 했다고 나에게 말했다.'와 같은 식으로 쓰면서 말이다.
- 이러한 초기 경험에 반응하는 발전된 과정이 기술되어야만 한다. 즉, 대부분의 경우에 그러한 과정은 방어라기보다는 필요한 대처 수단이었다는 것으로 설명될 수 있다.
- 이러한 대처 과정은 치료사와의 관계에서 자신을 표명할 수도 있는 방법으로 나타내야만 한다.

재구성 편지 외에 보내지 않는 편지, 중간 편지와 작별 편지(제6장에 더 자세히 설명되어 있다.) 모두는 공식적인 요구사항이 어느 정도 지켜지고 있는지, 그 자료가 얼마나 신중하게 쓰여졌는지에 대한 직접적인 증거로서 슈퍼바이저에게 제공된다. 환자의 글은 슈퍼바이저에게 사본이 보내질 수도 있다.

(회기) 종료는 결코 쉽지 않다. 치료사의 작별 편지 초안이 환자에게 읽혀지기 전에 슈퍼비전에서 논의될 수 있다는 사실이 의미하는 바는, 슈퍼바이저들이 지나치게 부드럽거나 낙관적이지 않은, 무엇이 성취되고, 무엇이 그렇지 않은지에 대한 정확한 설명이 제시됐는지 확실하게 할 수 있고, 종료에 대한 환자의

실제적이거나 잠재적인 반응이 명예훼손도 이상화도 아닌 격려하는 방식으로 명명되도록 보증할 수 있다는 것이다.

원격 슈퍼비전

면대면 슈퍼비전을 보충하기 위한 오디오테이프와 필기의 이용은, 훈련자와 훈련생들 사이의 만남이 불가능했던 곳에서 그러한 기록에 의존하는 방법을 열어 놓았다. 인지분석치료에서 훈련을 위한 요구는 급속하게 늘어났고, 비록 현재 훈련 사이트에 접근하지 못한 훈련생들이 많이 있다 하더라도 영국과 해외의 다른 영역에서 많은 과정을 만듦으로써 충족되어 왔다.

처음에 원격 슈퍼비전은 훈련생들이 서비스 기간이 끝난 뒤 떠났을 때, 그리고 개인적 관계가 이미 슈퍼바이저와 훈련생 사이에 존재할 때에만 제공되었다. 요즘은 이것이 불가능하다면, 심지어 사전관계가 확립되지 않은 곳에서도 원격 슈퍼비전이 제공될 수도 있다. 이러한 경우에는, 훈련생들이 기본적으로 전문적인 자질을 가지고 있고, 적절한 인지분석치료 원문을 읽고, 입문 워크숍에 참석하는 것이 필수적이다. 훈련생이 회기의 사건과 느낌에 대해 충분한 보고를 제공할 수 있는지, 그리고 슈퍼바이저가 유용하고 관련된 설명을 제공하는 것으로 되어 있는지를 확실하게 하기 위해서, 명확한 참여가 이루어지기 전에 시험 기간이 필요하다. 그러한 훈련생들은 전체적인 임상 책임을 지는 전문적인 서비스 안에서 작업하고 있어야만 한다.

일부 회기의 필기록에 대한 '미시적 슈퍼비전'은, 보고된 사건에 대한 세부적인 연결과 재구성 도표 중 적절한 부분을 회기 중에 직접 실연[1]하는 것을 포함하면서, 그 모델을 훈련생이 자기 것으로 흡수하는 것을 강화할 수 있고 그 도표가 치료적 대화 중 활용 가능하면서 공유된 부분이 되는 것을 보증할 수 있다 (예: Rlye, 1997: 73–75, 112–114 참조).

다음에 어떻게 문제가 다루어질 수 있을지에 대한 두 가지 실례가 제시될 것이다. 치료사는 주간 회기에 대한 요약, 초안 편지와 도표의 사본을 제공했다. 훈련생이나 환자를 알아볼 수도 있는 세부사항은 수정되었다.

경계선 성격장애를 가진 여성 환자와 함께한 치료사 A(여성)

이 예시는 기술적인 문제와 역전이 문제 모두가 어떻게 다루어질 수 있는지 보여 준다. 처음 다섯 회기에 대한 보고서를 검토한 뒤에 슈퍼바이저가 논평을 쓰면서 다음과 같은 문제를 강조했다.

- 치료사는 심리적 정서에 대한 정확한 이름 짓기에 주의를 기울였지만, 그 감정을 그것이 관련되었던 상호 역할 패턴과 연결시키지 못했다.
- 일련의 행동이 관찰되었고, 혼란과 자기비판의 시간 뒤에 따라오는 새로운 깨달음을 환자가 인식함으로써 그 행동은 한 번 이상 확실히 설명되었는데, 그 뒤에 그녀는 멍해지거나 과민해졌다. 그러나 이러한 일련의 행동을 편지나 임시적인 도표 안에 자세히 쓰거나 묘사하지 않았다.
- 도표가 지나치게 복잡했고, 분명한 장면이나 상호 패턴에 기반을 두고 있지 않았다.
- 예전 상담사들에 대한 환자의 비판에도 불구하고 또 그 환자가 숙제에 대해 완전히 동의하지 않고 두 회기를 늦게 취소했는데도 불구하고, 그 도표는 어떠한 부정적인 과정을 기록하지 않았는데, 특히 수동적인 저항의 전

---

1 역주: 실연 기법이란 치료사가 가족구성원의 상호작용을 관찰하고 구성원이 다른 방식의 상호작용을 상담 현장에서 직접 해 보도록 하여 상호작용을 교정하도록 하는 기법이다. 즉, 가족이 문제행동을 치료 회기 중에 직접 보여 줌으로써 치료사가 관찰하고 이를 변화시키기 위한 것이다.

반적인 패턴에 대해 언급하지 않았다.

- 치료사는 일련의 다른 시간을 제공함으로써 놓친 회기들을 보상했는데, 그녀에게 어느 정도의 두려움과 적대감이 이런 식으로 표현되고 있는지 탐색하지 못했다.
- 부족한 인지분석치료 수단에서 어떻게 전이와 역전이 문제가 반영되었는지에 대한 증거와 결탁한 반응에 직면한 채, 간단한 작업 재구성이 두 가지 보완적 딜레마의 측면에서 제시되었는데, 하나는 환자를 설명하는 것이고 나머지 하나는 치료사를 설명하는 것이다. 환자의 딜레마는 '마치 내가 두려워하는 노출에 의해 어찌할 줄 모르거나 그렇지 않으면 힘이 미치지도 못하고 도움받지도 못한 채 있어야 하는 것 같다.'였고, 치료사의 딜레마는 '마치 내가 상냥하게 결탁하거나 그렇지 않으면 잔인하게 끼어들어야만 하는 것 같다.'였다.

경계선 성격장애를 가진 젊은 남성과 함께한 치료사 B(남성)

이 예시에서 처음 4회기에 대한 슈퍼비전의 주된 강조점은 적절한 도표를 만드는 것과 사용하는 것에 있었다. 네 가지 문제가 다루어졌다.

- 환자는 물건을 파괴하고 신체적으로 급우에게 해를 끼친 전력이 있었지만, 재구성 편지와 도표에는 폭력에 대한 어떠한 언급도 없었다.
- 한 회기 동안 환자는 대조를 이루는 상태 (혼란) 사이에서 아주 급속한 변동을 보여 주었다. 이것을 이해하고 도표를 구성하기 위해서, 짧은 장면에 대한 자세한 분석을 허락하도록 그 회기의 속도를 조절할 필요가 있었다고 제안했다.
- 치료사는 발전적인 도표 안에 환자가 행동했던 방식과 다른 사람들이 반응

했던 방식뿐만 아니라, 그가 왜곡된 방식으로 사건을 해석하기 쉬웠다는 '보기'를 어떻게 제시하고 있는지 설명할 필요가 있다고 제안했다.

- 혼란에 대한 에피소드와 드러난 도표를 연결시키는 일기를 쓰는 것이 과제로 처리되었다.

멜버른 연구

나는 호주의 멜버른에서 경계선 성격장애가 있거나 그것으로 발전할 가능성이 있다고 생각되는 청소년들에 대한 인지분석치료의 영향을 평가하는 무선통제 연구에 참여함으로써 원격 슈퍼비전에 대한 체계적 경험을 얻어 왔다. 그 프로젝트는 정신과 의사인 Andrew Chanen 박사가 지휘하고 있고, 세 명의 임상심리학자들(Louise McCutcheon, Helen Nistico, Dominic Germano)이 치료를 하고 있는데, 그들 중 아무도 이전에 인지분석치료에서 어떠한 훈련도 받아 본 적이 없지만, 그들 모두는 경험 있는 임상의학자들이었다. 한 번은 멜버른에서, 한 번은 런던에서, 총 두 번 열린 초기 5일간의 워크숍 뒤에 치료사들의 훈련과 슈퍼비전은 영국에 있는 인지분석치료 슈퍼바이저들(Anthony Ryle, Eva Burns, Dawn Bennett, Jackie Withers)이 맡아 왔다.

각각의 치료사는 연구 프로젝트가 시작되기 전 슈퍼비전을 받으면서 한 가지 사례를 다루어 보았다. 환자 위탁 자료와 사정 자료, 즉 주간 회기 보고서와 편지와 도표 사본들을 슈퍼바이저들에게 이메일로 보냈고, 며칠 내에 논평을 받았다. 게다가 치료사들은 일주일마다 만났고, 슈퍼바이저들과 전화를 통해 집단 혹은 개인적으로 상담했다.

회기에 대한 문서화된 설명과 자료의 사본을 전달하는 것 이외에, 치료사들은 환자와의 미팅 중 가장 중요한 양상에 대해 환자와 4~5분에 걸쳐 검토하면서 회기를 끝마치도록 요구받았다. 그러한 요약 보고서에 대한 오디오 기록은 이메일로 전송되었다. 그 의도는 이것이 보고된 사건, 혹은 전이 실연이 도표를 참고함으로써 어떻게 이해될 수 있을지 치료사들에게 반복해 볼 기회나 처음으로 지목할 기회를 제공하는 것이었다. 회기 보고서에 대한 논평과 회기 종료 개요가 얼마나 적절하게 이루어졌는지에 대한 평가가 전화 상담 전에 이메일로 보내졌다. 평가받는 것은 훈련생들에게 별로 인기가 없었지만, 슈퍼바이저들의 의견으로는 그것이 그렇게 연결짓는 것의 중요한 문제점을 처음 드러냈다. 게다가 오디오 발췌는 슈퍼바이저들에게 치료사와 환자 모두의 말투와 말하는 스타일에 대한 견본까지 제공했다.

이처럼 이메일로 된 슈퍼비전의 범위에 대해 어떤 인상을 주기 위해서, 첫해 말에 세 명의 치료사들에게 보낸 일련의 슈퍼비전 이메일들이 포괄하고 있는 주제를 다음에 목록화했다. 세부사항은 모든 사례에서 변경했다. 프로젝트 초기에는 더 많은 관심이 '기술적인' 인지분석치료 과정들, 특히 편지 쓰기와 도표 구성에 집중되었다. 하지만 이러한 기술들이 강화되고, 이메일 관계가 발전함에 따라 전이-역전이 주제에 더 많이 주의를 집중시키게 된다.

슈퍼비전 주제

다음 예시는 슈퍼비전에서 다루어진 주제의 범위를 이해하게 해 준다.

- 서비스 구조가 어떤 중복된 기능을 포함했던 곳에서 관리와 치료의 역할을 명확히 할 필요가 있다.
- 이러한 경험에 그녀가 적극적으로 기여했다는 것을 좀 더 확실히 지적하기 위해서 타인들로부터 계속해서 착취당하고 이용당하는 것을 수용했던 경계선 환자에 대한 재구성 편지의 초안을 수정할 필요가 있다.
- 환자의 이상화를 자세히 설명하고 예측되는 실망을 언급함으로써 초기 회

기에 대한 환자의 아주 낙관적인 반응에도 불구하고 주의할 필요가 있다.

- 조용한 순응상태와 점차 심해지는 자가중독self-poisoning 사이를 오락가락 하는 환자와 마주 대했을 때, 분명히 환자의 절망을 지목하지만, 그의 불안을 유발하고 통제하는 행동에 초점을 맞추면서 다른 관련된 대리인과 연락을 취할 필요가 있다.
- 경계선 청소년들에게는 '절망'이나 '공허감'이 '우울'보다는 좀 더 적합한 설명이었다는 것을 제안한다.
- 어떻게 (치료사에 의해 공유되어 왔던) 회기 종료 전에 환자가 매우 긍정적인 상태라는 것을 알아차릴 수 있었는지, 그리고 어떻게 그것이 진정한 변화와 관련되어 있는지, 하지만 어떠한 보고도 없었기 때문에, 또는 의심이나 실망이 예상되기 때문에 의심도 해 봐야 한다는 것을 인정하면서 이를 유념한다.
- 제어할 수 없는 분노 병력을 가진 환자에 대한 도표 초안이 어떻게 이를 포함시키지 못했는지 유념하면서 이러한 누락을 이미 확인된 치료사의 역전이와 연결 짓는다.
- 재구성 편지 초안에서 '기분변조증Dysthymia을 앓고 있는'이라는 구절은 직접적이고 비전문적인 언어로 수정되어야 한다고 제안한다.
- 도표를 만들려는 시도가 조급했다고 제안한다. 즉, 첫 번째로 필요한 것은 환자가 가진 현재의 절차적 문제와 다른 연령대에 두 번 버림받은 주요 경험과의 관계를 명확히 하기 위해서 사정과 재구성 편지를 완성하는 것이었다.

결론

환자와 치료사에 의한 글쓰기의 활용 때문에, 인지분석치료 모델은 그것이 원격 슈퍼비전을 하게 되었을 때, 대부분의 치료 모델보다 장점을 갖게 된다. 특히 치료사의 재구성 및 작별 편지와 도표들은, 어느 정도까지 공식적인 요구 사항이 지켜지고 있고, 얼마나 정확하고 민감하게 환자와 치료사의 공동 작업에 대한 결과들이 기록되고 있는지에 대해 직접적인 증거를 제공한다.

슈퍼바이저가 훈련생들에게 쓴 글의 가치는 치료사가 환자에게 쓴 글의 가치에 비견된다. 특히 글로 된 언어는 말로 된 언어보다 대개 좀 더 숙고하고, 좀 더 꼼꼼하고, 되풀이해서 읽을 수 있다. 이것은 중요한데, 슈퍼바이저들의 논평은 대개 불가피하게 기술적 실패나 인식되지 못한 역전이에 집중되어 있기 때문이고, 그러한 것을 듣기만 해서는 자기 것으로 흡수하기에 어려울 수 있기 때문이다.

물론 관계에 대한 정서적인 반응에 대해 보고하는 능력과 훌륭한 작업을 인정하거나 칭찬하는 기회가 있다. 이전에 전이나 역전이를 겪으면서 작업한 경험이 거의 없는 훈련생들은 환자와 자기 자신 모두에게 치료적 관계의 힘을 인정하기 어렵다는 것을 발견할 수 있다.

직접적인 만남에 기초해서 슈퍼바이저와 훈련생들 사이에 좋은 작업관계를 이루는 것이 분명히 더 쉽다. 그러나 훈련생들이 좋은 기본 임상 기술을 가지고 있고 열린 관계가 확립될 수 있다면, 글쓰기에 의존한 슈퍼비전은 어떤 장점을 가질 것이고 손실이 비교적 낮을 것이다. 그것을 통해서 지리적으로 멀리 있는 훈련생들은 만족스럽게 가르침을 얻고 슈퍼비전을 받을 수 있다.

참고문헌

Ryle, A. (1997). *Cognitive Analytic Therapy and Borderline Personality Disorder: The Model and the Method*. Chichester: Wiley.

제19장

검푸른Black and Blue[1] 성찰 훈련을 위한 글쓰기

Gillie Bolton, Heather Allan & Helen Drucquer

> 성찰 훈련은 의미 있는 치료를 위한 노력의 열쇠가 된다.
>
> (O' oughlin, 2002)

도입

이 장에서는 전문성 개발과 개인 발달을 목적으로 성찰 훈련을 하기 위해 표현적이고 탐색적인 글쓰기의 활용을 살펴보고자 한다. 이 글은 치료사, 상담사, 임상심리학자, 그리고 기타 임상의들을 위한 집단을 운용해 본 나(Gillie Bolton)의 경험에서 나온 것이다. 이는 또한 심리치료사인 Heather Allan과 Helen Drucquer가 실제 현장에서 자기 자신의 성찰을 위해 글쓰기를 활용한 경험을 실천하는 과정에서 얻은 것이기도 하다. 글쓰기의 과정, 그리고 그 글쓰

1 역주: 심리치료사인 Helen Drucquer의 〈From the same source〉라는 시에서 따온 말로, 종이 위의 검푸른색 잉크, 즉 글을 의미하기도 하고 치유가 필요한 '멍든' 마음의 상처를 나타내기도 하는 중의적인 말이다.

기를 성찰적으로 활용하는 것을 살펴보고, 글쓰기 사례와 그것의 효과를 제시하고자 한다.

성찰 훈련을 위한 글쓰기

성찰적인 임상심리사는 비판적이고, 감정적이고, 영적이고, 실천적인 지식에 기반한 전 범위에 걸친 자신의 능력을 이용하면서 자신의 치료와 치료를 위한 자신의 접근방법을 검토한다. 성찰 훈련을 위한 글쓰기를 효과적으로 이용하는 것은, 전방위 시야를 가지고 운전하는 것보다 훨씬 낫다. 반짝이는 큰 사이드미러, 잘 닦인 앞창문과 뒷창문은 모두 당신의 전방위 시야를 가능하게 해 주고 있다. 당신이 신호 대기로 멈춰 있을 때, 당신은 거울의 각도를 조절하여 뒷좌석에 타고 있는 아이들을 살피거나 당신의 얼굴 쪽으로 향하게 하여 속눈썹을 떼어 낼 수도 있다. 그러나 성찰 훈련에서 글쓰기를 활용하는 것은 또 다른 차원을 더해 준다. 즉, 다른 도로로 운전하는 운전자가 당신이 행동으로 옮기기 전에 무엇을 할지를 파악할 수 있는 능력과 당신 자신의 본능적 반응이 어떠할지 파악할 수 있는 능력을 길러 준다.

성찰 훈련

행위에 대한 성찰은 Schon(1983)에 의해 정의된 과정이었다. 즉, 실천을 효과적으로 향상시키기 위해 사후 사건에 대해 깊이 숙고하는 과정이다. 낯설고 복잡한 상황에 대한 비판적 성찰은 전문가적인 실천의 중요한 요소다. 이는 다음의 사항을 가능하게 할 수 있다.

- 실천 중 '잊어버렸던' 영역에 대해 민감하고 유익한 검토
- 개인적 의사결정 과정에 대한 비판적 연구
- 동료 전문가들과의 관계에 대한 건설적인 자각
- 우유부단, 기술, 지식의 격차에 대한 분석
- 문제성이 있거나 고통스러운 에피소드에 직면함으로써 스트레스 해소
- 학습 욕구의 확인
- 동료들에게 경험과 전문지식 전하기
- 전문가적인 실천에서 자신감 증진

여기에서 설명된 성찰 훈련의 과정은 개방적 질문 접근법인데, 이것은 간단한 대답보다는 오히려 의문을 제기할 것이다. 선행 조건은 기꺼이 자기 자신의 실천과 이해에 대해 질문을 던지도록 개방할 수 있는 용의다. 즉, "이전의 '진리'를 포기하는 위험을 감수하고 **아무것도 모르는** 상태로 앉아 있을(Gerber, 1994: 290, 원문 강조)" 용의다. 실천은 치료와 같다. 즉, 간단한 답이란 없다. 이것이 효과적이기 위해서 성찰적 임상심리사들은 불확실성에 열려 있을 필요가 있다.

> 만약 우리가 살아남으려면, 교육의 목표는 **변화와 학습의 촉진**이다. 교육받은 사람만이 학습하는 방법을 배운 사람이다. 다시 말해, 적응하고 변화하는 방법을 학습한 사람, 어떠한 지식도 안전하지 않고 지식을 추구하는 과정만이 안정성의 토대를 마련해 준다는 사실을 깨달은 사람이다. 변화성, 즉 고정된 지식에 의존하기보다 과정에 의존하는 것이 현대 세계에서 교육을 위한 목표로서 이해될 수 있는 유일한 것이다.
>
> (Rogers, 1969: 152, 원문 강조)

성찰 훈련은 이제까지 많이 언급되어 왔다. 임상심리사들에게 성찰하도록 도우려는 노력의 일환으로, 많은 도식과 단계가 확인되었다(예를 들어, van Manen이 1995년에 보고한 Dewey의 5단계, Habermas에서 발전된 Morrison(1996)의 4단계 과정, Tripp의 1995년 목록, John이 1995년에 발표한 Carper의 앎의 네 가지 방법의 개발, Kolb가 1984년에 발표한 학습 주기, Mezirow가 1981년도에 발표한 '단계').

성찰은 자연적 과정이다. 즉, 이것은 주의 깊게 촉진되고 지지될 필요가 있다. 프로그램화된 방법은 임상심리사들에 대해 무례할 수 있고, 단순히 박스에 표시하거나 기계적으로 연습문제를 풀게 하는 결과를 낳을 수도 있다. 효과적인 과정이 사용되고 적절하게 촉진된 포럼에서는, 경험 있는 임상심리사들과 학생들이 자연스럽게 깊은 수준에 이르고, 그들의 방식을 순환적으로 적용시키면서 높은 단계로 올라가고, 만약 그것이 시간 낭비가 아니라면, 그 목록의 모든 항목을 표시할 수 있을 것이다. 만일 임상심리사들이 슈퍼바이저나 강사에 의해 존중받으면서 무조건적인 긍정적 배려(Rogers, 1969)로 대접받고, 경청하는 방향으로 안내받으면서 자신의 이야기를 다시 쓴다면(물론 그 안에는 자신의 내담자에 대한 이야기도 있어야 하지만), 그들은 효과적이면서 유용하게 성찰할 것이다.

성찰적 글쓰기 과정

성찰 훈련 안에서 활용되는 창의적 글쓰기 과정을 통해서 임상심리사들은 생생하고 명백하게, 간략하고도 쉽게 표현할 필요가 있는 것이면 무엇이든지 표현할 수 있다. 또한 창의적 글쓰기 과정을 통해서 자칫 잘못하면 접근하기 어려울 수도 있는 경험의 영역에 대한 심도 깊은 탐색이 가능할 수 있다. 글은 임상심리사들의 경험으로부터 쓰여진다. 그런데 이는 통찰력을 거의 주지 못한 채 때로 경험의 표층을 스쳐 지나갈 수 있다. 하지만 그때 집단이나 슈퍼바이저가 글쓴이에게 자신이 쓴 글로 되돌아가서 그것을 확장하고 발전시키도록 민감하게 지원해 줄 수 있다.

글쓴이가 처음으로 오직 자신과 소통하고 있는, 이러한 소리 없는 성찰적 글쓰기 과정은 아마도 Casement(1990)에 의해 제안된 **내부 감독자**internal supervisor와 유사하다.

초기 글쓰기의 창의적 과정은 논리적이고 분석적이라기보다는 미적-종합적이다. 이는 Schon(1983)이 말했던 '예술성artistry'인데, 실천에 필요한 성찰이다. 성찰 훈련 글쓰기는 실천 내의 문제에 대해 성찰적으로 사고하고 난 다음에 이 생각들을 기록하기 위해 글쓰기를 활용하는 과정이 아니라, 글을 쓰는 손이 표현하고 탐색할 필요가 있는 것을 표현하고 탐색하도록 하면서 의식적으로 생각하지 **않는** 과정이다. 이것은 지적 사고보다는 그림을 그릴 때 이미지를 만드는 것과 더 유사하다.

글쓰기는 탈진과 저하된 수행 능력을 피하도록 하면서 스트레스를 관리하는 데 유용하다. "글쓰기는 탈억제 전략이다. 왜냐하면 글쓰기는 사람들이 적정한 거리 두기를 가능하게 하고, 그래서 카타르시스적인 재시작을 하게 해 주면서 과거 사건을 재경험하는 동안 그 사람들을 안전한 현재에 머물게 하기 때문이다(Evison, 2001: 256)."

이러한 초기 글쓰기 전략 이후에는 가능한 한 많은 범위를 그 글이 확실히 포괄하도록 하기 위해 그 글을 읽고 고쳐 쓰는 좀 더 인지적인 과정이 뒤따른다. 성찰 훈련 글쓰기를 하는 사람들은 그들이 **했던 것, 생각했던 것, 느꼈던 것**을 글이 포괄하고 있는지를 확실히 할 필요가 있다. 신뢰할 수 있고 촉진을 신중하게 하는 포럼에서 동료들에게 그 글을 소리 내어 읽어 주는 단계가 뒤따른다. 청중들은 예술성을 이용해서 반응한다. 성찰 훈련에서 시쓰기를 이용하는 예술치료사이자 시인인 Rose Flint의 예를 여기서 소개한다.

나는 내면의 수준에서 어떻게 그 회기를 경험했는지 가능한 한 자유롭게 글을 쓰거나 그림을 그리려고 하면서 창의적인 내부 성찰과 반응의 지점에 도달하기 위해 노력했다. 나는 아마도 **의사**의 마음과 **자기치료**의 마음에서 환자와 나 자신 모두를 위해 이것을 했다. 이것은 환자의 경험에 대한 좀 더 깊은 통찰력을 줄 뿐 아니라, 내게 해당하지 않는 것을 내가 선택했던 어떠한 투사로부터 벗어날 수 있는 공간을 제공한다. 이것은 나로 하여금 회기 중 종종 방해하는 내용으로부터 분리하도록 도와주고, 그 회기에서 나에게 영향을 주었던 것에 대해 좀 더 많이 이해함에 따라, 내가 의미를 추구하는 작업을 좀 더 심도 있게 해 나갈 수 있도록 해 준다. 시쓰기나 그림 그리기는 역전이를 명확하게 하고, 그래서 환자나 집단이 참여했던 과정을 반추해 보기 위한 거울로써 그것을 활용할 수 있다. 그리고 무엇보다 중요하게는, 은유적 차원의 신비와 미지를 목격하기 위해 나의 정서, 창의성, 깊은 자아를 내보이도록 할 수 있다는 것이다. 창의적인 내부 성찰의 과정에 몰두할 때, 나는 종종 아름다움, 즉 신성한 무언가의 깊은 의미를 깨닫는데, 이것은 회기의 중심에, 완전히 인간적이지만 초월적인 무언가에 머물러 있다……. 이 내재하는 성찰적 공간에서는 경험, 은유와 이미지를 복구하는 과업이 있는데, 이 과업은 영혼 치유에 영향을 주기 위해 떠나는 샤머니즘적 여정과 유사하다. 상상과 은유의 힘을 이용하고 그것과 친숙해지는 것은 항상 시인과 예술가들을 치유자들과 이어 주었다.

(Flint, 2002: vi, 원문 강조)

Helen Drucquer는 그녀 자신의 성찰에 대해 성찰하고 있다.

같은 근원으로부터

드러난다.
바람이 휩쓸고, 단어가 낚아채 가는 걸 느낀다.
글은 같은 근원으로부터 나온다.

하지만 손가락, 펜을 통해
더듬거리며 말한다.

의사들, Gillie와 함께
그 글을 나중에 읽는다.
그 글에 대해 우스갯소리를 한다.
내 자신의 소리를 들으려고 안으로 갈망한다.
친근한 상담실이라는 단어.
펜과
같은 근원으로부터
우리 모두를 위해 재작업된 채
그리고 재발화된. 몇 번이고 작업된다!

27년간의 글쓰기.
'노트들'. 심리치료 노트들.
사례 노트들. 맙소사.
나는 그 이유를 당신에게 말할 것이다.
메모 작업.
같은 근원으로부터 나온
단어, 지금 검정과 푸른색으로
흰 종이 위에 쓰여진 이것은
그 일을 다시 한다, 검정과 파랑이
창조하고 재창조하면서
통찰의 새로운 거미줄을 칠 때까지.

나쁜 소식이군!
법원은 글을 좋아한다.
치료계획서, 수속,
함의!

오직 사실만!
이유 없는 의견 불가!

이유? 친절하고 깔끔하게. 가령
'그녀는 자신이 구토했다고 보고한다.'
아니, '강제로 먹인 비열한 담즙 성분의 물질을 토해 낸다.
구역질 나는 수 세기의 낡은
공포와 노여움이
NO라 말하기 위해서.'

아니. 더 이상의 메모는 그만.
너무 신중하고, 두렵기조차 하다.
내가 억지로 받아들인 치료계획서가 앉아 있다.
내 목구멍에서, 내 펜 위에 룸펜이 되어.

하지만 여기서 당신은 그것을 본다.
비합리적, 페이지 위에.
긴장된 메모, 솔직하게 떨면서
모두 같은 근원으로부터 나온다.

(Helen Drucquer)

성찰 훈련 글쓰기 집단

Helen Drucquer는 일반 진료 보건센터에서 일하는 치료사다. 그녀는 전문성 개발을 위한 나의 기초진료인 성찰 훈련 글쓰기 집단에 속해 있다. 이 시는 그 집단에서 그녀의 글쓰기 경험과 그 글을 우리와 함께 공유한 것에 대해 성찰한 것이다.

아홉 명의 기초진료 임상심리사들(나머지 대부분은 일반의들이다)은 Helen이 속한 집단에 한 달에 한 번씩 출석한다. 그들은 각자 한 편의 글—한 편의 이야기, 시나 성찰적인 구절 등—을 가지고 와서 집단에게 읽어 주는데, 그것은 현재의 관심 영역을 표현하고 탐색하는 글이다. 각 글을 읽고 들은 뒤에는 토의가 뒤따른다. 즉, 글쓴이와 관련되어 있는 듯한 어떠한 문제도 지지적으로 끌어낸다. 이는 특정 환자들, 동료들과의 관계, 상사들과의 관계, 임상 현장에서 생긴 좀 더 개인적인 문제들과 관련될 수도 있다. 집단원들은 열띠고 활발한 토론으로 다른 경험의 영역과 연결시키면서 자신의 생각을 제시한다. 그들은 지식과 기술뿐만 아니라 감정, 영적 가치, 적절한 지점에 있는 개인적 영역에 대해 다루는 것을 두려워하지도 않는다.

집단구성원들은 그런 다음 새로운 통찰력, 동료들로부터 얻은 지지적 조언, 그들만이 어떤 문제와 싸우고 있는 유일한 존재가 아니라는 생각, 그리고 아마도 가장 중요하게는 현장에 대한 좀 더 깊은 수준의 이해와 좀 더 넓어진 인식을 가지고 자신의 일에 복귀한다. 그다음 이것이 현장에 영향을 미치는 방식에 대해 다시 집단에서 더 토론하고 성찰하게 된다. 이는 어떤 과정을 위해 하는 연습이라기보다 삶을 운용하는 하나의 방식인 성찰의 과정이다.

그 집단의 구성원들은 이 과정이 종종 미완성이고 겉으로 보기에 입증할 수 없는 자신의 일의 성격에 대해 도움을 준다고 말해 왔다. 그들은 탐색과 표현의 형태를 띤 이 과정의 창의성도 높이 평가한다. 이런 종류의 글쓰기로 인해 그들은 놀라게 된다. 즉, 글은 그들에게 그 글이 무엇이 되고 싶고, 무엇을 하기를 원하는지를 이야기해 주고, 그들의 경험 중 어떤 영역을 그들이 탐색할 거라는 것을 이야기해 준다. 한 구성원은 이렇게 말했다. “그 이야기가 그 일을 드러나게 했기 때문에, 그 일이 드러났다.” 시쓰기를 발견했던 또 다른 구성원은 다음과 같이 말했다. “내가 원하는 것을 시가 하도록 할 수 없기에 나는 시를 좋아한다. 시는 시가 원하는 것을 해야 한다.” 그리고 또 다른 이는 “이 글쓰기는 나로 하여금 내가 결코 잃어버린 적이 없지만 거기에 존재하는지 내가 알지 못했던 것을 찾을 수 있게 했다."라고 말했다.

다른 집단에 속해 있는 한 임상심리학자 집단은 그 과정이 얼마나 '시간적으로 효율적'인지, 그리고 '무의식적 연결이 페이지 위에서 의식적으로 되어 가는 것'에 대해 언급했다. 그들은 또한 성찰적 글쓰기가 '효과적'일 뿐 아니라 '육체적으로 소모적'이고 매우 '감정적'이라는 것을 발견했다.

성찰 훈련 글쓰기: Helen Drucquer의 예

크리스틴은 편지를 썼다.
하나님, 제가 말없이 떠나가게 해 주세요.
전 떠날 준비가 되어 있습니다.
하나님, 거기 위에 있는 사람들,
그들은 저를 그 자체로 사랑할까요?
하나님, 그것을 끝낼 큰 용기를 주십시오.
저는 아무것도 남은 게 없습니다.

거기 위에서 그들이 저를 그 자체로 사랑할까요?
제가 줄 수 있는 것이 아닐까요?
저는 주기 위해 단지 살아왔습니다.
저는 아무것도 남은 게 없습니다.

저는 그의 옷가지들을 준비해 놓았고
저는 그의 목욕물을 받았습니다.
칫솔에 치약을 발라 놓았고,
청소하고, 요리하고, 시중들고, 세심히 관리했습니다.
저는 지금 하나님 당신께 부탁합니다.
제가 이 세상에서 떠나게 해 주세요.

전 아무것도 남은 게 없습니다.
당신은 절 위해 준비가 되어 있나요?
그들은 저를 그 자체로 사랑할까요?
하나님, 저를 도와주세요. 헬렌, 저를 도와주세요.
전 아무것도 남은 게 없습니다.

하나님, 그들이 저를 사랑할까요?
전 혼자입니다.
저를 위해 제 아이들을 사랑해 주세요.
저는 홀로 그들을 키웠습니다.
언젠가 그들은 이해할 겁니다.

저는 집에서 벗어나야 합니다.
그것은 더 이상 제 것이 아닙니다.
전 아무것도 남은 게 없습니다.
당신은 저를 위한 공간을 가지고 있나요?

전 아무것도 가진 게 없습니다.
아무도 저를 좋아하지 않습니다.
저에게 공간을 주세요.
제가 집에 가도록 해 주세요.
저는 밖에 나갈 수 없어요.
저는 비틀거리고, 숨이 차오릅니다.
저는 만날 수 없습니다.
전 숨이 막히고
숨이 막힙니다.
심장이 쿵쾅거리며 뜁니다.
저를 밖으로 보내 줘요.

제가 집에 가도록 해 주세요.
저에게 아무것도 남은 게 없어요.

저는 홀로 그들을 키웠습니다,
하나님, 저는 결국 울고 있어요.
지난주, 엄마가 '너 아프니?
너는 다른 사람들을 돌봐줘야 하잖니'라고 말하셨죠.

저는 그녀가 그렇게 말한 것을 믿을 수 없어요.
저는 아무것도 남은 게 없어요.
저는 혼자이고 싶어요.
저는 지금 사랑을 찾고 있어요.

하나님, 헬렌, 의사 선생님,
제가 말없이 떠나게 해 주세요.
제발 저를 그 자체로 사랑해 주세요.
저를 내보내 주세요
저를 들여보내 주세요
저를 내보내 주세요
제가 집에 가도록 해 주세요.
저는 홀로 절망적입니다.

(당신의 제자 크리스틴으로부터)

치료 과정 중 아주 초기에 크리스틴은 '하나님께'로 시작하는 편지를 적었고, '당신의 절망적인 제자가'라고 끝을 맺었다. 그녀는 그것이 나에게 자신의 절망을 전달하는 최선의 방법이라 느꼈고, 그녀는 옳았다. 그녀는 그것을 편지에서 언급할 필요를 느끼지 않으나, 직장에서 공격을 받아 왔고, 그녀의 세계 전체는 황폐해져 버렸다. 그녀는 심각한 광장공포와 자살 충동을 갖게 되었다. 그녀의 아이들은 대략 스무 살 내외였고, 그녀는 지난 12년 여의 세월 동안 홀로 그들을 키워 왔다.

Gillie의 집단에서 숙제를 하기 위해, 우리는 '사랑'이나 '집'에 대해 글을 써야 했다. 나는 크리스틴의 편지를 앞에 두고 앉았고, 내가 그녀의 처지가 되어가는 걸 느끼면서 그것을 다시 쓰기 시작했다. 그 글 중 일부는 그녀의 것이고 일부는 내 것인데, 그 시가 계속 이어짐에 따라 그녀의 것과 나의 것은 점점 더 호환성이 있게 되었다. 끝날 때쯤 나는 정말로 그녀가 어떻게 그 모든 걸 끝까지 줄 수 있었는지를 느끼면서 눈물을 글썽였다. 다른 이들을 위해 그녀가 할 수 있었던 것 때문이 아니라, 누군가 그녀를 그 자체로 사랑해 준 적이 있을까? 그녀는 타인들과 떨어져서 집에 있을 때만 유일하게 안전함을 느낄 수 있었다. 그러나 동시에 자신의 새로운 구속으로 인해 숨막힘을 느꼈다. 그녀가 믿었는지 깨닫지도 못했던 '하나님'을 제외하고는 의지할 아무것도 없었고, 하나님이 삶으로부터 그녀를 데리고 갈 것이라는 희망 속에만 있었다.

내가 나의 시를 집단에게 읽어 주었을 때 우리는 침묵 속에 앉아 있었고, 나는 크리스틴이 나에게 자신의 편지를 보여 주었을 때 내가 느꼈던 것과 똑같은 감정을 느꼈다. 즉, 멍함이었다. 도대체 여기로부터 우리는 어디로 가나? 날 들여보내 주세요, 날 내보내 주세요! 아무도 은혜로운 구원인 어떠한 해결책을 내놓으려 하지 않았다. 우리는 그냥 앉아 있다가 마지막 줄에서 느낌이 어떤지에 대해 약간 이야기했다. 내가 다 읽었을 때, 내 얼굴 위로 이것이 어른거리는 것을 크리스틴이 틀림없이 보았던 것과 똑같이, 나도 내가 다 읽었을 때 사람들의 얼굴 위로 이것이 어른거리는 것을 보았다. 아무도 현명한 임상의가 되려 하지 않았다. 그 글을 통해 우리는 임상의 시간이었던 그날에 일어났던 무언가를 건드리는 그 지점을 찾았고, 그것을 재창조하면서 새로운 무언가를 창조한다. 그리고 내가 그 '무언가'를 수술대로 다시 가져온다는 것은 의심의 여지가 없다.

몇 달이 흐른 뒤 그 시를 다시 회고해 보면서, 나는 두 가지 유사한 주제, 즉 **가정**과 **사랑**이라는 주제가 서로 얽혀 있다는 것에 여전히 흥미를 느낀다. 그녀의 펜을 통해서라기보다 내 펜을 통해서 그 편지가 저절로 쓰이도록 하기 전까지 나는 그러한 주제들이 서로 얽혀 있다는 것을 전혀 생각하지 못했다. 그녀는 그 이래로 아무것도 하지 않았지만, 나는 현장에 있는 그 집단 사무실의 벽시 poetry wall를 처음 창안한 사람이 바로 크리스틴이라는 것을 깨달았다. 환자들은 자유롭게 와서 그들에게 의미 있는 무언가를 그곳에 덧붙인다. 그것은 가득 채워지고 있다.

이는 나에게 **그렇게** 유용한 작업이다.

글쓰기를 시작하는 방법

처음 글쓰기를 시작할 때는 주제도 없이, 생각하지도 말고, 멈추지도 말고, 자유로운 흐름의 글쓰기로 짧게 6분 동안 단숨에 써 내려간다. 그 목적은 손으로 글을 쓰면서 마음속에 들어왔다 나가는 것이 무엇이든 일어나는 대로 기록하는 것이다. 글쓰는 사람은 이 글이 어떤 누군가와 공유하려는 것이 아니라는 것을 명심해야 한다. 자신 말고 다른 독자를 생각하면 자신이 쓴 글이 완전히 형편없거나 아주 개인적인 것처럼 보일 수 있기 때문에 자유로운 흐름을 방해할 수도 있다. 6분에 걸친 글쓰기는 세 가지 기능을 한다. 즉, 빈칸, 흰 페이지(글을 쓰는 모든 이들에게 항상 조금은 겁나는 일이다. 어디서부터 시작하지?)를 채우기 시작하는 것, 당분간 마음에서 밀어낼 필요가 있는 문제들을 적는 것(예를 들어, 도대체 조에게 올해 크리스마스 선물로 뭘 사 줘야 할까?), 잘못하면 잃어버릴 수 있는 중요한 생각들과 이미지들을 포착하는 것이다. 다음은 Helen Drucquer의 글이다(이메일로 묵상하기).

항상 나는 6분간 글쓰기를 하지만, 그런 다음에는 그것을 읽지도 않고 버린다. 6분간 글쓰기를 하는 동안 당신이 그것을 읽어야 한다고 말했을 때 나는 깨달았다. 그 글은 완전한 쓰레기이고, 심지어 쇼핑 목록, 이상한 외침이나 말로 하는 틱을 포함할 수도 있다는 것을 말이다. 다음 글쓰기에서 무엇에 대해 쓸지 생각하면서 현재 내 마음속에는 천천히 움직이고 있는 또 다른 무언가가 있다. 그 뒤 나는 6분 동안 끝까지 앉아 있으면서 생각한다. 오, 이것이 내가 해야 할 일이로구나. 가끔 나는 이것을 하고 싶지 않고 뭔가 다른 것을 하려고 하는데, 이것을 글로 적으라고 아주 끈질기게 요구받기 때문에 이것은 6분 안에 드러나고 만다.

이때 글을 쓰는 이는 한 가지의 사건이나 일에 초점을 맞추면서, 생각나는 대로 많은 세부적인 것과 함께 이야기를 글로 써야 한다. 다시 말해, 추상적이면서 두서없는 말(예를 들어, '사물을 배우는 방법' '선물 주기와 선물의 성격' '나에게 중요한 부류의 사람들' 등)을 글로 쓰는 것이 더 쉬운 것처럼 보일지 모르지만, 훨씬 적은 통찰을 준다. 정서나 감정을 **말해 주기**보다 오히려 읽는 이에게 이처럼 하나의 사건을 **보여 주기**가 문학적 글쓰기의 근본 원리이기도 하다.

글쓰기에서 재창조를 하면 그 사건에 대해 정신적으로 재창조를 할 수 있는데, 이로 인해 경험에 대한 새로운 깊이 있는 통찰을 얻을 수 있다. Helen Drucquer는 이를 다음과 같이 간결하게 표현한다. '같은 근원으로부터 나온/이 단어/지금 검정 또는 푸른색으로 흰 종이 위에 씌어진 이것은/그 일을 다시 한다, 검정과 파랑이/창조하고 재창조하면서/통찰의 새로운 거미줄을 칠 때까지.', '흰 종이 위의 검정 또는 파랑(페이지 위의 잉크)' 과 '검푸른black and blue(멍든)' 에 대한 언어적 유희는 특히 효과적이다.

다음 단계에서는 글쓴이가 자신의 글을 다시 읽고 성찰하면서 동료들이나 슈퍼바이저와 그 글을 공유할 준비를 한다. 그들은 그렇게 해서 그 글을 발전시킬 수 있다. 즉, 자신의 경험에 훨씬 더 가깝게 일치시키기 위해 글을 다시 쓰기, 잊어버린 부분을 더 보태기, 냄새와 촉각으로 관찰, 정확한 소리로 묘사를 완성하기로 말이다. 잘 쓰여진 공포물에서 긴장감을 강화시키거나 복잡한 치료

상황을 해결할 때 세부적인 것이 생명인 것과 마찬가지로, 세부적인 것은 설명에 중요한 영향을 미칠 수 있다(가령, 그녀가 방으로 걸어들어갈 때 어떤 자세를 취했나? 그가 정확히 무슨 말들을 소리쳤나? 그녀의 눈에 나타난 그 표정은 무엇이었나?).

다른 이에게 글을 읽어 주고 그들과 함께 글에 대해 성찰하는 것을 통해서 폐쇄적이고 비공개적이고 촉진을 신중하게 하는 포럼에서 글을 쓰는 이의 이해를 발전시켜 줄 수 있다. 이 단계는 창의적이기도 하고 종종 비판적이고 분석적이기도 하다. 즉, 글쓴이가 처음에 초점을 맞추었던 사건이나 문제에서 좀 더 깊이 있게, 그리고 위쪽 또는 바깥으로 향해서 생각할 수 있도록 도와준다. 집단원들이나 슈퍼바이저는 (글쓴이와는 다른 지식, 기술, 경험으로부터) 임상적 · 법적 · 직업적 · 개인적 조언을 주고 지지해 줄 수 있다.

글쓰기 경험

이런 창의적 글쓰기 과정을 활용한 성찰 훈련을 위해서는 모든 영역과 수준의 경험, 지식, 기술을 이용할 수도 있다. 이를 통해 가장 성찰할 필요가 있는 부분의 핵심 요소를 건드릴 수 있다. 그것은 흔히 사고력이 쉽게 접근하지 못하는 영역이다. 아마도 그러한 영역은 힘들고 고통스럽거나 개인적으로 문제가 되는 부분이기 때문일 것이다. 하지만 창의적인 펜이나 연필은 접근하는 것이 가능하다(그림을 그리는 붓도 접근할 수 있는 것처럼 말이다.). 크기에 상관없이 한 집단 안에서 여러 장에 걸쳐 펜과 연필들의 속삭임이 일어나고 스스로 다시 묵독하는 깊은 고요의 시간 이후에, 나는 물을 것이다. '그 글이 어떻게 느껴졌는가? 당신이 금방 쓴 것을 스스로에게 다시 읽어 주는 기분이 어땠나?' 그러면 사람들은 이렇게 대답한다. '나는 그것으로 인해 놀랐다. 이런 일이 어디서부터 비롯된 것인지 나는 모르겠다. 내가 이것에 초점을 맞출 거라고 정말로 생각지 못했다.' 우리가 잊어버렸던 것이나 생각지 못했던 것은, 우리가 이해해야 하는 것의 중심에 있기 쉽다. 이러한 것은 우리의 자기방어적 본능이고, 글쓰기는 이것으로 향하는 관문일 수 있다.

내 집단에 속한 많은 치료사들, 상담사들 또는 임상심리학자들도 아주 많이 되뇌고 생각했던 힘든 문제나 딜레마에 대해 흔히들 글을 쓰는데, 그들은 그러한 것을 공유할 만하지 못하거나 공유하기 어렵다고 생각했다. 그러한 글쓰기 과정을 통해 단지 잊어버렸던 기억, 생각, 경험뿐만 아니라 지금까지는 공유할 만한 것이 못 되었던 영역을 공유하는 방법을 찾을 수 있다.

그러하기에 성찰 훈련 글쓰기를 하는 이들은 모든 효과적인 치료적 · 교육적 과정에서 중심적인 불확실성을 포용할 필요가 있다. 사람들은 글쓰기를 시작하기 전까지는 그들이 무엇에 대해 쓸 것인지 모른다. Tolkien의 작품 『호빗(*The Hobbit*)』에 나오는 Bilbo와 같이 자신의 모험이 자신을 어디로 이끌 것인지 모른 채 출발하면서 그저 자신의 한 발을 다른 발 앞에 내딛는 것처럼 말이다. 나는 어떻게 이처럼 위험한 과정으로 사람들을 안내할 수 있느냐는 질문을 종종 받아 왔다. 즉, 글쓰는 이는 대처할 수 없는 문제가 나타나면 어떻게 하나? '이는 벌레로 가득 찬 캔을 개봉하는 것과 같을 수 있다.'고 말하는 것이 흔히 사람들의 반응이다. 그런데 삶이 매우 위험할 때 어떻게 우리는 감히 아침에 현관문 밖을 나설 수 있나? 또 모든 유형의 역전이를 유발하는 잠재력을 지닌 아주 심각한 문제를 안고 있는 내담자를 어떻게 대면할 것인가? 우리는 우리 자신의 강점과 역량에 대한 신뢰를 가져야 한다. 또한 만약 우리가 내담자들과 작업한다면 우리를 성가시게 하거나 우리가 내담자를 탐색할 때 지체하게 만드는 어떠한 문제와도 부딪칠 용기를 가져야만 한다.

이런 종류의 글쓰기를 통해 우리가 자아와 대면할 수 있지만, 이는 친절하고, 신사적이고, 인지해 가는 과정이다. 우리는 우리의 신체(글을 쓰는 손)를 신뢰하는 데 익숙하지 않다. 다시 말해, 우리는 우리의 창의적 자아를 신뢰하는 데 익숙하지 않다. 그러나 우리의 창의적 자아는 전적으로 신뢰할 만한 가치가 있다. 이것이 시인과 극작가들이 수천 년 동안 글을 써 온 방식이고, 소설가와 이야기 작가들이 그러한 형식들이 존재해 온 이래로 글을 써 온 방식이기도 하다. 이는 단지 그들의 방법론을 차용한 것에 불과하다. 만약 예술가들이 이러한 '위험한 물'에 기꺼이 뛰어들 각오가 없다면 우리 사회는 정말 메마를 것이다. 나는 물의 은유를 사용하는데, 이것은 내가 수년에 걸쳐 같이 작업해 온 많은 작가들이 사용해 온 것이기 때문이다. "이는 공기를 마시기 위해 위로 올라오는 것과 같다." "이는 한참 동안 상쾌하게 수영한 뒤에 해안으로 나오는 것과 같다." "이것은 오랜 시간 환상적인 목욕을 마치고 나온 내 기분과 비슷하다."

참여자들은 자신의 성찰 중 중요한 요소를 동료들과 기꺼이 공유할 용기를 가질 필요가 있다. 임상심리사들은 글쓰기와 그 글을 묵언으로 자신에게 다시 읽어 주는 과정이 어떻게 작용하고 어떻게 통찰을 주는지 종종 보고한다. 그러나 신중하게 참가자들을 촉진시키는 포럼에서는 다른 참가자들과의 상호작용이 성찰의 깊이를 놀랍게 증가시킨다.

최근 한 과정에서, 어떤 치료사는 자신의 삶에 엄청난 영향을 미쳤던 유년 시절의 사별에 대해 글을 썼다. 그의 글은 분명했고, 깊이 있고, 의미로 가득 차 있었다. 그 글을 들은 후 소집단의 참여자들은 멍한 상태로 앉아 있었다. 그 글은 들을 수 있는 것이 특권을 누리는 것으로 느껴질 만큼 매우 아름다웠다. 게다가 글쓴이에게 쓸 만한 엄청난 가치가 분명히 있었다. 모든 치료사들에게는 사별을 겪은 내담자가 있다. 자기 자신의 상실과 화해하는 것은 다른 사람들을 지원하고 도울 수 있기 위해 필수적인 것이다(Bolton, 2001: 17-19 참조).

그 글쓴이는 자기가 이러한 주제에 대해 글을 쓰려는 생각을 결코 할 수 없었다고 말했다. 그리고 만일 그들이 글을 쓰기 전에 여섯 명의 소집단 사람들에게 글을 읽어 줄 의향이 있는지 묻는 것을 내가 잊어버리지 않았다면, 실제로 그가 그 주제에 대해 글을 쓰지 않았을 것이다. 나의 딸은 병원에 입원해 있었고, 나의 어머니는 죽어 가고 있었고, 나는 엉망이었다. 그에게 종이와 펜이 주어졌을 때, 그는 사생활을 보장받는다는 느낌을 받았다. 하지만 그는 자신의 글을 읽기로 했다. 만일 누구라도 자신의 글이 너무 개인적이어서 나눌 수 없다고 말하더라도 우리 모두는 이해할 거라고 내가 분명히 말했는데도 말이다(내가 사람들에게 읽기와 나눔의 단계에 대해 알려 주고 있을 때조차도, 이를 강조하는 것은 항상 중요하다). 다른 이의 글에 대해 듣는 것은 특권과 같은 느낌을 받을 수 있고, 다른 사람의 경험에 대해 깊은 이해를 주는 창구가 된다. 즉, 이를 통해 누군가의 경험에 대해 생각해 보는 결실을 얻는 열차를 출발시킬 수 있다.

성찰 훈련 글쓰기: 다른 경험들

Bennett-Levy와 동료 연구자들(2003: 145)은 치료사들이 글쓰기를 활용한 일종의 성찰 훈련을 받은 결과, 인지치료 훈련을 '앎에 대한 더 깊은 인식'이라고 보고하는 연구 결과를 얻었다. 이러한 과정은 '자기훈련self-practice/자기성찰self-reflection: SP/SR'과 관련이 있다.

> 훈련생들은 혼자서 훈련서를 가지고 하든, 훈련 파트너와 함께 '협력치료'를 하든, 인지치료 기술을 스스로 실습한다(SP). 그때 그들은 자기 자신과 자신의 내담자, 그리고 인지 이론을 위한 의미들을 생각하면서 회기 중에 글쓰기를 통해 성찰한다(SR).

Bennett-Levy는 글을 통한 성찰이 중요하고, 깊이 있는 작업을 가능하게 했다는 것을 알게 됐다.

Bennett-Levy는 치료사의 발전에 대해 많은 연구를 수행했던 Skovholt를 인용하는데, 즉 "치료사와 상담사는 20년간의 경험을 하거나 1년의 경험을 20번 할 수 있다. 무엇이 그 차이를 만드는가? 핵심 요소는 바로 성찰이다(Skovholt et al., 1997: 365)."

Davidson(1999: 120)은 섭식장애 집단에서 자신의 치료를 지원하고 발전시키기 위해 성찰적 글쓰기를 활용한 접근을 다음과 같이 보고한다.

> 성찰과 글쓰기를 통해서 우리는 그 상황을 개념적으로 이해하기 위해 노력할 수 있다. 신뢰가 쌓이면서 우리들의 관계 속에서 무슨 일이 있어나고 있는지 정직하게 경험하도록 우리 자신을 개방할 수 있다. 그 결과로 생긴 이해와 경험이 불완전한 것일지라도, 우리가 **할 수 있는** 무언가가 드러나는 곳에서 그것은 영향력을 발휘해야 한다. 그리고 만약 우리가 한 무엇이 바랐던 결과를 가져오지 않게 된다면, 적어도 우리는 더 나은 성찰을 돕고 우리의 경험을 고양시키기 위해 새로운 정보를 가지게 될 것이다.

Gerber는 동남아시아 난민 환자와 함께하는 심리치료 작업을 이해하고 받아들이기 위해 노력하면서 글쓰기를 사용했다(Gerber, 1994, 1996).

성찰적 저널쓰기가 흔히 사용된다. Best(1996: 298)는 '통합의 과정으로써' 저널쓰기의 가치를 강조했는데, 그것은 **안전한 격납고**이자 **치료적 공간**이기도 하다. 다시 말해, 그것이 아무리 나쁜 경험과 감정일지라도 경험과 감정을 넣어 놓기에 안전한 장소라는 것이다. 그런데 이러한 감정과 경험은 훗날에 더 안전하게 검토될 수 있다. 그 글은 그 사이 종이 위에 변함없이 남아 있을 것이지만, 글쓴이는 그동안 발전했고, 그때의 상황, 그 상황에 대한 자신의 감정과 생각을 재평가할 수 있을 것이다. Best는 그것을 **노는 공간**이라고 부르기도 하는데, '탐색하고 확인하는 공간'을 의미한다.

글쓰기: 왜 그리고 어떻게

글쓰기가 효과를 발휘하는 이유 중 하나가 바로 이러한 사생활 보호다. 글에 대한 기본적인 대화자는 바로 글쓴이 자신이다. 글쓴이는 글을 다른 사람과 공유할지, 그리고 그 글을 듣는 이가 누구여야 하는지를 결정할 수 있다. 또한 심지어 글을 읽지 않고 버리는 것을 선택할 수도 있다. 글쓴이는 자신이 글을 읽거나 공유하고 싶어질 때까지 그 글을 읽지도 않고 공유하지도 않은 채 둘 수 있다. 유년 시절 사별의 경험에 대해 비공개적으로 글을 썼던 치료사는 그 글을 집에 가져갈 수도 있었고, 나중에 친척, 친구, 혹은 슈퍼바이저에게 읽어 줄 수도 있었다. 만약 그 치료사가 그랬다면, 나는 그가 처음으로 우리들과 자신의 글을 나눠서 기쁘다.

성찰하는 글을 쓰는 이들은 글쓰기 과정을 신뢰할 필요가 있다. 한 집단 안에서 촉진자를 정하는 것은, 글쓰는 이들이 스스로에게 자질을 갖추고 있고, 권위자이며, 경험이 많다는 것을 보여 주는 신뢰가 생긴다면 비교적 쉽다. 그래서 내 강의에 참석하는 치료사들과 상담사들은 나에게서 직접적으로 정말 쉬운 방법을 배운다. 글을 읽는 것으로부터 글쓰기를 시작하는 것은 사람들에게 더 어렵다. 그러나 다음의 제안을 따라서 해 보면 쉽게 할 수 있다. 스스로에 대해 믿음을 갖고 그 과정을 신뢰하면서 말이다.

우리는 성공적인 성찰 훈련 글쓰기를 위한 두 가지 전제 조건—과정을 믿는 것과 자신을 믿는 것—을 살펴보았다. 세 번째 조건은 사랑이다. 성찰 훈련 글쓰기는 사랑하는 과정, 너그러운 과정, 베푸는 과정이다. 치료사와 임상심리학자들은 자기 자신이 **스스로를 위해서 억제하지 않고 글쓰기**를 하는 것이 얼마나 자기만족적self-indulgent으로 느껴지는지 알고 있다. 그러나 그들은 보통 전문적인 현장에서 이렇게 하지는 않는다. 그리고 이것이 효과적인 성찰 훈련의 한 방법일 수 있다고 절대 생각하지 않았다. 성찰 훈련 글쓰기는 마치 선물과도 같다. 만약 우리가 자신을 사랑하지 않고 이해하려고 노력하지 않는다면, 어떻게 내담자를 사랑으로 지원할 수 있겠나? 각각의 글이 그 글을 쓴 사람에게 속하고, 그 사람을 표현하고, 그 사람을 발전시킨다는 점에서도 성찰 훈련 글쓰기는 하나의 선물이다. 그래서 대부분의 심리치료와 상담은 다른 사람들에게 베푸는 것이다.

Davidson(1999: 122)은 성찰적 글쓰기를 동료들에게 어떻게, 그리고 언제 소개하는지에 대해 언급하면서 다음과 같이 말한다. 사람들은 "글쓰기를 통해서 어떻게 자신의 창조성이 드러나는 글을 쓸 수 있는지, 그리고 자신의 경험을 표현하는 하나의 방법이라는 것을 깨닫도록 해 주었는지 설명한다. 꽉 막힌 규칙을 적용하면서 이질적인 도구를 사용한다고 기대할 때, 규범이라는 것은 위협으로 느껴질 가능성이 더 크다."

게다가 성찰 훈련 글쓰기는 즐겁다. 집단 안에서 나는 집단원들이 아주 많이 웃고 울도록 한다. 그리고 사람들은 자신의 창의적인 경험을 통해서, 다른 사람의 창조적인 활동에 참여함으로써 풍요로움을 느낀다.

시작하는 방법

- 단지 20~30분만 투자하면 유용한 글쓰기를 할 수 있다. 만약 더 길게 시간을 잡으면, 그 시간의 대부분은 글쓰기를 시작하지도 않고 빈둥거리면서 낭비하게 될 것이다.
- 당신이 무엇을 글로 쓰더라도 당신은 맞는 것을 쓸 것이다. 당신은 잘못된 것을 쓸 수 없다.
- 생각하지 말고 써라. 즉, 손 가는 대로 써라.
- 이전에 배웠던 문법, 구조, 형태, 철자에 대한 모든 규칙은 잊어라. 만약 글을 공유하기 전에 이러한 부분이 정리될 필요가 있다면, 나중에 간단히 정

리하면 된다.

- 멈추지 말고, 생각하지도 말고 60분 동안 머리에 떠오르는 것은 무엇이든 먼저 글로 써라. 이 단계에서는 어떠한 주제나 제목도 없다. 그 목적은 거의 주목하지 못했거나 전혀 주목하지 않았던 마음에 문득 떠오르는 이미지들을 잡아 내는 것이다. 이것은 목록처럼 나올 수도 있고, 산만한 잡동사니처럼 나올 수도 있고, 심지어는 아주 이해할 수 없는 것일 수도 있다.
- 이제는 하나의 주제를 잡아라. 가령, **내가 중요한 것을 배웠던 때, 선물, 나에게 아주 중요했던 사람** 등이다. **어떠어떠한…… 때**에 대해 하나의 이야기를 말하거나 한 편의 시를 써라. 약 20분 남짓 글을 써라.
- 소리 내지 않고 쓴 글 전체를 읽어라(6분 정도 휘갈겨 쓴 것을 포함해서). 만약 그 글이 괜찮다면 그 내용을 발전시켜라. 하지만 문법, 구조, 철자에 대해서는 생각하지 마라. 6분간 쓴 글과 좀 더 쓴 것 사이의 유용한 연관성을 찾아라.
- 그 글이 괜찮은 것처럼 보인다면 다른 사람과 공유하라.
- 만약 당신이 이것을 훨씬 더 과감히 한다면, 이제부터 흥미로운 단계가 될 것이다. 원래의 글을 보완하는 시를 쓰거나 허구적 이야기를 써라. 본래 쓴 글 중 중심적인 사람—환자, 동료나 친척—의 목소리로 써라. 또는 기분 나쁜 결말 대신 만족스러운 결말로 다시 쓰거나 주인공의 성별을 바꿔 보라. 또는 다른 장르로 글을 써라. 가령, 로맨스, 공포물, 탐정물, 판타지 등……. 작가들의 수만큼이나 다른 이야기나 시를 쓸 수 있는 많은 다양한 방법이 있다. 실험하고 즐겨라. 이 단계는 아주 교훈적이다.

성찰 훈련 글쓰기: 일례

Heather Allan은 심리치료에서 미술을 사용하는 것에 매우 깊게 관여해 온

치료사다. 그녀는 자신의 치료에 대해 효과적인 성찰을 하기 위해 글쓰기를 활용했던 경험을 여기에 기고해 주었다. 그녀는 Helen Drucquer와 마찬가지로 기본적으로 시인이거나 창작 작가가 아니다. 하지만 그녀는 자신의 치료 현장에서, 그리고 자신의 치료 행위를 성찰할 때도 창의적으로 글쓰기를 사용한다.

한밤중 산 위에서: Heather Allan

나는 1977년 한 서류철 안에서 우연히 이 시를 찾았다. 나는 이 시를 완전히 잊어버리고 있었지만, 내가 이 시를 읽었을 때 즉각적으로 그 당시 전체적인 상황이 마음속에 떠올랐다. 이는 나에게 약간 흥미로운 일인데, 왜냐하면 나는 시라고는 거의 쓰지 않는데, 그럼에도 내가 이에 대해 시를 썼기 때문이다. 왜 그랬을까? 그 당시 나는 정신분석에 아무런 연관도 없었고, 우연한 사건에 대해 자세히 이야기하는 젊은 여성을 치료하는 역할도 아니었다.

한밤중 산 위에서
젊은 남자가 높이 쌓인 눈 속에서
환각제를 쥔 자신의 손을
자신의 입속으로, 그리고 자기 팔이
여기 목구멍 아래까지 들어가도록 밀어 넣네.
마치 자기 몸을 빨아들이려고 하는 것처럼.
안에 있는 무언가가 밖으로 나올 수 없기 때문에
그 남자는 밖에 있는 무언가를 안으로 넣으려 하네.
그 남자의 장은 공허함으로 가득 찼기 때문에
텅 빈 통로에서는 두려움이 스며 나오고
그 남자는 익숙함을 흡수하려고 하네.
자신의 몸뚱아리에서,
자신이 잘 알고 있는 안도할 수 있는 피부에서.

어린아이가 세상을 움켜쥐는 것처럼
자신의 입안에서 움켜쥐네.
사랑하는 이는 다른 사람을 알고 싶어 하네.
음부로 뜨겁게 움켜쥐면서
그리고 외롭고 추운
벌거벗은 산 위에 있는 불쌍한 톰은
자신의 엄지를 입에 넣고
빨면서 잠이 드네.

하지만 이 시를 쓴 것을 이해하고, 나의 학생이 나에게 했던 말에 대한 혼란스러움을 담고자 아주 즉흥적으로 이 시를 썼던 것으로 기억한다. 그래서 나는 그 여학생과 함께 나눴던 대화의 의미와 그 여학생이 의미했던 바에 대해 성찰할 수 있었다. 나는 어떤 대학의 젊은 지도교수였다. 그 여학생은 내가 좋아했던 학생이었는데, 그녀의 남자친구가 스위스에서 이런 일을 저질렀다. 나에게 깊은 감동을 주었던 것은 바로 그 여학생이 나에게 말한 본질이었다. 나는 그것이 가십거리 그 이상으로, 즉 허세와 두려움이 섞여 있는 것으로 느껴졌다. 그 여학생이 그 사건에 대해 말할 때 이러한 것을 느끼고 있었던 사람은 누구일까? 나는 이러한 감정적인 혼란에 빠졌고, 그래서 우리 사이에 나눴던 감정적인 의미를 명확히 하고, 분리하고, 일정한 거리를 두기 위해서 그 시를 썼다. 그 여학생은 두려워했지만, 허세를 부리는 것처럼 들렸다.

잘 알려진 구절(가령 셰익스피어에서 따온), 자장가 리듬, 그리고 글의 형태를 통해 나는 이 괴상한 사건을 내 문화와 지식으로 담아 내려는 시도를 했다. 이것은 부분적으로 치료사가 하는 일이다. 그 여학생과 나는 그때 그 사건이 의미하는 바에 대해 생각할 수 있었다(밤에 산에서 약을 먹어서는 안 된다는 것을 제외하고 말이다!). 내가 대상관계 이론에 대한 어떤 공식적인 지식을 가지기도 전에, 그 흐릿한 대상관계를 시로 표현한 것을 읽고 있다는 데 흥미를 느꼈다.

결론

성찰은 효과적인 치료를 위해 필수적이다. 임상의는 어떤 상황을 (임상적인 일이든 또는 동료와 관련된 사건이든 또는 첫눈에 봤을 때 전문적인 일과 관련된 것처럼 보이지 않는 것이든) 재구성할 수 있는 능력을 필요로 한다. 순전히 비평적이고, 이성적이고, 분석적인 접근법을 통해서는 검토될 필요가 있는 경험들 중 단지 일부에만 접근할 것이고, 그러한 것들 중 단지 일부를 검토할 것이다. 그 이유는 우리의 경험 중 좀 더 까다로운 영역, 즉 아마도 가장 골치 아픈 것들 또는 우리가 해결하기 가장 어려운 것들이, 우리의 즉각적으로 비판적이고, 이성적이고, 분석적인 과정에서는 보이지 않기 때문이다.

이는 우리 내담자들의 경험에서도 유사하다. 그들은 자신의 경험을 이해하기 위해서, 그리고 더 효과적이고 행복하게 자신 및 세상과 관계를 맺기 위해서 자신의 경험을 성찰하는 치료사, 상담사, 심리학자들의 도움을 필요로 한다. 그들은 또한 미술치료나 글쓰기치료에서와 같이 예술의 도움이 정말로 필요할 수도 있다. 임상의들도 자신의 경험을 성찰하기 위해 도움을 필요로 한다. 슈퍼바이저와 동료들이 이것을 제공해 줄 수 있다. 표현적이고 탐색적인 글쓰기는 어느 때든 이용할 수 있어서 시간효율적이고, 비용이 적게 드는 효과적인 방법이다.

참고문헌

Bennett-Levy, J., Lee, N., Travers, K., Pohlman, S., & Hamesnik, E. (2003). Cognitive therapy from the inside: enhancing therapist skills through practising what we preach. *Behavioural and Cognitive psychotherapy, 31*: 143-158.

Best, D. (1996). On the experience of keeping a therapeutic journal while training. *Therapeutic Communities, 17*(4): 293–301.

Bolton, G. (2001). *Reflective Practice Writing for Professional Development*. London: Sage.

Casement, P. (1990). *Further Learning from the Patient*. London: Tavistock/Routledge.

Davidson, B. (1999). Writing as a tool of reflective practice. *Group Analysis, 32*(1): 109–124.

Evison, R. (2001). Helping individuals manage emotional responses. In R. L. Payne & C. L. Cooper (Eds.), *Emotions at Work: Theory, Research, and Applications in Management*, pp. 241–268. Chichester: Wiley.

Flint, R. (2002). Fragile space: therapeutic relationship and the word. *Writing in Education, 26*: ii–viii.

Gerber, L. (1994). Psychotherapy with southeast Asian refugees: implications for treatment of western patients. *American Journal of Psychotherapy, 48*(2): 280–293.

Gerber, L. (1996). We must hear each other's cry: lessons from Pol Pot survivors. In C. Strozier & F. Flynn (Eds), *Genocide, War, and Human Survival*, pp. 297–305. New York: Rowman & Littlefield.

Johns, C. (1995). Framing learning through reflection within Carper's fundamental ways of knowing in nursing. *Journal of Advanced Nursing, 22*: 222–234.

Kolb, D. A. (1984). *Experiential Learning*. London: Prentice Hall.

Mezirow, J. (1981). A critical theory of adult learning and education. *Adult Education, 32*(1): 3–24.

Morrison, K. (1996). Developing reflective practice in higher degree students through a learning journal. *Studies in Higher Education, 21*(3): 317–331.

O'Loughlin, S. (2002). Attending to the patient within us. Presentation to Warwick University Department of Clinical Psychology Conference: Reflective Practice.

Rogers, C. (1969). *Freedom to Learn: A View of what Education might Become*. Columbus, OH: Charles E. Merrill.

Schon, D. A. (1983). *The Reflective Practitioner: How Professionals think in Action*. New

York: Basic Books.

Skovholt, T. M., Ronnestad, M. H., & Jennings, L. (1997). The search for expertise in counselling, psychotherapy and professional psychology. *Educational Psychology Review*, *9*: 361–369.

Tripp, D. (1995). *Critical Incidents in Teaching*. London: Routledge.

van Manen, M. (1955). On the epistemology of reflective practice. *Teachers and Teaching: Theory and Practice*, *1*(1): 33–49.

제20장

회기 종료 후 반응으로 '자유로운 글쓰기'

John Hilsdon

도입: 회기 노트 – 간과된 영역?

Sue는 나에게 이렇게 말했다. "내담자가 떠난 뒤, 다음 내담자와 상담에 들어가기 전까지 15분 정도의 시간이 남아요. 그 시간이면 딱 음료수 한 잔 마실 수 있는 시간인데, 그때 잠깐 메모를 휘갈겨 쓸 수 있는 기회를 가질 수 있죠." Sue는 내가 2001년과 2002년에 '회기 노트 만들기'라는 주제로 이야기를 나눴던 아홉 명의 상담사들 중 한 명이다. 그 집단은 작은 규모지만 폭넓고 다양한 이론적 지향과 실무 경험을 가지고 있다. 그들 중 대다수는 Sue와 유사한 경험을 보고했다. 즉, 그들은 한 내담자와 상담이 끝나고 다른 내담자와 상담을 갖기까지 15분 이상의 여유 시간을 가지기는 어렵고, 어떤 경우는 이보다 더 짧았다. 그들 모두는 단지 대강의 메모나 나중에 그 회기를 기록할 때를 위한 비망록만을 쓰지만, 적어도 각 회기가 끝난 후 무언가를 쓴다. 메모하는 의도는 자신의 작업 방식에 따라 다양할 수 있지만, 그들 모두는 회기 노트의 중요성을 강조했다.

모든 응답자들은 최소 학사학위 수준 이상으로 교육받았고, 작업할 때 자신이 접근하는 방법에 대해 그들은 인간중심적, 통합적, 실존적, 인본주의적, 정신역동적 방법이라고 설명했다. 응답자들은 놀랍게도 유사하게 다음과 같은 설명을 했는데, 그들이 받은 상담 훈련 과정에는 내담자와의 상담 회기에 대한 반응으로 노트를 만드는 이론이나 실습과 관련된 명시적인 내용이 그리 많지 않았거나 어떤 경우는 **전혀** 없었다(단, 정신역동적 심리치료사 교육을 받은 동료는 예외였다.).

최근에 높아진 법률적 · 윤리적 이슈에 대한 관심 덕분에 영국 상담 및 심리치료협회The British Association for Counselling and Psychotherapy, BACP가 유용한 자료를 만들게 되었지만(BACP, 2002; Coldridge, 2003), 영국 내 상담과 관련해 늘어나는 문헌에 대한 검토의 과정에서도 이 주제에 관한 자료는 거의 나오지 못했다. 그러나 이 글을 쓸 때 노트의 창의적 활용에 관한 기사(Smith, 2001)와 실제 상담 개시에 관한 어떤 책에서 짧은 섹션 하나(McMahon, 1994)를 발견했는데, 그것 외에는 거의 없었다. Smith와 마찬가지로, 나는 훈련생이나 초보 상담사들을 위해 제작된 주요 교과서에 회기 노트 쓰기와 활용에 대해 조언이 부족하다는 것을 발견했다. 보통 첫 회기에 이력 쓰기history-taking와 관련된 것만 언급할 뿐인데, 가령 "내담자에게 너무 간섭하거나 부정적 영향을 주지 않는 한, 메모하기note-taking는 내담자에 대한 세부사항을 기억하는 데 도움이 된다(Nelson-Jones, 1982: 284)."라는 식의 언급이다.

이 부분에 대해 처음 생각해 보는 독자들을 위해서 법률적 · 윤리적 문제를 포함해서 뒤따를 수 있는 문제의 범주를 보여 주는 몇 가지 질문을 다음에 열거해 놓았다. 실제 현장에서 관련 법률과 윤리성을 인식하는 것은 분명히 중요하다. 게다가 내가 강조하고 싶은 것은, 이 장에 언급된 어떠한 아이디어를 독자 여러분들이 사용하려고 생각할 때 자신의 접근방식이 '자료보호 및 인권조례

the Data Protection and Human Rights Acts' (Jenkins, 1997; Bond, 1999)와 BACP의 『윤리체계(*Ethical Framework*)』(2002)를 모두 준수하는지 확인해야만 한다는 것이다.

노트 만들기note-making라는 주제를 연구할 때, 우리는 다음 질문에 주의를 기울일 필요가 있다.

- 회기 노트를 만드는 것이 (항상) 필요한가?
- 누구를 위한 것인가? 누가 그것을 소유하는가? 내담자, 상담사 또는 둘 다 (소유권에 대한 윤리적 · 법적인 의미가 여기에는 똑같이 내포되어 있다.).
- 주소, 나이, 의사의 이름, 관련 의료기록(medical history) 등과 같이 개인적 데이터를 기록하는 것 이외에 다른 어떤 이유로 상담사들이 노트를 만들고, 그 노트를 어떻게 활용할 수 있는가?
- 다양한 노트 만들기 전략을 상담사나 치료사의 지향성이나 이론적 접근과 어떻게 연결시키는가?
- 노트에 도표, 낙서, 스케치 또는 다른 상징적 도구를 활용하는 것은 어떤가?(나는 보통 가계도, 즉 가족 구조에 관한 도표를 첫 번째 회기에서 그리는데, 많은 속기 장치를 갖고 있고 시간을 두고 발전시키고 있다. 내 응답자들 중 한 명은 다른 유형의 정보를 표시하기 위해 다른 색깔의 펜을 사용한다.)
- 시간이 제한되어 있다면, 노트 작성을 하는 데 얼마나 걸릴까?
- 회기가 끝난 후 노트 작성을 위한 이상적 시간은 얼마일까?
- 우리는 노트에 실제로 무엇을 쓰고, 어떻게 도구를 선택할까? 무엇이 간과되었나?

이들 중 이 장에서 직접적으로 언급된 것은 마지막 세 질문, 그중에서도 특히 마지막 질문이다.

자유로운 글쓰기 도입하기

이것은 기술에 대한 간략한 설명이다. 나는 자유로운 글쓰기freewriting에 설명을 Peter Elbow의 저서 『교사의 도움 없이 글쓰기(*Writing Without Teachers*)』(1998)에서 많이 차용했다. 이 책은 일반적인 교육 상황을 위해 쓰여졌다. Elbow는 자유로운 글쓰기를 '유도trigger' 단어나 구문에 자극을 받아서 특정하게 제한된 시간 동안 종이에 펜으로 쓰거나 손가락으로 키보드를 친다는 의미로 사용한다. 글을 쓰는 이는 의식적인 '검열'이나 선택, 즉 다시 쓰기, 고치기, 편집 없이 생각이나 아이디어를 **생각나는 대로** 바로 포착하기 위해 일련의 지침을 따른다. 예를 들자면 다음과 같다.

- '유도' 단어나 구문을 결정한다.
- 시간 제한을 둔다(3~5분).
- 멈추거나 검열하거나 판단하거나 글에 대해 고민하지 않고, 생각이 떠오르는 것은 무엇이든 적는다. 다시 말해서, 문법, 철자, 문체 등은 신경 쓰지 않는다.
- 만약 아무 생각이 없어지면, 유도 구문을 적어라—거듭해서 아이디어가 떠오를 때까지.
- (주어진) 시간이 다 될 때까지 멈추지 마라.
- 어떤 것을 편집하기 위해 '교정하거나' 바꾸기 위해 되돌아가지 마라.

지난 몇 년에 걸쳐서 지금까지, 나는 경험적 에세이 쓰기 워크숍의 일환으로 다양한 전공의getting started 대학생들과 이 연습을 해 왔다(Hilsdon, 2002). 참가자들은 막히는 느낌에 대처하기, 지체를 피하기에 유용하다고 보고한다. 많은 이들이 말하기로는 자유로운 글쓰기가 계획하고, 주제를 통해 사고하는 데 도움을 주기도 하고, 전에는 의식적으로 인식하지 못했던 관련 이슈들을 꺼내 놓게 해 준다고 한다. 자유로운 글쓰기를 통해서 완성된 에세이에서 논지의 질과 깊이가 현저히 향상된 것으로 나타난다.

저널쓰기, 이야기 작문, 다른 형태의 글쓰기도 내담자들을 위한 치료 도구로 제안되어 왔다. 이 책에서 다른 부분, 예를 들어 Lange(1996)의 이야기치료에 대한 설명이나 Mckinney(1976)의 자유로운 글쓰기에 대한 설명을 참조하라. 비록 모든 사람에게 적합하지는 않을지라도 나의 내담자 중 어떤 이들은 자유로운 글쓰기로 효과를 얻었다. 자유로운 글쓰기는 카타르시스의 기회를 제공해 주고, 이 기회를 통해 듣지 못하고 인식하지 못한 내면의 '목소리'가 그들 자신을 표현하도록 허락해 준다. 또한 자유로운 글쓰기는 기질, 감정의 역사와 패턴, 신념과 관점을 찾아내도록 도움을 줄 수 있고, 그래서 자기인식과 자기이해를 향상시킬 수 있다. 그러나 안전하게 머물기 위한 지침을 내담자에게 제시하고, 예상치 못하게 고통스럽고 겁나거나 또는 힘든 주제들이 나타날 수도 있다는 것을 경고해 주는 것은 중요하다.

상담사들이 앞에서 보고된 회기 사이의 제한된 시간 중에 겪게 되는 경험은 아주 일반적이다. 자유로운 글쓰기는 자료를 의식적으로 분석하거나 선택할 필요 없이 한 회기에 대해 빨리 반응할 수 있는 방법을 제공해 준다. 이를 통해 나중에 완벽하게 기록하기 위한 기초적인 메모를 할 수 있는데, 이를 가지고 슈퍼비전을 받거나 적절할 경우에는 내담자와 공유할 수도 있다.

이 장의 내용을 위해 상담을 했던 상담사들에게 제안된 접근법을 소개한다.

- 내담자가 떠난 후 가능한 한 빨리 마음속에 가장 먼저 떠오르는 단어나 구절들을 적어 두라. 그 가운데 세 개 내지 네 개를 골라라. 인간 중심의 작업 방식에서는, 내담자가 사용한 정확한 단어나 구절을 선택하는 것이 적합할 것이다. 그러나 여러분의 접근법이 정신역동적이라면, 회기 중에 일어난 일이나 내담자가 말했던 것에 대한 반응으로 여러분이 사용한 단어나 구절

을 가지고 작업하는 것에만 관심을 기울일지도 모른다. 이러한 방법론적인 문제는 여기서 다룰 수 있는 것보다 오히려 더 완전하게 다룰 필요가 있다. 하지만 요점은 자유로운 글쓰기가 다양한 전통의 상담 작업에 기여할 수 있다는 것을 설명하려는 것이다.

- 선택된 단어나 구절들은 글쓰기를 시작하는 '방아쇠'가 된다. 활용 가능한 시간에 따라, 앞에 제시된 지침을 이용해서 1~3분 동안 각각에 대해 글쓰기를 하도록 하라.

자유로운 글쓰기를 위한 배경과 원리

McLeod(1998)는 내담자들이 자신의 의미를 표현하고, 경험을 이해하고, 그것을 훈습하도록 도와주기 위해 드라마, 문학, 시각예술로부터 얻은 방법론과 기술을 활용하여 상담하는 전통이 강하다는 것을 우리에게 상기시켜 준다. 그는 자서전, 저널, 시, '독서치료' 와 같은 기술을 열거한다(Greening, 1977; Progoff, 1992; Winter et al., 1999; Bolton, 2001).

Freud는 잘 알려진 대로 정신분석의 핵심 도구로 자유연상free association을 이용했는데, 자유로운 글쓰기는 이 방법의 문자화written version로 간주될 수 있다. 이 아이디어는 1920년대에 초현실주의 시인이자 사상가인 André Breton에 의해 계승되었다. Breton은 자유로운 글쓰기가 사고를 뛰어넘을 수도 있다는 가설을 세우고 '자동 글쓰기automatic writing'를 실험했다. 그의 목표는 의식적 사고를 생각에서 제거하고, 무의식에서부터 직접 자료를 생산하는 것이었다. 어떤 연구를 마친 후, Breton은 도덕적 · 미학적 판단과 같은 기능을 '꺼 버리는 것' 이 신경학적으로나 실존적으로 가능하지 않다는 걸 인정했다. 그러나 의미와 중요성을 파헤치는 데 도움이 될 수 있는 심리에서 숨은 자원을 찾는 예술가와 그 밖의 사람들은 그 방법에 여전히 어느 정도 흥미를 갖고 있다(Breton,

1936).

Freud의 원리는 자유연상이 제공해 주는 무의식적 요소로의 접근이다. 즉, 분석가와 환자 간의 대화 형태로서, 자유연상은 단지 우연한 일치나 연관처럼 보일 수도 있는 것을 낳는다. 그러나 구절이나 문장을 발음할 때, 한 단어와 그 다음 단어 사이에 나타나는 연관성, 말실수 또는 모순이 내담자 또는 환자의 무의식에 관한 무언가를 드러내 줄 수 있다고 주장한다. 결과적으로 도출되는 요소—이미지, 은유, 수수께끼나 다중 의미들—를 조사하는 것이 정신분석이 해야 할 일이다(Phillips, 2000).

인본주의적 또는 실존주의적 상담과 같이, 내담자들과 함께 작업하는 다른 접근법은 비록 방식에서는 차이가 있지만 이러한 기술을 이용할 수 있다고 나는 믿는다. Freud의 관심은, 우리의 비이성적이고 무의식적인 '욕구'에도 불구하고 이성이 어떻게 우리의 목적이 될 수 있는가에 대한 그의 특별한 해석에 있었다. 나의 상담 작업에서, 내가 촉진시키기를 바라는 것은 바로 내담자의 해석이고 경험과 관련하여 그들 자신의 의미를 발전시키는 것이다. 자유로운 글쓰기는 나의 의식적인 인식 밖에 존재하는 요소에 대한 통로를 열어 둔 채로 상담 회기를 기록하는 방법을 나에게 제공해 준다. 그 결과로 나는 어떻게 내 나름의 지각과 해석 과정이 그 작업에 영향을 주고 있는지를 볼 수 있다.

자유로운 글쓰기 예시

이 글을 내가 다시 읽었을 때, 앞 섹션이 기대만큼 이해하기 쉽게 씌어지지 않았다는 걸 느꼈다. 나는 컴퓨터 작업을 하다가 일어나 종이 한 장을 꺼내서 다음과 같은 내용을 '자유롭게 적었다.'

난 뮤지션 Prince를 생각한다. 얼마나 당황스러운가!! 그러나 계속해 보자. 그는 스스로 모든 악기를 연주하고, 각 부분을 따로따로 녹음한다. 그리고 자신의 노래를 합친다……. 그것은 내가 글을 쓰는 방식과 약간 유사하다……. 학문적인 글이라고 얘기해 두자. 모두 작업해 놓은 다음에 일관되고 깔끔하게 나오도록 그것을 합친다. 주름진 곳을 매끄럽게 다듬는다. 그러나 **의식적인 것**에 대한 내 경험은 이와 같지 않다. 즉, 다른 선율이 동시에 일어나고 있다……. 부분적으로 그것은 내가 선택하고 있는 것이지만, 많은 것은 내가 선택하고 있는 것 같지 않다. 그것은 단지 내 머릿속에서 계속되고 있다. 즉, 생각이나 감정에 대한 인식이다. 내가 말할 때—가르치고 있을 때라고 하자—나는 잠시 멈추었다가 한 번에 하나씩 말하려고 노력한다. 글쓰기에서는 모두 신중하게 구성되고, 편집되고, 재작업된다. 그러나 정상적으로는 사고, 감정, 기억, 이미지, 감각들이 모두 함께 일어난다. 끔찍한 불협화음이 계속되기도 하고, 가끔은 하모니를 이룰 수도 있다.

이를 통해 나는 상담 회기 후에 잘못하면 회기에 대한 서술이 너무나 의식적으로 구성될 수 있는 것을 창의적으로 교란되도록 할 수 있게 자유로운 글쓰기를 사용하고 있다는 것을 상기한다. 이러한 교란을 통해 단지 합리적이고, 선형적이고, 연대기적인 정보 이상을 수용할 수 있다. 정서, 이미지, 직관과 감정도 역시 좀 더 쉽게 알아차릴 수 있다. 타인에 의해 의식적인 '목소리'(언어학적인 표현을 사용하자면 '전환'을 보류하기 위한 목소리) 방해하기, 표면에 나타나지 않는 깊은 곳에서 활발히 말하기, 처음의 목소리로 시작하기 등은 적어도 내담자와 함께한 나의 다면적이고 다층적인 어떤 경험과 내담자의 현실이 내 회기 노트에 '침투하도록' 해 준다. 이러한 요소는 성찰 과정에 있는 상담사로서의 나의 정신 영역에 합법적으로 머물 수 있고, 내담자와 함께 내가 지도를 그리려고 노력 중인 공간의 일부가 될 수 있다.

자유로운 글쓰기는 역전이—의식하지 못하고, 인식하지 못하거나 규정짓기 어려운 내담자에 대한 반응—의 특징을 내가 인식하도록 하는 데 특히 유용하다. 이런 감정과 반응, 그리고 평가에 대해 좀 더 의식하게 되면서, 나는 적절하게 그것들을 폐기하거나 활용하는 데 더욱 능숙해졌다. 예를 들어, 초기에 단지 물리적 특성으로만 돌렸거나 스스로에게 '무시하라'고 말했던, 어떤 내담자와 함께 있을 때의 불편함은, 내 인생에서 중요한 의미를 가지는 누군가와 관련된 감정을 야기시켰기 때문이라고 자유로운 글쓰기에서 드러났다. 이러한 이해를 통해 우선 그 연상을 인정할 수 있었고, 이어서 관련성에 대해 고찰했고, 마지막으로 (역전이를) 제거할 수 있었다.

어느 날 아침, 나는 잠을 깨서 어떤 꿈을 기억해 냈는데, 그 꿈은 나의 내담자가 그녀 자신의 꿈을 묘사했던, 전날 저녁의 상담 회기에 대해 바로 생각나게 만들었다. 나는 재빨리 자유로운 글쓰기를 통해 글을 적었고, 다음은 내 노트에서 옮겨 적은 것이다.

늑대에 대한 나의 꿈과 X의 꿈

X는 그녀 자신의 인생에 대한 흥미진진한 그림을 가지고 있는 꿈을 꾸었다. 그러나 그녀는 가짜라는 느낌이 들었고, 자신에게 화가 난다. 그 이유는 그녀가 실제로 한 번도 본 적이 없었던 그림이었기 때문이다. 그녀는 그 그림이 화려한—금박으로 입힌—틀 안에 있다는 것을 알았다. 그 사진을 그녀 대신 운반해 줄 사람이 있었는데, 그녀가 언뜻 보았을 때, 그녀는…… 색깔이 바뀐 것을 알았다. 결국 그녀는 그것을 **팔았는데**—정장을 입은 남자들에게 설득되어 거의 깨닫지 못한 채 말이다.

나는 내가 아름다운 회색 늑대를 쏘는 꿈을 꾸었다. 꽤 충격을 받으며 일어났는데, 내가 엄청난…… 파괴를…… 저질렀다는 느낌…… 바로 내담자 X와 그녀의 그림에 대한 꿈이 생각났다—그녀는 자신의 인생 그림, 즉 상상의 가능성을 팔았다—이것은 나에게 충격이었다—내가 늑대를 쏜 후 받은 충격에 견줄 만하다 — 나는 늑대에게 사라지라고 맹렬하게 요구한다 — 깊이 후회한다.

자유로운 글쓰기를 통해 쓴 이 글을 내 슈퍼바이저에게 제출했을 뿐만 아니라, 이것과 관련된 내담자에게 부분적으로 설명도 했다. 이것은 나에게는 치료 작업의 토대이기도 했다.

나는 많은 중요한 이슈가 이 예로부터 생겨난다고 느낀다. 내담자는 저녁 상담 회기가 끝날 무렵 나에게 자신의 꿈을 묘사했었다. 나는 그 회기를 마친 후 피곤했고, 노트에 메모할 때 내담자의 꿈 이야기에 그리 많이 주의를 기울이지 않았다. 다음날 아침 일어나자마자, 아름다운 회색 늑대를 쏜 강렬한 나의 꿈이 충격적으로 남아 있었다. 나는 어떠한 의식적 연관을 짓거나 해석하지도 않고 나의 내담자와 그녀의 꿈을 기억해 냈다. 내 경험상 이런 인상은 쉽게 잊혀지기 때문에 (앞서 보여 준) 자유로운 글쓰기를 재빨리 하기로 결정했다. 그 결과, 나는 내 자신의 꿈과 내담자의 꿈 사이의 가능한 연관성에 대해, 그리고 내담자와 함께 내가 작업할 수 있는 방식에 대해 몇 가지 명확한 단서들을 얻었다.

나에게 자유로운 글쓰기는 내가 아직 다루지 못했던 노여움과 분개의 감정을 의식으로 끌어오게 했다. 어떤 사회적 공포나 불안에 대한 반응으로 나 자신을 '길들이고' 남의 이목을 의식하게 만드는 것은, 나로 하여금 어떤 '야생성'을 억제하도록 하였다(나는 그 늑대를 쐈다 — 그런 뒤 이 '난폭'하고 '파괴적인' 행위에 대해 깊이 후회했다.). 나의 치료를 위해 관련된 꿈으로부터 생겨난 문제를 해결한 후, 슈퍼바이저와 나는 나의 내담자와 함께 추적해야 할 많은 가능한 영역들을 확인했다.

- X는 그녀가 즐겁게 '해 줘야만 했던' '지루한' 사람들(정장을 입은 남자들은 누구인가? 지루하지만 권력이 있는 사람들?)이 빼앗았다고 느꼈던 자신의 인생에서의 선택에 대해 전에 이야기했다.

- 그 그림은 그녀의 인생이었나? 잠재적으로는 흥미롭고('바뀐 색깔'?) 가치 있지만('금박으로 입힌 화려한 틀'?), 그녀가 보는 것은 가능하지 않다—그래서 타인들이 그것을 운반한다(그녀는 자신의 인생을 살 수 없는 것인가?). 그녀는 그 사람들을 '알지' 못한다(소외, 고립, 고독?).
- 그녀는 '가짜'인 것에 대해 화가 났다(진정한 그녀가 아니었나? 어떻게 그녀는 그것을 바꿀 수 있을까?). 그리고 그녀가 자신의 그림을 '살펴보기'도 전에(그녀 자신을 더 잘 아는 것을 의미하나?) 그녀는 정장을 입은 남자들에 의해 그림을 '팔도록' 설득당했다(왜 그녀는 그림을 팔았나? 어떻게 해서든 그것은 '처분'되고 있는가?).

이 내담자와 수 차례 추가 회기를 거치면서 이런 생각은 매우 생산적인 작업을 가능하게 했다. 다른 상담사들이 보고하기로는, 앞의 예에서처럼 자유로운 글쓰기에서 그들 자신의 개인적 문제가 함께 나타나서 내담자와 관련된 요소들과 서로 얽히게 된다고 한다. 어떤 이들에게는 이것이 어쩌면 걱정거리이면서 그 작업의 핵심 용무에 정신을 집중하지 못하게 하는 것으로 여겨질지도 모른다. 나의 반응은, 우리가 '역전이'의 관점에서 이러한 것을 언급하든, '진정성'의 관점에서 언급하든, 어떠한 상담 접근법도 상담사 자신의 문제를 명확히 하고 처리하는 메커니즘을 필요로 한다는 것이다. 자유로운 글쓰기는 이런 문제를 드러내 주는 도구로써 유용한 역할을 할 수 있다.

비록 나 역시 적절하다고 느껴지는 지점에서 내담자들과 글을 공유해 왔지만, 자유로운 글쓰기를 탐색할 때 슈퍼비전이 중요하다는 것을 깨달았다. 가장 최근에 어떤 특정한 내담자에게 정신종합[1] 접근법을 이용할 때, 그 내담자와의 회기에 대한 자유로운 글쓰기 형태의 반응을 공유한 덕분에 그녀의 '하위 인격들sub-

1 역주: 정신분석 이론과 명상법을 결합한 치료법이다.

personalities'에 대해 유용한 조사를 시작할 수 있었다(Assagioli, 1993). 자유로운 글쓰기 덕분에 내담자는 이전에는 완전히 인식하지 못했던 자기 성격의 여러 측면에 대해 속마음을 드러내면서 아주 도움이 되는 설명을 만들 수 있었다.

안전하게 머물기

아마도 자유로운 글쓰기를 마음 편하고 재미있는 즐거움쯤으로 여기도록 하는 유혹이 있을 수도 있다. 물론 자유로운 글쓰기가 이러한 특성을 가지고 있을 수도 있지만, 이것은 단순한 파티 놀이로 다루어져서는 안 된다. 이 활동은 적절한 지원과 준비가 마련되지 않은 데서 굉장한 고민거리와 고통을 유발할 수 있는 가능성과 함께, 강력한 감정과 기억 또는 경험을 방출하는 능력을 가지고 있다.

자유로운 글쓰기를 활용하기 전에 필수적으로 거쳐야 하는 단계는, 여러분들이 인식하기에 골칫거리를 유발하거나 여러분(또는 내담자들)이 맞서고 싶지 않은 문제가 존재하는지를 스스로(또는 여러분의 내담자들)에게 물어보는 것이다. 만약 이러한 것이 확인될 수 있다면(물론 내담자들이 여러분에게 실제적인 내용을 밝힐 필요는 없다.), 그 문제로부터 직접적인 관심을 다른 곳으로 돌릴 수 있는, 글쓰기에서 활용할 구절을 준비하는 것이 유용하다. 작가이자 치료사인 Caroline Wilson은 '내가 X에 대해 인식하고 있으나 나는 그/그녀/그것에 대해 지금 글을 쓰지 않을 것이다.'를 활용할 것을 권한다. 이것의 단순성에도 불구하고, 이러한 장치는 어떠한 달갑지 않은 문제를 미루는 데 아주 좋은 효과를 발휘한다—그리고 이것을 연습 기간 동안 필요한 만큼 자주 반복할지도 모른다(Wilson, 1997).

이 접근법을 처음으로 사용하거나 가정에서 사용하도록 내담자들에게 추천할 때, 필요하다면 지지적이고 신뢰할 만한 사람이 같이 있거나, 지원이 필요하면 연락할 수 있도록 하라고 권하는 것이 현명하다. 이것이 어떤 이들에게는 보증되지 않은 것으로 보일 수도 있지만, 내 경험에 비추어 볼 때 이러한 예방책은 결코 지나친 것이 아니라고 말할 수 있다.

내담자들과 공유하기: 또 다른 해석

자유로운 글쓰기의 아이디어에 대해 내가 상의했던 인간 중심 상담가 David Acres는 앞에서 설명된 것과 비슷하면서도 다른 접근법을 사용한다. '우리 목소리 포착하기Capturing our Voice'라고 Acres가 부르는 한 워크숍에서 그는 상담의 경험뿐만 아니라 슈퍼비전과 훈련의 경험을 기록하기 위해서 '시verse' 쓰기를 활용하는 방법을 설명한다. 그는 이 방법이 사별 전문 상담가인 Anne Hughes의 것이라고 말하면서 다음과 같이 그의 접근법을 설명한다.

> 나는 한 행당 하나에서 넷 사이의 손으로 쓴 단어를 사용하는데, A4 용지에 그 단어들을 세로로 '던져 놓는다.' 좀 더 긴 '시'(그게 있는 그대로라면)는 네 개 이상의 행(세로줄)을 차지한다. 그다음 모임에서, 나는 참여한 사람(들)에게 그것을 소리 내어 읽어 주고, 그들과 함께한 내 경험의 기록으로 그들에게 그것을 준다. 그 시들을 좀 더 '나은' 운문, 문법 등으로 '개선'하려고 편집하거나 수정하지 않는다. 그 시들은 그 모임에 대한 나의 반응으로 남는다.
>
> (Acres, 2002)

이 방법과 앞에서 설명된 방법의 차이는 Acres의 자유시가 그의 내담자들을 **위해** 특별히 쓰여졌고, 그다음 모임에서 그들에게 제공되었다는 것이다. 그가 설명하기를, 그가 이 접근법에 이르게 된 것은 자신의 상담 회기에 대한 노트를 만드는 것을 절대적으로 거부한 데서 시작했다고 한다. 이는 그가 관계에서 벗어난(회기가 끝나서 내담자와의 관계에서 벗어난) 과정에 참여하기를 원치 않았는데, 그러한 과정은 그가 함께 작업하고 있는 사람과 공유되지 않기 때문이었다. 시를 가지고 실험한 후, 그는 이것이 내담자와 함께한 자신의 경험을 기록하는 하나의 방법이 된다는 것을 깨달았는데, 이는 인간 중심 철학과 완전히 일치하는 것이다. 즉, '타인과의 관계에서 제외하지 않기, 그 관계를 존중하기, 그 관계를 완전히 인정하기—그 관계를 깊이 있게 하기' 등에서 말이다(Acres, 2002).

결론

이 장의 자유로운 글쓰기에 대한 소개글은 여러분이 실험하도록 격려하기 위해 쓴 것이다—반드시 내가 기술한 방식으로는 아닐지라도 그 기술에 대한 (법률적으로나 윤리적으로 고려된) 자기 나름의 활용법을 찾기 바란다. 내가 자유로운 글쓰기에 대해서 이 단계에서 강력하게 주장하고 싶은 것은, 첫째로 상담사들이 자신의 작업에 대한 경험을 표현할 때 그것이 가지는 진정성이다. 둘째는 내부 '검열'의 과정을 뛰어넘어서, 잘못하면 고려의 대상에서 제외될 수도 있는 요소를 인정하도록 촉진시키는 자유로운 글쓰기의 능력이다. 이런 이유들로 인해, 나는 내담자와 함께하는 회기를 기록하고, 해석하고, 처리하고, 이것에 대해 반응할 때 자유로운 글쓰기가 지니는 유용함을 높이 평가한다. 이것이 여러분에게 효과가 있는지는 물론 여러분 자신이 판단할 일이다. 내가 그 접근법에 대해 상의하고 면접했던 동료들이 자유로운 글쓰기에 대해 모두 도움이 된다고 생각하는 것은 아니었다. 그러나 이것이 도움이 된다고 생각한 이들은 매우 열광적이었다! 그들의 견해는 거의 똑같은 크기의 두 집단으로 나누어졌는데, 반수의 사람들은 회기를 기록하고 처리하는 데 도움을 주기 위해 자유로운 글쓰기를 활용할 것이라고 말했고, 나머지 반수의 사람들은 이 방법이 그들에게 맞지 않다고 말했다. 이는 우리 중 어떤 이들에게는 글쓰기가 좀 더 깊은 수준의 사고와 이해, 창의성을 도출하는 기본 수단이 되고, 반면에 다른 사람들에게는 글쓰기가 좀 더 적은 역할을 할 뿐만 아니라 다른 수단을 통해 이러한 것들을 성취한다는 것을 반영하는 것이다.

참고문헌

Acres, D. (2002). Unpublished interview, Plymouth, March.

Assagioli, R. (1993). *Psychosynthesis, Principles and Techniques.* London: Thorsons.

BACP (British Association for Counselling and Psychotherapy) (2002). *Ethical Framework for Good Practice in Counselling and Psychotherapy.* Rugby: BACP.

Bolton, G. (2001). *Reflective Practice: Writing and Professional Development.* London: Paul Chapman.

Bond, T. (1999). *Confidentiality: Counselling and the Law.* Rugby: BACP.

Breton, A. (1936). *What is Surrealism?* In F. Rosemont (Ed.), *What is Surrealism? Selected Surrealist Writings.* New York: Pathfinder Press, 1978.

Coldridge, L. (2003). *Making Notes of Counselling and Psychotherapy Sessions.* Rugby: BACP.

Elbow, P. (1998). *Writing Without Teachers.* New York: Oxford University Press.

Greening, T. C. (1977). The uses of autobiography. In W. Anderson (Ed.), *Therapy and the Arts: Tools of Consciousness.* New York: Harper & Row.

Hilsdon, J. (2002). Writing unbound – freewriting in academic contexts. Paper delivered at the Discourse, Power and Resistance conference, University of Plymouth, April.

Jenkins, P. (1997). *Counselling, Psychotherapy and the Law.* London: Sage.

Lange, A. (1996). Using writing assignments with families managing legacies of extreme traumas. *Journal of Family Therapy, 18*: 375–388.

McKinney, F. (1976). Free writing as therapy. *Psychotherapy, 13*: 183–187.

McLeod, J. (1998). *An Introduction to Counselling.* Buckingham: Open University Press.

McMahon, G. (1994). *Starting your own Private Practice.* Cambridge: National Extension College.

Nelson–Jones, R. (1982). *The Theory and Practice of Counselling Psychology.* London: Cassell.

Phillips, A. (2000). *Promises Promises.* London: Faber & Faber.

Progoff, I. (1992). *At a journal Workshop.* New York: Tarcher Putnam.

Smith, M. (2001). Bringing case notes alive. *CPJ Counselling and Psychotherapy Journal, 12*(5): 15–16.

Wilson, C. (1997). *Writing Therapy, Holistic Nurse,* ND.

Winter, R., Buck, A., & Sobiechowska, P. (1999). *Professional Experience and the Investigative Imagination–the Art of Reflective Writing.* London: Routledge.

제21장

자기성찰적 실천 집단에서 치매 환자를 돌보는 관계자들을 위한 글쓰기

Lisa Heller

도입

어느 따뜻한 5월 오후 2시. 침묵이 흐르고, 새로 페인트칠을 한 작은 방은 약간은 덥다. 아무도 창문을 열기 위해 움직이지 않고, 모두들 몸을 숙이고 앉아서 집중하고 있다. 바깥 복도로부터 목소리, 전화 소리, 카펫 청소기 소리, 그리고 때때로 문손잡이가 덜컹거리는 소리를 들을 수 있다. 내부에서는 침착하게 기다리는 분위기다. 이 짧은 시간 동안 나와 함께 여기에 있는 여섯 명의 사람들은 소란스러운 요구 소리 때문에 당황해하지도 않는 것 같고, 그 방에서 평화를 즐기는 것처럼 보인다. 그들은 간호 및 심리치료 보조자들인데, 우드사이드 병동에서 일한다.[1] 어떤 이들은 아침 교대근무를 마치고 매우 지쳐 있고, 다른

1 병동과 병동 안의 사람들에 대한 이름과 세부묘사는 익명성을 보장하기 위해 수정하였다.

이들은 근무하러 나오기 전에 가정에서 거의 하루 종일 일을 하였다. 이 시간은 **그들 자신을 위한** 시간이다. 즉, 작은 방의 문을 닫고 함께 있을 수 있는 한 달에 한 번 찾아오는 한 시간인데, 바로 자기성찰적 실천 집단을 위한 시간이기 때문이다. 그들은 자신이 돌보기 좋아하는 누군가에 대한 글 한 편을 쓰느라 열중해 있는데, 그들 스스로가 생각하기에 그 사람과 닮았을지도 모르겠다고 생각하는 면을 묘사하고 있다. 어떤 이들은 이러한 글쓰기가 쉽다고 생각하면서 시적 감흥과 자신을 의식하지 않는 서정성을 자신의 언어로 옮긴다. 다른 이들은 자신들이 쓰는 다른 글과 같은 견지에서 그러한 글을 유용하고 기능적이라고 생각하나, 좀처럼 즐겁게 생각하지는 않는다. 그러나 그들은 모두 단지 이야기하는 것만으로는 결코 성취할 수 없는 방식으로 자신의 작업을 삶으로 이끌고 있다.

이 장에서는 병원 병동에서 일하는 비정규 직원들을 위한 자기성찰적 실천 집단의 경험을 조사하고자 한다. 이 간호 및 심리치료 보조자들은 상처받기 쉬운 사람들과 함께 지내야 하는 문제에 처해 있는데, 그러한 사람들이 앓고 있는 치매로부터 야기된 장애는 심각하다. 그들이 돌보는 사람들이 겪는 경험은 고통스럽고, 아프고, 절망적일지도 모른다. 자기성찰적 실천 집단은 비정규 직원들이 자신의 기술, 공감과 실습을 발전시키고, 그들의 작업에서 점차 '인간 중심'이 되도록 돕기 위해 만들어졌다. 이 집단은 다른 집단 작업 기술을 활용하는 기간이 끝난 뒤 글쓰기를 시작했다. 어느 정도 시간이 흐른 뒤, 이 집단은 (글쓰기에) '빠져' 버렸다. 성찰적 글쓰기를 활용함으로써 눈에 띌 정도의 자기성찰이 일어날 수 있었고, 정직성과 개방성을 촉진할 수 있었다. 또한 글쓰기는 집단원들이 자신의 일에서 서로를 이해하고 지지하는 능력을 향상시키는 데 일조하기도 했다.

우드사이드 병동에 대한 이야기

우드사이드 병동은 치매를 앓고 있고, 매우 복잡한 돌봄이 필요한 열여덟 명의 환자들을 수용하고 있다. 이 병동은 현대식 병원 빌딩 안에 위치해 있는데, 밝게 장식되어 있고 가구들이 갖추어져 있는데도 그것을 대신했던 예전의 전통 시설 요소들을 분명히 간직하고 있다. 잠긴 문, 긴 복도, 직원들의 제복은 여전히 눈에 띄었다. 직원들 중 몇 명은 여러 해 동안 그 기관에서 일해 왔다. 그들은 조직과 문화의 많은 변화 물결에 대처하는 데 어려움을 느꼈을지도 모른다. 그들의 기대는 변하기도 했고, 성장하기도 했다.

역설적으로도 돌봄care 문화는 현대적 사고와 나란히 발전했고, 우드사이드를 포함한 많은 요양 시설은 지출적인 면에서 긴축을 해야 했고, 직원의 수를 감축하고 있었다. 계속 일자리를 유지하고 있는 사람들은, 증가하는 질병률과 그에 따른 직원들의 빠른 이직률에 대처하면서 업무가 뒤처지지 않도록 좀 더 열심히, 좀 더 빨리 일해야만 했다. 인간 중심적 방식으로 돌보는 데 대한 관심은 의제에서 훨씬 더 낮은 순위로 뒤처져 버렸다(*The National Service Framework for Old People*, 2001: 23).

이 병동에서 일하는 정규 직원들에게는 무슨 일이 일어나고 있었을까? 그들이 돌보고 있는 사람들의 모든 요구와 기대를 어떻게 그들이 충족시킬 수 있을까? 그들이 매일매일 점점 더 요구가 늘어나면서도 불명확한 역할 속에서 어떻게 여기에서 일할 수 있을까? 우드사이드 병동의 직원들은 사기 저하와 만연한 '과로'에 시달리고 있음이 분명해지고 있었다(Kitwood, 1997a: 106).

자기성찰적 실천 집단

광범위한 '병동 발전 계획'의 일환으로 '자기성찰적 실천 집단'이 만들어졌고, 나는 그 집단의 조력자가 되었다. 이 집단은 한 달에 한 번, 한 시간씩 교대 시간 직후에 모였다. 이 시간은 병동에서는 귀중한 시간이었으나, 이 집단이 활용할 수 있는 유일한 시간이었다(Palmer et al., 1994: 7). 그 병동에서 시간이 되는 정규, 비정규 직원 열여섯 명 모두는 그들이 근무하는 날 집단이 열릴 때마다 출석했다. 첫 모임에서 우리는 기본 규칙에 대해 토의했고, 비정규 직원들의 근무 생활에 관련된 몇 가지 중요한 문제들이 즉각적으로 튀어나왔다. 그들이 할 이야기가 많다는 것이 분명했다.

뒤이은 몇 번의 모임에 걸쳐 한 가지 패턴이 나타났다. 집단원들은 서로를 위한 공공연한 지지를 나타내는 것으로 그 모임을 시작했고, 뒤이어 업무적인 측면에 대한 분노, 좌절, 부당함에 대한 표현이 나왔고, 이는 그들이 통제할 수 없는 상황처럼 보였다. 몇 달 동안 집단원들은 자신의 이야기를 했다. 뒤이어 관리자와 교섭을 위한 토의를 한 후에, 그들의 근무조건이 일정 정도 개선되었고, 이는 그 집단이 성취한 바로 인정되었다.

그러나 이것이 자기성찰적 실천이었는가? 상황을 처리하기 위한 새로운 방법을 우리에게 알려 주기 위한 학습이 이루어지고 있었나? 병동에서 돌봄 서비스를 향상시키는 데 도움이 되는 통찰력을 그들에게 주기 위하여, 집단원들은 내용을 이해하기 시작하고 있었는가? 성찰이 너무 민감한 사안이기에 직원들이 성찰을 피하고 있지는 않았는가?

그다음 몇 달에 걸쳐, 그 집단은 성찰을 촉진하기 위해 고안된 다양한 방법과 연습을 시도하였다. 그러나 우리는 업무나 관련 당사자들이 처해 있었던 상황에 대한 좀 더 심도 깊은 이해로 나아가지 못하고 있었다. 어떠한 새로운 통찰도 얻지 못하고 있었다. 프리다가 반복해서 문 밖을 나가도록 허락해 달라고 했을 때, 집단원들이 어떻게 느꼈는지에 대해 질문했지만 그들에게 그 질문은 하찮은 것 같았다. 즉, "계속 하기나 해."라는 말로 이 질문, 그리고 유사한 질문들에 대한 그들 답을 대부분 간추릴 수 있을 것이다.

'피트가 당신이 방금 만든 침대를 부숴 버렸을 때, 무슨 일이 일어날까?' 라는 질문을 했을 때 "당신이 그것을 원상복구해라. 그게 바로 당신 일이다. 안 그런가?"라는 답변이 돌아왔다. 그 외에도 나는 성찰을 촉진시키기 위해 다양한 질문을 했는데, 이에 모두는 유사한 반응, 즉 가끔은 다소 유머러스하고, 일부는 냉소적인 반응을 보였는데, 그들이 하도록 되어 있는 업무를 하지 못했다는 이유로 종종 누군가를 비난하기도 했다. 다른 질문은 냉정한 방어에 직면했는데, 바로 "당신이 뭘 바랄 수 있는가? 이 사람들은 스스로를 도울 수 없다. 그래서 우리가 그들이 하는 모든 것을 인내해야만 한다."라는 반응이었다.

난 그 집단에 대해 걱정되기 시작했다. 나는 새롭게 제안할 견해도 없었고, 그래서 그 집단을 포기해야 할지도 모른다는 두려움에 사로잡혔다. 우리가 1년 동안 만나고 있을 때, 난 집단원들에게 이 집단의 어떤 점을 높이 사느냐고 질문했다. 그들은 "이야기할 기회" "우리의 공간"이라고 답했다. 그들은 그 집단을 즐겼고, 그것은 스트레스를 풀 기회였다. 어쩌면 내가 더 열심히 노력해야 할까? 아니면 이 작업을 다른 누군가에게 넘겨야 할까?

글쓰기 시작하기

돌파구가 찾아왔다. 내가 집단원들에게 자신이 느끼기에 자신의 일에 제공해야만 했던 것을 묘사하면서 한 편의 글을 쓰도록 하고, 원한다면 쓴 글을 공유하도록 했을 때였다. 그 결과는 정말로 놀라웠다. 그들은 1년에 걸친 기간 동안 이런 질문을 거부해 왔었다. 그러나 그들이 종이에 내맡기고, 서로에게 털어놓은 것은 완전히 뜻밖의 이야기였다. 그들은 자신의 일을 사랑했다. 즉, 그들이 돌보고 있는 사람들에 대해 동정심을 느끼고 있었고, 그들의 친지들에 대해 슬픔을 느끼고 있었으며, 좀 더 잘 챙겨 줄 수 없는 것에 대한 죄책감을 느끼고 있었다. 그리고 고요한 저녁이 지난 후 조용히 누군가가 잠들 때면 기쁨과 만족을 느꼈다. 이런 감정이 글에서 넘쳐흘렀다. 나는 그다음 번 집단 모임을 할 때까지 기다릴 수 없을 정도로 기대가 되었다.

나는 그들에게 자신이 가장 좋아하는 환자에 대해, 그리고 그 환자의 어떤 면을 좋아하는지에 대해 쓰도록 제안했다. 다시 한 번 결과는 놀라웠다. 그들은 자신에게 중요한 사람들과 그들 자신에 대해 썼다. 우리 모두는 다른 관점에서 사물을 보기 시작했다. 한 보조 직원은 피트에 대해 썼다. 그는 피트의 힘과 건강이 자신의 것과 얼마나 일치하는지, 조용히 앉아 있는 데 만족하기보다 활동적인 습관을 그들이 어떻게 공유하는지에 대해 썼다. 환자들의 일상의 굴레에 따르는 것을 피트가 거부하는 것은, 지루함을 막기 위해 활동에 앞장서는 자신의 성향과 비슷했다. 그는 일상적인 틀에 따라 사는 것을 결코 쉽게 생각하지 않았다.

또 하나, 당신이 피트를 면도시킬 때 매우 주의해야만 하는데, 그는 매우 까다로운 사람이라서 당신은 때를 기다려야만 한다. 그러나 나는 언젠가 자전거에서 떨어져서 팔이 부러진 적이 있기 때문에 그것이 어떤지 알고 있다. 나도 누군가가 내 면도를 해 주는 것을 **질색한다**.

어떤 사람은 프리다에 대해 썼는데, 프리다의 가족은 그녀에게 아주 소중했다.

그녀와 그녀의 가족은 나와 내 가족의 관계와 비슷했다. 그들은 내 삶에서 가장 소중한 존재다. 나는 그들을 위해 살아간다. 아이들은 지금 자라고 있고, 한 명은 결혼했지만, 나는 그들이 집에 오는 날을 좋아하고, 우리는 다시 한 가족이 된다.

이어서 그녀와 그 집단의 나머지 사람들은 프리다가 자신의 딸들을 돌보는 방식, 그녀가 직원들과 동료 환자들로부터 애정을 추구하는 방식, 자신의 가족에 대해 사람들이 말할 때 얼마나 긍정적으로 반응하는지에 대해 말했다.

딸들과 떨어져 있는데, 왜 떨어져 있는지 이해하지 못하는 것은 끔찍한 일임에 틀림없다. 프리다는 틀림없이 뭔가 잘못을 저질렀다고 느꼈을 것이고, 심지어 자신이 사람들에게 무슨 해코지를 해서 자신을 멀리하고 있는지 의아해하고 있는지도 모른다. 그녀는 딸들에 대해 걱정할 것이 틀림없다. 왜냐하면 그들이 이미 다 성장했고, 딸들이 돌봐줘야 할 손자들이 있다는 사실을 그녀는 기억할 수 없기 때문이다. 어쩐지 그녀는 항상 (가족들에게) 가게 해 달라고 요구한다. 그녀는 그들에게 가기를 원하고, 자신이 그들에게 도움이 되고, 필요한 존재라고 느끼고 싶어 한다. 이러한 존재가 바로 자신이라고 그녀는 생각한다.

집단원들은 글쓰기를 통해 얻은 통찰력을 가지고 환자들에 대한 좀 더 깊은 이해를 공유할 수 있게 되었다. 또한 이를 통해 그들은 전에는 결코 알지 못했던 자신과 서로에 대한 여러 면을 이해할 수 있게 되었다.

그 뒤 회기 기간 동안 집단원들은 이상적인 날, 최악의 날, 그날을 통해 얻은 것, 즐기며 하는 외부 활동 등에 대해 글쓰기를 했다. 그들은 중요한 무언가를 배운 경우에 대해, 그리고 5년 안에 자신이 할 것을 상상한 것에 대해 글을 썼다. 그들은 메모, 시, 편지, 이야기를 썼다. 집단원들은 자신의 글을 공유할 것인지, 그 글을 다른 사람들에게 소리 내어 읽어 줄 것인지에 대해 결정하였지만, 그 내용을 공유할 준비는 거의 항상 되어 있었다. 여러분이 학습하는 데 도움이 되는 요소에 대해 글을 쓴 한 구성원이 공유하기로 자원했다.

때로 여러분은 사람들로부터 배우고, 가끔은 일어나는 사건들로부터 배운다. 내가 가장 중요한 교훈을 배웠던 순간은 바로 누군가가 중요한 시간에 거기에 있을 때였다. 가끔은 내가 처한 상황을 바꿀 무언가를 필요로 했을 때 공교롭게도 그러한 교훈이 찾아왔다.

뒤이어 집중적으로 한 토의는, 알맞은 때에 맞춰 알맞은 사람이 있어 주는 것이 학습과 인간관계에 어떻게 깊은 영향을 미칠 수 있는지였다.

새롭게 나타나기 시작했던 현상은 집단원들의 경험이 환자의 경험을 반영하는 방식으로 드러난다는 것이었다. 환자들이 심각한 장애상태로 입원해 있는 지금 누가 그 환자들을 돌보기 위해 있었는가? 누가 현재 그들의 삶에 영향을 미칠 수 있을까? 친지들은 이것이 필요하다고 인식하였을까? 그리고 '비겁하다'고 낙인찍힐 위험에 처해서 그들은 가끔씩 환자들의 시중을 들었는가? 환자들도 다른 이들이 행동하도록 하기 위해서 위험을 감수하고 무언가가 일어나도록 하였는가? 치매를 앓고 있는 사람들과의 의사소통에 관한 John Killick과 Kate Allen의 책에서 캐나다인 목사 Debbie Everett의 말을 인용하고 있는데, 거기서 치매에 걸린 사람들은 '마법의 거울', 즉 우리 자신과 인간성, 그리고 개성에 관한 것을 우리에게 보여 주는 능력을 가지고 있다고 설명한다(Killick & Allan, 2001: 38).

그 집단원들은 그들이 남의 처지에서 생각할 수도 있고, 그렇게 함으로써 배울 수 있음을 증명해 보이기 시작했다.

스탠이 소리쳐 도움을 구할 때, 나는 가끔 그를 정말로 도와주고 싶어진다. 그러나 비록 가끔일지라도, 여러분들이 피곤할 때나 그와 오전 내내 같이 있을 때는 그의 외침을 못 들은 척하고 싶어질 때도 있다(실제로 그러기는 어려울 테지만!). 그렇지 않으면 그보다 훨씬 더 중요한 일이 있는 척하고 싶기도 하다. 하지만 스탠에게 이런 상황—침대, 휠체어, 의자로 옮겨 다니는 신세. 운이 좋으면 다시 휠체어, 그리고 침대로—은 어떻게 받아들여질까? 그리고 그와 함께할 누군가가 있어야 하기에, 그는 항상 정원에 나갈 수 있는 것은 아니다. 그리고 다른 사람들이 그와 합석하고 싶어 하지 않기에, 그는 식당에서 혼자 밥을 먹어야 한다. 내가 만약 그 의자에 매일 앉아 있어야만 한다면, 나도 역시 고함을 쳤을 것이다.

이 집단원은 스탠이 한 행동에 본질적으로 문제가 있었던 것은 아니라는 걸 알았다. 어떻게 스탠을 포용하고, 그가 사물의 일부를 느끼도록 만들고, 그 자신을 가치 있게 여기도록 만드는 방법을 어떻게 찾을지, 그것이 바로 던져야 할 질문이었다. 또 다른 집단원은 이런 제안을 했다.

스탠의 삶, 그의 인격에 대해 잊어버리기는 쉽다. 스탠에게 중요한 두 가지는 그의 유머감각과 그의 동생이었다. 여러분이 그의 동생에 대해 이야기한다면 효과가 있을 것이다. 그러나 그가 다음에 왔을 때 여러분이 그의 말에 웃어 줄 수 있다면 최고의 효과를 발휘할 것인데, 왜냐하면 그런 후에 그가 정말로 달라진 것 같고, 좀 더 기민하고 좀 더 집중력을 발휘하기 때문이다. 이것은 다른 이들에게도 마찬가지로 효과를 발휘한다.

이것이 스탠과 직원들 간의 관계를 향상시킬까? 직원들이 스탠의 말에 웃을 수 있다면, 그와 함께 있는 것에 대해 직원들의 기분이 더 나아질까? 스탠의 말에 웃을 수 없다면, 어떤 일이 발생할까? 또 다른 집단원은 이렇게 말했다.

그는 정말로 나에게 잘해 준다. 그는 여러분이 하는 어떠한 작은 것에 대해서도 매우 감사하고 있다. 그리고 내가 그와 함께 웃을 때, 나는 가끔 그에게 "당신은 나를 참 잘 대해 준다."라고 말한다. 그러면 그는 뭔가를 원할 때 그가 하는 것처럼 강하게가 아니라, 정말로 부드럽게 내 손을 잡아 준다.

스탠은 그를 돌보는 사람들에게 무언가를 이야기하고 있는 듯했고, 또한 그들에게 무언가 줄 것이 있는 듯했다. 한 집단원은 환자를 따뜻한 날 오후에 정원으로 데리고 나가 허브 냄새를 맡게 하는 것이 어떻게 환자뿐만이 아니라 **그 자신**에게 평온함과 안녕감을 느끼게 하는지를 설명했다. 또 다른 사람은 예전에도 분명히 춤을 잘 췄을 것이고, 지금도 여전히 춤을 잘 추는 한 노신사와 그녀가 파트너가 된 저녁 댄스 파티에서 느꼈던 재미와 즐거움을 묘사했다.

집단원들은 그들이 돌봤던 누군가의 상황 때문에 그들이 슬퍼질 때, 어떤 일이 발생하는지에 대해 상세히 묘사하기를 시작했다. 어떤 이는 이렇게 글을 썼다. "이것은 우리가 이야기하거나 일반적으로 인정할 사항이 아니지만, 병동을 걸어 나오는 페기의 얼굴을 볼 때 정말 울고 싶어진다." 직원들은 매일 페기의 슬픔과 고통을 마주해야 한다. 그들은 페기, 페기의 가족, 그리고 그들 자신에 대해 슬픔을 느낀다.

성찰과 학습

그 집단은 자신들이 돌보고 있는 사람들과 집단의 동료들에게 무슨 일이 있는지 이해하기 위해 사건의 의미를 탐색하는 데 익숙해졌다.

동료들이 쓴 글을 들으면 여러분은 그들을 또 다른 측면에서 알게 됩니다.

나는 존[동료]이 그렇게 마음이 깊은지 알지 못했다. 나는 그에 대해 많은 것을 배웠고, 그가 매우 사려 깊은 사람이라는 것을 이제 이해하게 되었다. 이전에는 결코 알지 못했다. 나는 이제 내 동료들을 개개인으로 바라보는 경향이 있다.

요양 병동에서 생활하고 일하고 있는 모든 사람들의 삶이 가지는 복잡성과 다양성은, 광범위한 인식과 사건에 대해 이해할 수 있는 원천이 되었다. Beverley Taylor는 간호사들이 성찰로부터 얻을 수 있는 이점에 대해 논하는데, 즉 간호사들이 자신이 아는 것과 그것을 어떻게 알게 되었는지에 대해 분명히 표현하는 것을 배우게 된다는 것이다. 간호사들은 성찰을 위한 '종합적 전략kit bag of strategies'이 필요했다(Taylor, 2000: 55, 57). 집단에 대해 성찰해 보면서 존은 이렇게 말했다. "글쎄, 나는 글을 쓰거나 작문하기 전에 생각을 하는데, 내가 말을 할 때나 그냥 무심결에 무엇을 내뱉을 때는 항상 그렇게 하지는 않는다. 나는 성질 급하게 무슨 말을 하는 경향이 있다." 또 다른 집단원은 자신을 악평한 기록을 보고 '충격을 받았던' 일을 글로 쓰면서 다른 감정이 들었다. 그녀는 그 글이 매우 의미 있다는 걸 깨달았지만, 집단의 규칙하에서는 집단원들이 쓴 글을 아무와도 공유할 필요가 없다는 사실에 반가워했다. 그 글이 '내면에서부터', 그리고 '더 깊은 수준으로부터' 나온다는 사실이 인정된다. 또 다른 집단원은 "나는 내가 강하게 느낄 때 무언가를 정말로 말할 뿐이다. 그리고 글쓰기는 여러분이 자신의 감정을 이해하도록 도와준다."고 말했다.

글쓰기를 통해 집단원들은 그들에게 가장 가까이 있는 것을 표현했다. 말하자면, "수년간 병동에서 우리가 일을 해 왔음에도, 글쓰기는 여러분이 실제로 하고 있는 것을 여러분 스스로가 깨닫도록 해 주고, 여러분의 실천을 성찰하는 데 도움을 준다. 이것은 우리 모두가 해야 할 일이고, 좋은 일이 될 수 있다."

집단원들은 마치 거울을 들고 세계를 비춰 보듯이 자신들이 쓴 것을 살펴보기 시작했다. 한 집단원이 이렇게 표현했듯이 말이다. "글쓰기는 여러분이 여러분 자신에게 이야기하고 있는 것과 같다. 그리고 만약 여러분이 여러분 자신이 쓴 것을 본다면, 그 글을 더욱더 귀담아 들을 수 있을 것 같다." 다른 집단원은 "여러분은 정상적으로는 말하지 않을 것을 글을 통해서는 말한다. 그것은 재미있는 일일 뿐 아니라, 여러분 자신과 타인들을 이해할 수 있도록 도와준다."

글쓰기의 활용은 집단원들의 일에 대한 보상으로서 즐거움과 기쁨의 가능성을 열어 주었다. 집단원들은 모두들 함께 웃었다. 그것은 그들에게 힘을 불어넣어 주고 있다. 즉, 집단원들은 나에게 어떤 문제를 관리자들에게 제기할 것을 덜 요구했다. 대신에 그러한 일을 그들 스스로 하기로 결심했다. 자신과 자신의 일의 중요한 측면에 대해 글을 쓰는 것을 통해서, 그리고 자신이 쓴 글을 다른 사람들에게 들려주는 것을 통해서, 집단원들은 요양사로서 스스로에 대한 신뢰감을 가지고 이해하는 것을 배우고 있었다. 아낌없이 남을 도울 수 있기 위해서, 직원들은 그들이 자신의 일에서 소중하다고 느낄 필요가 있다. 그 집단은 직원들로 하여금 타인들이 그들을 귀하게 여기고, 그들이 자신을 소중히 여길 이유가 있음을 느끼도록 해 주었다. 이것이 인간 중심이 되는 것의 핵심이다 (Kitwood, 1997b: 10).

환자들의 경험이 모순과 비현실성으로 지나치게 가득 차 있었던 이 병동에서 '거울을 통해 보기' (Bolton, 2001: 31) — 다른 측면에서 사물을 보기 — 로 나아가는 능력을 계발하는 것은 매우 노력할 만한 가치가 있는 것 같다.

알림

모든 병동과 사람들의 이름 및 세부사항은 익명성을 보호하기 위해 바꾸었다.

참고문헌

Bolton, G. (2001). *Reflective Practice. Writing and Professional Development.* London: Paul Chapman.

Killick, J. (1997). *You are Words: Dementia Poems.* London: Hawker Publications.

Killick, J., & Allan, K. (2001). *Communication and the Care of People with Dementia.* Buckingham: Open University Press.

Kitwood, T. (1997a). *Dementia reconsidered.* Buckingham: Open University Press.

Kitwood, T. (1997b). Cultures of care: tradition and change. In T. Kitwood & S. Benson (Eds.), *The New Culture of Dementia Care.* London: Hawker Publications.

Palmer, A., Burns, S., & Bulman, C. (Eds.). (1994). *Reflective Practice in Nursing: The Growth of the Professional Practitioner.* Oxford: Blackwell Science.

Tayor, B. J. (2000). *Reflective Practice: A Guide for Nurses and Midwives.* Buckingham: Open University Press.

The National Service Framework for Older People, Standard Two (2001). London: Department of Health.

제22장

결론과 예측하기

Gillie Bolton & Jeannie K. Wright

이 책 『글쓰기치료(*Writing Cures*)』는 그 자체로 표현적이고 성찰적인 글쓰기의 치료적 잠재력과 글쓰기가 상담 및 심리치료의 실제에서 이용되는 광범위한 방법을 보여 준다. 치료적 글쓰기는 영국의 상담, 심리치료, 임상심리 현장에서 널리 인정받고 활용될 필요가 있다. 그것이 미술치료나 음악치료처럼 안정된 보완적 치료가 될 것인지 아닌지는 논쟁의 여지가 있다.

치료적 글쓰기란 무엇인가

우리가 이 책에서 사용했던 '치료적 글쓰기therapeutic writing'라는 용어는 광범위하게 제공되고 연구되고 있다. 가령 인지적 또는 분석적 치료에서의 글쓰기는 일련의 치료법 내에서 제공될 수 있는 저널쓰기와는 다르다. 그리고 이것은 치료를 위한 매체로 사용되는 이메일과 인터넷 채팅 상담과도 다르다. 네덜란드에서 인터넷을 통해 제공되는 '인테라피Interapy'는 치료사들에 의해 지원되는 구조화된 일련의 글쓰기 과업을 통해 작업한다(Lange et al., 2003). 그러나 이 모든 프로젝트의 핵심은 같다. 즉, 그러한 글쓰기는 말하기와는 다르다는 것이고, 그 자체로 특별하게 강력한 효능을 가지고 있다는 것이다. 치료적 글쓰기의 광범위한 영역은 충분히 새로운 것이기에, 그것의 정의에 대한 토론은 매우 반가운 일이다. 여기서는 토론의 여지가 있는 실제적 정의를 소개한다.

치료적 글쓰기는 개인적 · 탐색적 · 표현적 글쓰기 과정을 사용하는데, 글쓰기는 창의적이거나 문학적일 수도 있고, 글쓰기를 할 때 환자나 내담자들은 임상심리사나 창의적인 작가로부터 안내와 영감을 받고, 자신의 글쓰기를 위한 주제를 선택하는 데 도움을 받는다. 이는 '유도된 환상(guided fantasy)'과 유사한 접근 형태를 취할 수도 있고, '에세이 주제'나 구조화된 글쓰기 과제와 좀 더 유사한 형태를 취할 수 있다. 개개인은 그들 자신의 흥미와 관심과 일치하는 방식으로, 그리고 그들 자신이 느끼는 욕구와 필요에 따라 작업하도록 권장된다. 각 글에 대한 권한과 통제권은 항상 글쓰는 이에게 있다.

문학적 글쓰기는 가능한 한 질 높은 문학작품(예: 시, 소설, 드라마)을 지향하고 일반적으로 미지의 독자층을 겨냥하고 있지만, 치료적 글쓰기는 글쓴이와 아마도 몇몇 가까운 개인들에게 만족과 관심을 주는 작품을 창조하기 위한 글쓰기 과정에 강조점을 둔다. 때로는 최종 결과물이 만들어지지 않을 수도 있다.

치료적 글쓰기는 문학적 글쓰기의 초기 단계일 수 있는데, 미지의 독자층을 위해 발표하는 데 초점을 둔 문학적 세공, 고쳐쓰기와 편집의 단계가 뒤따를 수 있다. 문서의 개인적 특성은 감소된다. 즉, 발표된 문학작품의 독자들은 기본적으로 저자에 관심을 두지 않고 그 저자가 말해야 하는 것에 관심을 두는 반면, 치료적 글쓰기의 독자는 원칙적으로 글쓴이와 글쓴이의 개인 발달에 관심을 갖는다.

어디서, 누구에 의해, 그리고 누구와 함께 치료적 글쓰기를 사용할 수 있는가

치료적 글쓰기는 의학, 보건, 심리치료의 많은 분야들, 작업치료, 노인 간호, 약물 남용 재활, 공동체 발전, 사회통합, 인종관계, 망명자 및 고문 희생자들에 대한 보살핌, 성인교육과 일련의 어려움을 겪고 있는 아동교육에서 큰 가치가 있다. 이러한 목록은 사회적 또는 심리적 어려움을 경험하는 5세 이상의 사람들을 위한 모든 형태의 지원을 포함하기 위해서 확장될 수도 있다.

그러나 치료적 글쓰기의 힘을 고려해 봤을 때, 이는 충분히 활용되고 있지 못하다. 다시 말해서, 이는 주류 치료 내에서 제공될 필요가 있다. 치료적 글쓰기는 의사, 간호사, 작업치료사와 같은 치료사들, 임상학자들과 임상심리사들에 의해 제공될 필요가 있고, 그들의 훈련 과정 안에 포함될 필요가 있다. 치료적 글쓰기는 전속 작가들(임상가들에 의해 감독을 받는 전문 작가들)과 전문 치료사들에 의해 제공될 필요가 있다.

온라인 글쓰기는 이 책에서 증명하듯이 엄청난 잠재력을 가지고 있다. 이 분야에서의 작업은 빨리 변화하고 있으나, 이는 모든 면에서 그 이상의 발전을 필요로 한다.

치료적 글쓰기 연구

치료적 글쓰기는 심각하게 연구가 부족한데, 특히 영국 임상실습 분야가 미진하다. 우리는 많은 치료 전문가들이 온라인과 오프라인 모두에서 내담자들에게 이 접근법을 활용하고 있다고 알고 있다. 그리고 우리는 몇몇 보고서와 일화적 증거를 읽었다. 그러나 우리가 전혀 알지 못하는 치료적 관계 내에서 **공개**

되지 않은 많은 경험이 있다. 경험에 대한 서술은 매우 소중한데, 이것으로부터 다른 사람들이 배울 수 있기 때문이다. 당신의 이론적 접근이 무엇이든, 이 책의 어떤 부문이 당신에게 가장 매력적이고 유용한 것으로 드러났든, 아마도 당신이 했던 사소한 행동은 당신으로 하여금 이 영역에 대한 연구를 고려하게 했을 것이다. 질적 · 양적 조사 연구는 모두 어떠한 역할을 가지고 있다. 다음은 개략적인 연구 의제를 보여 준다.

- 치료적 글쓰기를 활용하고 있는 사람들의 말을 듣고 어떻게, 왜 치료적 글쓰기가 그들에게 효과를 발휘하는지에 대한 그들의 인식을 기록하기 위해 그들과 작업하기
- 엄격한 방법을 사용하면서(Elliott, 2002) 가능한 한, 광범위한 인구학적 범위의 사례 연구
- 언어 및 은유와 관련된 뇌의 부분 간의 상호작용에 관한 신경과학적 탐구
- 다른 창의적 · 표현적 치료 출신의 임상심리사들과 함께 공동 연구
- 치료적 글쓰기가 여러 이론적 지향에서 어떻게, 왜 작업하는지에 대한 이론적 설명

프로젝트

만약 이 책이 어떤 새로운 아이디어를 여러분의 치료 실제에 통합시키도록 했다면, 우리는 그 사실을 듣게 되어 기쁠 것이다. 만약 성찰적 또는 어떤 형태의 글쓰기를 여러분의 작업 맥락에서 활용해 왔고, 다른 사람들이 하고 있는 것을 살펴보기 위해 다시 왔다면, 우리는 또한 여러분의 논평을 듣게 되어 매우 기쁠 것이다. 우리는 질문의 답을 알고 싶다.

- 누가 온라인과 오프라인 치료에서 글쓰기를 활용하고 있고, 어떻게 활용하고 있나?
- 누가 온라인과 오프라인 치료에서 글쓰기를 연구하고 있고, 무엇을, 어떻게 연구하고 있나?
- 문서 기반 상담 서비스가 어떻게, 어디서 발전하고 있나?

치료적 글쓰기의 활용은 조사될 필요가 있다. 이 질문은 단지 시작에 불과하다. 글쓰기치료에 대한 여러분의 경험에 대해 우리에게 연락해 주기 바란다.

Jeannie K. Wright

Senior Lecturer

Unit for Psychotherapeutic Practice and Research

School of Education, Health and Sciences

University of Derby

Chevin Avenue

Mickleover

Derby DE5 3GX

Tel: 01332 592004

Email: j.k.wright@derby.ac.uk

Gillie Bolton

Senior Research Fellow in Medicine and the Arts

Department of English

Kings College, London University

Strand

London WC2R 2LS

Tel: 020 7848 1405

Email: gillie.bolton@kcl.ac.uk

참고문헌

Elliott, R. (2002). Hermeneutic single-case efficacy design. *Psychotherapy Research, 12*: 1-23.

Lange, A., Rietdijk, D., Hudcovicova, M., van de Ven, J-P., Schrieken, B., & Emmelkamp, P. M. G. (2003). Interapy: a controlled randomized trial of the standardized treatment of posttraumatic stress through the internet. *Journal of Consulting and Clinical Psychology, 71*(5): 901-909.

찾아보기

인명

내용

편저자 소개

Gillie Bolton

King's College London 의학 및 예술학(medicine and the arts) 선임연구원이자 3개 의학저널의 창의적 글쓰기 편집자다. 치료적 글쓰기 및 성찰 훈련 글쓰기와 관련해 두 권의 저서를 집필했다.

Stephanie Howlett

정신과 육체의 연관성에 특히 관심을 갖고 있는 정신분석 심리치료사다. 현재 셰필드에 있는 Royal Hallamshire 병원에서 일하고 있다.

Colin Lago

전 Sheffield Hallam University 상담센터장, 영국 상담 및 심리치료협회(BACP) 회원이자 공인 상담사로 현재 개업해 임상심리사로 일하고 있다. 초문화(transculture)에 대한 관심으로 *Race, Culture and Counselling* (Joyce Thompson 공저)을 비롯해 많은 논문과 저서를 집필했다.

Jeannie K. Wright

Derby University 상담심리치료학과 부교수다. 줄곧 상담심리치료 분야, 특히 주로 교육현장에서 일했고, 피지에 있는 University of the South Pacific에서 일하기도 했다. 대부분의 글이 학술저널을 통해 발표됐고, 소설과 시를 발표하기도 했다.

저자 소개

Heather Allan

상담사이자 심리치료사이면서 영국 University College London 의료인문학센터 지도교수다. Sheilia Kitzinger's Birth Crisis Network의 창립회원이며 University College London 영문학 박사다.

Kate Anthony

소수인 이메일 및 인터넷 채팅 심리치료에 대한 실험연구자들 중 한 명으로 런던 남동부에 있는 Oxleas Health Trust에서 심리치료사로 일하고 있다. 현재 인터넷을 통해 온라인 및 오프라인 상담 서비스를 제공하면서 임상심리사를 훈련하는 www.OnlineCounsellors.co.uk를 운영한다.

Jaquie Daniels

Sheffield Hallam University의 교육상담학과 부교수로 심리치료사이자 상담 슈퍼바이저다. 상담 학사 과정과 상담 슈퍼비전 석사 자격증 과정을 가르치고 있다.

Helen Drucquer

융 분석심리학자로 30여 년간 심리치료 분야에서 일하면서 다양한 전문가 및 학생들과 작업하고 있다.

Colin Feltham

PhD, FBACP, FRSA. Sheffield Hallam University에서 상담 과정을 가르치고 있다. *The British Journal of Guidance and Counsellings*의 공동편집자이고, *What's the Good of Counselling and Psychotherapy?: The Benefits Explained*(Sage, 2002) 등 많은 저서를 집필했다.

Dr. Stephan Goss

영국 상담 및 심리치료협회(BACP)의 『온라인 상담 및 심리치료 지침서』의 주요 필자이자 편집자였으며 현재 BACP의 연구 개발 책임자다. University of Strathclyde 연구원으로 일하고 있다.

Lin Griffiths

Sheffield Hallam University 상담심리치료학 석사로 부부 및 결혼상담 관련 자격증을 가지고 20년 넘게 상담가로 활동해 왔다. 내담자들과 함께한 동시 · 비동시적 온라인 상담의 경험을 바탕으로 '인터넷을 통한 치료적 의사소통'에 관한 논문을 발표했다.

Lisa Heller

간호사로 수년간 치매 환자들을 돌보았고, 최근에는 병원, 주간보호시설, 상주요양시설 등에 있는 치매 환자들에 대한 인간 중심 보살핌을 개발하기 위해서 관계자들과 연구하고 있다.

John Hilsdon

University of Plymouth 교수로 Derriford 병원에서 상담사로 일하면서 암환자, 가족, 후원자들과 함께 작업하고 있다.

Celia Hunt

University of Sussex 평생교육원 부교수로 창의적 글쓰기 및 자기계발 과정을 가르치고 있다. 저서 *Therapeutic Dimentions of Autobiography in Creative Writing*(2000), 공동 편저 *The Self on the Page: Theory and Practice of Creative Writing in Personal Development*(1998)가 있다.

Robert Langdon

1977년부터 이메일 상담 서비스 '사마리탄'에서 자원봉사를 시작해 남부 Devon 지부장, 남서지역 대표, 전국 부의장 등을 역임하였다.

John Latham

전 Manchester University 물리학과 교수로 현재는 프리랜서로 번개, 구름, 기후 분야 전문 연구원으로 일하고 있다. 시집 5권을 펴낸 작가이자 the Arvon 재단과 Taliesin Trust의 창의적 글쓰기 강사이기도 하다.

Geoff Lowe

보건심리학자로 University of Hull 임상심리학과 명예 선임 연구원이며, 창의적 글쓰기 과정 및 워크숍에서 강의를 하였다. 시문학지 *Psychopoetica*의 창간인이자 전 편집자다.

Anthony Ryle
1949년 의학 자격증을 취득하였다. Caversham Centre Group의 공동 설립자다. 1952년부터 1964년까지 런던 등지에서 치료활동, 1964년부터 1982년까지 University of Sussex 보건서비스센터장으로 활동했고, 이후 선임연구원으로 일하면서 심리치료 과정 및 결과에 대한 연구 수행과 인지분석치료를 발전시켰다. 1982년부터 런던 St. Thomas 병원 심리상담치료사, Guy's 병원 소속 비상근 상담사 및 연구원으로 일했다.

Dr. Jane Speedy
University of Bristol 교육대학원 서사 및 전환학습(Narratives and transformative learning) 센터장으로 현역 이야기치료사이자 저명한 학술연구자이며 작가다. University of Bristol에서 이야기치료 석사 과정과 서사 및 생애사 연구 박사 과정을 가르치고 있다.

Derek Steinberg
영국에서 청소년의 정신장애 치료, 관계자 훈련, 정신 및 신체 건강과 예술(특히 문학과 시각예술) 사이의 관계에 대해 가르치고 있다. 저서로는 *Models for Mental Disorder*, *Letter from the Clinic* 등이 있다.

Kate Thompson
전국 보건서비스센터 상담사로 일하면서 내담자 상담 및 상담 슈퍼비전을 제공하고 있다. University of Cambridge에서 영문학사, The University of East London에서 상담심리치료 석사학위를 받았다. 관심 분야는 저널치료 및 글쓰기치료와 자기계발로, 현재 자기계발을 위한 문학예술단체 Lapidus의 위원으로도 일하고 있다.

Claire Williamson
3년간 중독 재활 분야에서 일한 바 있으며, 문학연구 석사학위와 상담 자격증을 소지하고 있다. 시, 단편소설, 청소년 소설 작가로, 학습장애를 가진 성인, 수감자, 학생 등 많은 공동체 집단과 일하고 있다.

역자 소개

김춘경
현재 경북대학교 아동가족학과와 문학치료학과 교수로 재직하면서 아동청소년상담 및 부부가족상담, 문학치료 분야를 연구하고, 가르치고 있다. 주요 저 · 역서로는 『아동상담: 이론과 실제』 『아들러 아동상담: 이론과 실제』 『청소년 상담』 『상호작용놀이를 통한 집단상담』 『상담기법』 『삶의 기술』 『상담과 심리치료: Adler의 개인심리학의 통합적 접근』 『집단상담: 전략과 기술』 『아동집단상담 프로그램』 『상담 및 심리치료의 이해』 등이 있다.
e-mail: kckyung@knu.ac.kr

이정희
이화여자대학교에서 국문학, 동 대학원에서 여성학을 공부한 뒤 여성을 주제로, 여성들과 함께 글쓰기 작업을 하다가 경북대학교 대학원 문학치료학과에서 본격적인 글쓰기치료 공부를 하였다. 근육병청소년들을 위한 온라인 글쓰기치료 프로그램으로 문학치료 석사학위를 받았다. 저서로는 『여성운동 하는 사람들』이 있다.
e-mail: warmjh@gmail.com

글쓰기치료 -글쓰기치료 입문자들을 위한 안내서-
Writing Cures-An indroductory handbook of writing in counselling and therapy-

2012년 4월 10일 1판 1쇄 인쇄
2012년 4월 20일 1판 1쇄 발행

편저자 • Gillie Bolton, Stephanie Howlett, Colin Lago, Jeannie K. Wright
옮긴이 • 김춘경, 이정희
펴낸이 • 김진환
펴낸곳 • (주) 학지사
121-837 서울특별시 마포구 서교동 352-29 마인드월드빌딩 5층
대표전화 • 02)330-5114 팩스 • 02)324-2345
등록번호 • 제313-2006-000265호

홈페이지 • http://www.hakjisa.co.kr
커뮤니티 • http://cafe.naver.com/hakjisa

ISBN 978-89-6330-883-8 93180

정가 19,000원

역자와의 협약으로 인지는 생략합니다.
파본은 구입처에서 교환해 드립니다.